Carola Staudenmeyer

Das Wirtschafts- und Vertragsrecht transnationaler Gemeinschaftsunternehmen in Entwicklungsländern

RiWV 5

# Recht des internationalen Wirtschaftsverkehrs

herausgegeben von

Norbert Horn, Köln

in Verbindung mit

Ulrich Drobnig, Hamburg

Rolf Herber, Hamburg

Rolf A. Schütze, Stuttgart

und der Forschungsstelle für Vertragsrecht der internationalen Wirtschaft an der Universität zu Köln

Band 5

Walter de Gruyter · Berlin · New York

# Das Wirtschafts- und Vertragsrecht transnationaler Gemeinschaftsunternehmen in Entwicklungsländern

## Joint Ventures in der VR China, Indonesien, Malaysia und Kenia

von

Carola Staudenmeyer

1990

Walter de Gruyter · Berlin · New York

*CIP-Titelaufnahme der Deutschen Bibliothek*

**Staudenmeyer, Carola:**
Das Wirtschafts- und Vertragsrecht transnationaler Gemeinschaftsunternehmen in Entwicklungsländern : Joint Ventures in der VR China, Indonesien, Malaysia und Kenia / von Carola Staudenmeyer. – Berlin ; New York : de Gruyter, 1990
(Recht des internationalen Wirtschaftsverkehrs ; Bd. 5)
Zugl.: Bielefeld, Univ., Diss., 1989/90
ISBN 3-11-012413-0
NE: GT

∞ Gedruckt auf säurefreiem Papier, das die US-ANSI-Norm über Haltbarkeit erfüllt.


Printed in Germany.
Druck: Kupijai & Prochnow, Berlin 61
Buchbindearbeiten: Lüderitz & Bauer, Berlin 61

## Vorwort

Im Rahmen zunehmender internationaler Wirtschaftsverflechtung hat das Gemeinschaftsunternehmen (Joint Venture) als Form der langfristigen Unternehmenskooperation auch für bundesdeutsche mittelständische Unternehmen im Geschäft mit Entwicklungsländern und osteuropäischen Staaten eine wachsende Bedeutung. Wenn auch jedes Joint Venture einer auf die Besonderheiten des Einzelfalles abgestimmten, maßgeschneiderten Vertragsgestaltung bedarf, so können mit diesem Buch doch wesentliche Anregungen für die Ausgestaltung derartiger Verträge gegeben und typische Problemkreise aufgezeigt werden.

Nach einer systematischen Darstellung der investitions- und wirtschaftsrechtlichen Rahmenbedingungen für Gemeinschaftsunternehmen, in der u. a. Probleme des Steuer-, Devisen-, Arbeits- und Sozialrechts erörtert werden, folgt der vertragsrechtliche Teil; hier werden die mit der Erarbeitung eines Joint Venture-Konzepts verbundenen Fragen behandelt und die wesentlichsten Inhalte des Joint Venture-Vertragswerks vorgestellt.

Die Ausführungen werden durch eine Vielzahl von Beispielen und Formulierungshilfen ergänzt, die ebenso wie die zusammengestellte Checkliste Vertragsjuristen wie Unternehmern bei der Gestaltung von Joint Venture-Verträgen helfen sollen.

Die Arbeit wurde im Studienjahr 1989/90 an der Fakultät für Rechtswissenschaft der Universität Bielefeld als Dissertation angenommen. Ich danke Herrn Prof. Dr. Norbert Horn, der diese Arbeit angeregt und betreut hat; daneben all jenen Freunden, Kollegen und Verwandten, die mich auf meinem Weg begleitet haben.

Bielefeld, im April 1990

# Inhaltsverzeichnis

# Abkürzungsverzeichnis

| | |
|---|---|
| a.A. | anderer Ansicht |
| aaO | am angegebenen Ort |
| abgedr. | abgedruckt |
| ABL | Amtsblatt der Europäischen Gemeinschaften |
| A.F.D.I. | Annuaire Français de Droit International |
| AG | Aktiengesellschaft |
| AGZR | Allgemeine Grundsätze des Zivilrechts (12.4.1986, VR China) |
| AKP | Afrika, Karibik, Pazifik |
| AktG | Aktiengesetz |
| allg. | allgemein |
| Am.J.Comp.L. | American Journal of Comparative Law |
| Anm. | Anmerkung |
| Art. | Artikel |
| ASEAN | Association of South East Asian Nations |
| Aufl. | Auflage |
| ausl. | ausländisch |
| AuslinvG | Auslandsinvestitionsgesetz |
| AWD | Außenwirtschaftsdienst des Betriebsberaters |
| BB | Der Betriebsberater |
| B.C.Int'l & Comp. L.Rev | Boston College International and Comparative Law Review |
| Bd., Bde. | Band, Bände |
| BfAI/NfA | Bundesstelle für Außenhandelsinformation, Nachrichten für den Außenhandel (Datum) |
| BfAI/RI | Bundesstelle für Außenhandelsinformation, Rechtsinformation (Nr.) |
| BGB | Bürgerliches Gesetzbuch |
| BGBl. | Bundesgesetzblatt |
| BGH | Bundesgerichtshof |
| BKPM | Badan Koordinasi Penanaman Modal (The Investment Coordinating Board, Indonesia) |
| BMZ | Bundesministerium für wirtschaftliche Zusammenarbeit |
| Bus.L.J. | Business Law Journal |
| Bus.L.Rev. | Business Law Review |
| Bus.Q. | Business Quarterly |

| | |
|---|---|
| bzw. | beziehungsweise |
| Can.B.Rev. | Canadian Bar Review |
| CCMC | China Construction Machinery Corporation |
| Chap. | Chapter |
| China Bus.Rev. | China Business Review |
| chines. | chinesisch |
| CIEC | China International Economic Consultants Inc. |
| CITIC | China International Trust and Investment Corporation |
| CJV | Contractual Joint Venture |
| Colum.J.Transnat'l L | Columbia Journal of Transnational Law |
| Colum.J.World Bus. | Columbia Journal of World Business |
| Com. C. | Commercial Code |
| Comp. Act | Companies Act |
| DB | Der Betrieb |
| DBA | Doppelbesteuerungsabkommen |
| DBW | Die Betriebswirtschaft |
| DEG | Deutsche Finanzierungsgesellschaft für Beteiligungen in Entwicklungsländern |
| ders. | derselbe |
| d.h. | das heißt |
| Diss. | Dissertation |
| DstZ | Deutsche Steuer-Zeitung |
| dt. | deutsch |
| E.A.E.R. | East Asian Executive Reports |
| ed. | editor |
| EJV | Equity Joint Venture |
| engl. | englisch |
| et.alt. | et altera |
| E + Z | Entwicklung und Zusammenarbeit |
| F. | Fach |
| f., ff. | folgende, fortfolgende |
| Faz | Frankfurter Allgemeine Zeitung |
| FCIL | Foreign Capital Investment Law = Law No. 1 of 1967 Concerning Foreign Investment, geändert und ergänzt durch Law No. 11 of 1979 Amendment and Supplement to Law No. 1 of 1967 Concerning Foreign Investment (Indonesien) |
| FECL | Foreign Economic Contract Law of the People's Republic of China (12.3.1985) |
| FICC | Foreign Investment Controll Commission (VR China) |
| FIDA | Federal Industrial Development Authority (Malaysia) |

| | |
|---|---|
| FIEP | Provisions of the State Council Encouraging Foreign Investment (11.10.1986, VR China) |
| FIPA | Foreign Investments Protection Act of 1964 (Kenia) |
| Fn. | Fußnote |
| FS | Festschrift |
| GAIC | General Administration for Industry and Commerce (VR China) |
| Ga.J.Int'l & Comp.L. | Georgia Journal of International and Comparative Law |
| ggfs. | gegebenenfalls |
| GmbH | Gesellschaft mit beschränkter Haftung |
| GmbHG | Gesetz betreffend die Gesellschaften mit beschränkter Haftung |
| Gr. | Gruppe |
| GRUR Int. | Gewerblicher Rechtsschutz und Urheberrecht, Internationaler Teil |
| GWB | Gesetz gegen Wettbewerbsbeschränkungen |
| Harv.Int'l L.J. | Harvard International Law Journal |
| Harv.L.Rev. | Harvard Law Review |
| HIZ | Handbuch für internationale Zusammenarbeit |
| Hrsg. | Herausgeber |
| ICC | International Chamber of Commerce |
| ICFTU | International Confederation of Free Trade Unions |
| ICSID | International Centre for Settlement of Investment Disputes |
| i.d.R. | in der Regel |
| i.F. | im Folgenden |
| IIA | Investment Incentives Act of 1968 (Malaysia) |
| IITL | Individual Income Tax Law of the People's Republic of China (10.9.1980) |
| IITLR | Detailed Rules and Regulations for the Implementation of the Individual Income Tax Law (14.12.1980) |
| I.L.M. | International Legal Materials |
| ILO | International Labour Organization |
| Inc. | Incorporated |
| indones. | indonesisch |
| insb. | insbesondere |
| Int'l Bus.Law. | International Business Lawyer |
| Int'l & Comp.L.Q. | International and Comparative Law Quarterly |
| Int'l Fin.L.Rev. | International Financial Law Review |
| Int'l Law. | The International Lawyer |
| Int'l Trade L.J. | The International Trade Law Journal |

| | |
|---|---|
| IPRax | Praxis des Internationalen Privat- und Verfahrensrechts |
| ITA | Income Tax Act (Kenia) |
| ITL | Law No. 7 of 1983 Concerning Income Tax (Indonesien) |
| i.V.m. | in Verbindung mit |
| IWB | Internationale Wirtschaftsbriefe |

| | |
|---|---|
| J.A.L. | Journal of African Law |
| Jg. | Jahrgang |
| J.Int'l L. & Econ. | The Journal of International Law and Economics |
| JS | Jardine Schindler (Far East) Holdings, S.A. |
| JV, JVs | Joint Venture, Joint Ventures |
| JVC | Joint Venture Company (Projektgesellschaft) |
| JVFER | State Council Regulations on Joint Ventures' Balance between Foreign Exchange Revenue and Expenditure (15.1.1986, VR China) |
| JVITL | Income Tax Law Concerning Joint Ventures with Chinese and Foreign Investment (10.9.1980) |
| JVITLR | Detailed Rules and Regulations for the Implementation of the Joint Venture Income Tax Law (14.12.1980, VR China) |
| JVL | The Law of the People's Republic of China on Joint Ventures Using Chinese and Foreign Investment (8.7.1979) |
| JVLMR | Regulations of the People's Republic of China on Labor Management in Joint Ventures Using Chinese and Foreign Investment (26.7.1980) |


IPRax Praxis des Internationalen Privat- und Verfahrensrechts
ITA Income Tax Act (Kenia)
ITL Law No. 7 of 1983 Concerning Income Tax (Indonesien)
IWB Internationale Wirtschaftsbriefe
JS Jardine Schindler (Far East) Holdings, S.A.


| | |
|---|---|
| Inc. | Incorporated |
| Int'l & Comp.L.Q. | International and Comparative Law Quarterly |
| Int'l Bus.Law. | International Business Lawyer |
| Int'l Fin.L.Rev. | International Financial Law Review |
| Int'l Law. | The International Lawyer |
| Int'l Trade L.J. | The International Trade Law Journal |


J.A.L. Journal of African Law
J.Int'l L. & Econ. The Journal of International Law and Economics
Jg. Jahrgang
i.V.m. in Verbindung mit


| | |
|---|---|
| indones. | indonesisch |

| | |
|---|---|
| insb. | insbesondere |
| JVLR | Regulations for the Implementation of the Law of the People's Republic of China on Joint Ventures Using Chinese and Foreign Investment (20.9.1983) |
| JVRR | Regulations of the People's Republic of China on the Registration of Joint Ventures Using Chinese and Foreign Investment (26.7.1980) |
| KapErhG | Gesetz über die Kapitalerhöhung aus Gesellschaftsmitteln und über die Verschmelzung von Gesellschaften mit beschränkter Haftung |
| kenian. | kenianisch |
| KfW | Kreditanstalt für Wiederaufbau |
| KO | Konkursordnung |
| Law & Pol'y in Int'l Bus. | Law and Policy in International Business |
| LLDC | Least Low Developed Countries |
| Malaya L.Rev. | Malaya Law Review |
| Malayan L.J. | Malayan Law Journal |
| malays. | malaysisch |
| MIDA | Malaysian Industrial Development Authority |
| MIGA | Multilateral Investment Guarantee Agency |
| Mio. | Millionen |
| MNEs | Multinational Enterprises |
| MOFERT | Ministry of Foreign Economic Relations and Trade (VR China) |
| MüKo | Münchener Kommentar zum Bürgerlichen Gesetzbuch |
| m.w.N. | mit weiteren Nachweisen |
| N.C.J.Int'l L. & Com.Reg. | North Carolina Journal of International Law and Commercial Regulation |
| NEP | New Economic Policy (Malaysia) |
| New L.J. | New Law Journal |
| No. | Number |
| Nr. | Nummer |
| Nw.J.Int'l L. & Bus. | Northwestern Journal of International Law and Business |
| N.Y.U.J.Int'l L. & Pol. | New York University Journal of International Law and Politics |

| | |
|---|---|
| OECD | Organization for Economic Cooperation and Development |
| para | paragraph |
| PRC | People's Republic of China |
| RabelsZ | Zeitschrift für internationales und ausländisches Privatrecht, begründet von Rabel |
| Rdn. | Randnummer |
| Rdsch. | Rundschau |
| RIW | Recht der internationalen Wirtschaft |
| s. | siehe |
| S. | Seite |
| Schindler | Schindler Holding AG |
| Sec. | Section |
| SEZs | Special Economic Zones, Sonderwirtschaftszonen (VR China) |
| SGAEC | State General Administration of Exchange Control (VR China) |
| SJZ | Schweizerische Juristen-Zeitung |
| Stan.J.Int'l L. | Stanford Journal of International Law |
| Syracuse J.Int'l L. & Com. | Syracuse Journal of International Law and Commerce |
| Tex.Int'l L.J. | Texas International Law Journal |
| u.a. | unter anderem |
| u.ä. | und ähnliches |
| UCLA | University of California, Los Angeles |
| UCLA Pac.Bas.L.J. | UCLA Pacific Basin Law Journal |
| UN | United Nations |
| UNCITRAL | United Nations Commission on International Trade Law |
| UNCTAD | United Nations Conference on Trade and Development |
| UNCTC | United Nations Centre on Transnational Corporations |
| UNECOSOC | United Nations Economic and Social Council |
| UNIDO | United Nations Industrial Development Organization |
| u.U. | unter Umständen |
| v. | vom |
| Va.J.Int'l L. | Virginia Journal of International Law |

| | |
|---|---|
| Vand.J.Transnat'l L. | Vanderbilt Journal of Transnational Law |
| vgl. | vergleiche |
| vol. | volume |
| Vorbem. | Vorbemerkung |
| VR China | Volksrepublik China |
| z.B. | zum Beispiel |
| ZGR | Zeitschrift für Unternehmens- und Gesellschaftsrecht |
| zit. | zitiert |
| zutr. | zutreffend |
| ZvglRwiss | Zeitschrift für vergleichende Rechtswissenschaft |
| z.Z. | zur Zeit |

# Literaturverzeichnis

AHN, DOO-SOHN, Joint Ventures in the ASEAN Countries, Intereconomics 1980, S. 193-198

DERS., Gemeinschaftsunternehmen in Entwicklungsländern. Joint Ventures als Entwicklungsinstrument in den ASEAN-Staaten, Tübingen 1981 (zit.: Gemeinschaftsunternehmen)

DERS., Indigenisierungstendenzen und Joint Venture-Praxis in ASEAN-Ländern, in: Hottes/Uhlig (Hrsg.), Joint Ventures in Asien, Bochum 1983, S. 277-306 (zit.: Hottes/ Uhlig)

ALFORD, WILLIAM P./BIRENBAUM, DAVID E., Ventures in the China Trade: An Analysis of China's Emerging Legal Framework for the Regulation of Foreign Investment, 3 Nw.J.Int'l L. & Bus., S. 56-102 (1981)

AN ZHIGUO, Popularisierung von Rechtskenntnissen, Beijing Rdsch., Jg. 22, Nr. 6 (Febr. 1985), S. 4

ANDRAE, MARIANNE, Die rechtliche Regelung der Gründung und Tätigkeit gemischter Gesellschaften in der Sozialistischen Republik Rumänien, der Ungarischen Volksrepublik und der Volksrepublik Polen und der Investitionsbeteiligungen ausländischer Unternehmen in der Sozialistischen Föderativen Republik Jugoslawien, Potsdam 1979

ANSON, SIR WILLIAM REYNELL, Law of Contract, 25. Aufl., Oxford 1979

ARCHER, SHIRLEY J., The Role of Administrative Agencies in Regulating Joint Ventures in China, 21 Stan.J.Int'l L., S. 195-218 (1985)

BAADE, HANS W., Codes of Conduct for Multinational Enterprises: An Introductory Survey, in: Horn (ed.), Legal Problems of Codes of Conduct for Multinational Enterprises, Deventer 1980, S. 407-441 (zit.: Codes of Conduct)

BADRULZAMAN, MARIAM DARUS, The Settlement of Commercial Disputes (Indonesia), in: 1980 ASEAN Comparative Law Series, vol. 7 (ed. Santos, Jr.), Diliman, Quezon City, Phillipines 1982, S. 1-24 (zit.: ASEAN Comparative Law)

BÄRMANN, JOHANNES, Ist internationales Handelsrecht kodifizierbar?, in: FS F.A. Mann, München 1977, S. 548-573

BAMBUCH, WOLFGANG, Die Vererbung von Shares einer Private Company Limited by Shares, Diss. Regensburg 1972

BAN, CHRYSTA, Erweiterte Möglichkeiten für ausländische Investitionen in Ungarn: Gemischte Gesellschaften in zollfreien Zonen, RIW 1986, S. 429-433

Bao Zenghua/Drouven, Ralph, Änderung der Durchführungsbestimmungen zum chinesischen Warenzeichengesetz, RIW 1988, 861-870

Bartels, Martin, Lokalisation im Beschäftigungsbereich, in: Schanze/Fritzsche/Kirchner et.al. (Hrsg.), Rohstofferschließungsvorhaben in Entwicklungsländern, Teil 2: Probleme der Vertragsgestaltung, Frankfurt/M. 1981, S. 229-244 (zit.: Rohstofferschließungsvorhaben II)

Baumeister, Helmuth, Vertragsklauseln – Schiedsklauseln, in: Harnischfeger-Ksoll/Wu (Hrsg.), China Handbuch für die Wirtschaft, München, Beijing 1986, S. 403-405

Ders., Schiedsverfahren – Conciliation, in: Harnischfeger-Ksoll/Wu (Hrsg.), China Handbuch für die Wirtschaft, München, Beijing 1986, S. 647-655

Beamish, Paul W., Multinational Joint Ventures in Developing Countries, London, New York 1988

Becker, Ursula, Verträge der Exportwirtschaft, Frankfurt/M. 1971

Beier, Friedrich-Karl, Gewerbliche Schutzrechte in Gemeinschaftsunternehmen (Joint Ventures) nach sowjetischem Recht, RIW 1988, S. 166-172

Bellstedt, Christoph, Das Außenwirtschaftsvertrags-Gesetz der Volksrepublik China, ZvglRwiss 84 (1985), S. 358-369

Berens, Foreign Ventures – A Legal Anatomy, 26 Bus.Law., S. 1527-1550 (1970-71)

Bergmann, Wilfried, Neue Joint Venture-Gesetzgebung in Polen, RIW 1986, S. 695-697

Bilinsky, Andreas, Das sowjetische Wirtschaftsrecht, Tübingen 1968

v. Bismarck, Klaus, China – Ein neuer Markt für Mittelstandsbetriebe?, in: Beilage zum Handelsblatt v. 28.8.1986, S. 12

Bivens Kraus, Karen/Lovell Baird, Enid, Joint Ventures with Foreign Partners, New York 1966

Bkpm s. Indonesian Investment Coordinating Board

Bleicher, Knut/Paul, Herbert, Das amerikanische Board-Modell im Vergleich zur deutschen Vorstands-/Aufsichtsratsverfassung, DBW 1986, S. 263-288

Bloomfield, Harry J.F., Legal Aspects of Joint Ventures in China, 14 Int'l Bus.Law., S. 327-332 (1986)

Bmz (Hrsg.), Deutsche Unternehmen und Entwicklungsländer, in: HIZ, Teil II, A 80 11

Böckstiegel, Karl-Heinz, Der Staat als Vertragspartner ausländischer Privatunternehmen, Frankfurt/M. 1971

Ders., Besondere Probleme der Schiedsgerichtsbarkeit zwischen Privatunternehmen und ausländischen Staaten oder Staatsunternehmen, Njw 1975, S. 1577-1582

Ders., Schiedsgerichte und staatliche Gerichte, RIW 1979, S. 161-166

Ders., Besondere Aspekte der Wirtschaftsschiedsgerichtsbarkeit mit Parteien aus Entwicklungsländern, NJW 1981, S. 1862-1867

Bödeker, Vinzenz, Staatliche Exportkreditversicherungssysteme. Ihre Rechtsgrundlagen, Vertragsgestaltungen und Funktionsweisen in der Bundesrepublik Deutschland, Frankreich, Großbritannien, den USA und Japan, Diss. Bielefeld 1990

BÖRNSTEIN, ULRICH, Deutsche Steuern bei Investitionen in Entwicklungsländern, in: HIZ, Teil I1, A 82 20

BOON, DANIEL TAN SWEE, A Guide to Company Law of Malaysia, Kuala Lumpur 1982

BRACE, PAUL E., Joint Ventures in the People's Republic of China (Non-Corporate Form), 13 Int'l Bus.Law., S. 434-439, 464 (1985)

BRAUN, HANS-GERT, Strukturelle Probleme mittelständischer Unternehmen bei Direktinvestitionen in Entwicklungsländern, in: Braun/Halbach/Helmschrott et.al. (Hrsg.), Direktinvestitionen in Entwicklungsländern, München 1983, S. 115-127 (zit: Direktinvestitionen)

BROWER, CHARLES N., Dispute Resolution and International Arbitration in the Pacific Basin, in: Rosendahl (ed.). Current Legal Aspects of Doing Business in the Pacific Basin, American Bar Association, USA 1987, S. 249-372

BROWN, PETER R., China's New Joint Venture Law: Analysis and Economic Overview, 4 B.C.Int'l & Comp.L.Rev., S. 115-148 (1981)

BROX, HANS, Allgemeiner Teil des BGB, 9. Aufl., Köln 1985

BURKHARDT, HANS-MARTIN, Das deutsch-chinesische Investitionsschutzabkommen, RIW 1984, S. 28-33

CAMPBELL, DENNIS (ed.), Legal Aspects of Joint Ventures in Eastern Europe, Deventer 1981

CHANG TA-KUANG, Breaking the Iron Rice Bowl: The New Labor Regulations, 8 E.A.E.R., S. 9, 13 (Dec. 1986)

CHINA INTERNATIONAL ECONOMIC CONSULTANTS INC. (ed.), The China Investment Guide 1984/85, London 1984 (zit.: CIEC)

CHRISTOPEIT, JOACHIM-FRIEDRICH, HERMES-Deckungen, Diss. Köln 1966

COHEN, JEROME ALAN, Equity Joint Venture: Twenty Potential Pitfalls that Every Company Should Know About, China Bus.Rev., S. 23-30 (1982)

COHN, ERNEST J./DOMKE, MARTIN/EISEMANN, FREDERIC, Handbook of Institutional Arbitration in International Trade, Amsterdam 1977

CONLEY, TERRANCE W./BEAMISH, PAUL W., Joint Ventures in China: Legal Implications, 51 Bus.Q., S. 39-43 (Nov.1986)

CONROY, CHARLES J., Joint Ventures in China and their Tax Treatment, Int'l Fin.L.Rev., S. 26-29 (1985)

CONSULATE GENERAL OF THE REPUBLIC OF INDONESIA (ed.), Indonesia 1945-1985, Hong Kong 1985 (zit.: Indonesia)

COTRAN, EUGENE, The Development and Reform of the Law in Kenya, 27 J.A.L., S. 42-61 (1983)

CREMADES, BERNARDO, Multinational Companies and International Commercial Transactions, in: Horn (ed.), Legal Problems of Codes of Conduct for Multinational Enterprises, Deventer 1980, S. 83-88 (zit.: Codes of Conduct)

DAUTH, JÜRGEN, Neue Wirtschaftspolitik steckt in der Sackgasse. Milliarden-Projekte liegen in Malaysia auf Eis. Frankfurter Rundschau v. 16.4.1986

DAVIS, STANLEY, The Ultra Vires Rule, 136 New L.J., S. 907-908 (1986)

DEBATIN, HELMUT, Handbuch der Vereinten Nationen für Verhandlungen über Doppelbesteuerungsabkommen zwischen Industrienationen und Entwicklungsländern, DB 1980, Beilage Nr. 15

DECKER, PETERSEN N., The Joint Venture Law of the PRC in an Legislated and Negotiated Tax Climate, 8 Syracuse J.Int'l L. & Com., S. 227-247 (1980)

DEG (Hrsg.), Investitionen in Entwicklungsländern, 10. Aufl., Köln 1985

DE LACHARRIERE, G., Identification et Statut des Pays „Moins Developpes", 17 Annuaire Francais de Droit International, S. 461 ff. (1971)

DELAUME, GEORGES RENE, Transnational Contracts – Applicable Law and Settlement of Disputes, vol. 4, New York 1979

DELMA, JUZAR, Joint Ventures in Indonesia, in: International and Comparative Law Centre (ed.), Private Investments and International Transactions in Asia and South Pacific, New York 1975, S. 49-65 (zit.: Private Investments II)

DEMIN, P., Le Contract de Know-how, Brüssel 1968

DIETRICH, KARIN, Investitions- und Kooperationsmöglichkeit „Equity Joint Venture" in der Volksrepublik China, ZvglRwiss 85 (1986), S. 402-435

DIN, ACHMAD H., Tax Systems and Laws of ASEAN Countries – Indonesia, in: 1980 ASEAN Comparative Law Series, vol. 8 (ed. Javellana), Diliman, Quezon City, Phillipines 1982, S. 1-47 (zit.: ASEAN Comparative Law)

DOLZER, RUDOLF, Das deutsch-chinesische Investitionsschutzabkommen, in: Horn/Schütze (Hrsg.), Wirtschaftsrecht und Außenwirtschaftsverkehr der VR China, RiWV Schriftenreihe Bd. 3, Berlin 1987, S. 48-63

DORSCHEID, PETER, Export Credit Insurance, in: Horn (ed.), The Law of International Trade Finance, Deventer 1988

DÜNNWEBER, INGE, Vertrag zur Erstellung einer schlüsselfertigen Industrieanlage im internationalen Wirtschaftsverkehr, RiWV Schriftenreihe Bd. 1, Berlin 1984

EBENROTH, CARSTEN-THOMAS, Code of Conduct – Ansätze zur vertraglichen Gestaltung internationaler Investitionen, Konstanz 1987

ECKSTEIN, WOLFRAM, Typen von Gemeinschaftsunternehmen und Motive für ihre Gründung, BB 1972, Beilage zu Heft 1, S. 7-13

EHINGER, KRISTIAN, Vertragsrahmen des industriellen internationalen Equity Joint Venture, in: Nicklisch (Hrsg.), Der komplexe Langzeitvertrag, Heidelberg 1987, S. 187-189

ELLIS LORD, SALLY, Decentralization of China's Foreign Trade Structures, 11 Ga.J.Int'l & Comp.L., S. 283-304 (1981)

DIES./SHEA, LAURA, Foreign Commercial Dispute Settlement in the People's Republic of China, 6 Int'l Trade L.J., S. 155-175 (1980/81)

EMBASSY OF THE REPUBLIC OF KENYA (ed.), Kenya – Your Business Partner in Africa (An Investment Guide), 1978 (zit.: Investment Guide)

Enderlein, Fritz (Hrsg.), Handbuch der Außenhandelsverträge, Bd. 4: Kooperation, Kompensation, Gesellschaft, Konsortium, Berlin (Ost) 1982

Ders., Zur rechtlichen Selbständigkeit sozialistischer staatlicher Unternehmen in den internationalen Wirtschaftsbeziehungen, RIW 1988, S. 333-336

Erlinghagen, Peter, „Joint Ventures" als Rechtsform wirtschaftlicher Ost/ West-Kooperation, in: FS Pleyer, Köln 1986, S. 207-216

Eser, Gisbert, Internationale Joint Ventures und EG-Kartellrecht, RIW 1984, S. 489-494

Fabricius, Fritz, Internationales Handelsrecht und Weltfrieden, in: FS Clive M. Schmitthoff, Frankfurt/M. 1973, S. 101-144

Farer, Tom J., Economic Development Agreements: A Functional Analysis, 10 Colum.J.Transnat'l L., S. 200-241 (1973)

Ferid, Murad, Internationales Privatrecht, Berlin 1975

Fida, Tax and Corporate Laws in Malaysia, in: International and Comparative Law Centre (ed.), Private Investments and International Transactions in Asia and South Pacific, New York 1974, S. 707-727 (zit.: Private Investments I)

Fields, Patrick, Taxation: The People's Republic of China's Income Tax Laws, 22 Harv.Int'l L.J., S. 234-240 (1981)

Fikentscher, Wolfgang, Wirtschaftsrecht, Bd. 1: Weltwirtschaftsrecht, europäisches Wirtschaftsrecht, München 1983

Fischer, Dietrich, Die Gründung von Joint Ventures in Entwicklungsländern. Dargestellt am Beispiel Indien. ZvglRwiss 86 (1987), S. 314-337

Foster, Frances Hoar, Codification in Post-Mao China, 30 Am.J.Comp.L., S. 395-428 (1982)

Franko, Lawrence G., International Joint Ventures in Developing Countries: Mustique and Reality, 6 Law & Pol'y Int'l Bus., S. 315-336 (1974)

Fremerey, Michael, Indonesien, in: Nohlen/Nuscheler (Hrsg.), Handbuch der Dritten Welt, Bd. 7: Südasien und Südostasien, Hamburg 1983, S. 311-344

Friedmann, Wolfgang G., The Contractual Joint Venture, 7 Colum.J.World Bus., S. 57-63 (1972)

Ders./Kalmanoff, George, Joint International Business Ventures, New York 1961

Fritzsche, Michael, Rohstoffstaat, in: Kirchner/Schanze/ v. Schlabrendorff et.al. (Hrsg.), Rohstofferschließungsvorhaben in Entwicklungsländern, Teil 1: Interessenrahmen, Verhandlungsprozeß, rechtliche Konzeptionen, Frankfurt/M. 1977, S. 215-251 (zit.: Rohstofferschließungsvorhaben I)

Gautama, Sudargo, Indonesia, in: Campbell (ed.), Legal Aspects of Doing Business in Asia and the Pacific, Deventer 1985, S. 193-226 (zit.: Legal Aspects)

DERS./HORNICK, ROBERT N., An Introduction to Indonesian Law: Unity in Diversity, Bandung 1978

GELATT, TIMOTHY A., China's Special Economic Zones: The Regulatory Framework, Problems and Prospects, in: Cohen (ed.), Legal Aspects of Doing Business in China, New York 1983, S. 155-189

DERS./POMP, RICHARD D., Tax Aspects of Doing Business with the People's Republic of China, 22 Colum.J. Transnat'l L., S. 421-504 (1984)

GLATTER, JOACHIM/STRICKER, SABINE, Rechtliche Aspekte der Devisenproblematik ausländischer Investitionen in der VR China, RIW 1988, S. 19-23

GLOSSNER, OTTOARNDT, Die Vergleichs- und Schiedsordnung der Internationalen Handelskammer vom 1. Juni 1975, in: FS Martin Luther, München 1976, S. 85-98

DERS., Das Schiedsgericht in der Praxis, 2. Aufl., Heidelberg 1978

GOLDBAUM, WENZEL, Kartellrecht und Kartellgericht, 2. Aufl., Berlin 1926

GOLDSTAJN, ALEKSANDAR, The New Law Merchant Reconsidered, in: FS Clive M. Schmitthoff, Frankfurt/M. 1973, S. 170-185

GOOSSEN, RICHARD J., Joint Ventures under the New Civil Code, 8 E.A.E.R., S. 9-11 (August 1986)

GOWER, Principles of Modern Company Law, 4. Aufl., 1979

GRAMLICH, LUDWIG, Rechtsgestalt, Regelungstypen und Rechtsschutz bei grenzüberschreitenden Investitionen, Baden-Baden 1984

GRIMM, KLAUS, Bedingungen für ausländische Kapitalanlagen, in: Institut für Asienkunde Hamburg/dt.-indones. Industrie- und Handelskammer Jakarta (Hrsg.), Wirtschaftspartner Indonesien, Hamburg 1979, S. 193-200 (zit.: Wirtschaftspartner Indonesien)

HALBACH, AXEL J., Bestimmungsgründe für deutsche Direktinvestitionen in Entwicklungsländern, in: Braun/Halbach/Helmschrott et.al. (Hrsg.), Direktinvestitionen in Entwicklungsländern, München 1983, S. 45-60 (zit.: Direktinvestitionen)

HAMMER, RICHARD M./ELLIOT, JAMES T./SHAH, PHILIP J., Issues under Indonesia's New Tax Laws, 7 E.A.E.R., S. 18-20 (1985)

HARNISCHFEGER-KSOLL, MAGDALENA, Die vertragliche Gestaltung eines Joint Venture, in: Harnischfeger-Ksoll/Wu (Hrsg.), China Handbuch für die Wirtschaft, München, Beijing 1986, S. 352-375

HARTONO, SUNARYATI, The Law of Contract in Indonesia, 20 Malaya L.Rev., S. 142-151 (1978)

DIES., In Search of New Legal Principles, Bandung 1979 (zit.: New Legal Principles)

HAUSER, HEINZ, Joint Ventures: Sonderlösungen für Einzelfälle oder allgemein verwendbare Instrumente der internationalen Kooperation?, Außenwirtschaft 1981, S. 176-194

HAUSER, WOLFGANG, Die rechtliche Gestaltung des Tiefseebergbaus nach der Seerechtskonvention, Frankfurt/M. 1982

HAVER, FRIEDRICH/MAILÄNDER, PETER, Lizenzvergabe durch deutsche Unternehmen in das Ausland, Heidelberg 1967

HAYDEN, DAVID A./JONES, MORGAN T., People's Republic of China, in: Campbell (ed.), Legal Aspects of Doing Business in Asia and the Pacific, Deventer 1985, S. 57-159 (zit.: Legal Aspects)

HEBGEN, HANS JOACHIM, Die Förderungspraxis der Deutschen Finanzierungsgesellschaft für Beteiligungen in Entwicklungsländern (DEG) bei Direktinvestitionen in Entwicklungsländern, in: HIZ, Teil II, A 94 10, S. 1-19

v. HEHN, PAUL, Die überarbeitete Investitionsverordnung hat ausländische Unternehmer nicht stimuliert, in: Beilage zum Handelsblatt v. 31.3.1987, S. 14

HELILIAH, YUSOF, Business Organizations, Foreign Corporations and Transnational Corporations (Malaysia), in: 1980 ASEAN Comparative Law Series, vol. 4 (ed. Quisumbing), Diliman, Quezon City, Phillipines 1982, S. 19-52 (zit.: ASEAN Comparative Law)

HELLWIG, HANS-JÜRGEN, Nationale und internationale Schiedsgerichtsbarkeit, RIW 1984, S. 421-429

HELMS, GERT, „Knigge" für den Umgang mit Chinesen, in: Garms (Hrsg.), Wirtschaftspartner China, Hamburg 1981, S. 463-505 (zit.: Wirtschaftspartner China)

DERS./HEUBEL, MARTIN, Formen des Technologietransfers – Vertragsgestaltung bei Technologie- und Lizenzverträgen, in: Harnischfeger-Ksoll/Wu (Hrsg.), China Handbuch für die Wirtschaft, München, Beijing 1986, S. 323-344

HELMSCHROTT, HELMUT/POLLAK, CHRISTIAN, Die Förderung von Direktinvestitionen in der Dritten Welt durch die Bundesrepublik Deutschland, in: Braun/Halbach/Helmschrott et.al. (Hrsg.), Direktinvestitionen in Entwicklungsländern, München 1983, S. 61-80 (zit.: Direktinvestitionen)

HENN, GÜNTHER, Problematik und Systematik des internationalen Patentlizenzvertrages, München 1967

HENN, HARRY G., Law of Corporations, St. Paul 1983

HENRICH, DIETER, Einführung in das englische Privatrecht, Darmstadt 1971

HERTEL, KARL-AUGUST, Rechtsgeschäfte im Vorfeld eines Projekts, BB 1983, S. 1824-1826

HERZFELD, EDGAR, Typical Areas of Conflicts of Interest in Joint Ventures, in: Nicklisch (Hrsg.), Der komplexe Langzeitvertrag, Heidelberg 1987, S. 199-206

HEUSER, ROBERT, Die Schiedsgerichtsbarkeit im Wirtschaftsverkehr mit der VR China, RIW 1979, S. 440-447

DERS., Das neue chinesische Warenzeichenrecht, ZVglRWiss 82 (1983), S. 142-151

DERS., Das Außenwirtschaftsvertragsgesetz der VR China, RIW 1985, S. 377-381

DERS., Das Recht ausländisch kapitalisierter Unternehmen in der VR China, RIW 1986, S. 423-426

DERS., Ausführungsregeln zum chinesischen Recht der Technikimporte, RIW 1988, S. 258-263

DERS., Grundlinien zum Recht chinesisch-ausländischer Kooperationsunternehmen, RIW 1988, S. 427-431

DERS./ZHAO HANG, Technologietransferrecht der VR China, RIW 1985, S. 684-688

DERS./ZHAO HANG, Die Rechtsanwendungsnormen in den „Allgemeinen Regeln des Zivilrechts der Volksrepublik China“, RIW 1986, S. 766-768

HEYMANN, Kommentar zum HGB, Berlin 1988 (zit.: Bearbeiter in: Heymann)

HILBERT, ROGER, Ausländische Direktinvestitionen als Entwicklungsdeterminante Kenias, Frankfurt/M. 1981

HILLMAN, ROBERT W./BABCOCK SHERRIL, Current Policies and Restrictions Affecting Foreign Investment and Trade in China, in: Rosendahl (ed.), Current Legal Aspects of Doing Business in the Pacific Basin, American Bar Association, USA 1987, S. 155-206

HIMAWAN, CHARLES, Highlights on the Company Law of Indonesia, 15 Malaya L.Rev., S. 139-144 (1973)

DERS., The Foreign Investment Process in Indonesia, Singapore 1980

DERS./KUSUMAATMADJA, MOCHTAR, Survey of Indonesian Economic Law: Corporation Law, in: International and Comparative Law Centre (ed.), Private Investments and International Transactions in Asia and South Pacific, New York 1974, S. 747-804 (zit.: Private Investments I)

HOCK, TAN YEW, Malaysian Company Secretaries' Handbook, Kuala Lumpur 1980

HOELLERING, MICHAEL F., Emerging Techniques of Private Dispute Resolution in Long-Term Contracts, in: Nicklisch (Hrsg.), Der komplexe Langzeitvertrag, Heidelberg 1987, S. 523-541

HOPT, KLAUS J. (ed.), Groups of Companies in European Laws. Legal and Economic Analyses on Multinational Enterprises, vol. 2, Berlin 1982

HORN, NORBERT, Das Recht der internationalen Anleihen, Frankfurt/M. 1972 (zit.: Internationale Anleihen)

DERS., Codes of Conduct for MNEs and Transnational Lex Mercatoria: An International Process of Learning and Law Making, in: Horn (ed.), Legal Problems of Codes of Conduct for Multinational Enterprises, Deventer 1980, S. 45-81 (zit.: Codes of Conduct)

DERS., Neuverhandlungspflicht, AcP 181 (1981), S. 255-288

DERS., Die Vertragsdauer als schuldrechtliches Regelungsproblem. Empfiehlt sich eine zusammenfassende Regelung der Sonderprobleme von Dauerschuldverhältnissen und langfristigen Verträgen?, in: Bundesminister der Justiz (Hrsg.), Gutachten und Vorschläge zur Überarbeitung des Schuldrechts Bd. I, Köln 1981, S. 551-645 (zit.: Gutachten)

DERS., Uniformity and Diversity in the Law of International Commercial Contracts, in: Horn/Schmitthoff (ed.), The Transnational Law of International Commercial Transactions (Studies in Transnational Economic Law, vol. 2), Deventer 1982, S. 3-18 (zit.: Horn/ Schmitthoff)

DERS., Die Anpassung langfristiger Verträge. Vertragsklauseln und Schiedspraxis, in: Horn/Fontaine/Maskow/Schmitthoff (Arbeiten zur Rechtsvergleichung, Bd. 120), Frankfurt/M. 1984, S. 9-71 (zit.: Vertragsanpassung)

DERS., Vertragsbindung unter veränderten Umständen. Zur Wirksamkeit von Anpassungsregelungen in langfristigen Verträgen, NJW 1985, S. 1118-1125

DERS., Das Vertragsrecht der internationalen Projektfinanzierungen, in: Hinsch/Horn, Das Vertragsrecht der internationalen Konsortialkredite und Projektfinanzierungen, RiWV Schriftenreihe Bd. 2, Berlin 1985, S. 201-267 (zit.: Hinsch/Horn)

DERS., Adaptation and Renegotiation of Contracts in International Trade and Finance (Studies in Transnational Economic Law, vol. 3), Deventer 1985 (zit.: Adaptation)

DERS., Das chinesische Außenwirtschaftsvertragsgesetz von 1985, RIW 1985, S. 688-693

DERS., Die Gesetzgebung zum materiellen und internationalen Vertragsrecht, in: Horn/Schütze (Hrsg.), Wirtschaftsrecht und Außenwirtschaftsverkehr der VR China, RiWV Schriftenreihe Bd. 3, Berlin 1987, S. 67-103 (zit.: Horn/Schütze)

DERS., Die Vertragspraxis des chinesischen Außenwirtschaftsverkehrs, in: Horn/Schütze (Hrsg.), Wirtschaftsrecht und Außenwirtschaftsverkehr der VR China, RiWv Schriftenreihe Bd. 3, Berlin 1987, S. 118-149

HORSLEY, JAMIE P., Promoting Foreign Investment: Notes on Recent Developments (People's Republic of China), 8 E.A.E.R., S. 9 (March 1986)

DERS., China Issues Regulations to Implement Foreign Investment Encouragement Provisions, 9 E.A.E.R., S. 7-9 (Jan. 1987)

HUAN GUO-CHANG, The Special Economic Zones: Problems, Sucesses, Outlook, 7 E.A.E.R., S. 11-16 (May 1985); S. 15-18 (July 1985)

HUECK, ALFRED, Der Treuegedanke im modernen Privatrecht, München 1947

HUG, SABINE/TISCHBIREK, WOLFGANG, Schutz für deutsche Unternehmen in China. Neues Doppelbesteuerungsabkommen, in: Blick durch die Wirtschaft v. 8.8.1985

HUSHON, JOHN D., Joint Ventures between Multinationals: Government Regulatory Aspects, 6 N.C.J.Int'l L. & Com.Reg., S. 207-233 (1980/81)

INDONESIAN INVESTMENT COORDINATING BOARD (ed.), Indonesia – A Guide for Investors 1983, Jakarta 1983 (zit.: BKPM, Guide)

DERS. (ed.), Investment Law and Regulations, Jakarta 1986 (zit.: BKPM, Investment Law)

INGRISELLI, FRANK C., International Dispute Resolution and the People's Republic of China, Int'l Bus.Law., S. 376-380 (1984)

INTERNATIONAL CENTRE FOR SETTLEMENT OF INVESTMENT DISPUTES (ICSID), Investment Laws of the World, Dobbs Ferry, New York 1973 ff. (zit.: Investment Laws)

INTERNATIONAL CHAMBER OF COMMERCE (ICC), Joint International Business Ventures in Developing Countries, Paris 1969

JAKUBOWSKI, KLAUS, Die Technologieeinfuhrbestimmungen der VR China, ZvglRwiss 84 (1985), S. 257-273

JOST, ALEXANDER, Das Recht der ausländischen privaten Investitionen in Kenya, Diss. Zürich 1975

JÜTTNER, HEINRICH, Förderung und Schutz deutscher Direktinvestitionen in Entwicklungsländern unter besonderer Berücksichtigung der Wirksamkeit von Investitionsförderungsverträgen, Baden-Baden 1975

KNEIP, ANDREAS, Geschäftsführungsverträge im internationalen Privatrecht – Die Stellung des Geschäftsführers im Spannungsverhältnis zwischen internationalem Gesellschaftsrecht und Arbeitsrecht, Diss. München 1983

KÖHLER, OTTO, Malaysia – Investitionsführer, Köln 1982

KOVAC, JOSEF, Zur Reform des jugoslawischen Joint-Venture-Gesetzes, ZvglRwiss 85 (1986) S. 342-435

KREILE, REINHOLD, Das Doppelbesteuerungsabkommen zwischen der BRD und der VR China, München 1986

KREUZER, KARL, Know-How-Verträge im deutschen internationalen Privatrecht, in: FS v. Caemmerer, Tübingen 1978, S. 705-737

KÜGEL, WILFRIED, Das Patentrecht Chinas, in: Horn/Schütze (Hrsg.), Wirtschaftsrecht und Außenwirtschaftsverkehr der VR China, RiWV Schriftenreihe Bd. 3, Berlin 1987, S. 165-206 (zit.: Horn/Schütze)

DERS., Das Warenzeichenrecht Chinas, in: Horn/Schütze (Hrsg.), Wirtschaftsrecht und Außenwirtschaftsverkehr der VR China, RiWV Schriftenreihe Bd. 3, Berlin 1987, S. 207-225 (zit.: Horn/Schütze)

DERS., Die neuen Bestimmungen zur Förderung ausländischer Investitionen in der VR China, RIW 1987, S. 750-759

KUEH, Y./HOWE, CHRISTOPHER, China's International Trade: Policy and Organizational Change and their Place in the „Economic Readjustment“, China Quarterly 1984, S. 813-848

KYLE, ROBERT D., Foreign Investment: Joint Venture Law, 20 Harv.Int'l L.J., S. 675-680 (1979)

LANGEFELD-WIRTH, KLAUS, Das Gemeinschaftsunternehmen (Joint Venture) im Internationalen Wirtschaftsverkehr, BfAI-Publikation PA 23 (Sonderreihe), Köln 1986

LANGEN, EUGEN, Vom Internationalen Privatrecht zum Transnationalen Handelsrecht, NJW 1969, S. 358-360

DERS., Transnationales Handelsrecht, NJW 1969, S. 2229-2233

DERS., Transnationales Recht, Heidelberg 1981

LAPTEW, W. W. (Hrsg.), Sowjetisches Wirtschaftsrecht, Moskau, Berlin (Ost) 1975

LARENZ, KARL, Internationale Lizenzverträge, Weinheim 1954
DERS., Allgemeiner Teil des Deutschen Bürgerlichen Rechts, 6. Aufl., München 1983
LAUFFS, ANDREAS, Konkursrechtsgesetzgebung in der VR China, RIW 1986, S. 779-788
DERS., Neuere Entwicklungen im chinesischen Gesellschaftsrecht, RIW 1987, S. 433-437
LEE, ERIC H.K., The Chinese Joint Venture and Its Taxation, Bus.L.J., S. 521-530 (1983)
DERS., How to Settle Commercial Disputes in China, Int'l Fin.L.Rev., S. 33-36 (1985)
LEE, ORLAN, Formation of Contract and Contract Law through Multinational Joint Ventures: Indonesia, China and the Third World, 17 Int'l Law., S. 257-276 (1983)
LEMKE, PETER, Das China-Geschäft, Frankfurt/M. 1980
LEONHARDT, PETER, Entstehung und Entwicklung des persönlichen Eigentumsrechts in Rumänien, Tübingen 1974
LERCHE, DIETRICH, Steuersystem Indonesien, München 1977
LI SHUI-HUA, Dialogue with Investors Continues: Additional Equity Break Eyed, 7 E.A.E.R., S. 21-22 (April 1985)
DERS., Manufacturing Law Relaxed; Businessmen Welcome Changes , 8 E.A.E.R., S. 23-24 (Jan. 1986)
DERS., New Industrial Master Plan, 8 E.A.E.R., S. 20 (March 1986)
LI, VICTOR H., Reflections on the Current Drive Toward Greater Legalization in China, 10 Ga.J.Int'l & Comp.L., S. 221 ff. (1980)
v. LINGELSHEIM-SEIBICKE, WOLFGANG, Das China-Geschäft heute und morgen, Köln 1985
LIONNET, KLAUS, Schiedsgerichtsbarkeit und „Mediation" – Alternativen oder Gegensätze?, in: Nicklisch (Hrsg.), Der komplexe Langzeitvertrag, Heidelberg 1987, S. 543-550
LIU YOUHOU, Maßnahmen bei Gründung und Durchführung eines Gemeinschaftsunternehmens, in: Harnischfeger-Ksoll/Wu (Hrsg.), China Handbuch für die Wirtschaft, München, Beijing 1986, S. 347-351
LUSSENBURG, SELMA M., Joint Venture Investment in the People's Republic of China: A Continuing Challenge, 63 Can.B.Rev., S. 545-596 (1985)
LUTTER, MARCUS, Der Letter of Intent, Köln 1982

MAHER, KEVIN K., Foreign Investment in the People's Republic of China: Compensation Trade, Joint Ventures, Industrial Property Protection and Dispute Settlement, 10 Ga.J.Int'l & Comp.L., S. 233-270 (1980)
MALLER, BRANT K., Real Estate Joint Ventures – Legal and Business Concepts, 13 Real Estate L.J., S. 177-186
MANKE, KLAUS, Unterzeichnung des deutsch-chinesischen Doppelbesteuerungsabkommens, DstZ 1985, S. 263-272

MANN, FREDERIC A., Das neue englische Schiedsgesetz und die internationale Schiedsgerichtsbarkeit, NJW 1979, S. 1745-1747

DERS., Staatsunternehmen in internationalen Handelsbeziehungen, RIW 1987, S. 186-193

MARCINIUK, JANUSZ, Die Gründung einer Tochtergesellschaft in Polen, in: Lutter (Hrsg.), Die Gründung einer Tochtergesellschaft im Ausland, 2. Aufl., Berlin 1988, S. 398-430

MEDICUS, DIETER, Allgemeiner Teil des BGB, 2. Aufl., Heidelberg 1985

MELCHER, CHRISTIAN, Die Joint Venture Vereinbarung unter besonderer Berücksichtigung ihres Bestandes nach Inkorporation, Diss. Regensburg 1970

MENGEL, HANS-JOACHIM, Erhöhter völkerrechtlicher Schutz durch Stabilisierungsklauseln in Investitionsverträgen zwischen Drittstaaten und privaten Investoren?, RIW 1983, S. 739-745

DERS., Probleme der Zuständigkeit des International Centre for Settlement of Investment Disputes (ICSID), RIW 1986, S. 941-945

MENTZ, ALEXANDER, Joint Ventures im EG-Kartellrecht, AG 1979, S. 69-76

MESSMANN, STEFAN, Chinesische Gesetzgebung über Investitionen und Technologietransfer – Bisherige Erfahrungen der Praxis, BfAI/RI Nr. 194, Juli 1985

DERS., Die Gründung einer Tochtergesellschaft in Jugoslawien, in: Lutter (Hrsg.), Die Gründung einer Tochtergesellschaft im Ausland, 2. Aufl., Berlin 1988, S. 245-272

MESTMÄCKER, ERNST-JOACHIM, Gemeinschaftsunternehmen im deutschen und europäischen Konzern- und Kartellrecht, in: Mestmäcker/Blaise/Donaldson (Hrsg.), Gemeinschaftsunternehmen (Joint venture – Filiale commune) im Konzern- und Kartellrecht, Frankfurt/M. 1979, S. 9-45

MEYNEN/FRIEDMANN/WEG, Joint Ventures Revisited, Colum. J. World Trade Bus., S. 19-29 (1966)

MIDA (ed.), Malaysia – Investment Incentives, Kuala Lumpur 1984 (zit.: Investment Incentives)

DIES. (ed.), Investment in Malaysia – Policies & Procedures, Kuala Lumpur 1985 (zit.: Policies & Procedures)

DIES. (ed.), Malaysia – Manpower for Industry, Kuala Lumpur 1985 (zit.: Manpower)

DIES. (ed.), Malaysia – Your Profit Centre in Asia, Kuala Lumpur 1985 (zit.: Profit Centre)

DIES. (ed.), Incorporating a Manufacturing Company, Kuala Lumpur 1985

DIES. (ed.), The Central Unit, Kuala Lumpur 1986 (zit.: Central Unit)

DIES. (ed.), Malaysian Investment Mission to FRG and Switzerland, 14th-18th April 1986 (zit.: Investment Mission)

MINISTERIUM FÜR WIRTSCHAFT, MITTELSTAND UND VERKEHR BADEN-WÜRTTEMBERG (Hrsg.), Leitfaden Auslandsinvestitionen – Schwellen- und Entwicklungsländer, in: HIZ, Teil II, A 82 05, S. 1-46

MINISTRY OF INDUSTRY OF KENYA (ed.), Kenya – The Gateway to Africa. Guidelines to Investors, Nairobi 1981 (zit.: Guidelines to Investors)

MIRANDA, FAUSTO R., Problems of Joint International Business Ventures, 4 Int'l Law., S. 550-555 (1970)

MITTENDORF, HERBERT/LOHMANN, MANFRED, Förderung privater Direktinvestitionen in Entwicklungsländern, in: Sölter/Zimmerer (Hrsg.), Handbuch der Unternehmenszusammenschlüsse, Österreich 1972, S. 625-642

MOCK, ARNO, Märkte in Südostasien mit wachsender Bedeutung für den deutschen Maschinen- und Anlagenbau, Marktforschung 1985, S. 70-76

MOECKE, HANS-JÜRGEN, Die Joint-Venture-Gesetzgebung der VR China im Hinblick auf die Vertragserfahrungen mit Osteuropa, IWB Nr. 16, Fach 16, Gruppe 3

Münchener Kommentar, Kommentar zum Bürgerlichen Gesetzbuch, Bd. 1: Allgemeiner Teil (§§ 1-240 BGB) und AGB-Gesetz, 2. Aufl., München 1984 (zit.: Bearbeiter in: MüKo)

MÜNZEL, FRANK, Das chinesische Steuerrecht für Joint Ventures, RIW 1981, S. 24-34

DERS., Neue Regeln zur Investitionsförderung in China, RIW 1986, S. 945-949

MYERS, JAMES J., Why Conventional Arbitration is not Effective in Complex Long-Term Contracts, in: Nicklisch (Hrsg.), Der komplexe Langzeitvertrag, Heidelberg 1987, S. 503-522

NEE, OWEN D., JR., The Forms of Foreign Investment, in: Delfs/Gorman/Nee (ed.), China (Euromoney Publication), Hong Kong 1986, Chap. 3, S. 104 ff.

NEILSEN, ROBERT R., Structuring and Negotiating Contractual Agreements with Developing Countries in the Pacific Basin, in: Rosendahl (ed.), Current Legal Aspects of Doing Business in the Pacific Basin, American Bar Association, USA 1987, S. 329-348

NEVITT, PETER K., Project Financing, 4. Aufl. (Euromoney Publication), London 1983

NICKLISCH, FRITZ, Instrumente der Internationalen Handelsschiedsgerichtsbarkeit zur Konfliktregelung bei Langzeitverträgen, RIW 1978, S. 633-642

NISHITATENO, SONOKO, China's Special Economic Zones: Experimental Units for Economic Reform, 32 Int'l & Comp.L.Q., S. 175-185 (1983)

OECD, Investing in Developing Countries, 5. Aufl., Paris 1983

DIES., Countertrade – Developing Countries Practices, Paris 1985

OMAN, CHARLES, New Forms of International Investment in Developing Countries, Paris 1984

OPPETIT, BRUNO, L'arbitrage et les contrats commerciaux á long terme, Rev.Arb. 1976, S. 91-104

PAETZOLT, FRITZ H., Joint Ventures in Entwicklungsländern – Gesellschaftsrechtliche Fragen, Köln 1986

PALMER's Company Law, vol. 1, 22. Aufl., London 1976

PARRY, B. L., Chinese Joint Ventures Four Years On, 5 Bus.L.Rev., S. 7-8 (1984)

PATTISON, JOSEPH E., China's Developing Legal Framework for Foreign Investment: Experience and Expectations, 13 Law & Pol'y Int'l Bus., S. 89-175 (1981)

PATZINA, REINHARD, Internationaler Investitionsschutz, in: Kirchner/Schanze/v. Schlabrendorff et.alt. (Hrsg.), Rohstofferschließungsvorhaben in Entwicklungsländern, Teil 1: Interessenrahmen, Verhandlungsprozeß, rechtliche Konzeptionen, Frankfurt/M. 1977, S. 282-300 (zit.: Rohstofferschließungsvorhaben I)

PAUFLER, ALEXANDER, Steuerfallen in China. Was deutsche Unternehmen beachten sollten, in: Blick durch die Wirtschaft v. 30.7.1985

PENNINGTON, Company Law, 4. Aufl. 1979

PETER, WOLFGANG, International Investment Agreements – Types, Arbitration and Renegotiation, in: Nicklisch (Hrsg.), Der komplexe Langzeitvertrag, Heidelberg 1987, S. 119-150

PIRRUNG, JÖRG, Die Schiedsverfahrensordnung der UNCITRAL, RIW 1977, S. 513-519

POLLAK, CHRISTIAN, Neue Formen internationaler Unternehmenszusammenarbeit ohne Kapitalbeteiligung, München 1982

POMP, RICHARD D./SURREY, STANLEY S., The Tax Structure of the People's Republic of China, 20 Va.J.Int'l L., S. 1-23 (1980)

PRICE WATERHOUSE, Information Guide – Doing Business in Indonesia, U.S.A. 1981 (zit.: Indonesia)

DERS., Information Guide – Doing Business in Malaysia, U.S.A. 1982 (zit.: Malaysia)

QUITTNAT, J., Personalbeschaffung, Entlohnung und Kündigung bei Joint Ventures in der VR China, RIW 1986, S. 427-429

RAISER, THOMAS, Recht der Kapitalgesellschaften, München 1983

RAUH, KARLHEINZ, Die Schieds- und Schlichtungsordnungen der UNCITRAL, Köln 1983

REITHMANN, CHRISTOPH, Internationales Vertragsrecht, 4. Aufl., Köln 1988 (zit.: Reithmann-Bearbeiter)

RICH, FREDERIC C., Joint Ventures in China: The Legal Challenge, 15 Int'l Law., S. 183-211 (1981)

RIEDEL, JÜRGEN, Die multilaterale Industriekooperation und ihre Bedeutung für die industrielle Zusammenarbeit auf Unternehmensebene, in: Braun/Halbach/Helmschrott et.alt. (Hrsg.), Direktinvestitionen in Entwicklungsländern, München 1983, S. 81-114 (zit.: Direktinvestitionen)

Rui Mu, New Developments in China's Economic Legislation, 22 Colum.J.T ransnat'l L., S. 61-76 (1984)

Sadli, Mohammed, Foreign Investments in Indonesia. Problems and Prospects, in: International Comparative Law Centre (ed.), Private Investments and International Transactions in Asia and the South Pacific, New York 1974, S. 461-469 (zit.: Private Investments I)

Salem, David I., The Joint Venture Law of the People's Republic of China: Business and Legal Perspectives, 7 Int'l Trade L.J., S. 73-118 (1981-83)

Salow, Jochen, Bundesgarantien für Kapitalanlagen im Ausland und internationaler Investitionsschutz, München 1984

Sandrock, Otto, Handbuch der Internationalen Vertragsgestaltung, Bd. 1 und 2, Heidelberg 1980 (zit.: Sandrock/Bearbeiter)

Ders., „Versteinerungsklauseln" in Rechtswahlvereinbarungen für internationale Handelsverträge, in: FS Riesenfeld, Heidelberg 1983, S. 211-236

Sarközy, Tamas, Die Gründung einer Tochtergesellschaft in Ungarn, in: Lutter (Hrsg.), Die Gründung einer Tochtergesellschaft im Ausland, 2. Aufl., Berlin 1988, S. 551-589

Schallehn/Stolzenburg, Garantien und Bürgschaften der Bundesrepublik Deutschland zur Förderung der deutschen Ausfuhr, Köln 1974 (Loseblattsammlung, Stand Febr. 1988)

Schanze, Erich, Formen der Vertragsgestaltung, in: Kirchner/Schanze/v. Schlabrendorff et.al. (Hrsg.), Rohstofferschließungsvorhaben in Entwicklungsländern, Teil 1: Interessenrahmen, Verhandlungsprozeß, rechtliche Konzeptionen, Frankfurt/M. 1977, S. 351-377 (zit.: Rohstofferschließungsvorhaben I)

Ders., Investitionsverträge im internationalen Wirtschaftsrecht, Frankfurt/M. 1986

Schaub, Dieter, Gemeinschaftsunternehmen, in: Sölter/Zimmerer (Hrsg.), Handbuch der Unternehmenszusammenschlüsse, Österreich 1972, S. 179-194

Schieber, Paul-Hermann, Aktuelle steuerliche Probleme des Geschäftsverkehrs zwischen der BRD und der VR China, BfAI/RI Nr. 194, Juli 1985

Ders., Besteuerung von Ausländern in China, IWB Nr. 22, Fach 6, China Gruppe 2, S. 9 ff.

v. Schlabrendorff, Fabian G., Politische Rahmenbedingungen in Entwicklungsländern, in: Kirchner/Schanze/v. Schlabrendorff et.al. (Hrsg.), Rohstofferschließungsvorhaben in Entwicklungsländern, Teil 1: Interessenrahmen, Verhandlungsprozeß, rechtliche Konzeptionen, Frankfurt/M. 1977, S. 115-132 (zit.: Rohstofferschließungsvorhaben I)

Schlegelberger, Handelsgesetzbuch, Bd. IV: §§ 343-372, 5. Aufl., München 1976 (zit.: Schlegelberger-Bearbeiter)

Schlosser, Peter, Das Recht der internationalen Schiedsgerichtsbarkeit, Tübingen 1975

SCHLÜTER, ANDREAS, Management- und Consulting-Verträge, RiWV Schriftenreihe Bd. 4, Berlin 1987

SCHMIDT, KARSTEN, Informationsrechte in Gesellschaften und Verbänden, Heidelberg 1984

SCHMITTHOFF, CLIVE M., The Law of International Trade, Its Growth, Formulation and Operation, in: Schmitthoff (ed.), The Sources of the Law of International Trade, London 1964, S. 3-38 (zit.: Sources of Law)

DERS., Commercial Law in a Changing Economic Climate, 2. Aufl., London 1981 (zit.: Changing Economic Climate)

DERS., Nature and Evolution of the Transnational Law of Commercial Transactions, in: Horn/Schmitthoff (ed.), The Transnational Law of International Commercial Transactions (Studies in Transnational Economic Law, vol. 2), Deventer 1982, S. 19-31 (zit.: Horn/Schmitthoff)

DERS. in: ICC (ed.), Interpretation and Application of International Trade Usages (Publication No. 374), Paris, S. 21-44

SCHNEIDER, DIETER/SCHEUBLE, RAINER, Der Geschäftspartner VR China, Marktforschung 1986, S. 39-43

SCHÜTZE, ROLF A., Die Anerkennung und Vollstreckbarerklärung von Zivilurteilen und Schiedssprüchen im deutsch-chinesischen Rechtsverkehr, RIW 1986, S. 269-271

DERS., Rechtsverfolgung und Streitbeilegung in China, in: Horn/Schütze (Hrsg.), Wirtschaftsrecht und Außenwirtschaftsverkehr der VR China, RiWV Schriftenreihe Bd. 3, Berlin 1987, S. 315-335 (zit.: Horn/Schütze)

DERS., Handels- und Wirtschaftsrecht von Singapur und Malaysia, Heidelberg 1987

DERS./TSCHERNING, DIETER/WAIS, WALTER, Handbuch des Schiedsverfahrens. Praxis der deutschen und internationalen Schiedsgerichtsbarkeit, Berlin 1985

SCHWEISFURTH, THEODOR, Die Rechtsgrundlagen für Gemeinschaftsunternehmen in der Sowjetunion, RIW 1987, S. 489-499

SEIFERT, H., Die ASEAN-Länder als Standort für ausländische Investoren, in: Diedrich/Gocht/Seifert (Hrsg.), Rohstoffwirtschaft und Industrialisierung in den ASEAN-Ländern, 1981, S. 204-318

DERS./BOAS, K.C., Das Investitionsklima für ausländische Investoren in Malaysia, in: HIZ, Teil I, Malay. 21 10, S. 1-17

DERS./BOAS, K.C., Das Investitionsklima für ausländische Investoren in Indonesien, in: HIZ, Teil I, Indo. 21 10, S. 1-26

SHANNON, HARRY A., Das OECD-Musterabkommen zur Vermeidung der Doppelbesteuerung im Vergleich mit dem US-Musterabkommen, RIW 1986, S. 271-283

SHIHATA, IBRAHIM F.J., The Multilateral Investment Guarantee Agency (MIGA) and Its Role in the Promotion of Foreign Investment, in: Private Investors Abroad 1985, § 11.01-§ 11.07

SIDIN, MOHKTAR BIN HAJI, Tax Systems and Laws of ASEAN Countries – Malaysia, in: 1980 ASEAN Comparative Law Series, vol. 8 (ed. Javellana),

Diliman, Quezon City, Phillipines 1982, S. 48-90 (zit: ASEAN Comparative Law)
SIEBOURG, PETER, Der Letter of Intent, Diss. Bonn 1979
SINGH, AWTHER, Contract Law of Malaysia, Singapore 1978
SINGLETON, EDWARD, The Resolution of Multiparty Disputes, in: Institute of International Business Law and Practice, Multiparty Business Disputes, Paris 1980, S. 45-55
SKRINE, J.S.H., Malaysia, in: Campbell (ed.), Legal Aspects of Doing Business in Asia and the Pacific, Deventer 1985, S. 273-289 (zit.: Legal Aspects)
SOEMITRO, ROCHMAT, Taxation and Its Function to Create a Favorable Climate for Private Capital Investments, in: International Comparative Law Centre (ed.), Private Investments and International Transactions in Asia and the South Pacific, New York 1974, S. 729-745 (zit.: Private Investments I)
SOUTAR, TIM, China's Foreign Guarantee and Capital Ratio Solution, 6 Int'l Fin.L.Rev., S. 30-32 (1987)
SPAULDING, BARRY R., Structuring a Joint Venture: The Foreign Exchange Factor, 8 E.A.E.R., S. 13-14 (May 1986)
STAUDINGER, JULIUS RITTER VON, Kommentar zum Bürgerlichen Gesetzbuch mit Einführungsgesetz und Nebengesetzen, 2. Buch: Recht der Schuldverhältnisse (§§ 657-740 BGB), 12. Aufl., Berlin 1980 (zit.: Staudinger-Bearbeiter)
STEEG, HELGA, Internationale Verhaltensregeln für internationale Investitionen und multinationale Unternehmen, ZGR 1985, S. 1-15
STEEMANN, GISELA, Das Gesetz über Gesellschaften mit ausländischer Beteiligung in Polen, RIW 1987, S. 620-623
STOCKMAYER, ALBRECHT, Projektfinanzierung und Kreditsicherung. Dargestellt am Beispiel von Darlehen an Rohstoffvorhaben in Entwicklungsländern, Frankfurt/M. 1981
DERS., Finanzierung: Formen und Sicherung, in: Schanze/Fritzsche/Kirchner et.al. (Hrsg.), Rohstofferschließungsvorhaben in Entwicklungsländern, Teil 2: Probleme der Vertragsgestaltung, Frankfurt/M. 1981, S. 194-228 (zit.: Rohstofferschließungsvorhaben II)
STOLL, JUTTA, Vereinbarungen zwischen Staat und ausländischem Investor, Heidelberg 1982
STRICKER, SABINE/TISCHBIREK, WOLFGANG, Das Steuerrecht der ausländischen Investition und Geschäftstätigkeit, in: Horn/Schütze (Hrsg.), Wirtschaftsrecht und Außenwirtschaftsverkehr der VR China, RiWV Schriftenreihe Bd. 3, Berlin 1987, S. 257-291
STROHM, GUNTHER, Die Ertragsbesteuerung von ausländischen Investitionen in der VR China, RIW 1986, S. 446-451
STUMPF, HERBERT, Der Know-How-Vertrag, 3. Aufl., Heidelberg 1977
DERS., Der Lizenzvertrag, 5. Aufl., Heidelberg 1984
DERS., Ost-West-Schiedsgerichtsbarkeit: Schiedsgerichte mit Sitz in dritten Ländern, RIW 1987, S. 821-825

SUBEKTI, R., Indonesia, in: Minattur, Contractual Remedies in Asian Countries, New Delhi 1975

SUGAR (ed.), Joint Ventures in Hungary, Budapest 1986

SURREY, STERLING/FISHBURNE, BENJAMIN/CHAUDHRI, JAVADE, Joint Ventures in China: The First Water Stop, 21 Tex. Int'l L.J., S. 221-257 (1986)

SUTTER, ROLF, Nationale Wirtschaftspolitik und internationale Unternehmen in Malaysia, Hamburg 1979

TAO JINGZHOU, Cooperative Joint Ventures in China, Int'l Fin.L.Rev., S. 34-36 (Oct. 1988)

TETZ, STEFANIE, Das Neue Technologie-Vertragsgesetz der VR China, RIW 1988, S. 851-861

TOPP, STEPHEN W., Joint Ventures in the People's Republic of China, 14 Int'l L. & Econ.J., S. 133-152 (1979)

TORBERT, PRESTON M., China's Joint Venture Law: A Preliminary Analysis, 12 Vand.J.Transnat'l L., S. 819-887 (1979)

TREECK, JOACHIM, Das Ausscheiden aus der Doppelgesellschaft, Berlin 1968

TRIEBEL, VOLKER, Englisches Handels- und Wirtschaftsrecht, Heidelberg 1978

UHLIG, CHRISTIAN, Industrial Production Cooperation as Instrument of Development Policy, in: Hottes/Uhlig (Hrsg.), Joint Ventures in Asien, Stuttgart 1983, S. 1-15 (zit.: Hottes/Uhlig)

ULLRICH, HANNS, Immaterielle Auslandsinvestitionen, gewerbliches Eigentum und internationaler Kapitalanlagenschutz, RIW 1987, S. 179-186

UNCTC, Arrangements between Joint Venture Partners in Developing Countries, United Nations (ed.), New York 1987 (zit.: JV-Arrangements)

DIES., Financial and Fiscal Aspects of Petroleum Exploitation, United Nations (ed.), New York 1987 (zit.: Financial and Fiscal Aspects)

UNIDO, Manual on the Establishment of Industrial Joint-Venture Agreements in Developing Countries, United Nations (ed.), New York 1971 (zit.: Manual)

VELLOSO, ADOLFO ALVARADO, El arbitraje: solucion eficiente de conflictos de intereses (Streitbeilegung und Schiedsgerichtsbarkeit), in: Nicklisch (Hrsg.), Der komplexe Langzeitvertrag, Heidelberg 1987, S. 475-502

VERDROSS, ALFRED/SIMMA, BRUNO, Universelles Völkerrecht, 3. Aufl., Berlin 1984

VOSS, JÜRGEN, Multilaterale Agentur für Kapitalanlagegarantien, E + Z 1985, S. 26-27

DERS., Die Multilaterale Investitionsgarantie-Agentur, RIW 1987, S. 89-95

WALDERSEE, GEORG GRAF, Rechnungslegung für Gemeinschaftsunternehmen (Joint Ventures) in der VR China, DB 1986, S. 1933-1939

WÄLDE, THOMAS W., Beteiligte Aktoren und deren Interessen, in: Kirchner/Schanze/v. Schlabrendorff et.al. (Hrsg.), Rohstofferschließungsvorhaben in Entwicklungsländern, Teil 1: Interessenrahmen, Verhandlungsprozeß, rechtliche Konzeptionen, Frankfurt/M. 1977, S. 133-193 (zit.: Rohstofferschließungsvorhaben I)

DERS., Transnationale Investitionsverträge, RabelsZ 1978, S. 28-86

DERS., Rechtsformen der Verflechtung zwischen Staat und Wirtschaft im Bereich internationaler Wirtschaftsbeziehungen: Zwischenstaatliche Kooperationsabkommen und Modellverträge internationaler staatlicher Organisationen, in: Gessner/Winter (Hrsg.), Rechtsformen der Verflechtung von Staat und Wirtschaft, S. 372-390 (zit.: Gessner/Winter)

WEICK, GÜNTER, Vorbeugung und Beilegung von Konflikten in internationalen Verträgen, in: Europäisches Rechtsdenken in Geschichte und Gegenwart, FS Coing, Bd. II, München 1982, S. 543-564

v. WESTPHALEN, FRIEDRICH GRAF, Rechtsprobleme der Exportfinanzierung, 3. Aufl., Heidelberg 1987

WHITE, E., The Role of Small and Medium-Sized Enterprise in the International Transfer of Technology, in: Issues for Research, Arbeitspapier für UNCTAD, Nov. 1980 (TD/B/C.6/64)

WILKE, KAY-MICHAEL, Überblick über das deutsch-kenianische Doppelbesteuerungsabkommen, IWB Nr. 18, Fach 7, Gruppe 2, S. 7-12

WRIGHT, RICHARD W./RUSSEL, COLIN S., Joint Ventures in Developing Countries: Realities and Responses, 10 Co lum.J.World Bus., S. 74-80 (1975)

WU, MIN AUN/VOHRAH, BEATRIX, The Commercial Law of Malaysia, Kuala Lumpur 1979

XIU JIE, Das Recht der Besonderen Wirtschaftszonen, in: Horn/Schütze (Hrsg.), Wirtschaftsrecht und Außenwirtschaftsverkehr der VR China, RiWV Schriftenreihe Bd. 3, Berlin 1987, S. 292-311 (zit.: in Horn/Schütze)

YATIM, ZAKARIA BIN MOHD., Settlement of Commercial Disputes in Malaysia, 1 Malayan L.J., S. 118-127 (1983) = 1980 ASEAN Comparative Law Series, vol. 7 (ed. Santos, Jr.), Diliman, Quezon City, Phillipines 1982, S. 25-42

ZHANG YI, Information and Suggestion on Foreign Exchange Control Relating to Chinese-Foreign Joint Ventures, in: Policy Research Department and Foreign Investment Administration and MOFERT (ed.), Guide to Foreign Economic Relations and Trade in China, Hong Kong 1984, S. 164-167

ZHENG, HENRY R., Foreign Investment Law in the People's Republic of China: A 1986 Update, 19 N.Y.U.J.Int'l L. & Pol., S. 269-325 (1987)

DERS./KWAN, NINA, Foreign Investment Provisions Lay Groundwork for Improved Chinese Investment Climate, 8 E.A.E.R., S. 8, 18-20 (Dec. 1986)

ZIHLMANN, PETER, Gemeinschaftsunternehmen (Joint Business Ventures) in der Form von Doppelgesellschaften, SJZ 1972, S. 317-327

DERS., Gestaltung und Risiko der Partnerschaft in Gemeinschaftsunternehmen, AWD 1974, S. 466-469

ZWEIGERT, KONRAD/v. HOFFMANN, BERND, Zur internationalen Joint Venture, in: FS Martin Luther, München 1976, S. 203-212

DERS./KÖTZ, HEIN, Einführung in die Rechtsvergleichung auf dem Gebiet des Privatrechts, Bd. I: Grundlagen, 2. Aufl., Tübingen 1984

# 1. Kapitel
# Das Gemeinschaftsunternehmen (Joint Venture) als Form transnationaler Unternehmenskooperation

## § 1 Gegenstand und Methode der Untersuchung

### I. Das Gemeinschaftsunternehmen im Wirtschaftsverkehr mit Entwicklungsländern und sozialistischen Staaten

Im Rahmen zunehmender internationaler Wirtschaftsverflechtung ist die grenzüberschreitende Zusammenarbeit von Unternehmen aus verschiedenen Ländern unausweichlich geworden. Privatwirtschaftliche Kooperation findet heute weltweit nicht mehr allein zwischen Unternehmen statt, die ähnlichen Staats- und Wirtschaftssystemen angehören (West/West-, Ost/Ost- oder Süd/Süd-Kooperationen). Im Bereich privater internationaler Wirtschaftstätigkeit sind vermehrt „gemischte" Kooperationen anzutreffen, d.h. Unternehmen aus westlichen Industrieländern gehen immer häufiger Kooperationsbeziehungen mit Unternehmen aus Entwicklungsländern oder aus sozialistischen Staaten ein.

Die zunehmende weltwirtschaftliche Interdependenz macht sich in neuen vertraglichen Kooperationsformen bemerkbar. Neue rechtliche Formen und Vertragsstrukturen sind insbesondere im Bereich des Technologietransfers erforderlich geworden, dessen Bedeutung und Komplexität unaufhaltsam gewachsen sind. Hier haben sich in Gestalt von Gemeinschaftsunternehmen, Contractual Joint Ventures, Barter-Trade-, Turnkey- und Rückkaufgeschäften neue Geschäftstypen und Zusammenarbeitsformen entwickelt, die neben die traditionellen Formen des internationalen Technologietransfers – Exportgeschäft und Direktinvestition – getreten sind.

Eine besonders enge, gesellschaftsrechtlich verdichtete Form transnationaler Zusammenarbeit, bei der zumeist eine Verknüpfung von Technologie-, Kapital-, Dienstleistungs- und Warentransfer erfolgt, ist das Gemeinschaftsunternehmen oder (Equity) Joint Venture.

Als rechtlich selbständige Gesellschaft unter ausländischer Beteiligung von mindestens zwei unabhängigen Unternehmen zur Erreichung eines gemeinsamen Zwecks gegründet, liegt die besondere Attraktivität dieses neuen Rechtsinstituts darin, daß die Kooperationspartner ihre rechtliche und wirtschaftliche Selbständigkeit behalten, gleichwohl auf bestimmten Gebieten gesellschaftsrechtlich mit einem Partner zusammenarbeiten können, ohne den sie das erstrebte Ziel nicht oder nicht so leicht erreichen könnten. Ungeachtet des Entwicklungsstandes und der Verschiedenheit der politischen, wirtschaftlichen und gesellschaftlichen Systeme, denen die Kooperationspartner jeweils angehören, ermöglichen Gemeinschaftsunternehmen einen effektiven Technologietransfer und die Verwirklichung gemeinsamer wirtschaftlicher Ziele. Hieraus erklärt sich die große Bedeutung dieser Kooperationsform im Nord-Süd-Handel, in dem bei jeder privatwirtschaftlichen Zusammenarbeit gravierende Entwicklungsgefälle zwischen Beteiligten und Einzelwirtschaften überwunden werden müssen, und ihre zunehmende Beliebtheit im Ost-West-Handel, wo Systemunterschiede gesellschaftsrechtlich ausgestaltete Kooperationen zwischen Unternehmen aus kapitalistischen und sozialistischen Staaten erschweren.[1]

Viele Entwicklungsländer haben das Gemeinschaftsunternehmen mit ausländischer Beteiligung längst als devisensparenden Technologietransferkanal erkannt und setzen es im Rahmen ihrer Wirtschaftswachstumsprogramme gezielt ein, um bei weitgehender Bewahrung der nationalen Wirtschaftssouveränität entwicklungspolitisch erwünschte Zwecke zu erreichen. Das trifft auch auf Indonesien, Malaysia, Kenia und die VR China zu, die für diese Arbeit als Untersuchungsgebiete ausgewählt wurden.

Indonesien und Malaysia gehören zu den ASEAN[2]-Staaten, die eine grundsätzlich liberale Joint Venture-Politik betreiben. Die ASEAN-Staaten sind eine der dynamischsten Regionen der Welt, die mit einer Bevölkerung von über 280 Millionen Menschen einen großen Bedarf an Industrialisierung hat und der auch in naher Zukunft gute Wachstumschancen zugesprochen werden.[3] Malaysia verfügt über erhebliche natürliche Resourcen, einen großen Markt und ein relativ hohes Entwicklungsniveau – Faktoren, die es aus deutscher Sicht für eine Produktionsverlagerung interessant erscheinen lassen. Indonesien ist das Land mit den be-

---

1 So richtig u.a. Klenner in: Hottes/Uhlig, S. 227 (228); Klingenberg/Pattison, 19 Va.J.Int'l L. 807, 814 (1979); Erlinghagen in: FS Pleyer, S. 207.

2 Abkürzung für: Association of South East Asian Nations. Mitglieder dieser 1967 gegründeten Vereinigung sind Indonesien, Malaysia, Thailand, Singapur, Brunei und die Philippinen.

3 Statt vieler Endres, RIW 1988, 598.

deutsamsten Rohstoffvorkommen im ASEAN-Raum. Die Ausnutzung dieser Resourcen steht angesichts infrastruktureller Schwächen erst am Anfang. Die Größe des Landes und die hohe Bevölkerungszahl (über 161 Mio. Menschen) tragen weiter dazu bei, daß deutsche Investoren in diesem südost-asiatischen Land eine Fülle aussichtsreicher Betätigungsfelder finden.

Kenia gilt unter den Ländern Schwarzafrikas als Entwicklungsland mit Modellcharakter. Es bietet Gemeinschaftsunternehmen durch seine geographische Lage, seinen verhältnismäßig hohen Entwicklungsstand, eine weitgehend marktwirtschaftliche Ausrichtung und eine liberale Außenwirtschaftspolitik relativ günstige Bedingungen. Ausländische Privatinvestitionen werden besonders begrüßt, wenn sie mit kenianischer Beteiligung durchgeführt werden.

Die VR China ist von den als Untersuchungsgebiete ausgewählten vier Entwicklungsländern das einzige Land mit rein sozialistischer Wirtschaft und gehört noch zu den „Neulingen im Joint Venture-Geschäft". Sie begann erst 1979 ausländisch-chinesische Gemeinschaftsunternehmen als Hauptinstrument ihrer von Deng Xiaoping eingeleiteten Politik der außenwirtschaftlichen Öffnung Chinas einzusetzen, um für den Modernisierungsprozeß der nationalen Wirtschaft fortschrittliche Technologien, betriebswirtschaftliches Know-how und Kapital westlicher Länder in Anspruch nehmen zu können. Eine Bevölkerung von über einer Milliarde Menschen, ein großes Territorium mit reichen natürlichen Resourcen und ein hoher Bedarf an Investitions- und Konsumgütern eröffnen deutschen Unternehmern interessante Investitionsmöglichkeiten.

Nach der VR China sind in den letzten Jahren auch die sozialistischen Staaten Osteuropas verstärkt dazu übergegangen, Gemeinschaftsunternehmen gezielt für die Beschaffung der zur Modernisierung ihrer nationalen Wirtschaften erforderlichen Güter einzusetzen. Die UDSSR hat im Zuge der Perestrojka am 13.1.1987 mit der „Verordnung über das Gründungsverfahren und die Tätigkeit von Gemeinschaftsunternehmen unter Beteiligung sowjetischer Organisationen und Firmen kapitalistischer und Entwicklungsländer auf dem Territorium der UDSSR"[4] eine erste Rechtsgrundlage für Gemeinschaftsunternehmen in der Sowjetunion geschaffen. In Jugoslawien, Ungarn, Polen, Bulgarien und der CSSR wurden

[4] Zu diesem Gesetz u.a. SCHWEISFURTH, RIW 1987, 489; ICC, Guide to Joint Ventures in the USSR, Paris 1988.

ausländische Kapitalbeteiligungen zwar schon länger zugelassen;[5] die Gründung „gemischter Unternehmen" fand bei westlichen Investoren angesichts ungünstiger Investitionsbedingungen und restriktiver Regelungen aber nur wenig Interesse. Neue Gesetze und Verordnungen sollen die Bedingungen zur Gründung von Gemeinschaftsunternehmen vereinfachen und Investoren aus kapitalistischen Ländern anziehen.[6]

Wenn sich vorliegende Untersuchung auch schwerpunktmäßig mit der Gründung von Gemeinschaftsunternehmen in Entwicklungsländern beschäftigt, so tritt eine Vielzahl der angesprochenen Probleme doch ebenso bei Joint Venture-Gründungen in der UDSSR oder anderen osteuropäischen Staaten auf. Viele der aufgezeigten Lösungskonstruktionen und Regelungen sind nicht territorialspezifisch begrenzt; sie können daher auch bei der Abfassung von Joint Venture-Vertragswerken mit Partnern in osteuropäischen Ländern Verwendung finden.

## II. Das Gemeinschaftsunternehmen als Investitionsform mittelständischer Unternehmen in Entwicklungsländern

Kooperationspartner bei der Gründung von Gemeinschaftsunternehmen in Entwicklungsländern sind auf ausländischer Seite nicht mehr allein international tätige Großunternehmen (Multis), sondern zunehmend auch kleinere und mittlere Unternehmen. Entsprechend dem weltweit zu beobachtenden Trend ist in den letzten Jahren auch bei deutschen mittelständischen Unternehmen eine steigende Auslandsorientierung festzustellen. Ursache hierfür ist die allseits zunehmende Internationalisierung der Unternehmenspolitik. Danach sollen immer häufiger Kooperationsbeziehungen mit auf Auslandsmärkten ansässigen Unternehmen eingegangen werden, um durch eine geregelte Zusammenarbeit verstärkt an der Entwicklungsdynamik bestimmter Märkte teilzuhaben und um durch Inputkostenersparnis die eigene internationale Wettbewerbsfähigkeit zu erhöhen.

Die Gründung eines Gemeinschaftsunternehmens ist für viele mittelständische Unternehmen der einzige Weg, um ihr Auslandsengage-

---

5 Ausführlich hierzu CAMPBELL (ed.), Legal Aspects of Joint Ventures in Eastern Europe, 1981; vgl. auch ENDERLEIN (Hrsg.), Handbuch der Außenhandelsverträge, Bd. 4, 1982.

6 Vgl. STEEMANN, RIW 1987, 620; BERGMANN, RIW 1986, 695; MARCINIUK m.w.N. in: Lutter (Hrsg.), S. 398 (409); MESSMANN m.w.N. in: Lutter (Hrsg.), S. 246 ff.; KOVAC, ZvglRwiss 85 (1986) 342 ff.; SARKÖZY in: Lutter (Hrsg.), S. 551 ff.; BAN, RIW 1986, 429; SUGAR, Joint Ventures in Hungary, 1986.

ment zu verstärken oder eine größere Geschäftstätigkeit in fremden Ländern überhaupt zu beginnen. Unter ihnen steigt die Zahl derer, die ihren Blick in diesem Zusammenhang auf Märkte in der Dritten Welt richten. Ihnen kommt der Wunsch vieler Entwicklungsländer entgegen, mittlere und kleinere Unternehmen als Investoren zu gewinnen.[7] Deutsche Investoren werden in der Dritten Welt gern gesehen.[8] Sie sind nicht nur wegen ihres Know-how und ihrer großen Beweglichkeit begehrt, sondern auch weil die politischen Beziehungen der Bundesrepublik Deutschland zu Entwicklungsländern nicht durch Attribute einer Großmacht oder Hypotheken aus kolonialer Vergangenheit belastet sind.

Vor einem Enthusiasmus mittelständischer Unternehmen für die Gründung von Gemeinschaftsunternehmen mit Partnern in Entwicklungsländern ist aber zu warnen. In der Praxis treten Schwierigkeiten auf, die von mittelständischen Unternehmen nicht immer leicht bewältigt werden können. Ein Anliegen dieser Arbeit ist, auf derartige Probleme hinzuweisen.

Gemeinschaftsunternehmen werden in fast allen Wirtschaftszweigen gegründet. Mittelständische Unternehmen sind jedoch nicht überall als Kooperationspartner zu finden. So sind vor allem die sehr kostspieligen Rohstofferschließungsvorhaben Domäne weniger international tätiger Großunternehmen. In Anbetracht des Kapitalbedarfs und der zunehmenden Bedeutung des Rohstoffsektors im Rahmen der Weltwirtschaft tritt auf inländischer Seite zumeist kein privates Unternehmen, sondern der Staat selbst als Kooperationspartner des ausländischen Investors auf. Kooperationsgegenstand und -beteiligte werfen spezielle Probleme bei der Gestaltung der rechtlichen Zusammenarbeit auf, die von denen anderer Gemeinschaftsunternehmen abweichen. Insoweit muß daher auf andere Literatur verwiesen werden.[9]

## III. Ziele der Untersuchung

Trotz der großen Bedeutung des Gemeinschaftsunternehmens für den internationalen Wirtschaftsverkehr hat sich die deutsche juristische Lite-

---

7 Vgl. z.B. Blick durch die Wirtschaft v. 19.9.1985 (Malaysia wirbt um deutsche Unternehmen. Gute Chance für kleinere und mittlere Firmen); BfAI/NfA v. 22.1.1986 (Chancen für mittelständische Industriekooperation mit Indonesien); v. Bismarck in: Handelsblattbeilage v. 28.8.1986 (China – Ein neuer Markt für Mittelstandsbetriebe?).

8 Vgl. z.B. Management Wissen 8/86, S. 38 ff. (Wunschpartner: Deutschland).

9 Vgl. z.B. Kirchner/Schanze/v. Schlabrendorff et.al., Rohstofferschließungsvorhaben in Entwicklungsländern, 2 Bde.; Böckstiegel, Der Staat als Vertragspartner ausländischer Privatunternehmen, 1971.

ratur bislang nur wenig mit den Rechtsfragen und Problemen auseinandergesetzt, die von deutschen Investoren in der Praxis zu bewältigen sind. Aufgabe und Ziel dieser Untersuchung soll sein, die komplexe rechtliche Kooperationsproblematik aufzuhellen.

Notwendige Voraussetzung für eine Lösung der vielfältigen Probleme und Gestaltungen bei der Gründung von Gemeinschaftsunternehmen ist die genaue Kenntnis der Rechtsordnung des Anlagelandes auf den Gebieten des Investitions-, Gesellschafts-, Steuer-, Devisen-, Arbeits- und Sozialrechts. Für die VR China, Indonesien, Malaysia und Kenia werden die diesbezüglich wesentlichen Regelungen überblickartig vorgestellt, wobei der Hinweis angezeigt erscheint, daß sich diese wirtschaftsrechtlichen Vorschriften entsprechend der jeweiligen wirtschaftlichen und politischen Situation des Entwicklungslandes auch sprunghaft ändern können. Die Darstellungen sollen die in diesen Ländern für Gemeinschaftsunternehmen bestehenden wirtschaftsrechtlichen Rahmenbedingungen transparenter machen. Sie können aber weder eine branchenspezifische Eigenanalyse noch fachkundige Berater ersetzen, die im Anlageland bei einem konkreten Projektvorhaben zur Lösung spezieller Probleme immer hinzugezogen werden müssen.

Ein Anliegen dieser Arbeit ist darüber hinaus festzustellen, ob sich ungeachtet der Verschiedenheit der einzelnen nationalen Regelungen gleichwohl Ähnlichkeiten im Wirtschaftsrecht der Gemeinschaftsunternehmen erkennen lassen, ob sich in den unterschiedlichen nationalen Gesetzgebungen gleiche oder vergleichbare Anliegen der Entwicklungspolitik der betreffenden Gastländer widerspiegeln, mit denen deutsche Investoren gleichermaßen bei der Gründung von Gemeinschaftsunternehmen in anderen Entwicklungsländern konfrontiert werden.

Neben den wirtschaftsrechtlichen Rahmenbedingungen für Gemeinschaftsunternehmen befaßt sich die Arbeit schwerpunktmäßig mit der vertraglichen Gestaltung des Gemeinschaftsunternehmens durch Joint Venture-Vertrag und Gesellschaftsstatut. Der überwiegende Teil des vertragsrechtlichen Abschnitts der Untersuchung ist der inhaltlichen Gestaltung des Joint Venture-Vertrages sowie den dabei auftretenden juristischen Einzelfragen gewidmet. Das Hauptinteresse gilt zum einen der Suche nach die Vertragspraxis kennzeichnenden gemeinsamen Lösungskonstruktionen für grundlegende Sachprobleme, zum anderen der Frage, wie diese im einzelnen geregelt sind. Wenn auch einige Formulierungsvarianten beispielhaft aufgezeigt werden sollen, so kann Aufgabe dieser Arbeit gleichwohl nicht die kautelarjuristische Diskussion aller bei Vertragsentwurf zu beachtenden Regelungspunkte sein.

Die Arbeit bezieht neben wenigen frei zugänglichen Muster- und Modellverträgen[10] einige Verträge aus der Praxis mittelständischer Unternehmen ein. Diese Verträge müssen auf Wunsch der jeweiligen Firmen vertraulich behandelt werden und können deshalb nicht näher bezeichnet werden.

## IV. Gang der Darstellung

Eine kurze Charakterisierung des transnationalen Gemeinschaftsunternehmens und die Vorstellung der das Gemeinschaftsunternehmen gründenden Partner sollen als Einstieg in vorliegende Untersuchung dienen.

Einen breiten Raum in der Untersuchung nimmt das dann folgende 2. Kapitel mit dem Wirtschaftsrecht der Gemeinschaftsunternehmen ein. Hier geht es um die investitions- und wirtschaftsrechtlichen Rahmenbedingungen, die deutsche Investoren bei der Gründung von Gemeinschaftsunternehmen in der VR China, Indonesien, Malaysia und Kenia vorfinden. Anhand der für diese Arbeit ausgewählten Anlageländer werden dabei neben territorialspezifischen insbesondere allgemeine Strukturen exemplarisch erörtert, die deutsche Unternehmer gleichermaßen bei Investitionen in anderen Entwicklungsländern vorfinden. Die Investitionspolitik und -gesetzgebung der Entwicklungsländer ist hier ebenso Untersuchungsgegenstand wie das Verfahren zur Gründung von Gemeinschaftsunternehmen, ihre steuerliche und devisenrechtliche Behandlung, Fragen des Arbeits- und Sozialrechts.

Das 3. und 4. Kapitel beschäftigen sich schwerpunktmäßig mit dem Vertragsrecht der Gemeinschaftsunternehmen. Im 3. Kapitel wird zunächst die vertragliche Errichtung und Beendigung des Gemeinschaftsunternehmens dargestellt, das 4. Kapitel befaßt sich anschließend mit der vertraglichen Organisation der Durchführung.

Ein Überblick über die ein Gemeinschaftsunternehmen vorbereitenden Vereinbarungen (§ 8) und über das Vertragswerk des Gemeinschaftsunternehmens (§ 9) sollen ein Verständis der komplexen vertragsrechtli-

---

10 Dem Sample Contract for Joint Ventures Using Chinese and Foreign Investment (zit.: chines. Sample Contract; Text abgedr. in: Horn/Schütze, Anhang, S. 603 ff.); dem zwischen der China Construction Machinery Corporation und der Schindler Holding AG geschlossenen Agreement on the Establishment of A Joint Venture Elevator Company in the PRC (zit.: Schindler-JV; Text abgedr. in: BfAI/RI Nr. 194; China Economic News 2/1980); einem Mustervertrag über die Herstellung von Fahrzeugen und die Montage von Fahrzeugteilen; einem von der DEG entwickelten JV-Vertragsmuster.

chen Beziehungen erleichtern. Desweiteren finden sich hier neben Ausführungen zur Rechtsnatur des JV-Vertrages eine Checkliste für den Inhalt von JV-Verträgen, Aussagen zur Rechtsform des Gemeinschaftsunternehmens und zum Inhalt des Gesellschaftsstatuts.

Alle weiteren Paragraphen (§§ 10-16) sind ausgewählten Regelungsgegenständen des JV-Vertrags gewidmet. Sie befassen sich mit Fragen des Beteiligungsverhältnisses, der Kapitalstruktur und Technologieausstattung des Gemeinschaftsunternehmens, seiner Leitung und Beendigung, Konfliktregelung, Geschäfts- und Finanzpolitik.

## § 2 Allgemeine Charakterisierung des transnationalen Gemeinschaftsunternehmens

### I. Merkmale

Unter einem Gemeinschaftsunternehmen oder (Equity) Joint Venture wird allgemein die partnerschaftliche Zusammenarbeit mindestens zwei unabhängiger Unternehmen in Form einer rechtlich selbständigen Gesellschaft zur Erreichung eines gemeinsamen Zwecks verstanden.[1] Es handelt sich um eine korporative Kooperationsform, für die ein besonderes Zusammenkommen vertraglicher und gesellschaftsrechtlicher Elemente kennzeichnend ist.[2]

Die das Joint Venture (JV) gründenden Unternehmen bleiben rechtlich selbständig. Es liegt zwar eine Fusion im kartellrechtlichen Sinne (§ 23 II 3 GWB) vor, jedoch keine Verschmelzung bzw. Fusion im gesellschaftsrechtlichen Sinne (§§ 339 ff. AktG, §§ 19 ff. KapErhG), bei der die Gründungsunternehmen zu einer rechtlichen Einheit zusammengeschmolzen werden. Die das Gemeinschaftsunternehmen gründenden Unternehmen bilden auch keinen Konzern, da sie wirtschaftlich voneinander unabhängig sind und bleiben.[3]

Transnationale Gemeinschaftsunternehmen sind grenzüberschreitende Kooperationen: Unternehmen, die in einem Lande X, z.B. in einem asia-

1 Statt vieler Mestmäcker m.w.N. in: Mestmäcker/Blaise/Donaldson, S. 9 ff.; Mentz m.w.N., AG 1979, 69 (71).

2 „Das Joint Venture ist mehr als vertragliche Zusammenarbeit und weniger als gesellschaftsrechtliche Verschmelzung in einer wirtschaftlichen und rechtlichen Einheit." Beier, RIW 1988, 166 (167).

3 Zutr. Beier, aaO.

tischen oder afrikanischen Entwicklungsland, mit einem oder mehreren ausländischen Partnern errichtet werden, wobei die ausländische Kapitalbeteiligung maßgeblichen Einfluß auf die Gründung und Durchführung des Projekts hat.

Charakteristisch für das transnationale Gemeinschaftsunternehmen sind:

a) die gemeinschaftliche Kapitalaufbringung und -beteiligung von zwei oder mehr, der Zahl nach aber beschränkten Partnern, die aus verschiedenen Ländern kommen, rechtlich wie wirtschaftlich voneinander unabhängig sind und bleiben,
b) die gemeinsame Gründung einer rechtlich selbständigen Gesellschaft (Projektgesellschaft, JV-Company) zur Erreichung eines gemeinsamen Zwecks,
c) die gemeinsame Leitung und Kontrolle dieser Gesellschaft,
d) die gemeinsame Gewinnbeteiligung und Verlusttragung.

## II. Beteiligte

Ein Gemeinschaftsunternehmen kann mehrere Beteiligte haben. Neben den Fachpartnern, die als die eigentlichen Kooperationspartner und Initiatoren des Gemeinschaftsunternehmens später noch näher vorgestellt werden,[4] wirken häufig weitere privatwirtschaftliche oder staatliche Stellen als Projektträger oder -förderer mit. Sie stammen überwiegend aus den Herkunftsländern der Fachpartner, können aber auch internationalen Charakter haben. Zu ihnen gehören deutsche Organisationen der Entwicklungshilfe und der Finanzierung von Auslandsinvestitionen[5], Entwicklungsförderungsinstitutionen des Anlagelandes, sonstige öffentliche oder halböffentliche Unternehmen, die die Interessen des Anlagestaates wahren sollen, ebenso wie nationale Kreditgeber, regionale[6] und internationale[7] Geschäfts- und Entwicklungsbanken.[8]

---

4 S. unten § 3 und § 4.

5 Z.B. die DEG, die KfW oder die Treuarbeit; s. auch unten § 3 II 1, 3 und 5.

6 Z.B. die Asiatische Entwicklungsbank (ADB), die Afrikanische Entwicklungsbank (AfDB), die Ostafrikanische Entwicklungsbank (EAfDB), die Europäische Investitionsbank (EIB), der Europäische Entwicklungsfonds (EEF).

7 Z.B. die Internationale Bank für Wiederaufbau und Entwicklung (IBRD), die Internationale Entwicklungsorganisation (IDA), die Internationale Finanz-Corporation (IFC).

8 Eine detaillierte Darstellung aller potentiellen Projektträger und -förderer kann im Rahmen dieser Arbeit nicht gegeben werden. Es muß insoweit auf

Ein Engagement mehrerer hat für jeden einzelnen Mitwirkenden den Vorteil, daß sich sein unternehmerisches Risiko reduziert. Einige Projekte können wegen der Höhe des aufzubringenden Eigenkapitals zudem nur durchgeführt werden, wenn sich mehr als zwei Partner zusammenschließen. In diesem Fall spricht man von einem Mehr-Parteien-JV (*multipartite joint venture*).[9]

Wenn an einem Gemeinschaftsunternehmen außer den Fachpartnern oftmals auch weitere in- und ausländische Projektträger beteiligt sind, soll bei den weiteren Ausführungen gleichwohl nur auf die Fachpartner abgestellt werden. Sie sind die eigentlichen Initiatoren der Kooperation und stehen als Hauptaktoren im Mittelpunkt der JV-Problematik. Der Klarheit wegen soll auch nur von **dem** ausländischen bzw. inländischen JV-Partner die Rede sein.

### III. Abgrenzung zum Contractual Joint Venture

Im Wirtschaftsverkehr mit Entwicklungsländern sind neben Gemeinschaftsunternehmen zahlreiche andere, weniger enge Formen internationaler Kooperationstätigkeit zu finden. Sie werden häufig ebenfalls als *joint venture* bezeichnet, sind in Wirklichkeit aber rein vertragliche Kooperationen, für die sich in der Literatur der Begriff Contractual oder Non-Equity Joint Venture eingebürgert hat.[10]

Das Contractual Joint Venture wird definiert als jede auf Vertragsbasis beruhende partnerschaftliche Zusammenarbeit von gewisser Dauer, die sich nach außen weder in der eigenkapitalmäßigen Beteiligung an einer gemeinsam gegründeten neuen Gesellschaft noch an einer bereits bestehenden Gesellschaft niederschlägt.[11] Im Unterschied zum Gemeinschaftsunternehmen wird zur Durchführung der geschäftlichen Zusammenarbeit also keine rechtlich selbständige Gesellschaft geschaffen, an der die Kooperationspartner kapitalmäßig beteiligt sind.

Contractual Joint Ventures werden wegen ihres rein schuldrechtlichen

---

anderweitiges Schrifttum verwiesen werden, wie z.B. Wälde in: Rohstofferschließungsvorhaben I, S. 133 ff.; allg. zur Projektfinanzierung s. auch Horn in: Hinsch/Horn, S. 201 ff.

9 So bereits Friedmann, Colum.J.World Bus. 19, 21 (1966).

10 Vgl. statt vieler Unido, Manual, S. 3 f.; Schanze in: Rohstofferschließungsvorhaben I, S. 360 ff.; Friedmann, 7 Colum.J.World Bus. 57, 58 (1972).

11 Vgl. z.B. Unido, Manual, S. 3 f.; das Standardwerk von Friedmann/Kalmanoff, Joint International Business Ventures, S. 33; Zweigert/v. Hoffmann in: FS Martin Luther, S. 203 (205).

Charakters oft als Vorstufe für eine dauerhaftere und umfassendere Zusammenarbeit benutzt. Wirtschaftlich bedeutendere langfristige Projekte werden dann später auf gesellschaftsrechtlicher Kooperationsbasis, d.h. als Gemeinschaftsunternehmen durchgeführt.

Contractual Joint Ventures finden sich im Produktions-, Absatz- und Beschaffungsbereich ebenso wie im Management- und Personalbereich. Sie bedienen sich einer Fülle von Vertragsformen und -namen. Sie erscheinen als Lizenz-[12], Know-how-[13] und Franchising-Verträge[14], Management-Verträge[15], technische Hilfeabkommen[16], Anlagen-[17], „Service"-[18], „Production-Sharing"-[19] und „Work"-[20] Verträge.

## IV. Besonderheiten im Sprachgebrauch asiatischer Staaten

### *1. VR China*

Die VR China gebraucht für Vereinbarungen über die Zusammenarbeit zwischen ausländischen und chinesischen Geschäftspartnern zum Teil eine eigene Terminologie.[21] Nach chinesischem Sprachgebrauch sind Gemeinschaftsunternehmen nur die Kooperationen, denen das Law of the

---

12 Wright/Russel, 10 Colum.J.World Bus. 74, 77 (1975); Friedmann/Kalmanoff, S. 33; Parry, 5 Bus.L.Rev. 7, 8 (1984); allg. zum Lizenzvertrag: Stumpf, Der Lizenzvertrag, 1984; Becker, S. 171; speziell als new form of investment i.S.d. OECD: OMAN, S. 15.

13 Allg. zum Know-how-Vertrag: für das deutsche Recht grundlegend Stumpf, Der Know-How-Vertrag, 1977; für den internationalen Bereich vgl. Becker, Verträge der Exportwirtschaft, S. 200 ff.; Demin, Le contract de Know How, 1968; Kreuzer, Know-How-Verträge im deutschen internationalen Privatrecht, in: FS v. Caemmerer, S. 705 ff.

14 Friedmann/Kalmanoff, S. 33; Oman, S. 15; Pollak, S. 35.

15 Wright/Russel, 10 Colum.J.World Bus. 74, 77 (1975); Oman, S. 15; Schlüter, S. 98.

16 Pollak, S. 36; Friedmann/Kalmanoff, S. 33; allg. zum Vertragsinhalt vgl. Check-Liste der ICC, Joint Ventures, S. 18.

17 Wright/Russel, 10 Colum.J.World Bus. 74, 77 (1975); Ahn, Gemeinschaftsunternehmen, S. 52; allg. zum Anlagenvertrag Dünnweber, Vertrag zur Erstellung einer schlüsselfertigen Industrieanlage, 1984.

18 W.Hauser, S. 261, 263 f.; Pollak, S. 23; BMZ in: HIZ II A 80 11, S. 7.

19 „Certain types of joint ventures or management contracts in manufacturing or mining ... are also sometimes referred to as production-sharing arrangements." Oman, S. 16; W. Hauser, S. 261, 264 f.; vgl. Lee, 17 Int'l Law. 257, 263 (1983).

20 W. Hauser, S. 261 f.; vgl. Lee, 17 Int'l Law. 257 (1983).

21 Statt vieler Moecke, IWB Nr. 16, 6 China Gruppe 3, S. 1.

PRC on Joint Ventures Using Chinese and Foreign Investment vom 1.7.1979 (JVL) zugrunde liegt. Als *contractual joint venture*, *non-equity joint venture*, *cooperative management* oder vermehrt als *cooperative enterprise*[22] werden Gemeinschaftsprojekte bezeichnet, die nicht nach den Vorschriften des JVL zustandegekommen sind und in den Regelungsbereich des Kooperationsunternehmensgesetzes vom 13.4.1988[23] fallen. Es handelt sich hierbei um zeitlich begrenzte Zusammenarbeitsverträge mit gemeinsamer Zielsetzung, beiderseitigen Einlagen, vertraglich vereinbarten Gewinnanteilen und Mitspracherechten. Die Zusammenarbeit erfolgt herkömmlicherweise unterhalb der Gesellschaftsebene, d.h. ohne die Errichtung einer Kapitalgesellschaft. Vereinzelt kommt aber auch bei dieser Kooperationsform die Bildung einer Geschäftseinheit mit eigener Rechtspersönlichkeit vor.[24]

### 2. *Indonesien*

Im indonesischen Sprachgebrauch wird allgemein zwischen den Begriffen *joint venture* und *joint enterprise* unterschieden.[25] Unter *joint venture* wird die vertragliche Beziehung zwischen einem indonesischen und einem ausländischen Unternehmen zum Zwecke gemeinschaftlicher wirtschaftlicher Betätigung **ohne** Eigenkapitaleinsatz in einer nach indonesischem Recht gegründeten Kapitalgesellschaft verstanden. Die Bezeichnung *joint venture* ist demnach vertraglichen Kooperationsformen, d.h. Contractual Joint Ventures vorbehalten. *Joint enterprise* ist demgegenüber ein in Form einer indonesischen Kapitalgesellschaft (*Perseroan Terbatas*) errichtetes Gemeinschaftsunternehmen mit indonesischer und ausländischer Eigenkapitalbeteiligung. Begriffsinhalt ist damit der korporative Zusammenschluß, das Equity Joint Venture.

---

22 Allg. dazu Brace, 13 Int'l Bus.Law. 434 (1985); CIEC, China Investment Guide, S. 306 f.

23 Text abgedr. bei Heuser, RIW 1988, 427, 428; zu dieser Kooperationsform auch Tao Jingzhou, Int'l Fin.L.Rev. 34 (1988).

24 Brace, aaO; Tao Jingzhou, aaO; Kueh/Howe, China Quarterly 813, 834 (1984); das verkennt Conroy, Int'l Fin.L.Rev. 26 (1985).

25 Statt vieler Delma, S. 49; Hartono, New Legal Principles, S. 55 ff.; a.A. Kähler, S. 101, 130, der den gemeinsamen Begriff joint undertaking vorschlägt.

# § 3 Der ausländische JV-Partner (*Foreign Partner*)

## I. Deutsche mittelständische Unternehmen als Investoren und Fachpartner

### *1. Deutsche Fachpartner und ihre Branchen*

Mittelständische Unternehmen aus der Bundesrepublik Deutschland, die in Entwicklungsländern Gemeinschaftsunternehmen gründen, kommen überwiegend aus der verarbeitenden Industrie.[1] Sie beschäftigen sich mit der Fabrikation von Halbfertig- und Fertigwaren aus dem Investitionsgüterbereich (Maschinen- und Anlagenbau, Fahrzeug-, Metallwaren-, elektro-technische, feinmechanische Industrie), der Konsumgüterindustrie (insb. Textil- und Bekleidungsindustrie) oder der Nahrungs- und Genußmittelindustrie (Zuckerindustrie, Brauereien etc.).

Das im Anlageland errichtete Gemeinschaftsunternehmen ist regelmäßig in dem Produktionszweig des deutschen Unternehmens tätig; branchenfremde Investitionen sind selten.

Die auf dem deutschen Markt in einigen Wirtschaftszweigen herrschende schlechte Konjunktur hat dazu geführt, daß sich zunehmend auch Unternehmen als JV-Fachpartner betätigen, die nicht im Produktionsbereich tätig sind. So haben in der letzten Zeit zahlreiche Bau- und Engineeringfirmen Gemeinschaftsunternehmen gegründet, um auf diesem Weg an Lieferaufträge heranzukommen.[2] Das Ende 1984 gegründete „Chinesisch-Deutsche Yangtse-Fluß Brauerei"-Projekt entspricht der sich abzeichnenden Entwicklung. Auf der deutschen Seite sind die bayerische Spaten-Franziskaner Bräu KGaA als Lizenzgeber, die AMS Anlagenplanung GmbH & Co., Hamburg, als Engineeringfirma und die Deutsche Finanzierungsgesellschaft für Beteiligungen in Entwicklungsländern GmbH (DEG) als Kapitalgeber, aber keine Brauerei beteiligt.[3]

### *2. Motive für die Gründung von Gemeinschaftsunternehmen in Entwicklungsländern*

Es gibt eine Vielzahl von Gründen, die deutsche Unternehmen dazu bewegen, Gemeinschaftsunternehmen mit Partnern in Entwicklungslän-

---

1 Zusagenbestand der DEG Ende 1983 z.B. 55 % verarbeitende Industrie; vgl. auch Übersicht im Anhang zum DEG-Geschäftsbericht 1984, S. 56 ff.

2 Vgl. dazu auch unten § 15 II 1.

3 Zu dem Brauerei-JV-Projekt insb. v. Bismarck in: Beilage zum Handelsblatt v. 28.8.1986, S. 12.

dern einzugehen. Sie stimmen überwiegend mit denen überein, die allgemein zu Auslandsinvestitionen führen, und weisen hinsichtlich einzelner Länder keine grundlegenden Unterschiede auf.[4] Für die Gründung eines Gemeinschaftsunternehmens können aber auch spezifische Motive bestimmend sein. Die Kapitalanlageform des Gemeinschaftsunternehmens weist gegenüber anderen Kapitalanlageformen einige Besonderheiten auf, von denen gerade investitionswillige kleine und mittlere Unternehmen profitieren können.[5] Im folgenden soll kurz auf einige häufig anzutreffende Motive eingegangen werden.[6]

Für die Gründung eines Gemeinschaftsunternehmens ist nicht selten in erster Linie die zwingende Gesetzgebung des Anlagelandes ausschlaggebend. Die meisten Entwicklungsländer betreiben im Rahmen ihrer Souveränitätsbestrebungen eine Indigenisierungspolitik, d.h. die Inländerbeteiligung an ausländischen Unternehmungen soll dadurch erhöht werden, daß gesetzgeberische und administrative Maßnahmen gegen die Überfremdung der einheimischen Wirtschaft ergriffen werden.[7] Einige Länder haben deshalb Investitionsgesetze erlassen, die restriktive Bestimmungen hinsichtlich ausländischer Kapitalbeteiligungen an Neuinvestitionen enthalten und bei bestehenden ausländischen Investitionsprojekten Maßnahmen vorsehen, die in der Literatur als *fade-out*-Strategie oder *divestment*-Regelung bekannt sind.[8] Ausländische Investitionen sind danach häufig nur als Gemeinschaftsunternehmen möglich. Das Gemeinschaftsunternehmen ist in diesen Fällen die einzige Alternative zur Nichtinvestition.[9]

Typische Beweggründe für die Eingehung eines Gemeinschaftsunternehmens sind die Ausnutzung der Kenntnisse des inländischen Partners über örtliche Geschäftspraktiken, örtliche Marktbedingungen und Vertriebsorganisationen, Sitten und Gebräuche der Bevölkerung, Rechts-

---

4 Vgl. SUTTER, S. 157 ff. (Malaysia); KEBSCHULL/MAYER, S. 96 ff. (Indonesien); HILBERT, S. 72 ff. (Kenia); ALFORD/BIRENBAUM, 3 Nw.J.Int'l L. & Bus. 56, 94 (1981) (VR China).

5 Zu den Vor- und Nachteilen eines Gemeinschaftsunternehmens insb. ICC, Joint Ventures, S. 8 ff.

6 Eine ausführliche Darstellung einzelner Motive findet sich bei AHN, Gemeinschaftsunternehmen, S. 67 ff.; UNCTC, JV-Arrangements, S. 14 ff.; HALBACH in: Direktinvestitionen, S. 45 ff.; JUHL, S. 146 ff.; H. HAUSER, Außenwirtschaft 1981, 188; UHLIG in: Hottes/Uhlig, S. 5 ff.

7 Dazu insb. AHN, Indigenisierungstendenzen, S. 277.

8 S. unten § 5 II 1.

9 So auch FRIEDMANN, Colum.J.World Bus. 19, 22 (1966).

vorschriften und den Umgang mit Behörden sowie die Ausnutzung der speziell für Gemeinschaftsunternehmen angebotenen Investitionsanreize.

Wichtige Motive mittelständischer Investoren sind nicht zuletzt auch die Überwindung von Finanzengpässen durch Beteiligung eines inländischen Partners und die Teilung des finanziellen Risikos.

Bei immer mehr JV-Gründungen stehen die langfristige Erschließung und Erhaltung von Beschaffungs- und Absatzmärkten, also Marktmotive im Vordergrund.[10] Als Absatzmärkte sind für mittelständische Unternehmen vor allem die Märkte der Schwellenländer von Interesse. Die der weniger entwickelten Länder sind wegen der starken Spezialisierung dieser Unternehmen i.d.R. zu klein.

Motive für Gemeinschaftsunternehmen können ferner die Rohstoffsicherung oder die Überwindung von Handelshemmnissen sein. Letztere können in Gestalt von Importbeschränkungen, Zöllen, Kontingenten oder administrativen Vorschriften bestehen. Weniger strenge Umwelt-, Gesundheits- oder Sicherheitsvorschriften der Entwicklungsländer sind vereinzelt ebenfalls mitbestimmend für eine Standortwahl.

Der Überlegung, Personalkosten infolge niedriger Lohn- und Lohnnebenkosten für un- oder angelernte Arbeiter einzusparen, kommt unterschiedliche Bedeutung zu, je nachdem wie groß der Bedarf an Fach- und Führungskräften ist, der zu vergleichsweise hohen Personalkosten führt.

### *3. Unternehmerischer Mittelstand als begehrter Kooperationspartner in Entwicklungsländern*

Mittelständische Unternehmen aus der Bundesrepublik Deutschland verfügen über Technologien für Produktionen von kleinem Umfang und Spezial-Know-how. Sie sind auf Grund ihrer Tätigkeitsgebiete und firmenspezifischen Vorteile begehrte Kooperationspartner für Unternehmen aus Entwicklungsländern. Das zeigte neben zahlreichen Zeitungsberichten[11] und Gesprächen mit Investitionsberatern auch die Repräsentation einiger Geschäftsleute aus Malaysia, die auf der Suche nach geeigneten Kooperationspartnern in Begleitung einer Regierungsdelegation ihres Landes an einem Investitionsseminar teilnahmen, das im Rahmen der Hannover-Messe 1986 abgehalten wurde.[12]

10 Langefeld-Wirth, S. 3.

11 Blick durch die Wirtschaft v. 19.9.1985 (Malaysia); BfAI/NfA v. 22.1.1986 (Indonesien); BfAI/NfA v. 17.2.1986 (VR China).

12 Vgl. Private Sector Participants, S. 9 ff. in: MIDA, Investment Mission.

Die verstärkte Investitionstätigkeit kleiner und mittlerer Unternehmen wird von den Entwicklungsländern noch aus verschiedenen anderen Gründen gewünscht.[13]

Ein vermehrter Wettbewerb zwischen potentiellen ausländischen Investoren und Technologielieferanten kann die Verhandlungsmacht der Entwicklungsländer stärken und zu Preisvorteilen auf ihren Märkten führen.

Vorteile sind weiter beim Technologieerwerb und bei der Entwicklung einheimischer Technologiekapazitäten denkbar.[14] Mittlere Unternehmen müssen auf Grund ihrer schwächeren Weltmarktposition neue Märkte vor ihren größeren Wettbewerbern durchdringen. Sie sind zudem weniger von dem Risiko betroffen, daß sich langfristig gesehen etwaige Konkurrenten marktanteilsmäßig stärker behaupten. Ihnen fehlen i.d.R. die Mittel, um globale Strategien hinsichtlich der Vermarktung ihrer Technologievorsprünge zu verfolgen. Das kann zur Folge haben, daß sie im Vergleich zu größeren multinationalen Unternehmen eher dahin tendieren, neu entwickelte Technologien und Know-how schnell zu übermitteln, und sich außerdem nicht auf den Transfer von Design- und Produkttechnologie beschränken, sondern sich auch hinsichtlich der Übertragung von Produktions-Know-how flexibel zeigen.[15]

### 4. *Besondere Investitionsprobleme mittelständischer Unternehmen*

Das Interesse der Entwicklungsländer an einer vermehrten Zusammenarbeit mit mittelständischen Unternehmen wird auf seiten des deutschen Mittelstandes durch einige strukturelle Probleme und Investitionsrisiken

---

13 Zu der entwicklungspolitischen Rolle kleiner und mittlerer Unternehmen auch Oman, S. 97 ff.

14 Vgl. insb. E. White, The role of small and medium-sized enterprise in the international transfer of technology in: Issues for Research, Arbeitspapier für UNCTAD, Nov. 1980 (TD/B/C.6/64).

15 Vgl. auch die Äußerung von Reiner Lang, Geschäftsführer der Heinemann GmbH und Gründer des dt.-sowjet. JV Homatech, in der FAZ v. 11.5.1987: Der Unternehmer müsse wie bei jedem Geschäft versuchen, das Risiko abzuschätzen und etwas zu wagen; mittelständische Unternehmen seien da im Vorteil gegenüber großen Konzernen, die jede kleine Entscheidung allseits absichern müßten.

gedämpft. Die traditionell investierenden großen multinationalen Firmen haben diese zum Teil nicht oder können sie besser bewältigen.[16]

Typische Handicaps kleiner und mittlerer Auslandsinvestoren sind:[17]

- Eine zu schmale Eigenkapitalbasis ohne Kapazität für ausreichende Nachfinanzierungen
- Personelle Probleme beim Management

Qualifizierte Führungskräfte sind in Entwicklungsländern i.d.R. nur sehr schwer zu beschaffen. Die deutschen Mitarbeiter sind in bezug auf Auslandsinvestitionen oft unerfahren und nicht in der Lage, im Anlageland als Betriebsleiter alle leitenden Funktionen wahrzunehmen. Sie sind aus familiären oder beruflichen Gründen häufig auch nicht zu - überdies für die Unternehmen recht kostspieligen - Auslandsaufenthalten bereit.[18]

Eine sehr lange Verhandlungsdauer kann u.U. ebenfalls erhebliche personelle Probleme verursachen. So macht der hohe Zeitaufwand, der für die Gründung eines Gemeinschaftsunternehmens in der VR China erforderlich ist, vielen mittelständischen Unternehmen schwer zu schaffen.[19]

- Schwierigkeiten im Umgang mit staatlichen Behörden

Die meisten Entwicklungsländer verfügen über eine umständliche Bürokratie, die eine Investition mit unzähligen langwierigen Genehmigungsverfahren belastet. Viele Staaten sind jedoch dabei, dieses Hemmnis durch Schaffung einer landeseigenen zentralen Investitionsbehörde abzubauen.[20]

Großunternehmen verfügen über mehr Verhandlungsmacht bei der Aushandlung von günstigen Konditionen; viele Investitionsvorschriften sind auslegungsbedürftig und -fähig.

- Unzureichende Länderinformationen

---

16 Zu der Frage, ob mittlere Unternehmen aufgrund ihrer geringeren finanziellen und personellen Ausstattung überhaupt zu JV-Gründungen in der Lage sind vgl. auch Hushon, 6 N.C.J.Int'l L. & Com.Reg. 207, 233 (1980/81).

17 Allg. hierzu auch Braun in: Direktinvestitionen, S. 115 ff.; Hebgen in: HIZ II A 94 10 Nr. 8; Leitfaden Auslandsinvestitionen in: HIZ II A 82 05.

18 „Das Ausland ist nicht mehr attraktiv" FAZ v. 19.7.1985; vgl. auch Odrich, „Arbeiten in einer fremden Welt – Manager im Ausland" in: FAZ v. 1.10.1987, der die familiären Probleme aufzeigt, die insb. mit Auslandsaufenthalten in ostasiatischen Ländern verbunden sind.

19 Messmann, S. 5; „Von vornherein auf Zeit einstellen", Blick durch die Wirtschaft v. 26.2.1986; vgl. auch Beamish, S. 117.

20 S. unten § 5 I, III, § 7 I.

Mangelnde Kenntnis örtlicher, sozio-politischer, verwaltungstechnischer, sprachlicher und rechtlicher Umgebung kann zu Unsicherheiten bei der Projektdurchführung und Falscheinschätzung von Risiken führen.

– Hohe Fixkosten bei der Projektplanung

Da kein Netz von Niederlassungen gegründet wird, müssen die fixen Kosten, die bei der Projektplanung anfallen, voll dem einen oder wenigen Projekten angelastet werden. Die Folge ist ein relativ hoher Planungsfixkostenanteil an den Stückkosten der späteren Produktion.

– Hochpersonalisiertes Know-how

Die internationale Wettbewerbsfähigkeit der deutschen mittelständischen Industrie beruht vor allem auf ihrer Spezialisierung und ihrem hohen Technologieniveau. Die komplexen Produktionsverfahren erfordern i.d.R. die Arbeit relativ vieler hochqualifizierter Fachkräfte. Die zur Erhaltung der Konkurrenzfähigkeit erforderliche Forschung und Weiterentwicklung der Technologien erfolgt zudem vielfach nicht in eigens dafür eingerichteten Abteilungen; Erzeugnis und Verfahren werden vielmehr bei der Produktion selbst von Ingenieuren, Meistern oder Facharbeitern verbessert. Un- und angelernte Arbeitskräfte, die in den Entwicklungsländern überwiegend vorhanden sind, können daher oft nur in geringem Umfang eingesetzt werden. Ein längerer Einsatz qualifizierter deutscher Fachkräfte im Anlageland würde die Produktion jedoch verteuern. Außerdem haben viele Entwicklungsländer den Einsatz ausländischer Fachkräfte zunehmend durch rechtliche Regelungen fachlich und zeitlich eingeschränkt.[21] Diesem personellen Problem kann durch eine Fachkräfteausbildung im Entwicklungsland begegnet werden, die allerdings eine zusätzliche, insbesondere organisatorische Belastung bedeutet.

Zu diesen spezifisch mittelständischen Investitionsproblemen kommen noch allgemeine Investitionsrisiken wie z.B.:

– Unsichere politische Rahmenbedingungen

Die politische Stabilität des Anlagelandes stellt häufig einen Unsicherheitsfaktor dar. Behördliche Beschränkungen auf außenwirtschaftlichem Gebiet (Exportauflagen, massive Wechselkurskorrekturen etc.) können in vielen Entwicklungsländern ebensowenig ausgeschlossen werden wie Enteignungs-, Kriegs-, Aufruhr- und Umsturzgefahren. Das politische Investitionsrisiko wird deutschen Investitionspartnern jedoch zum Teil

21 Zur Beschäftigung ausländischer Arbeitnehmer s. unten § 6 IV 3.

durch staatliche Schutzmaßnahmen abgenommen und kann durch privatrechtliche Maßnahmen reduziert werden.[22]

– Devisenprobleme

Mangel an Devisen oder eine schleppende Devisenzuteilung können zu betriebswirtschaftlichen Schäden, sogar zu vorübergehendem Produktionsstillstand führen, wenn Ersatzteile aus Industrieländern importiert werden müssen.[23]

Die übersichtartige Darstellung einiger struktureller Probleme und Investitionsrisiken erhebt angesichts ihrer Kürze keinen Anspruch auf Vollständigkeit. Es können weitere Schwierigkeiten bestehen, die deutsche Unternehmen bei ihrer Investitionsentscheidung berücksichtigen müssen.[24] Hierzu zählen z.B. eine schlechte Infrastruktur, Beschränkungen der Gewinnverwendung bzw. des Gewinntransfers, inflationäre Tendenzen oder eine nur begrenzt mögliche Finanzmittelbeschaffung im Anlageland.

## II. Förderung der Beteiligungsbereitschaft deutscher Investoren

Als Ergänzung öffentlicher Entwicklungshilfe haben die meisten westlichen Industrieländer staatliche Programme zur Förderung privater Direktinvestitionen in Entwicklungsländern aufgestellt.[25] Adressaten sind in erster Linie mittelständische Unternehmen. Auch die Bundesrepublik Deutschland hat einen Katalog von risikomindernden und unterstützenden Maßnahmen entwickelt, der die Beteiligungsbereitschaft deutscher Investoren erhöhen soll.[26] Ihre Mitgliedschaft in zahlreichen internationalen Organisationen bewirkt, daß die uni- und bilateralen Maßnahmen des nationalen Förderungskatalogs darüber hinaus durch multilaterale Bemühungen auf inter- und supranationaler Ebene ergänzt werden.[27]

---

22 Dazu i.F. II.

23 Zu diesem Problem s. unten § 6 III 3.

24 Übersicht in: HIZ II A 82 05, S. 10 (Leitfaden Auslandsinvestitionen) und HIZ II A 94 10, S. 18 (Förderungspraxis bei Direktinvestitionen).

25 Zu den Förderungsmaßnahmen der OECD-Staaten: OECD, Investing, S. 11 ff., 39 ff.

26 Übersicht in: HIZ II A 80 11; Helmschrott/Pollak in: Direktinvestitionen, S. 61 ff.; Jüttner, S. 103 ff.; Mittendorf/Lohmann m.w.N. in: Sölter/Zimmerer, S. 625.

27 Dazu i.F. III.

### 1. *Deutsche Finanzierungsgesellschaft für Beteiligungen in Entwicklungsländern (DEG)*[28]

#### a) Aufgaben

Die Bundesrepublik Deutschland hat in Gestalt der 1962 als GmbH gegründeten DEG (Deutsche Finanzierungsgesellschaft für Beteiligungen in Entwicklungsländern) ein bundeseigenes Finanzierungs- und Beratungsinstitut zur Förderung privater Direktinvestitionen deutscher Unternehmen in Entwicklungsländern geschaffen.

Die DEG unterstützt zugleich den Aufbau der Wirtschaft von Entwicklungsländern. Sie finanziert und fördert insbesondere die Zusammenarbeit deutscher mittelständischer Unternehmen mit Unternehmen in Entwicklungsländern auf der Grundlage echter Partnerschaften (Joint-Venture-Modell).[29]

#### b) Finanzierungsleistungen

Das Finanzierungsangebot der DEG umfaßt:

- die Übernahme von Beteiligungen am haftenden Kapital der zur Durchführung eines Gemeinschaftsunternehmens gegründeten Gesellschaft,
- die Gewährung beteiligungsähnlicher Darlehen an diese Gesellschaft,
- die Übernahme von Garantien und Bürgschaften,
- die Gewährung von Refinanzierungsdarlehen an deutsche Unternehmen im Rahmen des Programms der Bundesregierung zur Förderung von Niederlassungen deutscher Unternehmen in Entwicklungsländern,
- die Vermittlung zusätzlicher Finanzierungen durch internationale und nationale Entwicklungsbanken.

Die Finanzierungsleistung der DEG setzt sich zumeist aus einer Gesellschaftskapitalbeteiligung **und** einem beteiligungsähnlichen Darlehen zusammen. Form und Höhe des DEG-Engagements richten sich nach dem Finanzierungsbedarf des Projekts und der finanziellen Leistungsfähigkeit des deutschen Fachpartners. Der Finanzierungsbeitrag der DEG ist i.d.R. kleiner als der des deutschen Investors.

Die DEG finanziert vornehmlich Anlagevermögen, keine Liefer-

---

28 Weiterführende Literatur: DEG, Investitionen in Entwicklungsländern; Hebgen in: HIZ II A 80 11.

29 Vgl. § 2 I des Gesellschaftsvertrages, zit. bei Salow, S. 31.

geschäfte oder Unternehmenssanierungen. Da sie nach privatwirtschaftlichen Grundsätzen arbeitet, müssen von ihr unterstützte Projekte begründete Aussicht bieten, nach einer Anlaufzeit Rendite zu erzielen.

Der Förderungscharakter der Mitfinanzierung durch die DEG soll neben günstigen Konditionen vor allem in der Mittelbereitstellung selbst liegen. Finanzierungsquellen für risikobelastete mittelständische Investitionsprojekte sind nur schwer zu erschließen.

Finanzierungszusagen der DEG in den letzten Jahren[30] und Zeitungsberichte[31], die unter Anprangerung von Mißständen wie Kosten- und Risikoüberwälzung schlechte Erfahrungen ehemaliger Partner vermarkten, lassen gelegentlich Zweifel an der Effektivität dieser Investitionshilfe aufkommen.[32] Auch die verstärkte Beteiligung an risikoärmeren Gemeinschaftsunternehmen mit Großunternehmen (Jahresumsatz bis/über 500 Mio. DM)[33] und an insgesamt 49 Entwicklungsbanken (Zusagen Ende 1984: 275,1 Mio. DM)[34] erweckt zum Teil den Eindruck, daß die DEG für mittelständische Investitionsprojekte nicht immer risikofreudig genug ist.

aa) Beteiligungen

Die DEG beteiligt sich i.d.R. als Minderheitspartner am Kapital der Projektgesellschaft. Ihre Beteiligung ist im allgemeinen nicht von Dauer; zwecks Liquiditätsbeschaffung verkauft sie ihre Anteile wieder – erfahrungsgemäß nach 12 bis 15 Jahren, vorzugsweise an den deutschen Fachpartner.

Die DEG nimmt an der laufenden Geschäftsführung des Gemeinschaftsunternehmens nicht teil. Sie beansprucht in den Aufsichtsorganen

---

30 So wurde 1984 mit 48 Finanzierungszusagen in Höhe von 60 Mio. DM das Investitionsvolumen von 1983 (53 Zusagen mit 108 Mio. DM) nicht erreicht. 1986 betrug das Zusagevolumen der DEG jedoch wieder 109 Mio. DM. 1985 und 1987 wurden mit Zusagevolumen von über 139 Mio. bzw. 147 Mio. DM (79 Mio. DM entfielen davon allein auf afrikanische und 51 Mio. DM auf asiatische Länder) sogar außergewöhnlich hohe Finanzierungszusagen gemacht.

31 „Kreditbeamte ohne kommerziellen Biß" in: Der Spiegel, Nr. 23/1985, S. 34.

32 Vgl. auch FAZ v. 4.7.1985 „Die DEG erfüllt ihren Auftrag nur mit Mühe."; FAZ v. 1.7.1987 „Die DEG spürt die Verschuldenskrise. Weniger Finanzierungszusagen 1986; Rendite gesunken".

33 Nach Angaben des Spiegels, aaO, S.38, 45 sollen 1982-84 Unternehmen mit einem Jahresumsatz von 200 bis/über 500 Mio. DM 103,5 Mio. DM zugesagt worden sein.

34 DEG, Geschäftsbericht 1984, S. 19.

der Projektgesellschaft (Board of Directors, Board of Supervisors) jedoch die üblichen, der Beteiligungshöhe angemessenen Stimm-, Kontroll- und Mitspracherechte sowie eine Gewinnbeteiligung. Die Haftung der DEG ist auf den Betrag ihrer Kapitaleinlage beschränkt.

bb) Beteiligungsähnliche Darlehen

Beteiligungsähnliche Darlehen der DEG werden – außer im Niederlassungsprogramm[35] – direkt dem im Entwicklungsland gegründeten Gemeinschaftsunternehmen gewährt. Die Laufzeit dieser Darlehen beträgt bei meistens zwei bis drei Freijahren regelmäßig 15 Jahre. Die Konditionen entsprechen i.d.R. denen langfristiger Gesellschafterdarlehen.

Die gesellschaftsintere Mitwirkung der DEG wird bei der Gewährung beteiligungsähnlicher Darlehen zumeist ähnlich wie bei einer Beteiligung gestaltet.

cc) Mittelstandsprogramm

Ein speziell für mittelständische Unternehmen vorgesehenes Finanzierungsprogramm der DEG räumt Unternehmen mit einem Jahresumsatz bis zu 50 Mio. DM (bis April 1986: 75 Mio.DM), je nach entwicklungspolitischer Bedeutung der Investition auch bei einem Umsatz bis zu 300 Mio. DM (bis April 1986: 200 Mio. DM) Vorzugskonditionen ein. Sie sehen niedrigere Darlehenszinsen, längere Laufzeiten, mehr Freijahre und höhere Kapitalbeiträge der DEG vor. Betrieben der Kleinindustrie und des Handwerks mit einem Jahresumsatz bis zu 10 Mio. DM und bis zu 50 Beschäftigten gewährt ein zusätzliches Finanzierungsprogramm weiter gefaßte Sonderkonditionen.

dd) Niederlassungskredite

Zu den Finanzierungsleistungen der DEG gehört auch die Gewährung von Refinanzierungsdarlehen an deutsche Unternehmen im Rahmen des Programms der Bundesregierung zur Förderung von Niederlassungen deutscher Unternehmen in Entwicklungsländern.[36] Die DEG kann für Projekte, an denen sie beteiligt ist oder beteiligt werden soll, Niederlassungskredite an ihre deutschen Partner – vorzugsweise an kleine und mittlere Unternehmen – gewähren. Darlehnsnehmer ist in diesem Fall

35 S. i.F. dd).
36 Zu diesem Programm i.F. 5.

nicht das Gemeinschaftsunternehmen, sondern der deutsche Fachpartner, der auch für ausreichende Sicherheit zu sorgen hat.

Im Rahmen des Niederlassungsprogramms können über die DEG vorbereitende Studien für konkrete Investitionsvorhaben durch bedingt rückzahlbare Darlehen finanziert werden, wenn die DEG an dem Projekt beteiligt werden soll.

c) Beratungsleistungen

Zu den Aufgaben der DEG zählt auch die umfassende Beratung deutscher Investoren. Die Beratungsleistungen der DEG setzen bereits im Vorfeld einer Investition ein; sie sammelt systematisch Investitionsdaten über ausgewählte Entwicklungsländer, erstellt Investitionsführer und erarbeitet Branchenstudien.

Die DEG berät deutsche Unternehmen nicht nur generell über Investitionsmöglichkeiten in Entwicklungsländern, sondern unterstützt sie auch mittels umfassender individueller Beratung bei Projektplanungen und Durchführung konkreter Investitionen. Sie ist deutschen Investoren bei der Suche nach geeigneten inländischen Fachpartnern und bei der Vermittlung an Entwicklungsbanken behilflich. Sie stellt darüber hinaus rechtliche Informationen über Fragen zur Verfügung, die sich bei Investitionen in Entwicklungsländern ergeben[37].

Die DEG entsendet in ausgesuchte Entwicklungsländer Investitionsberater, so daß deutsche Investoren ihre Beratungsleistungen zum Teil auch im Anlageland selbst in Anspruch nehmen können.[38]

## 2. *Investitionsschutzabkommen*[39]

Investitionsschutzabkommen (Investitionsförderungsverträge) sind zwischenstaatliche Vereinbarungen über die Förderung und den gegenseitigen Schutz von Kapitalanlagen. Sie begründen zwischen den Vertragsparteien völkerrechtliche Rechte und Pflichten.

Die Bundesrepublik Deutschland hat solche bilateralen Abkommen

---

37 Genehmigungsverfahren für ausländische Investitionen, Gesellschaftsgründung, Kapitalschutz, Transfer von Kapital, Gewinnen, Management- und Know-how-Gebühren, Arbeitsgenehmigungen u.ä.

38 So z.B. in Kenia und Malaysia; vgl. dazu auch Handelsblatt v. 25.11.1987: „Malaysia – Eine intensive Beratung baut Schwellenängste der Investoren ab. Besondere Informationshilfen durch den DEG-Investitionsberater und den Delegierten der Deutschen Wirtschaft".

39 Allg. zu Investitionsschutzabkommen insb. JÜTTNER, S. 222 ff.

mit einer Reihe von Entwicklungsländern geschlossen; sie spielt auf den Gebieten des Investitionsschutzes und der Investitionsschutzversicherung eine führende Rolle in der Welt.[40] So wurde bereits am 22.12.1960 ein Vertrag mit Malaysia unterzeichnet[41], 1964 mit Kenia, am 8.11.1968 mit Indonesien[42], am 7.10.1983 mit der VR China[43]. Bis auf den von kenianischer Seite noch nicht ratifizierten Vertrag, sind alle Abkommen in Kraft. Sie gleichen sich in Inhalt und Aufbau, da sie auf der Grundlage eines deutschen Vertragsmusters[44] verhandelt worden sind. Die Laufzeit der einzelnen Verträge beträgt zwischen 5 und 20 Jahren. Regelmäßig besteht die Möglichkeit der automatischen Verlängerung.

Wesentlicher Inhalt von Investitionsschutzabkommen ist:

a) Sicherung der Inländerbehandlung und Meistbegünstigung im Anlageland, d.h. keine Benachteiligung gegenüber nationalen Kapitalanlegern bzw. solchen aus dritten Staaten,
b) Schutz vor Enteignung oder Verstaatlichung, es sei denn, sie erfolgt zum allgemeinen Wohl und gegen angemessene, unverzügliche und transferierbare Entschädigung,
c) freier Kapitaltransfer (Gewinne und investiertes Kapital),
d) Beseitigung von Meinungsverschiedenheiten über Vertragsauslegung oder -anwendung auf diplomatischem Weg oder durch die Einberufung eines Schiedsgerichts.

### 3. *Bundesgarantien für Kapitalanlagen*[45]

Die Bundesrepublik Deutschland übernimmt zur Absicherung des politischen Risikos bei Direktinvestitionen Kapitalanlagegarantien. Zu den garantiefähigen Kapitalanlagen gehören auch Beteiligungen an Gemein-

---

40 Von den weltweit rund 200 in Kraft befindlichen Investitionsschutzabkommen verzeichnet die Bundesrepublik Deutschland 49; 56 sind unterzeichnet. Übersicht in: DEG, Investitionen, Anhang S. 3; HIZ II A 65 12.

41 BGBl. 1962 II, S. 1064.

42 BGBl. 1970 II, S. 4.

43 BGBl. 1985 II, S. 30; zum Inhalt insb. DOLZER in: Horn/Schütze, S. 48 (54) und BURKHARDT, RIW 1984, 28, der auch über den Verlauf der Vertragsverhandlungen Auskunft gibt.

44 Mustervertrag abgedr. in: HIZ II A 65 11; ausführlich dazu auch EBENROTH, S. 446 ff.

45 Ausführliche Darstellung bei SALOW, S. 43 ff.; vgl. Richtlinien und Allgemeine Bedingungen für die Übernahme von Garantien für Kapitalanlagen im Ausland, abgedr. in: HIZ II A 62.

schaftsunternehmen in Entwicklungsländern, diesen gewährte beteiligungsähnliche Darlehen sowie Erträge aus Beteiligungen und Darlehen.

Kapitalanlagegarantien sind versicherungsähnliche Verträge, in denen der Garant Kapitalanlegern gegen Entgelt Ersatz von Verlusten verspricht, die durch politische Ereignisse im Anlageland entstehen. Sie dekken sich inhaltlich zum Teil mit Investitionsförderungsverträgen, begründen aber im Gegensatz zu diesen privatrechtliche Ansprüche einzelner Investoren gegen den Garanten. Nach den Bedingungen für die Gewährung von Garantien wird grundsätzlich nur der Anschaffungswert einer Kapitalbeteiligung im Ausland abgesichert, nicht dagegen ein im Laufe der Jahre erzielter Wertzuwachs.

Versicherte Risiken sind:

a) das Enteignungsrisiko: hierunter fallen Verstaatlichungen oder Enteignungen ohne angemessene Entschädigung sowie sonstige staatliche Maßnahmen, die eine Fortführung des Unternehmens unmöglich machen,
b) Risiken durch kriegerische und bewaffnete Auseinandersetzungen sowie Aufruhr und Revolution,
c) das Risiko der Konvertierbarkeit und des Transfers von Gewinnen und investiertem Kapital.

Anträge auf Übernahme einer Bundesgarantie sind an die Treuarbeit AG zu richten, die federführend zusammen mit der Hermes Kreditversicherungsgesellschaft-AG vom Bund mit der Bearbeitung der Garantien beauftragt ist. Eine Garantie wird nur gewährt, wenn für die Kapitalanlage ausreichender Rechtsschutz durch das Anlageland (z.B. durch ein Investitionsschutzabkommen) gegeben ist und es sich um ein nach entwicklungspolitischen Kriterien förderungswürdiges Projekt handelt. Die Garantien sollen in erster Linie für Kapitalanlagen übernommen werden, die sich mit der Erzeugung, der Gewinnung oder dem Vertrieb von Gütern oder mit Beförderungsleistungen befassen. Die Laufzeit der Garantien betrug ursprünglich 15 Jahre (in Ausnahmefällen 20 Jahre). Sie kann nunmehr für jeweils fünf Jahre unbegrenzt verlängert werden.

### *4. Doppelbesteuerungsabkommen*

Deutschen Investoren sollen im Anlageland gewährte Steuervergünstigungen oder -befreiungen auch einen tatsächlichen Vorteil bringen. Da das deutsche Steuerrecht vom Welteinkommensprinzip ausgeht, unterliegen Erträge einer Auslandsinvestition nicht nur der Steuerhoheit des Anlagelandes, sondern auch der des deutschen Heimatstaates.[46] Um die sich bei zweifacher steuerlicher Erfassung ergebende steuerliche Gesamtbelastung einzuschränken und um die Förderungsmaßnahmen der Anlageländer zu unterstützen, hat die Bundesrepublik Deutschland mit zahlreichen Ländern auf der Grundlage des OECD-Musterabkommens von 1977[47] oder des UN-Musters[48] Abkommen zur Vermeidung der Doppelbesteuerung (Doppelbesteuerungsabkommen/DBA) abgeschlossen.[49] So wurde am 2.9.1977 ein Doppelbesteuerungsabkommen mit Indonesien unterzeichnet[50], am 8.4.1977 mit Malaysia[51], am 17.5.1977 mit Kenia[52], am 10.6.1985 mit der VR China[53].

Zur Vermeidung der Doppelbesteuerung werden im wesentlichen zwei Wege beschritten. Der eine Weg besteht darin, die Steuerquellen unter Einräumung der ausschließlichen Steuerhoheit aufzuteilen, so daß Einkommen, die im Ausland bereits versteuert wurden, in der Bundesrepublik Deutschland nicht zur Berechnung des steuerpflichtigen Einkommens herangezogen werden dürfen (Freistellungsmethode). Das andere Konzept sieht vor, daß die im Anlageland entrichtete Steuer auf die nach dem Welteinkommensprinzip errechnete deutsche Steuerpflicht angerechnet wird (Anrechnungsmethode). Bei Durchführung der Anrechnungsmethode wird zur Erhaltung des Investitionsanreizes teilweise noch eine fiktive Steueranrechnung in den Doppelbesteuerungsabkommen vereinbart.[54]

46 Zu dt. Steuern bei Investitionen in Entwicklungsländern insb. Börnstein in: HIZ II A 82 20 = DEG Materialien Nr. 8; Kitterer, S. 85.

47 Abgedr. in: IWB Ges., F. 10, Gr. 2, S. 1 ff.

48 Gegenüberstellung von OECD- und UN-Muster bei Shannon, RIW 1986, 271 und Debatin, DB Beilage Nr. 15/1980.

49 Übersicht Stand der DBA (1.1.1987) in: RIW 1987, 77.

50 BGBl. 1979 II, S. 188 = BfAI/RI Nr. 127 a/c. Anhang V.

51 BGBl. 1978 II, S. 925; vgl. auch Sutter, S. 122 ff.

52 BGBl. 1979 II, S. 606; dazu insb. Wilke, IWB F. 7, Gr. 2, S. 7 ff.

53 Dazu insb. Kreile, Das Doppelbesteuerungsabkommen zwischen der Bundesrepublik Deutschland und der VR China, 1986; Manke, DstZ 1985, 263 ff.; Hug/Tischbirek, Blick durch die Wirschaft v. 8.8.1985, S. 4.

54 Vgl. z.B. das dt.-chines. DBA: bei Dividendeneinnahmen fiktive Anrechnung einer chines. Abzugssteuer von 10 % auf die dt. Steuer (Art. 10, 24); nach Art. 10, 11, 23 des dt.-kenian. DBA fiktive Anrechnung einer 15 %igen kenian. Quellensteuer auf Dividendeneinkünfte oder Zinsen.

### 5. *Öffentliche Finanzierungsmittel*

Zu den Förderungsmaßnahmen der Bundesrepublik Deutschland gehört auch ein spezielles Kreditprogramm. Im Rahmen des Programms zur Förderung von Niederlassungen deutscher Unternehmen in Entwicklungsländern[55] können kleine und mittlere Unternehmen (Jahresumsatz im Durchschnitt der letzten 3 Kalenderjahre unter 200 Mio. DM) für Investitionen in Entwicklungsländern Darlehen zu besonders günstigen Konditionen erhalten. Bei einem festen Zinssatz von 2,5 % p.a. für die ärmsten Entwicklungsländer (LLDC)[56] bzw. 3,5 % p.a. für alle anderen Entwicklungsländer, einer Laufzeit bis zu 15 Jahren bei maximal 5 tilgungsfreien Jahren werden Kredite bis zu 2,5 Mio. DM gewährt.

Ferner besteht die Möglichkeit, mit bedingt rückzahlbaren Darlehen vorbereitende Projektstudien (*feasibility studies*)[57] zu finanzieren. Führen solche Studien zu einem negativen Ergebnis, kann auf die Rückzahlung des Darlehens verzichtet werden. Das Programm wird über die Kreditanstalt für Wiederaufbau (KfW) oder, falls diese beteiligt ist, über die DEG abgewickelt.

### 6. *Informations- und Beratungsprogramme*

Potentielle Investoren benötigen ausreichende Informationen darüber, welche wirtschaftlichen, politischen und rechtlichen Rahmenbedingungen sie im Anlageland erwarten.

Die Investitionsbereitschaft hemmende Informationsdefizite sollen durch die bereits erwähnten Beratungsleistungen der DEG abgebaut werden.[58]

Neben der DEG unterrichtet vor allem die Bundesstelle für Außenhandelsinformation (BfAI)[59] über Investitionsmöglichkeiten und -bedin-

---

55 Richtlinien des BMZ v. 17.1.1979 abgedr. in: HIZ II A 61 02.

56 Die Bundesrepublik Deutschland richtet sich bei der Förderung privater Entwicklungshilfe nach den Listen des Entwicklungshilfe-Ausschusses (Development Assistance Committee) der OECD. Zur Bezeichnung der oberen Gruppe der Entwicklungsländer werden allgemein die Begriffe „Schwellenländer" oder „take-off countries", zur Bezeichnung der unteren Gruppe die Begriffe „least developed countries" und „least low developed countries (LLDC)" verwendet. Salow, S. 9 ff.

57 S. unten § 8 VI.

58 S. oben 1 c).

59 Blaubach 13, Postfach 10 80 07, 5 000 Köln 1.

gungen.[60] Sie bedient sich dabei verschiedener Medien. Informationen können der fünfmal wöchentlich erscheinenden Tageszeitung „Nachrichten für den Außenhandel" (NfA), den Länder-Publikationsreihen[61] und Branchenpublikationen entnommen werden. Aktuelle Wirtschaftsdaten über ausgewählte Länder, Auslandsausschreibungen und Projekthinweise können zum Teil auch über Bildschirmtext (Btx) oder mittels EDV aus den BfAI-Datenbanken „Projektfrühinformation", „Auslandsausschreibungen" und „Auslandsanfragen" abgerufen werden.[62]

Informationsstellen für Investoren sind auch das von der Bundesrepublik Deutschland und den Spitzenverbänden der deutschen Wirtschaft unterstützte Informationsbüro der UNIDO[63], Industrie- und Handelskammern[64], Botschaften, private Ländervereine[65].

Im Auftrag des Bundesministeriums für wirtschaftliche Zusammenarbeit sind in zahlreichen Entwicklungsländern zudem Industrieberater tätig, so daß auch in den jeweiligen Ländern selbst eine Beratungsstelle für den Unternehmer vorhanden ist.

### III. Multilaterale Bemühungen zur Förderung von Investitionen in Entwicklungsländern

Die uni- und bilateralen Maßnahmen des bundesdeutschen Investitionsförderungskatalogs werden durch multilaterale Bemühungen auf supranationaler Ebene ergänzt.

Organisationen wie die UNIDO, das EG/AKP-Zentrum für industrielle Entwicklung, die Weltbank und die europäische Investitionsbank sind bemüht, die Bereitschaft zu Investitionen in Entwicklungsländern durch besondere Förderungsprogramme, Beratungsleistungen und Finanzierungshilfen zu fördern.

Die Förderung transnationaler Gemeinschaftsunternehmen zählt auch zu den Aufgaben des European Investment Consultant for ASEAN, der

---

60 Einen umfassenden Überblick über das Informationsangebot der BfAI gibt der von ihr herausgegebene Publikationsspiegel.

61 Wirtschaftsstruktur und -entwicklung, Geschäftspraxis, Außenhandelsvorschriften und Zoll, Wirtschafts- und Steuerrecht, Internationale Zusammenarbeit, Dokumentation.

62 Vgl. „Neue Wege der BfAI-Berichterstattung", BfAI/NfA v. 7.5.1986.

63 UNIDO Service for the Promotion of Industrial Investment in Developing Countries.

64 Anschriftenverzeichnis in: HIZ II A 84 51.

65 Afrika Verein, Ibero-Amerika-Verein, Nah- und Mittelost-Verein etc.

von der EG-Kommission Anfang 1987 eingesetzt und bei der Vereinigung der europäischen Industrie- und Handelskammern (Eurochambres) angesiedelt ist. Er soll mit den nationalen Investitionsförderungsinstitutionen und den Joint Investment Committees, die in fünf ASEAN-Staaten errichtet werden bzw. zum Teil bereits errichtet wurden, eng zusammenarbeiten.[66]

Auf der Grundlage eines Weltbankvorschlags wurde in Gestalt der Multilateral Investment Guarantee Agency (MIGA) ein von Industrie- und Entwicklungsländern gemeinsam finanziertes und verwaltetes Versicherungssystem geschaffen, das Investoren aus Mitgliedsstaaten gegen nichtkommerzielle Risiken[67] in Entwicklungsländern versichert.[68] Die Gründungskonvention[69] errichtet MIGA als eine supranationale Entwicklungshilfeorganisation, die im Rahmen der Weltbankgruppe operieren und die nationalen Investitionsgarantieprogramme ergänzen soll. Die Konvention ist 1988 unter der Beteiligung von 29 Ländern (davon 9 Industriestaaten) in Kraft getreten. Die Bundesrepublik Deutschland hatte die Konvention bereits im Sommer 1986 unterzeichnet; sie ist mit 50 Mio. $ an der MIGA beteiligt.[70] Die multilateralen Garantien sollen private Rechtsverhältnisse zwischen der Agentur und den Versicherungsnehmern schaffen. Bei Entschädigung des Garantienehmers sollen seine gegen das Anlageland gerichteten Rechte auf die Agentur übergehen.

Nationale Kapitalanlagegarantien werden durch die Schaffung dieser multilateralen Schutzmaßnahme für deutsche Investoren nicht entbehrlich, da die multilateralen Garantien stets nur Teilbeträge der Risiken abdecken sollen. Außerdem bleibt abzuwarten, inwieweit auch kleine und mittlere Investoren in der Praxis von dem multilateralen Versicherungsschutz profitieren werden. Ein Vorteil der MIGA liegt sicherlich darin, daß sie Gemeinschaftsunternehmen mit Investoren aus verschiedenen Herkunftsstaaten versichern kann.[71] Ihre besondere Bedeutung im Vergleich zu nationalen Investitionsversicherungssystemen besteht auch dar-

---

66 BfAI/NfA v. 27.5.1987.

67 Inflations- und Abwertungsrisiken können nach Art. 11 lit. b der MIGA-Konvention jedoch nicht versichert werden.

68 Zu Entwicklung und Aufgaben der MIGA ausführlich SHIHATA, Private Investors Abroad 1985, § 11.01.-07; PATZINA in: Rohstofferschließungsvorhaben I, S. 294; VOSS, RIW 1987, 89 ff.; DERS., E & Z 1985, 26; vgl. auch EBENROTH, S. 455.

69 Text der Konvention u.a. abgedr. in: 24 I.L.M. 1598 (Nov. 1985) und in: EBENROTH, S. 660 ff.

70 FAZ v. 29.7.1986.

71 VOSS, RIW 1987, 89 (92).

in, daß sie eine größere Zahl von Investitionsrisiken abzudecken in der Lage ist.[72] Die Konvention enthält keine abschließende Aufzählung der versicherbaren Risiken.[73]

Im Zusammenhang mit den multilateralen Bemühungen sollen das AKP-EG-Abkommen vom 8.12.1984 (Lome III) und das zwischen der Europäischen Gemeinschaft und den ASEAN-Ländern geschlossene Kooperationsabkommen vom 30.5.1980[74] nicht unerwähnt bleiben. Beide sollen der Förderung der wirtschaftlichen Zusammenarbeit und der Verbesserung des Investitionsklimas dienen. Im AKP-EG-Abkommen von 1984 finden investitionsrechtliche Fragen zum ersten Mal größere Beachtung. Stärkere Anreize und ein stabiles Investitionsklima sollen zur Förderung und zum Schutz der Investitionen der EG in den AKP-Staaten – damit u.a. in Kenia - beitragen. Außerdem wurde vereinbart, mehrere Studien über die Möglichkeiten für ein gemeinsames AKP-EG-Bürgschafts- und Versicherungssystem für Investitionen durchzuführen.

Das EG-ASEAN-Abkommen sieht zur Verbesserung des Investitionsklimas ebenfalls verschiedene Maßnahmen vor, durch die die wirtschaftliche Zusammenarbeit gefördert und der Handel erleichtert werden soll.

## § 4 Der inländische JV-Partner (*Local Partner*)

### I. Private und staatliche Unternehmen als inländische Kooperationspartner

Kooperationspartner des ausländischen Investors in den Entwicklungsländern sind private wie staatliche Unternehmen, mitunter Entwicklungsgesellschaften, Banken oder andere Finanzierungsinstitute.[1] Das Bild der inländischen Kooperationspartner und ihrer Interessen ist nicht nur von Gemeinschaftsunternehmen zu Gemeinschaftsunternehmen, sondern je nach Gesellschaftssystem auch von Land zu Land verschieden.[2] Status und Zahl der Partner sind für den ausländischen Unternehmer insofern

---

72 Ebenroth, S. 83.

73 Vgl. Art. 11 lit. b der MIGA-Konvention.

74 ABl. Nr. L 144 v. 10.6.1980.

1 UNIDO, Manual, S. 3; vgl. auch Jost, S. 129 f.

2 Überblick über die verschiedenen inländischen Partner in: UNCTC, JV-Agreement, S. 6 ff.

von Bedeutung, als durch sie die Zielsetzung der gemeinsamen Unternehmung beeinflußt werden kann.[3]

*1. Kooperationspartner in Entwicklungsländern mit Privatunternehmen*

In marktwirtschaftlich orientierten Entwicklungsländern wie Indonesien, Malaysia oder Kenia ist der inländische Fachpartner i.d.R. ein Privatunternehmer.[4] Unternehmer, die ihren Betrieb modernisieren oder erweitern oder einen Produktionsbetrieb neu errichten wollen, sind an der Gründung von Gemeinschaftsunternehmen mit ausländischen Investoren ebenso interessiert wie Zulieferer oder Abnehmer künftiger JV-Produkte, die die Beteiligung an Gemeinschaftsunternehmen wegen Einsparungen oder gesteigerter Rendite in ihren eigenen Betrieben suchen.[5]

Staatliche Unternehmen beteiligen sich im Produktionsbereich zwar auch als Fachpartner an Gemeinschaftsunternehmen.[6] Da in vielen nationalen Wirtschafts- und Entwicklungsplänen für die verarbeitende Industrie eine verstärkte Förderung des privaten Sektors vorgesehen ist,[7] beteiligt sich der Staat an den mit ausländischen Investoren in diesem Wirtschaftszweig gegründeten Gemeinschaftsunternehmen zumeist aber dergestalt, daß die Fachpartnerschaft privater inländischer Unternehmer durch eine Beteiligung staatlicher Finanzierungs- oder Entwicklungsinstitute[8] unterstützt wird.[9] Auf diese Weise sichert sich der Staat zugleich ein Mitspracherecht bei Begründung und Ausgestaltung des Gemeinschaftsunternehmens.

Aus der Sicht des ausländischen Partners kann die Beteiligung einer staatlichen Entwicklungsgesellschaft speziell im Hinblick auf die administrative Bewältigung der gemeinsamen Unternehmung von Vorteil sein.

---

3 Dazu auch unten § 15.

4 Gramlich, S. 363.

5 Vgl. MIDA, Investment Mission, S. 9 ff.; UNCTC, JV-Agreement, S. 6; Jost, S. 131.

6 So z.B. in dem indones. Maschinenbauunternehmen „P.T. Atelier Mecanique d'Indonesie (Atmindo), Nordsumatra" (DEG, Geschäftsbericht 1984).

7 S. die in § 5 Fn. 9 für Malaysia und Indonesien gegebenen Nachweise.

8 So war die staatliche Sarawak Economic Development Corp. (SEDC), ein Hauptträger der wirtschaftlichen Entwicklung im ostmalaysischen Bundesstaat Sarawak, 1987 beispielsweise an ca. 30 Firmen beteiligt (BfAI/NfA v. 9.6.1987).

9 So richtig auch Gramlich, S. 363 f.

## 2. *Kooperationspartner in der VR China*

### a) Fachpartner

In der sozialistischen Planwirtschaft der VR China waren Privateigentum an Produktionsmitteln und private Investitionen noch bis vor kurzem gänzlich ausgeschlossen.[10] Wenn privatwirtschaftliche Tätigkeit jetzt auch begrenzt zugelassen wird und erste Ansätze zu Privatunternehmen erkennbar sind,[11] können sich Privatpersonen an Gemeinschaftsunternehmen doch nicht selbständig als chinesische Fachpartner beteiligen. Gemäß Art. 1 JVL können ausländisch-chinesische Gemeinschaftsunternehmen nur in Zusammenarbeit mit staatlichen chinesischen Gesellschaften, Unternehmen oder sonstigen Wirtschaftskörperschaften[12] gegründet werden. Fachpartner auf chinesischer Seite ist deshalb ein staatliches Produktionsunternehmen, dessen Betrieb modernisiert oder in eine zu schaffende Fabrikationsanlage ganz oder teilweise eingebracht werden soll.[13]

### b) Andere Kooperationspartner

Neben dem Fachpartner sind auf chinesischer Seite i.d.R. weitere staatliche Organisationen und Gesellschaften als stille Gesellschafter am Gemeinschaftsunternehmen beteiligt (*local sleeping partners*).[14] Ihre Partnerschaft kann bei der Gründung und Durchführung des Gemeinschaftsunternehmens von großem Vorteil sein.[15]

Eine Beteiligung der Bank of China bzw. ihrer auf Provinz- und lokaler Ebene eingerichteten Treu- und Investitionsgesellschaften oder anderer kommerziell in der VR China tätiger Banken kann bei der reibungslosen Abwicklung von Devisengeschäften förderlich sein.[16]

---

10 Horn in: Horn/Schütze, S. 3 (4).

11 Vgl. Horn, aaO, S. 6; Jiang Ping in: Horn/Schütze, S. 36 ff.

12 Zur rechtlichen Selbständigkeit sozialistischer staatlicher Unternehmen in den internationalen Wirtschaftsbeziehungen vgl. Mann, RIW 1987, 186; Enderlein, RIW 1988, 333.

13 Harnischfeger-Ksoll in: Harnischfeger-Ksoll/Wu, S. 357.

14 Vgl. z.B. den VW-JV-Vertrag v. 10.10.1984 über die Produktion von Santanas (inländische Partner: Shanghai Tractor & Automotive Company; Bank of China, Shanghai Trust & Consultancy Company; China National Automotive Industrie Corporation).

15 Zu der Bedeutung der Beteiligung bestimmter chines. Organisationen auch Harnischfeger-Ksoll in: Harnischfeger-Ksoll/Wu, S. 358.

16 Zutr. Spaulding, 8 E.A.E.R. 13, 14 (1986); zu den Devisenproblemen ausländisch-chinesischer Gemeinschaftsunternehmen unten § 6 III 3.

Die Partnerschaft einer Spitzenorganisation des betreffenden Wirtschaftszweiges leistet häufig gute Hilfe bei der Vermittlung gegenüber den Behörden.

Die Mitwirkung einer Gesellschaft mit Außenhandelsberechtigung kann wegen der im Zusammenhang mit der Gründung und Durchführung des Gemeinschaftsunternehmens erforderlichen Import- und Exportaktivitäten[17] sinnvoll sein.

Eine Beteiligung der China International Trust and Investment Corporation (CITIC) kann in verschiedener Hinsicht von Vorteil sein. Diese unmittelbar dem chinesischen Staatsrat unterstehende, selbständige Gesellschaft wurde im Juli 1979 zur Anknüpfung und Abwicklung ausländisch-chinesischer Kooperationen gegründet.[18] Ihr Beteiligungsanteil beträgt i.d.R. zwischen 10 und 20 %. Als Partner eines Gemeinschaftsunternehmens kann sie über die Leistung ihres Anteils am Eigenkapital hinaus außerdem an der Beschaffung von Fremdmitteln mitwirken, indem sie selbst Kredite zur Verfügung stellt oder Fremdkredite garantiert.

## II. Suche und Wahl des inländischen Fachpartners

Die Suche nach einem inländischen Fachpartner gestaltet sich häufig schwierig. Da für den Kooperationserfolg die Qualifikation des inländischen Fachpartners, d.h. seine Betriebs- und Fabrikationsorganisation, technische Ausrüstung, Ausstattung mit qualifizierten Arbeits- und Fachkräften etc., von größter Bedeutung ist, muß ein geeigneter Partner oft lange gesucht werden.

Der beste Weg ist, den inländischen Fachpartner aufgrund eigener Marktkenntnis zu wählen.[19] Diese Vorgehensweise ist allerdings nur möglich, wenn der ausländische Investor bereits über geschäftliche Kontakte ins Anlageland verfügt, der inländische Fachpartner ihm u.U. sogar selbst aus vorherigen Geschäftsbeziehungen, z.B. aufgrund langjähriger vertraglicher Kooperation, bekannt ist.[20]

Investitionswilligen deutschen Unternehmern, die über keine geschäftlichen Kontakte ins Anlageland verfügen, ist die DEG bei der Partnersuche behilflich.[21]

---

17 Vgl. dazu unten § 15 II, III.

18 Vgl. Art. 1, 2, 6 ff. der CITIC-Statuten, abgedr. in: 14 J.Int'l L. & Econ. 198, 199 (1980).

19 Zutr. Fischer, ZvglRwiss 86 (1987), 314 (317).

20 S. oben § 2 III.

21 S. oben § 3 II 1.

Hinweise auf inländische Unternehmen, die die Zusammenarbeit mit ausländischen Investoren suchen, werden auch von sonstigen anerkannten Institutionen, z.B. von den deutschen Außenhandelskammern gegeben. Listen interessierter Unternehmen besagen allein aber wenig darüber, ob ein inländisches Unternehmen im konkreten Fall auch tatsächlich als JV-Partner geeignet ist. Sie können deshalb nicht mehr als eine allererste Hilfestellung geben.

Viele Entwicklungsländer haben besondere Verwaltungsbehörden eingerichtet, die im Rahmen ihrer Investitionsförderungsaufgabe u.a. Vermittlungsfunktion ausüben und ausländischen Investoren bei der Suche nach einem geeigneten Kooperationspartner behilflich sind.[22] Schwierigkeiten können dann auftreten, wenn die inländische Seite vom ausländischen Investor eine Art kostenlose Entwicklungshilfe erwartet und den Fachpartner aus dem Kreis besonders unterentwickelter Betriebe auswählt.[23]

Kooperationsangebote in ausländischen[24] und internationalen[25] Fachzeitschriften, Repräsentationen auf Konferenzen und Investitionsseminaren, die im Anlageland oder auf internationalen Messen abgehalten werden[26], sollen investitionswilligen ausländischen Unternehmern die Suche nach einem inländischen Fachpartner ebenfalls erleichtern.

Kriterien für die Wahl des inländischen Fachpartners sollten vor allem sein:

- organisatorische Fähigkeiten,
- Managementfähigkeiten,
- Marktfähigkeiten,
- technische Fähigkeiten,[27]
- Finanzkraft,
- Durchsetzungskraft bei Behörden und Finanzinstituten.

---

22 So z.B. MIDA (Malaysia), BKPM (Indonesien), IPC (Kenia) und CITIC (VR China); zu den Investitionsbehörden der einzelnen Länder s. auch unten § 5 III, § 7.

23 v. Lingelsheim-Seibicke, S. 130.

24 Z.B. den von der BfAI herausgegebenen Nachrichten für den Außenhandel; s. beispielsweise BfAI/NfA v. 23.12.1987, 26.1.1988, 27.1.1988 (Kooperationsangebote aus der VR China).

25 Z.B. dem von der UNIDO herausgegebenen Newsletter.

26 So wurde z.B. das auf der Hannover Messe 1986 abgehaltene malays. Investitionsseminar gemeinsam von der MIDA, dem BMZ und der UNIDO veranstaltet.

27 So auch Fischer, ZvglRwiss 86 (1987), 314 (317).

# 2. Kapitel
# Das Wirtschaftsrecht der Gemeinschaftsunternehmen

## § 5 Investitionsrechtliche Rahmenbedingungen in den Entwicklungsländern

### I. Investitionspolitik der Entwicklungsländer

Die Einstellung der Entwicklungsländer zu ausländischen Direktinvestitionen ist ambivalent. Sie wird durch zwei sich widerstreitende Interessenbereiche geprägt.[1]

Einerseits haben die meisten Entwicklungsländer heute erkannt, daß sie ausländische Direktinvestitionen aktiv anlocken und fördern müssen, um die Entwicklung der nationalen Wirtschaft zu beschleunigen und den Lebensstandard ihrer Bevölkerung zu heben. Ausländische Technologien, ausländisches Management-Wissen und ausländisches Kapital sind für den Modernisierungsprozeß der nationalen Wirtschaft unentbehrlich, ausländische Investitionen für die entwicklungspolitischen Zielsetzungen der Entwicklungsländer daher i.d.R. unverzichtbar.

Andererseits wollen die Entwicklungsländer die Investitionstätigkeit von Ausländern weitgehend kontrollieren, damit die nationalen Entwicklungsziele nicht gefährdet werden. In vielen Ländern der Dritten Welt ist es deshalb ein wichtiges wirtschaftspolitisches Ziel, die stark mit ausländischem Kapital verflochtene Wirtschaft zu „indigenisieren" (sog. *divestment*-Regelung; *fade-out*-Strategie[2]). [3] Die nationale Wirtschaft soll durch staatliche Maßnahmen vor einer Überfremdung geschützt werden, die auf die dominante Stellung ausländischer Investoren in einem Unter-

---

1 Zutr. Steeg, ZGR 1985, 1 (12); Fritzsche in: Rohstofferschließungsvorhaben I, S. 215 f.; Ahn in: Hottes/Uhlig, S. 277 ff.; Ebenroth, S. 66, 72 f.

2 Nach diesem von den Andenstaaten ausgehenden Konzept der Behandlung von Auslandsinvestitionen wird zunächst eine weitgehende oder unbegrenzte Kapitalmehrheit ausländischer Investoren an inländischen Unternehmen zugelassen. Diese Beteiligung muß sich jedoch innerhalb festgelegter Zeiträume auf einen Minimalsatz oder auf Null reduzieren.

3 Ahn, aaO, S. 277.

nehmen, einer Branche oder in einem nationalen Wirtschaftssektor zurückzuführen ist.[4]

Die kritische Haltung, die die Entwicklungsländer gegenüber Auslandsinvestitionen einnehmen, bezieht sich heute nicht mehr allein auf die Tätigkeit großer multinationaler Unternehmen. Sie ist vielmehr Ausdruck einer grundsätzlich anderen Einstellung der Dritten Welt zur Internationalisierung durch private Direktinvestitionen.[5] Die aufgezeigte Interessendualität hat dazu geführt, daß viele Entwicklungsländer heute eine selektive Investitionspolitik i.d.S. verfolgen, daß einerseits ausländische Direktinvestitionen durch zahlreiche gezielte Maßnahmen angezogen und gefördert werden,[6] andererseits aber verschiedene Maßnahmen zur Steuerung und Kontrolle der ausländischen Investitionstätigkeit ergriffen werden.[7] Auf diese Weise läßt sich die übergeordnete Zielsetzung realisieren, durch den Einsatz ausländischen Kapitals und ausländischer Technologien entwicklungspolitische Ziele zu erreichen, zugleich aber ausländische Dominanz und Überfremdung im Interesse einer eigenständigen und an eigenen Prioritäten orientierten Entwicklung des Landes abzubauen bzw. zu verhindern.[8]

Diese selektive Investitionspolitik kennzeichnet auch das Investitionsklima in den für diese Untersuchung ausgewählten Ländern. Sie spiegelt sich in erster Linie in den nationalen Investitionsgesetzen wider, fin-

---

4 Ahn, aaO, S. 279; Seifert in: Diedrich/Gocht/Seifert, S. 204 (305).

5 Steeg, ZGR 1985, 1 (12).

6 Das Förderungsinstrumentarium umfaßt typischerweise: Garantien verschiedener Art (Garantie des Eigentums, des Gewinntransfers, der Kapitalrepatriierung, dazu auch unten § 6 I1); verschiedene steuerliche Vorteile, beispielsweise Steuerbefreiungen, Verlustvortragsmöglichkeiten, Sonderabschreibungen, eingehend dazu unten § 6 I1; zollpolitische Vergünstigungen, etwa Befreiungen von Importabgaben und Zöllen; Finanzierungshilfen; Ausnahmegenehmigungen, z.B. für die Beschäftigung ausländischen Personals, s. dazu auch unten § 6 IV 3.

7 Hierzu zählen i.d.R. die Erhöhung des inländischen Kapitalanteils bei Direktinvestitionen (JV-Politik), vgl. zur Kapitalbeteiligung auch unten § 10; die stärkere Besetzung von wichtigen Positionen in Investitionsprojekten mit Inländern, s. unten § 6 IV 2, 3; die Erhöhung des inländischen Anteils an Inputmaterialien bei der Produktion bestimmter Güter (local content-Vorschriften).

8 So für die Asean-Länder Seifert in: Diedrich/Gocht/Seifert, S. 204 (302).

det sich aber ebenso in den Regelungen der Entwicklungspläne und der Wirtschaftsprogramme.[9]

Charakteristisch für diese Investitionspolitik ist auch die Schaffung einer mit vielfältigen Aufgaben betrauten und umfangreichen Kompetenzen ausgestatteten zentralen Investitionsbehörde (Board of Investment oder Investment Coordinating Board). Sie ist nicht nur in den Mittelpunkt des investitionsrechtlichen Genehmigungsverfahrens[10] gestellt, prüft Anträge auf Investitionsvergünstigungen und Lizenzen, sondern übt auch eine ausgedehnte Beratungstätigkeit aus. Sie berät die Regierung des Entwicklungslandes bei der Formulierung und Realisierung entwicklungspolitischer Strategien, ausländische Investoren, wenn es um die Durchführbarkeit und die Formalitäten von Industrieprojekten geht. Sie bietet ihnen erforderlichenfalls auch nachfolgende Unterstützung an, kooperiert mit Ministerien und regionalen Entwicklungsbehörden und arbeitet in Fragen der Devisenkontrollen oftmals mit der nationalen Zentralbank zusammen.

---

9 Vgl. z.B. für die VR China: den 7. Fünfjahresplan "1986-1990„ (Die VR China setzt darin den wirtschaftlichen Reformkurs fort. Ziel des Fünfjahresplans ist die Gestaltung eines sozialistischen Wirtschaftsgefüges mit chines. Besonderheiten; Plan und Markt sollen durch verschiedene Reformen harmonisiert werden. Dem Erwerb ausländischer Technologien kommt bei der Modernisierung und technischen Umrüstung der dafür vorgesehenen wirtschaftlichen Sektoren und Produktionszweige eine Schlüsselposition zu. Ausführlich zu Inhalt und Zielen des Plans BfAI/NfA v. 11.4.1986, v. 17.4.1986, v. 24.3.1987); für Indonesien: Repelita IV "1984-1989„ (zu seinen Zielen eingehend Consulate General of the Republic of Indonesia, Indonesia, S. 42 ff.; BKPM, Guide, S.11 ff.; allg. zu den indones. Wirtschafts- und Entwicklungsplänen auch Consulate General of the Republic of Indonesia, Indonesia, S. 15 ff.; SEIFERT/BOAS, HIZ I, Indo. 21 10, S. 8 ff.) und die Prioritätenliste für Investitionen (dazu i.F. III 2); für Malaysia: den 5. Malaysia-Plan (Er beschreibt die letzte Phase der sog. Neuen Wirtschaftspolitik (NEP), die eigentlich 1990 abgeschlossen sein sollte.) sowie den Industrial Masterplan (Ziel des von der UNIDO und der MIDA gemeinsam verfaßten Dokuments ist es, die Verarbeitungsindustrie zum Wachstumsmotor der Wirtschaft zu machen und damit Malaysia zu einer Industriegesellschaft zu transformieren. Zu diesem Zweck sollen u.a. die Importsubstitution forciert und der Export durch vermehrte Verarbeitung inländischer Rohstoffe gesteigert werden. Schwergewichte sind weiter die Verbesserung der Berufsausbildung im technischen Bereich sowie der Ausbau der Infrastruktur; BfAI/NfA v. 6.2.1986).

10 S. unten § 7.

## II. Investitionsgesetzgebung der Entwicklungsländer

### *1. Allgemeine Kennzeichnung*

Trotz ihres unterschiedlichen Entwicklungsstandes verfügen fast alle Entwicklungsländer über Investitionsgesetze (*investment codes*), die sich zudem sehr ähnlich sind. Wenn in Einzelfragen auch zahlreiche Unterschiede bestehen, so ist die wertungsmäßige Grundstruktur doch gleich, was auf die gleiche Interessenlage zurückzuführen ist. Hinzu kommt, daß fast alle Entwicklungsländer die Hilfe westlicher Berater in Anspruch nehmen.

Die Investitionsgesetzgebung ist neben den politischen Rahmenbedingungen[11] ein bestimmender Faktor der allgemeinen Investitionsbedingungen. Ausländische Unternehmer machen ihre Investitionsentscheidung u.a. davon abhängig, daß sie im potentiellen Anlageland ausführliche wie präzise Investitionsvorschriften vorfinden, die sachgerecht ausgeführt und deren wesentliche Regelungen nicht fortlaufend geändert werden.[12]

Die Reichweite der Investitionsgesetze ist unterschiedlich. Zum Teil regeln sie ausführlich, in welcher Form und in welchen Wirtschaftsbereichen sich ausländische Unternehmer wirtschaftlich betätigen dürfen.[13] In anderen Fällen enthalten sie lediglich besondere Anreize für bestimmte Investitionen.[14] In einigen Ländern sind darüber hinaus regionale oder sektorale Sonderregelungen zu finden.[15]

In keinem Fall sind alle für Auslandsinvestitionen maßgeblichen Bestimmungen übersichtlich in einem Gesetzeswerk zusammengefaßt. Allgemeine wie spezielle Vorschriften aus dem Gesellschafts-, Steuer- und Devisenrecht sind von ausländischen Investoren ebenso zu beachten wie der weite Bereich der Arbeits- und Sozialgesetzgebung. Ihr fördernder oder beschränkender Inhalt ist für die Beurteilung des Investitionsklimas i.d.R. von größerer Bedeutung als der Regelungsinhalt der Investitionsko-

---

11 Eingehend zu den politischen Rahmenbedingungen in Entwicklungsländern v. Schlabrendorff in: Rohstofferschließungsvorhaben I, S. 115 ff.

12 Zutr. Fritzsche in: Rohstofferschließungsvorhaben I, S. 215 (218).

13 Vgl. etwa das chines. Joint Venture Law of 1979 (JVL) mit den Durchführungsbestimmungen (JVLR) und das indones. Law No. 1 of 1967 Concerning Foreign Investment i.V.m. Law No. 11 of 1970 Amendment and Supplement to Law No. 1. of 1967 Concerning Foreign Investment (FCIL).

14 So beispielsweise die Bestimmungen über den Vorzugsstatus (approved status) im kenian. Foreign Investments Protection Act of 1964 (FIPA).

15 So z.B. in der VR China in den Sonderwirtschaftszonen, dazu i.F. III 1.

dizes selbst. Ihrer Bedeutung gemäß ist diesen rechtlichen Rahmenbedingungen im Rahmen dieser Untersuchung ein eigener Abschnitt gewidmet;[16] auch dort müssen einzelne besondere Vorschriften, die zur Attraktivität eines bestimmten Landes beitragen können, aus Darstellungsgründen unberücksichtigt bleiben. Verwaltungsvorschriften, vorläufige Bestimmungen, Richtlinien und Erlasse sind in einigen Ländern zudem vereinzelt nur „vor Ort" über einen inländischen Rechtsberater zu bekommen und werden auch nicht immer veröffentlicht[17].

### 2. *Regelungsbereich*

#### a) Allgemeine Grundsätze

Die Investitionsgesetze der Entwicklungsländer betonen meist einleitend ihre programmatische Zielsetzung. Förderung und Schutz von Investitionen zur Entwicklung der nationalen Wirtschaft stehen dabei i.d.R. an erster Stelle.[18] Häufig wird sodann definiert, was als Auslandsinvestition bzw. als ausländisches Kapital angesehen wird.[19] Desweiteren werden regelmäßig die Bereiche aufgezählt, in denen Ausländer investieren dürfen bzw. in denen ausländische Investitionen besonders willkommen sind und gefördert werden.[20]

Zum Inhalt der Investitionskodizes gehören im allgemeinen auch folgende Regelungsbereiche[21]:

- Verfahren zur Genehmigung von Investitionsvorhaben,
- Investitionsbeschränkungen,
- Garantie- und Schutzvorschriften,
- Investitionsanreize,
- sonstige Bestimmungen (Streitschlichtung, beschäftigungspolitische Vorschriften etc.).

---

16 S. unten § 6.

17 So z.B. in der VR China.

18 Vgl. z.B. Art. 1, 2 JVL (VR China); Präambel des FCIL, s. auch General Elucidation der Elucidation of FCIL (Indonesien).

19 Vgl. beispielsweise die ausführlichen Definitionen in Art. 1 FCIL und Sec. 2 FIPA.

20 S. z.B. die Aufzählung in Art. 3 JVLR; vgl. Art. 5 FCIL und die jeweils aktuelle Prioritätenliste des BKPM (Decision of the Chairman of the Investment Coordinating Board Concerning the List of Priority Scales for Domestic Investment and Foreign Investment for the Year ...).

21 Diese Einteilung findet sich auch bei Fritzsche in: Rohstofferschließungsvorhaben I, S. 215 (220 f.).

Die meisten Gesetze enthalten abschließend eine Ermächtigungsklausel, durch welche die zuständigen Stellen (z.B. die Fachminister) zum Erlaß weiterer Verordnungen ermächtigt werden.[22] Die detaillierte Regelung investitionsrechtlicher Einzelheiten oder des Verfahrens für die Investitionsgenehmigung kann auf diese Weise flexibleren Ausführungsvorschriften vorbehalten werden.

b) Genehmigung von Investitionsvorhaben

Eine generelle Zulassungspflicht von ausländischen Direktinvestitionen ist nur in wenigen Investitionsgesetzen statuiert.[23] In den Investitionskodizes ist zwar i.d.R. ein besonderes Verfahren zur Genehmigung von ausländischen Direktinvestitionen vorgesehen.[24] Zumeist wird an die Genehmigung aber nur ein Sonderstatus geknüpft, der zur Inanspruchnahme bestimmter Garantien, staatlicher Vergünstigungen und Investitionsanreize berechtigt, die nichtgenehmigten Investitionen versagt bleiben.[25]

Die Erteilung der Genehmigung bzw. die Zuerkennung eines bevorrechtigten Status kann mit besonderen Pflichten verbunden bzw. von der Erfüllung bestimmter Voraussetzungen abhängig sein. So verlangen viele Entwicklungsländer die Gründung einer Gesellschaft nach dem Recht des Anlagelandes.[26]

Häufig aufgestellte Kriterien sind auch:

- Vereinbarkeit der Investition mit dem nationalen Entwicklungsplan,
- Leistung eines positiven Beitrags zur Entwicklung der nationalen Zahlungsbilanz durch Exportgüterproduktion oder Importsubstitution,
- Know-how-Vermittlung,
- Schaffung neuer Arbeitsplätze für inländische Arbeitskräfte,
- Produktion von Investitionsgütern.

c) Investitionsbeschränkungen

In den meisten Investitionsgesetzen sind Beschränkungen für ausländische Investitionen zu finden. Im Interesse der nationalen Sicherheit und Autonomie des Landes haben viele Entwicklungsländer bestimmte

---

22 S. etwa Sec. 9 FIPA; Art. 30 FCIL; vgl. auch Art. 8 JVLR.

23 So z.B. in der VR China (Art. 3 JVL i.V.m. Art. 8 JVLR).

24 Ausführlich dazu unten § 7.

25 So beispielsweise in Kenia an das certificate of approved enterprise; in Malaysia an das pioneer certificate.

26 Eingehend dazu unten § 9 III 1-4 und § 7.

Wirtschaftsbereiche für ausländische Investoren nur bedingt geöffnet oder ganz gesperrt, d.h. Ausländer dürfen in den betroffenen Industriesektoren auch nicht im Rahmen einer Kapitalbeteiligung an inländischen Unternehmen tätig werden. Diese grundsätzlichen Beschränkungen betreffen i.d.R. bestimmte Bereiche der Rüstungsindustrie und der öffentlichen Versorgung, aber auch sonstige sensitive Bereiche wie Massenmedien, Transportwesen, Handels- und Dienstleistungssektor.[27]

Neben dem Verbot von Auslandsinvestitionen in bestimmten Sektoren können Beschränkungen auch dergestalt bestehen, daß ausländische Investitionen nur als Gemeinschaftsunternehmen zugelassen werden. Die Auferlegung der Beteiligung inländischen Kapitals kann ausnahmslos vorgeschrieben sein[28] oder auf bestimmte Wirtschaftsbereiche beschränkt sein. Im Hinblick auf die Höhe des ausländischen Kapitalanteils können diverse restriktive Bestimmungen bestehen, die jedoch nicht in jedem Fall zwingend gelten, sondern in der Praxis teilweise pragmatisch gehandhabt werden.[29]

### d) Garantie- und Schutzvorschriften

In den meisten Entwicklungsländern wird das Eigentum von In- und Ausländern gleichermaßen geschützt. Der häufig bereits verfassungsrechtlich verankerte Eigentumsschutz[30] wird in den Investitionsgesetzen bestätigt oder erstmals statuiert.[31] Wie im deutschen Recht[32] sind Eingriffe in das Eigentum oder eigentumsähnliche Rechte[33] danach generell nur zulässig, wenn sie zum öffentlichen Wohl, gegen eine Entschädigungszahlung und nach einem besonderen, gesetzlich geregelten Verfahren erfolgen.[34]

---

27 Vgl. Art. 3 JVLR; Art. 6, 7 FCIL i.V.m. der Prioritätenliste des BKPM; s. auch die Gegenüberstellung der für ausländische Investitionen geschlossenen bzw. bedingt offenen Bereiche in den ASEAN-Ländern bei AHN, Gemeinschaftsunternehmen, S. 134.

28 So z.B. in Indonesien, wo ausländische Investoren in den für sie offenen Wirtschaftszweigen generell Gemeinschaftsunternehmen mit inländischen Partnern eingehen müssen.

29 Eingehend dazu unten § 10 III 1.

30 Vgl. beispielsweise Art. 75 Constitution of Kenya; Art. 13 Constitution of Malaysia.

31 Vgl. etwa Art. 21 FCIL; Art. 2 JVL; Sec. 8 FIPA.

32 Vgl. Art. 14 III GG.

33 Speziell zum Schutz gewerblichen Eigentums unten § 12 III.

34 Vgl. Sec. 8 FIPA i.V.m. Art. 75 Constitution of Kenya; Art. 21 FCIL.

In der Praxis können die Interessen des ausländischen Investors im Enteignungsfall gleichwohl nur unzureichend geschützt sein. Häufig entsteht Streit über die Modalitäten der Entschädigungszahlung (z.B. Berechnung, Zahlungsart und -zeitpunkt), die oftmals nicht oder nur sehr allgemein geregelt sind.[35] Der gesetzlich fixierte Investitionsschutz hängt faktisch zudem von den tatsächlichen Möglichkeiten der Rechtsdurchsetzung und der Effektivität der Verfahren ab.[36]

Garantien sind für ausländische Investoren unter dem Gesichtspunkt des Investitionsschutzes nicht nur im Hinblick auf Eigentum und eigentumsähnliche Rechte von Bedeutung, sondern vor allem auch bezüglich des Gewinntransfers und der Kapitalrepatriierung.[37]

e) Investitionsanreize

Anreize für ausländische Direktinvestitionen werden in den Entwicklungsländern auf vielfältige Weise und in ganz unterschiedlichem Umfang gewährt. Das Förderungsinstrumentarium reicht von Garantien verschiedener Art, Ausnahmegenehmigungen für die Beschäftigung ausländischen Personals oder die Beschaffung bestimmter Materialien über zollpolitische Vergünstigungen (Befreiung von Importabgaben und Zöllen) bis hin zu zahlreichen finanziellen Vergünstigungen, die regelmäßig im Mittelpunkt der Investitionsanreize stehen. Sie können direkt in Form von Finanzierungshilfen und Zuschüssen oder indirekt durch steuerliche Vergünstigungen erfolgen. Letzteres ist der Regelfall. Fast alle Entwicklungsländer räumen investierenden Unternehmen umfangreiche Steuerprivilegien ein, deren Voraussetzungen, Art und Umfang von Land zu Land variieren.[38]

f) Sonstige Bestimmungen

Wenn in Investitionsgesetzen auch keine arbeits- und sozialrechtlichen Regelungen enthalten sind, so ist doch vielfach eine generelle Pflicht zur

---

35 Die Entschädigung soll i.d.R. „billig und gerecht" sein, vgl. beispielsweise Sec. 8 FIPA (full and prompt payment of compensation) und Art. 13 (2) Constitution of Malayisa (adequate compensation).

36 Zutr. Fritzsche in: Rohstofferschließungsvorhaben I, S. 215 (227).

37 Eingehend dazu unten § 6 III.

38 Ausführliche Darstellung der verschiedenen steuerlichen Vergünstigungen unten § 6 II 3 d), 4 d), 5 d), 6 c).

Beschäftigung von Inländern statuiert.[39] Der genaue Anteil inländischer Arbeitskräfte wird erst in den einzelnen Investitionsverträgen festgesetzt. Er bedarf der Aushandlung zwischen den Vertragspartnern.[40]

Vereinzelt wird auch die Einrichtung betrieblicher Schulungsprogramme zur Qualifizierung einheimischer Arbeitnehmer gefordert[41] oder eine Kooperation zwischen ausländischen Investoren und inländischen Unternehmern angeregt.[42]

Einige Investitionsgesetze enthalten abschließend Regelungen zur Streitbeilegung.[43] Dabei wird zunehmend die Bildung von ad hoc-Schiedsgerichten vorgesehen.[44] Vereinzelt wird auch mittels der ICSID-Klausel auf das Internationale Zentrum für Streitschlichtung an der Weltbank verwiesen.[45]

## III. Investitionsgesetzgebung ausgewählter Länder

Nachdem zuvor allgemeine Strukturen der Investitionsgesetzgebung der Entwicklungsländer aufgezeigt wurden, sollen im folgenden für die im Rahmen dieser Arbeit untersuchten Länder einige wichtige Investitionsgesetze und -verordnungen, die für die Gründung von Gemeinschaftsunternehmen bedeutsam sind, noch einmal übersichtartig vorgestellt werden. Wirtschaftsrechtliche Rahmenbedingungen für Joint Venture-Gründungen werden im übrigen in § 6 dargestellt.

### *1. VR China*

Investitionsrechtliche Vorschriften für ausländisch-chinesische Gemeinschaftsunternehmen sind vor allem in folgenden Gesetzen und Verordnungen enthalten:

- The Law of the PRC on Joint Ventures Using Chinese and Foreign Investment of 1979 (JVL)[46],

39 Vgl. z.B. Art. 10 FCIL; weitere Beispiele bei Fritzsche in: Rohstofferschließungsvorhaben I, S. 232 Fn. 106.

40 Eingehend dazu unten § 6 IV 2.

41 Vgl. Art. 12 FCIL.

42 Vgl. Art. 23 (1) FCIL.

43 Vgl. Art. 14 JVL; weitere Beispiele bei Fritzsche in: Rohstofferschließungsvorhaben I, S. 234 Fn. 116.

44 Zu ad hoc-Schiedsgerichten s. auch unten § 16 III 2 b) aa).

45 Fritzsche in: Rohstofferschließungsvorhaben I, S. 215 (234).

46 Text abgedr. in: Horn/Schütze, Anhang, S. 489.

- The Regulations for the Implementation of the JVL of 1983 (JVLR)[47]
- The Provisions of the State Council Encouraging Foreign Investment of 1986 (FIEP),[48]
- The Provisions on the Contribution of Capital by Parties to Joint Ventures Using Chinese and Foreign Investment of 1988.[49]

In der VR China muß jede ausländische Kapitalbeteiligung genehmigt werden. Die in vielen Ländern anzutreffende Unterscheidung zwischen genehmigten Investitionen, die in den Genuß der i.d.R. besonders vorteilhaften Auslandsinvestitionsgesetzgebung kommen, und anderen nichtgenehmigten und daher nicht begünstigten Investitionen ist dem chinesischen Recht fremd.

Die Investitionstätigkeit ausländischer Unternehmer wird in zahlreichen Spezialgesetzen geregelt.[50] Maßgebliche Rechtsgrundlage für die Gründung ausländisch-chinesischer Gemeinschaftsunternehmen ist das 1979 als erstes chinesisches Investitionsgesetz erlassene Joint Venture Law.[51] Es ist Ausdruck einer radikalen Neuorientierung chinesischer Politik, die die außenwirtschaftliche Öffnung Chinas zum Inhalt hat und versucht, in ein sozialistisches Wirtschaftssystem schrittweise bestimmte Elemente westlicher Marktwirtschaft zu übernehmen.[52] Sein Regelungsbereich geht über den anderer nationaler Investitionsgesetze insoweit hinaus, als einige Vorschriften gesellschaftsrechtliche Regelungen enthalten. Neben dem Schutz ausländischer Investitionen und Gewinne und dem Genehmigungsverfahren für ausländische Kapitalbeteiligungen werden auch rechtliche und wirtschaftliche Strukturen der Projektgesellschaft,

---

47 The Regulations for the Implementation of the Law of the PRC on Joint Ventures Using Chinese and Foreign Investment of 1983; Text abgedr. in: Horn/Schütze, Anhang, S. 492.

48 Text abgedr. in: Horn/Schütze, Anhang, S. 552.

49 Text abgedr. in: BfAI, Dokument Nr. R 35/88.

50 Allg. zu den rechtlichen Grundlagen von Investitionsverträgen in der VR China Stricker in: Horn/Schütze, S. 229 ff.; Zheng, 19 N.Y.U.J.Int'l L. & Pol. 269 (1987).

51 Law of the People's Republic of China on Joint Ventures Using Chinese and Foreign Investment; zum wirtschaftlichen und politischen Hintergrund dieses Gesetzes insb. Brown, 4 B.C.Int'l & Comp.L.Rev. 115, 117 (1981); Alford/Birenbaum, 3 Nw.J.Int'l L. & Bus. 56 (1981); vgl. auch Pattison, 13 L. & Pol'y in Int'l Bus. 89 (1981).

52 Allg. zu der neuen chines. Gesetzgebungspolitik Horn in: Horn/Schütze, S. 11 f.; Foster, 30 Am.J.Comp. L., 395 (1982); speziell zu der neuen Wirtschafts- und Rechtspolitik Zeng in: Horn/Schütze, S. 28 ff.

Kooperationsbeendigung und Streitbeilegung geregelt.[53] Er bleibt hinter dem anderer Investitionskodizes insoweit zurück, als keine Investitionsanreize geregelt werden. Diese sind Gegenstand zahlreicher Spezialvorschriften, die wie die Provisions of the State Council Encouraging Foreign Investment of 1986[54] auf Staatsratsebene oder wie viele andere Investitionsförderungsbestimmungen auf nachgeordneter Verwaltungsebene in Provinzen, Autonomen Gebieten, regierungsunmittelbaren Städten, Sonderwirtschaftszonen, offenen Küstenstädten und sonstigen geöffneten Städten erlassen werden.[55] Exportunternehmen und technologisch fortschrittlichen Unternehmen wird danach unter bestimmten Voraussetzungen ein Vorzugsstatus gewährt, der zur Inanspruchnahme besonderer Steuervergünstigungen berechtigt.[56]

Das Joint Venture Law hat nur Rahmencharakter. Die Vorschriften sind sehr allgemein gehalten, Detailregelungen bewußt späteren Durchführungsbestimmungen vorbehalten.[57] Als solche wurden neben steuer-[58], arbeits-[59] und registerrechtlichen[60] Vorschriften 1983 die JVLR

---

53 Analyse des JVL u.a. bei Torbert, 12 Vand.J.Transnat'l L. 819 (1979); Brown, 4 B.C.Int'l & Comp.L.Rev. 115, 127 (1981); Alford/Birenbaum, 3 Nw.J.Int'l L. & Bus. 56 (1981); Lussenburg, 63 Can.B.Rev. 545 (1985); Kyle, 20 Harv. Int'l L.J. 675 (1979); Heuser, RIW 1979, 797.

54 Allg. dazu Kügel, RIW 1987, 750; Münzel, RIW 1986, 945.

55 Horsley, 9 E.A.E.R. 7 (1987).

56 S. unten § 6 I1 3.

57 Heuser, RIW 1979, 797 (801).

58 Income Tax Law of the Prc Concerning Joint Ventures with Chinese and Foreign Investment of 1980; Detailed Rules and Regulations for the Implementation of the Joint Venture Income Tax Law; ausführlich dazu unten § 6 II 3.

59 Regulations on Labor Management in Joint Ventures Using Chinese and Foreign Investment of 1980; Provisions for the Implementation of the Regulations on Labor Management in Joint Ventures of 1984.

60 Regulations of the Prc on the Registration of Joint Ventures Using Chinese and Foreign Investment of 1980 (JVRR); dazu unten § 7 II 1.

als generelle[61] und 1987 und 1988 weitere Verordnungen[62] als spezielle Ausführungsbestimmungen erlassen.

Die JV-Gesetzgebung ist Teil eines umfassenden Gesetzgebungsprogramms, durch das vor allem das chinesische Wirtschaftsrecht erneuert werden soll.[63] Wenn in den letzten Jahren auch eine Vielzahl von wirtschaftsrechtlichen Gesetzen und Bestimmungen erlassen wurde[64], so ist die chinesische Außenwirtschaftsgesetzgebung doch noch nicht abgeschlossen und es ist mit dem Erlaß weiterer Gesetze oder Durchführungsbestimmungen zu rechnen.[65]

Gemeinschaftsunternehmen, die in einem der als Sonderwirtschaftszonen (*special economic zones*/ SEZs) ausgewiesenen Gebiete[66] gegründet werden, unterstehen dem Recht der besonderen Wirtschaftszonen[67], das auf der Grundlage der national verbindlichen JV-Gesetzgebung eigene Vorzugsbedingungen für ausländische Investoren schafft.[68] Sonderwirtschaftszonen sind privilegierte Entwicklungsgebiete, denen aufgrund ihrer guten infrastrukturellen Ausstattung Vorrang bei der wirtschaftlichen

---

61 Regulations for the Implementation of the Law of the PRC on Joint Ventures Using Chinese and Foreign Investment; allg. zum Regelungsbereich der JVLR GOLDEN, 15 Ga.J.Int'l & Comp.L. 389 (1985); CONLEY/BEAMISH, 51 Bus.Q. 39 (1986).

62 Provisions of the General Administration for Industry and Commerce Concerning the Ratio of Registered Capital to Total Investment for Sino-Foreign Joint Ventures of 1987 (ausführlich dazu unten § 11 I 2); Provisions on the Contribution of Capital by Parties to Joint Ventures Using Chinese and Foreign Investment of 1988 (s. dazu unten § 11 III).

63 Allg. zu Aspekten des chines. Wirtschaftsrechts HORN in: Horn/Schütze, S. 12 ff.

64 Wichtige Schritte der chines. Außenwirtschaftsgesetzgebung waren u.a. der Erlaß des Warenzeichengesetzes 1982, des Patentgesetzes 1984, des Außenwirtschaftsvertragsgesetzes 1985 (dazu insb. HORN, RIW 1985, 688), der Bestimmungen über Technologie-Importverträge 1985 und der dazugehörigen Ausführungsregeln 1988 (dazu insb. HEUSER, RIW 1988, 258) sowie der Erlaß des Gesetzes über rein ausländisch kapitalisierte Unternehmen 1986 (dazu u.a. HEUSER, RIW 1986, 423); alle Gesetzestexte abgedr. im Textanhang von Horn/ Schütze.

65 HARNISCHFEGER-KSOLL in: Harnischfeger-Ksoll/Wu, S. 352.

66 Als Sonderwirtschaftszonen wurden Shenzhen, Zhuhai und Shantou in der Provinz Guangdong und Xiamen in der Provinz Fujian eingerichtet.

67 Ausführlich dazu XIU JIE in: Horn/Schütze, S.292 ff.

68 Überblick bei GELATT in: Cohen, S. 155.

Entwicklung eingeräumt wird.[69] Durch bessere Bedingungen für ausländisches Kapital und Know-how, Zoll- und Steuererleichterungen, ein flexibleres Arbeitsrecht, weitgehende wirtschaftliche Entscheidungsautonomie und geringere Bürokratie sollen sie ausländische Investoren verstärkt anziehen. Sonder- und Vorzugsbedingungen werden ausländischen Investoren ferner in verschiedenen anderen Wirtschaftsräumen und Städten gewährt, die für ausländische Wirtschaftstätigkeit freigegeben sind[70]. Neue Maßnahmen der chinesischen Wirtschaftsreform sollen hier auf ihre Realisierbarkeit und Folgeprobleme hin experimentell geprüft werden, bevor sie landesweit eingeführt werden.[71]

### 2. *Indonesien*

Die wesentlichen Bestimmungen des indonesischen Investitionsrechts mit Bedeutung für Gemeinschaftsunternehmen sind in folgenden Gesetzen, Verordnungen und Erlassen enthalten:

- Law No. 1 of 1967 Concerning Foreign Investment (FCIL No. 1 of 1967)[72] mit Erläuterung[73],
- Law No. 11 of 1970 Amendment and Supplement to Law No. 1 of 1967 Concerning Foreign Investment (FCIL No. 11 of 1970)[74] mit Erläuterung[75],

---

69 Allg. zur Einrichtung der Sonderwirtschaftszonen insb. Nishitateno, 32 Int'l & Comp.L.Q. 175 (1983); Huan, 7 E.A.E.R. 11 u. 15 (1985); vgl. auch Hillman/Babcock in: Rosendahl, S. 155 (171 ff.).

70 So z.B. in den 14 „offenen" Küstenstädten von Dalian bis Beihai, dem in der Provinz Jiangxi gelegenen Regierungsbezirk Ganzhou, den an der Yangtze-(Chang Jiang-)Mündung und dem Perlfluß-(Zhu Jiang-)Delta gelegenen Wirtschaftsräumen, der 1988 zur Provinz erhobenen Insel Hainan, die zu Chinas größter Sonderwirtschaftszone ausgebaut werden soll (vgl. BfAI/NfA v. 22.10.1987), und einer Vielzahl weiterer in Küstengebieten gelegener Städte und Kreise.

71 Dietrich, ZVglRWiss 85 (1986) 402, 410.

72 Text abgedr. in: BKPM, Investment Law, S. 9 ff.; ICSID, Investment Laws, Indonesia; BfAI-RI Nr. 127 a/c.

73 Elucidation of Law No. 1 of 1967 Concerning Foreign Investment; Text abgedr. in: BKPM, Investment Law, S. 18 ff.; ICSID, Investment Laws, Indonesia; BfAI-RI Nr. 127 a/c.

74 Text abgedr. in: BKPM, Investment Law, S. 25 ff.; BfAI-RI Nr. 127 a/c.

75 Elucidation of Law No. 11 of 1970 Amendment and Supplement to Law No. 1 of 1967 Concerning Foreign Investment; Text abgedr. in: BKPM, Investment Law, S. 29 ff. BfAI-RI Nr. 127 a/c.

- Decree No. 33 of 1981[76] i.V.m. Decree No. 35 of 1985[77],
- Decision Concerning The List of Priority Scales[78],
- Decision No. 10 of 1985[79].

Das Law No. 1 of 1967 Concerning Foreign Investment, das durch das Law No. 11 of 1970 teilweise novelliert wurde, bildet die maßgebliche Rechtsgrundlage für ausländische Investitionen.[80] Mit der Ratifizierung dieses Gesetzes wurde die nationalistisch geprägte Politik der Regierung Sukarno beendet und der Weg für eine aufgeschlossene Haltung gegenüber ausländischen Direktinvestitionen geebnet.[81] Das Gesetz betont das große Interesse, das Indonesien ausländischen Direktinvestitionen im Hinblick auf den Transfer von Kapital, Technologie und Know-how bei der wirtschaftlichen Entwicklung des Landes beimißt, weist aber zugleich darauf hin, daß keine Abhängigkeitsstrukturen entstehen sollen.[82] Es versucht, den Interessen der Regierung und des Investors durch einen

76 Decree of The President of The Republic of Indonesia No. 33 of 1981 Concerning The Investment Coordinating Board (Text abgedr. in: BfAI-RI Nr. 161; BKPM, Investment Law, S. 153 ff.) novelliert durch das Decree of The President of The Republic of Indonesia No. 78 of 1982 on Amendments to President's Decree No. 33 of 1981 Concerning The Investment Coordinating Board (Text abgedr. in: BKPM, Investment Law, S. 163 ff.).

77 Decree of The President of The Republic of Indonesia No. 35 of 1985 Concerning Status, Duties, Functions and Organizational Structure of The Investment Coordinating Board (Text abgedr. in: BKPM, Investment Law, S. 165 ff.).

78 Decision of The Chairman of The Investment Coordinating Board Concerning The List of Priority Scales for Domestic Investment and Foreign Investment.

79 Decision of The Chairman of The Investment Coordinating Board No. 10/SK/1985 Concerning Procedures for Applications for Approvals and Facilities for Domestic Investments and Foreign Investments (Text abgedr. in: BKPM, Guide, S. 46 ff.) novelliert durch Decision of The Chairman of The Investment Coordinating Board No. 5/SK/1986 Concerning Amendment of Decision of The Chairman of The Investment Coordinating Board No. 10/SK/1985 Concerning Procedures for Applications for Approvals and Facilities for Domestic Investments and Foreign Investments (Text abgedr. in: BKPM-Publikation, Juni 1986).

80 Zum Investitionsbegriff des FCIL insb. Gautama in: Legal Aspects, S. 203 f.; Sadli in: Private Investments I, S. 462 ff.; Hartono in: New Legal Principles, S. 46; Kähler, S. 99 f.

81 Vgl. Kähler, S. 97 ff.; Himawan, S. 259 f.; Grimm, Wirtschaftspartner Indonesien, S. 193.

82 Vgl. nur die Präambel.

Katalog von Förderungsmaßnahmen, Beschränkungen und Auflagen Rechnung zu tragen.[83]

Die Vorschriften sind überwiegend sehr allgemein gehalten, Detailregelungen kaum zu finden. Der indonesische Gesetzgeber hat die Regelungen offensichtlich dadurch bewußt flexibel halten wollen, daß er der Regierung vorbehalten hat, nach Maßgabe des Art. 6 ein Vorzugssystem zu bestimmen, das unter Berücksichtigung des jeweiligen wirtschaftlichen und technologischen Entwicklungsstandes des Landes mit den mittel- und langfristigen Entwicklungsplänen abgestimmt ist. Für ausländische Investoren ist deshalb die Prioritätenliste (List of Priority Scales for Domestic Investment and Foreign Investment) von größter Bedeutung.[84] Sie wird von der Investitionsbehörde (BKPM)[85] und den für die allgemeine wirtschaftliche Entwicklung sowie die Gebietsförderung zuständigen Ministerien auf der Grundlage der im Rahmen des laufenden Fünfjahresplans (Repelita) festgelegten nationalen Wirtschaftspolitik erstellt und jährlich überarbeitet. Sie besteht aus vier Teilen[86] und gibt u.a. den jeweils aktuellen Stand der für ausländische Investitionen geschlossenen und offenen Wirtschaftssektoren sowie die Art der Investitionsvergünstigung wieder.

Das indonesische Förderungsinstrumentarium umfaßt neben einigen beschäftigungspolitischen Vergünstigungen (z.B. freie Besetzung des Managements, Art. 9 FCIL) zahlreiche klassische Investitionsanreize wie Steuer-[87], Zoll- und Abgabenvergünstigungen. Art und Umfang der Vergünstigungen sind davon abhängig, welchen Stellenwert die indonesische Regierung dem konkreten Investitionsprojekt im Rahmen ihrer entwicklungspolitischen Prioritäten beimißt. Grundsätzlich werden solche Investitionen gefördert, die zur Verbesserung der Devisensituation durch Importsubstitution und/oder Exporte beitragen, das inländische Roh-

83 Zu dieser Strategie auch Himawan, S. 259 ff.; Hartono in: New Legal Principles, S. 45 ff.

84 Zu der bis Ende des Fiskaljahres 1987/88 geltenden Prioritätenliste BfAI/NfA v. 18.9.1985; s. auch BKPM, Guide, S. 42.

85 Badan Koordinasi Penanaman Modal oder Indonesian Investment Coordinating Board.

86 Geschäftsbereiche, die für Auslandsinvestitionen offen sind; Bereiche, die nur für inländische Investitionen bei Inanspruchnahme der BKPM-Fazilitäten offen sind; Bereiche, die für inländische Investoren ohne BKPM-Mitwirkung offen sind; Sektoren, die für in- und ausländische Investitionen geschlossen sind.

87 Ausführlich dazu unten § 6 II 4 d).

stoffpotential nutzen, Arbeitsplätze schaffen und den Transfer von Know-how und Technologie fördern.

Zur Förderung der nationalen Wirtschaft wurden im Rahmen des *bonded warehouse system* auch besondere zollbegünstigte Zonen (*bonded zones*/Zollfreigebiete) geschaffen[88], die Merkmale einer Freihandelszone und eines Industriegebiets in sich vereinigen.[89]

Strategisch wichtige Bereiche (nationale Sicherheit, Energieversorgung, Luftfahrt, öffentliche Medien etc.) sind nach Art. 6 FCIL für Auslandsinvestitionen gesperrt. Auch der gesamte Handelsbereich ist ausländischen Investitionen grundsätzlich verschlossen. In den übrigen Wirtschaftsbereichen sind Auslandsinvestitionen allgemein möglich, werden seit 1974 aber grundsätzlich nur noch in Form von Gemeinschaftsunternehmen mit indonesischen Partnern genehmigt.[90] Im Falle der Überbesetzung einzelner Wirtschaftszweige oder einer Gefährdung der nationalen Wirtschaft durch andere Umstände kann die indonesische Regierung gemäß Art. 7 FCIL zusätzliche Verbotsbereiche kennzeichnen.

Die Präsidialdekrete von 1981 und 1985 regeln Zuständigkeiten, Arbeitsweise und Organisation des BKPM und werten seine Stellung als zentrale Investitionsförderungsbehörde weiter auf.[91] Regelungsgegenstand der vom BKPM 1985 und 1986 herausgegebenen Erlasse (*letters of decision*) ist die Vereinfachung des investitionsrechtlichen Genehmigungsverfahrens.[92]

### *3. Malaysia*

Neben zahlreichen Verordnungen und Richtlinien sind für ausländische Investoren vor allem folgende malaysische Investitionsgesetze von Bedeutung:

– The Investment Incentives Act of 1968 (IIA),[93]

---

88 Zollbegünstigte Zonen befinden sich in Jakarta und auf der bei Singapur gelegenen Insel Batam.

89 Ausführlich zum bonded warehouse system BKPM, Guide, S. 63.

90 Seifert in: Diedrich/Gocht/Seifert, S. 218; Ahn, Gemeinschaftsunternehmen, S. 134.

91 Ausführlich zu den einzelnen Aufgaben des BKPM: BKPM, Guide, S. 67; s. auch unten § 7 II 2.

92 Eingehend dazu unten § 7 II 2.

93 Text i.d.F. von 1978 und Text des Investment Incentives (Amendment) Act of 1980 abgedr. in: ICSID, Investment Laws, Malaysia.

- The Industrial Co-ordination Act of 1975 mit den Industrial Co-ordination (Amendment) Acts of 1977 und 1979,[94]
- The Free Trade Zone Act of 1971 mit den Free Trade Zones Regulations.

Der Investment Incentives Act of 1968, der durch den Industrial Co-ordination Act of 1975 ergänzt und durch zahlreiche Änderungsgesetze komplettiert wurde, nimmt im Investitionsrecht Malaysias eine zentrale Stellung ein. In ihm ist der gesamte Komplex der malaysischen Investitionsvergünstigungen geregelt. Das verzweigte Investitionsförderungsinstrumentarium besteht aus zahlreichen steuerlichen Vergünstigungen (*pioneer status, labor utilization relief, investment tax credit, export incentives* etc.), die noch im einzelnen vorgestellt werden.[95]

Der Free Trade Zone Act of 1971 ist Rechtsgrundlage für die Einrichtung von Zollfreigebieten (*free trade zones*), die ausländischen Investoren weitere Vergüngstigungen gewähren sollen. In diesen zur Förderung exportorientierter Unternehmen geschaffenen Gebieten[96] sind die Zollformalitäten und -kontrollen für den Import von Rohstoffen, Maschinenteilen und anderen Ausrüstungen, die für die Herstellung der zum Export bestimmten Produkte benötigt werden, stark vereinfacht.[97]

Der Industrial Co-ordination Act of 1975, ergänzt durch die Industrial Co-ordination (Amendment) Acts of 1977 und 1979, ist die maßgebliche Regelung für die Erteilung der Fertigungslizenz (*manufacturing licence*).[98] Diese ist von fast allen Fertigungsbetrieben zu beantragen und wird erteilt, wenn das Geschäftsvorhaben mit den wirtschaftlichen und sozialen Zielsetzungen der malaysischen Politik übereinstimmt und die Weiterentwicklung oder den Aufbau neuer Industrien fördert. Ausländische wie inländische Investitionen unterliegen auf diese Weise gleichermaßen der staatlichen Kontrolle. Anträge auf Erteilung einer Fertigungslizenz werden ebenso wie Anträge auf Gewährung steuerlicher Vergünstigungen, Zollschutz und Importzollbefreiungen von der Malaysian Industrial Development Authority (MIDA) geprüft. Diese wurde von der

---

94 Texte abgedr. in: ICSID, Investment Laws, Malaysia.

95 S. unten § 6 II 5 d).

96 Als Zollfreigebiete wurden beispielsweise eingerichtet Bayan Lepas auf der Insel Penang (dazu auch BfAI/NfA v. 15.1.1985: Malaysisches Penang als Sammelpunkt deutscher Investitionen), Johor, Selangor, Malacca; Auflistung in: MIDA, Polices & Procedures.

97 PRICE WATERHOUSE, Malaysia, S. 16.

98 Zum Regelungsbereich des Industrial Co-ordination Act auch MIDA, Policies & Procedures, S. 32 ff.; SKRINE in: Legal Aspects, S. 281 f.

malaysischen Regierung zur Förderung und Koordinierung der industriellen Entwicklung des Landes geschaffen und ist insbesondere mit ihrer unter der Bezeichnung Central Unit eingerichteten Zentralstelle die zentrale Behörde bei nationalen wie ausländischen Investitionen.[99]

Im Interesse der nationalen Sicherheit und Autonomie des Landes sind bestimmte Sektoren für ausländische Investoren ganz geschlossen oder nur bedingt offen. Hierzu gehören z.B. Bereiche der Rüstungsindustrie, der inländischen Luftfahrt und der öffentlichen Versorgung.[100]

Soweit ausländische Investitionen erlaubt sind, müssen diese nicht zwingend mit malaysischer Kapitalbeteiligung durchgeführt werden; die Gründung von Gemeinschaftsunternehmen wird von der malaysischen Regierung aber generell befürwortet.[101] Die Höhe des zulässigen ausländischen Kapitalanteils richtet sich nach der Art des Projekts. Eine ausländische Mehrheit ist erlaubt, wenn das Projekt im wesentlichen exportorientiert ist; eine malaysische Majorität ist erforderlich, wenn die Geschäftstätigkeit überwiegend auf den Inlandsmarkt zielt.[102]

Die Beschränkung der ausländischen Kapitalbeteiligung ist im Zusammenhang mit der Neuen Wirtschaftspolitik (New Economic Policy/NEP)[103] zu sehen. Die Neue Wirtschaftspolitik war 1971 konzipiert worden, nachdem Rassenunruhen die große wirtschaftliche Kluft zwischen den die Mehrheit der Bevölkerung bildenden ethnischen Malayen (Bumiputras) und den Chinesen verdeutlicht hatten. Sie verfolgt als globale Zielsetzung den Abbau der Einkommensdisparitäten der verschiedenen Bevölkerungsgruppen. Im Rahmen des Konzepts soll zugunsten der ethnischen Malayen eine Umverteilung der Eigentumsanteile bzw. des Volksvermögens erfolgen. Dies sollte bis 1990 dergestalt geschehen sein, daß 30 % auf die Bumiputras übertragen werden, 40 % in chinesischem und indischem Besitz verbleiben und die restlichen 30 % ausländischen Investoren zugestanden werden. Der Preisverfall von Rohstoffen auf dem Weltmarkt und die damit einhergehende Verschlechterung des Wirtschaftswachstums Malaysias haben jedoch dazu geführt, daß sich die Zie-

---

99 Zu den Aufgaben der MIDA: MIDA, Profit Centre, S. 36; speziell zu den Aufgaben der Central Unit: MIDA, Central Unit; s. auch unten § 7 II 3.

100 Seifert in: Diedrich/Gocht/Seifert, S. 234; Ahn, Gemeinschaftsunternehmen, S. 134.

101 MIDA, Profit Centre, S. 13; Seifert/Boas, HIZ I, Malay 2110, S. 9.

102 Ausführlich dazu unten § 10 III 1 a).

103 Zur NEP u.a. Kasch in: Handbuch der Dritten Welt, S. 395 ff.; Köhler, S. 34 f.; Seifert/Boas, HIZ I, Malay 2110, S. 3; Dauth, Neue Wirtschaftspolitik steckt in der Sackgasse, Frankfurter Rundschau v. 16.4.1986.

le der Neuen Wirtschaftspolitik nicht bis zu diesem Zeitpunkt verwirklichen lassen werden. Die malaysische Regierung beschloß deshalb 1986, die Neue Wirtschaftspolitik vorübergehend außer Kraft zu setzen.[104]

### 4. *Kenia*

Das kenianische Investitionsrecht gründet im wesentlichen auf:

- The Foreign Investments Protection Act (FIPA) of 1964 (Chap. 518 Laws of Kenya), novelliert 1976 und 1988 durch den Foreign Investments Protection (Amendment) Act of 1988[105], mit den Application Forms for Certificate of Approved Enterprise und den Rules of Procedure,[106]
- The Investment Promotion Centre Bill of 1986.

Ausländische Direktinvestitionen sind in Kenia weder generell genehmigungspflichtig noch bedürfen sie kenianischer Kapitalbeteiligung. Die Gründung von Gemeinschaftsunternehmen wird im Zuge der Kenianisierungspolitik von der kenianischen Regierung aber begrüßt und gefördert.

Nach dem Foreign Investments Protection Act of 1964 in der Fassung vom 19.8.1988 können ausländische Kapitalanlagen, die durch Devisenerwirtschaftung, Know-how-Vermittlung, Investitionsgüterproduktion, Arbeitsplatzschaffung oder anders zur Entwicklung der kenianischen Wirtschaft beitragen, auf Antrag als „bevorrechtigtes Unternehmen“ (*approved enterprise*) anerkannt werden. Mit der Verleihung dieses Status sind im FIPA geregelte Rechte und Garantien verbunden, die nichtbevorrechtigten Investitionen versagt bleiben.

Der Sonderstatus eines bevorrechtigten Unternehmens garantiert seinem Inhaber den Transfer von Gewinnen (nach Abzug der Steuern) und den Retransfer der Kapitalbeteiligung. Die Ausfuhrzusicherung bezieht sich allerdings nicht auf den durch (Teil-)Verkauf des Unternehmens oder durch Neubewertung der Aktiva erzielten Wertzuwachs der Investition, da dieser nicht als Gewinn i.S. des Gesetzes anzusehen ist (Sec. 7 (a) FIPA). Während früher investiertes Auslandskapital zum Schillingkurs des Transferdatums bewertet wurde, d.h. die Rückführung der eingebrachten Gelder in Höhe des Nominalwertes allein in kenianischer Währung gewährleistet war, entfällt seit Inkrafttreten des Änderungsgesetzes von 1988 das Währungsrisiko für den ausländischen Investor. Die Be-

104 BfAI/NfA v. 6.6.1986; Dauth aaO.
105 Text abgedr. in: BfAI/R 108/88.
106 Texte abgedr. in: ICSID, Investment Laws, Kenya.

scheinigung über den Sonderstatuts kann nunmehr auch in der Währung des nach Kenia verbrachten Kapitals ausgestellt werden.

Der Sonderstatus läßt Verstaatlichungen nur gegen volle und sofortige Entschädigung unter Berücksichtigung des verfassungsrechtlichen Eigentumsschutzes (Art. 75 Constitution of Kenya) zu. Darüber hinaus berechtigt er zur Inanspruchnahme von Investitionsvergünstigungen, die nur bevorrechtigten Unternehmen gewährt werden.[107]

Die Bescheinigung über die Anerkennung als bevorrechtigtes Unternehmen (*certificate of approved enterprise*) wird auch bei der Beantragung von Importlizenzen und von Arbeitsgenehmigungen für ausländische Fachkräfte benötigt.

Zuständigkeiten, Arbeitsweise und Organisation der kenianischen Investitionsbehörde werden durch die Investment Promotion Centre Bill of 1986 geregelt. Das Investment Promotion Centre sieht seine Aufgabe vornehmlich darin, Investitionen durch den Abbau bürokratischer Hürden zu fördern. Daneben soll es mit der kenianischen Zentralbank in Fragen der Devisenkontrolle zusammenarbeiten, Unternehmen bei der Projektdurchführung unterstützen und die kenianische Regierung in allen Fragen der Investitionsförderung beraten.

## § 6 Steuer-, devisen-, arbeits- und sozialrechtliche Rahmenbedingungen in den Entwicklungsländern

### I. Grundprobleme

Die Zusammenarbeit der JV-Partner ist nicht nur in die Wirtschaft und Politik des jeweiligen Anlagelandes eingebettet, sondern auch in dessen Rechtssystem. Die JV-Gesetzgebung ist nicht in ein rechtliches Vakuum hineingestellt. Das nationale Außenwirtschaftsrecht enthält zahlreiche Vorschriften für Gemeinschaftsunternehmen, die das rechtliche Umfeld für die Durchführung der Kooperation bilden und für den ausländischen Investor von größter Bedeutung sind. Dies gilt vor allem für Regelungen aus dem Bereich des Steuer-, Devisen-, Arbeits- und Sozialrechts, die im folgenden näher angesprochen werden.

Sozio-ökonomische Bedingungen und rechtliche Transformation sind

---

107 Sonderabschreibungen auf Anlagen, Zollvergütungen und -ermäßigungen etc.

miteinander verflochten und wechselseitig abhängig.[1] Die Rechtsnormen spiegeln zum einen die Gesamtheit der vielfältigen Zusammenhänge zwischen Wirtschaft, Politik und Recht wider, die den ihnen zugrundeliegenden Lebenssachverhalt kennzeichnen; zum anderen dienen sie den inländischen Staatsorganen als Kontroll- und Handlungsinstrument.

Für den ausländischen Investor stellen sich unter dem Aspekt der Rechtssicherheit daher zwei Fragen:

1. ob und inwieweit er darauf vertrauen kann, daß die rechtlichen Rahmenbedingungen, die er zum Zeitpunkt der JV-Gründung im Anlageland vorfindet, während der Durchführung des Gemeinschaftsunternehmens nicht aus wirtschaftspolitischen Gründen geändert werden;
2. wie er sich vor dem Eintritt grundlegender rechtlicher Veränderungen schützen kann.

### 1. *Veränderlichkeit wirtschaftsrechtlicher Rahmenbedingungen*

Die politischen Verhältnisse in den Entwicklungsländern können nicht uneingeschränkt als stabil bezeichnet werden. Auch in den Schwellenländern kann das Risiko einer sich auf Wirtschaftspolitik und -recht auswirkenden fundamentalen Änderung des politischen Kurses deshalb nie vollständig ausgeschlossen werden; es ist investitionsimmanent.

Nachteilige Veränderungen grundlegender investitionsrechtlicher Rahmenbedingungen, die unter den Begriff „politisches Risiko" subsumiert werden können, fallen in den Regelungsbereich der Investitionsschutzabkommen, so z.B. der Erlaß devisenrechtlicher Vorschriften, die den Gewinntransfer oder die Kapitalrepatriierung schwerwiegend beschneiden, sonstige gesetzgeberische oder administrative Maßnahmen, die die Fortführung des Gemeinschaftsunternehmens verhindern.[2] Die völkerrechtliche Bindungswirkung eines solchen Abkommens mag dann insoweit einen Anknüpfungspunkt für das Vertrauen des ausländischen Investors auf eine gewisse Beständigkeit der investitionsrechtlichen Lage darstellen. Auf die grundsätzliche Bewahrung der durch bestimmte Steuer-, Handels-, oder Arbeitsrechtsvorschriften geschaffenen Rechtslage im Zeitpunkt der JV-Gründung kann er im übrigen zwar hoffen oder auf Grund politischer Äußerungen auch vertrauen. Eine rechtliche Grundlage ist insoweit jedoch nicht gegeben. Die Anlageländer sind als souveräne Staaten an der Änderung ihrer Gesetze grundsätzlich nicht ge-

---

1 Zu der Interdependenz von Wirtschaft und Recht vgl. auch Gramlich, S. 35 f. und Fikentscher §§ 1-4.

2 Dazu oben § 3 II 2.

hindert.[3] Hierauf wird in einigen Investitionsschutzabkommen sogar ausdrücklich hingewiesen.[4]

### 2. *Schutzbedürfnis ausländischer Investoren*

Die Kooperationsform des Gemeinschaftsunternehmens ist auf eine längerfristige geschäftliche Zusammenarbeit angelegt. Die JV-Partner schließen zu diesem Zweck verschiedene Verträge, für deren Abwicklung ein Zeitraum von mehreren Jahren bzw. Jahrzehnten vorgesehen ist.[5] Der ausländische Partner hat deshalb bei Vertragsschluß häufig das Bedürfnis, sich für die Kooperationsdauer gegen eine Beeinträchtigung seiner Interessen durch gesetzgeberische oder administrative Maßnahmen des Anlagelandes zu sichern. Das gilt verstärkt für den Fall, daß der Anlagestaat selbst als inländischer Vertragspartner auftritt. Hier erhöht sich die Gefahr, daß der Staat durch eine Änderung seiner Gesetzgebung die für die Verträge geltenden Rechtsregeln einseitig modifiziert und daß dadurch die Rechtsstellung der ausländischen Investoren wesentlich beeinträchtigt wird.

Anlagestaaten beteiligen sich vor allem im Bereich der Rohstofferschließung, insb. bei Bergbauprojekten (*mining joint ventures*) und Erdölerschließungsvorhaben, als Partner an Gemeinschaftsunternehmen. Die Forderung der Entwicklungsländer nach Souveränität und Kontrolle über ihre Rohstoffe hat dazu geführt, daß das Gemeinschaftsunternehmen hier die Konzession als traditionelle Form der Rohstofferschließung abgelöst hat.[6] Derartige Rohstoffprojekte gehören wegen ihrer ungeheuren Kostspieligkeit jedoch nicht zum Betätigungsfeld mittelständischer Unternehmen, die allein im Blickfeld dieser Arbeit stehen. Sie können nur von wenigen Großunternehmen (Multis) durchgeführt werden, die über den erforderlichen Kapital- und Personalbedarf verfügen.

Die spezielle Schutzproblematik, die sich auf Grund des besonderen Rechtsstatus des Staates[7] ergibt, fällt in den überwiegend Rohstofferschließungsvorhaben betreffenden Sonderproblembereich „Gemeinschaftsunternehmen zwischen Staaten und ausländischen Investoren". Da dieser

---

[3] Zu der Selbstbindung durch Stabilisierungsklauseln i.F. 2.

[4] So z.B. Art. 8 II des dt.-chines. Investitionsschutzabkommens (BGBl. 1985 II, S. 30):"... im übrigen bleibt das Recht jeder Vertragspartei zur Änderung ihrer allgemeinen Gesetze unberührt."

[5] Zum Vertragswerk des JV s. unten § 9.

[6] SCHANZE in: Rohstofferschließungsvorhaben I, S. 365 ff.

[7] Dazu insb. BÖCKSTIEGEL, Der Staat als Vertragspartner ausländischer Privatunternehmen, 1971.

als Domäne der Großunternehmen jedoch nicht Gegenstand dieser Arbeit ist, soll auf sie nicht näher eingegangen werden. Es sei nur kurz darauf hingewiesen, daß als Sicherungsmöglichkeit in diesen Fällen die Vereinbarung sog. Stabilisierungsklauseln (*stabilization clauses*) in Betracht kommt.[8] In ihnen verpflichtet sich der Staat, sich seinen gegenüber dem ausländischen Investor eingegangenen Verpflichtungen auch nicht auf Grund seiner hoheitlichen Befugnisse, etwa durch eine Änderung der Gesetzgebung, zu entziehen.[9]

### 3. *Schutzmöglichkeiten*

#### a) Versteinerungsklausel

Fraglich ist, ob es für den mittelständischen Unternehmer eine Möglichkeit gibt, sich in den Fällen vor einer seine Rechtsstellung beeinträchtigenden Veränderung der rechtlichen Rahmenbedingungen zu schützen, in denen nicht in erster Linie der Anlagestaat selbst sein Vertragspartner ist. Als solche könnte die Vereinbarung einer „Versteinerungsklausel" in Betracht kommen. Sie könnte etwa lauten:

> Die Vorschriften dieses (d.h. des zum Vertragsstatut gewählten) Rechts sollen in derjenigen Fassung maßgeblich sein, in der sie im Zeitpunkt des Wirksamwerdens dieser Rechtswahlvereinbarung gelten; spätere Änderungen des gewählten Rechts sollen also nicht berücksichtigt werden.[10]

Die Geltung von Versteinerungsklauseln ist umstritten.[11] Der Zweck einer Versteinerungsklausel liegt darin, das zum Vertragsstatut gewählte Recht in seinem Zustand bei Vertragsschluß zu „versteinern". Bei langfristig geltenden Verträgen soll dadurch eine grundlegende Veränderung des synallagmatischen Leistungsverhältnisses und der wirtschaftlichen Bedingungen des Vertrages verhindert werden.[12]

Voraussetzung für die wirksame Vereinbarung einer Versteinerungsklausel ist, daß die JV-Parteien befugt sind, die ihre Kooperation regelnde Rechtsordnung auf den Bestand ihrer zum Investitionszeitpunkt

---

8 Zu dieser Sicherungsmöglichkeit insb. HORN, Adaptation, S. 111 (128); MENGEL, RIW 1983, 739.

9 Klauselbeispiele bei HORN, Adaptation, S. 350 f.; SANDROCK in: FS Riesenfeld, S. 211 (215)

10 So die von SANDROCK in: FS Riesenfeld, S. 211 vorgeschlagene Formulierung.

11 Für ihre Gültigkeit SANDROCK/STEINSCHULTE A 38; v. WESTPHALEN, Exportfinanzierung, S. 34; a. A. REITHMANN/MARTINY, Rdn.34 m.w.N.; zweifelnd auch HORN in: Heymann, Vorbem zu § 343, Rdn. 80.

12 SANDROCK, aaO, S. 212.

geltenden Normen „einzufrieren". Eine derartige Ermächtigung läßt sich aus dem Prinzip der Parteiautonomie herleiten. Sie gestattet den Parteien, ihre Beziehungen einem von ihnen bestimmten Recht zu unterwerfen (Rechtswahlfreiheit) und dessen von künftigen Änderungen unbeeinflußte Geltung zu vereinbaren.

Der Herrschaft des Parteiwillens sind jedoch dort Grenzen gesetzt, wo Gesetze des Anlagelandes die Geltung nationalen Rechts zwingend vorschreiben. So ist das zur Gründung des Gemeinschaftsunternehmens erforderliche Gesellschaftsstatut immer dem Recht des Anlagelandes unterworfen. In der VR China untersteht auch der JV-Vertrag zwingend der nationalen Rechtsordnung (Art. 15 JVLR). In diesen Fällen ist das Recht der Disposition durch die Vertragsparteien gänzlich entzogen. Folglich ist auch kein Schutz vor späteren Rechtsänderungen möglich. Dürfen die JV-Partner das ihre Zusammenarbeit gestaltende Recht dagegen selbst bestimmen, so steht der Aufnahme einer Versteinerungsklausel in die Rechtswahlvereinbarung nichts im Wege.

Dem Sicherungsbedürfnis des ausländischen Partners kann gleichwohl nicht ausreichend Rechnung getragen werden. Eine Versteinerung erstreckt sich immer nur auf privatrechtliche Normen; öffentlich-rechtliche Vorschriften sind von ihr ausgenommen. Es kann nicht in der Macht der Parteien liegen, die Anwendung bestimmter Regelungen des öffentlichen Rechts, etwa des Investitions-, Devisen- oder Steuerrechts, dadurch zu vermeiden, daß sie das für ihr Gemeinschaftsunternehmen maßgebende Recht durch Vereinbarung einer Versteinerungsklausel auf seine zum Investitionszeitpunkt geltende Fassung festschreiben.[13]

Regelungen, die die Rechte und Pflichten des ausländischen JV-Partners entscheidend bestimmen, sind entweder in öffentlich-rechtlichen Normen enthalten, so daß sie aus diesem Grund nicht von Versteinerungsklauseln erfaßt werden, oder mangels Rechtswahlmöglichkeit von vornherein der Disposition durch die Vertragspartner entzogen. Versteinerungsklauseln können den ausländischen Investor damit nicht vor einer nachteiligen Änderung der nationalen rechtlichen Rahmenbedingungen schützen.

b) Bundesgarantien für Kapitalanlagen

Die Inanspruchnahme von Bundesgarantien für Kapitalanlagen bietet deutschen Unternehmern die Möglichkeit, sich zumindest sekundär ge-

13 Sandrock, aaO, S. 223.

gen normativ verwirklichtes politisches Risiko abzusichern.[14] Bundeskapitalanlagegarantien geben dem Garantienehmer bei Verwirklichung des Enteignungsrisikos (einschl. der Risiken indirekter und schleichender Enteignung), des Transfer- oder Umsturzrisikos einen Schadensersatzanspruch. Ihr Schutz kann jedoch insofern unzureichend sein, als zwar die kapitalmäßige Beteiligung des deutschen JV-Partners, nicht jedoch ein während der Kooperation erzielter Wertzuwachs durch die Garantien abgesichert ist. Ein weiteres Problem besteht in der Praxis häufig in dem Nachweis einer indirekten oder schleichenden Enteignung. Er kann sich im Einzelfall äußerst schwierig gestalten.

c) Bundesgarantien und Bundesbürgschaften für Ausfuhrgeschäfte

Soweit es nicht um die Kapitalanlage als solche, sondern um Zulieferungen an das Gemeinschaftsunternehmen oder den inländischen Partner geht, stellt sich die hier nur aufzuzeigende Frage, ob diese Lieferungen bzw. die Uneinbringlichkeit der Entgeltforderung nach den Bedingungen über Bundesgarantien und Bundesbürgschaften für Ausfuhrgeschäfte versicherungsfähig sind.[15]

Ausfuhrgarantien für Exportgeschäfte mit privaten ausländischen Unternehmen decken:

- das wirtschaftliche Risiko der Uneinbringlichkeit der Forderung infolge Zahlungsunfähigkeit des Bestellers,
- das politische Risiko der Uneinbringlichkeit der Forderung infolge allgemeiner staatlicher Maßnahmen, bestimmter Ereignisse oder Stockungen bei der Durchführung von Zahlungsabkommen oder ähnlichen Vereinbarungen.

Ausfuhrbürgschaften für Exportgeschäfte mit Regierungen oder Körperschaften des öffentlichen Rechts decken:

- das Risiko der Uneinbringlichkeit der Forderung, d.h. wenn der auslän-

---

14 S. oben § 3 II 3.

15 Weiterführende Literatur und ausführliche Darstellung dieser Sicherungsmöglichkeit insb. bei Schallehn/Stolzenburg, Garantien und Bürgschaften der Bundesrepublik Deutschland zur Förderung der deutschen Ausfuhr (Loseblattsammlung, Stand Febr. 1988); Christopeit, Hermes-Deckungen, 1966; v. Westphalen, Exportfinanzierung, S. 395 ff.; Bödecker, Staatliche Exportkreditversicherungssysteme, 1990; vgl. auch Horn in: Heymann, § 349 VI.; Dorscheid in: The Law of International Trade Finance, 1989.

dische Schuldner sie sechs Monate nach ihrer Fälligkeit nicht erfüllt hat,
- das Risiko der Beschlagnahme, Vernichtung oder Beschädigung oder des sonstigen Verlustes infolge politischer Ereignisse.

## II. Steuerrecht

### *1. Allgemeines*

Die steuerliche Behandlung der JV-Kooperation spielt für die wirtschaftliche Kalkulation des ausländischen Unternehmers eine große Rolle. Für ihn ist in diesem Zusammenhang von Bedeutung:

1. inwieweit er im Anlageland von den nationalen steuerlichen Belastungen betroffen sein wird;
2. inwieweit steuerliche Belastungen durch die Inanspruchnahme von Vergünstigungen dezimiert werden können;
3. ob insgesamt betrachtet die steuerliche Belastung das Gemeinschaftsunternehmen rechtfertigt und ihm anhaftende andere Negativ- und Risikofaktoren kompensiert.[16]

Die steuerliche Belastung von Gemeinschaftsunternehmen kann im Rahmen dieser Arbeit auch nicht für einzelne Anlageländer erschöpfend dargestellt werden. Insoweit muß auf anderweitiges Schrifttum verwiesen werden, das umfangreich vorhanden ist.[17] Es hat angesichts der gesetzgeberischen Aktivitäten auf diesem Gebiet jedoch fortlaufend mit dem Problem des Aktualitätsverlusts zu kämpfen und kann deshalb häufig nicht mehr als eine Momentaufnahme sein. Im folgenden soll neben wenigen allgemeinen Bemerkungen kurz auf einige gesetzliche Grundlagen und Besonderheiten nationaler Steuersysteme eingegangen werden, die für ausländische JV-Partner von Bedeutung sind.

### *2. Überblick*

Die Entwicklungsländer verfügen heute alle über ein eigenes Abgabennetz, das inländische wie ausländische Geschäftstätigkeiten und Investitionen erfaßt und durch Gesetze, Verordnungen und höchstrichterliche Rechtsprechung mehr oder weniger komplex gestaltet sein kann. Auch die VR China, die bis zu ihrer "Öffnung" Ende der siebziger Jahre

16 Zur Bestimmung der unternehmerischen Standortwahl durch die im Anlageland bestehenden steuerrechtlichen Vorschriften s. auch Ebenroth, S. 184 ff.

17 Siehe jeweils die Angaben bei den einzelnen Länderdarstellungen.

nur über ein internes Steuersystem verfügte, hat seitdem ein systematisches Instrumentarium für die Besteuerung ausländischer Investitionstätigkeit geschaffen.

Rechtsgrundlage für die Besteuerung von Gemeinschaftsunternehmen sind i.d.R. die allgemeinen Steuerrechtsvorschriften; eine Sondergesetzgebung ist nur vereinzelt zu finden.

Die Steuervorschriften sind zum Teil so gefaßt, daß den Behörden durch Generalklauseln und unbestimmte Rechtsbegriffe ein Beurteilungsspielraum eingeräumt wird oder bestimmte Entscheidungen in ihr Ermessen gestellt sind. Eine genaue Steuerplanung ist deshalb nicht immer möglich.

Ein Hauptproblem besteht häufig darin, daß sich zu einigen wesentlichen Fragen keine einheitliche beständige Auffassung gebildet hat und bestimmte Vorschriften folglich unterschiedlich streng angewendet werden. So fehlen z.B. nicht selten klare übereinstimmende Kriterien für die Gewährung steuerlicher Vergünstigungen. In vielen Besteuerungsfällen muß daher mit den zuständigen Finanzbehörden verhandelt werden, so daß der Verhandlungsmacht des Steuerpflichtigen große Bedeutung zukommt. Das wirkt sich für die Kapitalanleger günstig aus, die begehrtes technologisches Know-how in ein Gemeinschaftsunternehmen einbringen und insofern über eine starke Verhandlungsposition verfügen. Hierzu können durchaus auch kleine und mittlere Unternehmen zählen.

Ein weiterer Unsicherheitsfaktor liegt gelegentlich darin, daß Verwaltungsrichtlinien nicht veröffentlicht werden. Auf ihren Inhalt kann dann nur aus Gesprächen mit Behördenvertretern und aus der Handhabung in der Praxis geschlossen werden.[18]

Deutsche Investoren müssen sich darauf einstellen, daß sie nicht in jedem Entwicklungsland eine nach deutschem Verständnis durchorganisierte Finanzverwaltung vorfinden, so z.B. nicht in der VR China und anderen sozialistischen Ländern, in denen das Abgabensystem für die nationale Wirtschaft mit der Planwirtschaft verbunden und auf diese ausgerichtet ist.

Eine Reihe von Entwicklungsländern räumt ausländischen Investoren, die ihr Kapital in Gemeinschaftsunternehmen anlegen, im Rahmen ihrer Investitionsförderungsprogramme steuerliche Vergünstigungen ein. Gesetzliche Grundlage dieser Privilegien, deren rechtliche Gestaltung variiert, sind deshalb häufig investitionsrechtliche Bestimmungen. Sie können für sog. Pionierunternehmen ein besonderes Steuerregime vorsehen. Danach kann bestimmten Investitionsprojekten oder Industrien, die dem

---

18 So z.B. in der VR China, STRICKER/TISCHBIREK in: Horn/Schütze, S. 257 (260).

Land von wirtschaftlichem oder sonstigem Nutzen zu sein scheinen, auf Antrag eine zeitlich befristete, völlige oder teilweise Steuerbefreiung gewährt werden. Ein dahingehender Anspruch besteht jedoch nicht. Diese Form der Steuervergünstigung hat den Nachteil, daß sie nur den erfolgreichen Gemeinschaftsunternehmen zugute kommt, die Gewinne erwirtschaften. Unternehmen, die aufgrund von Anfangsschwierigkeiten mit Verlusten kämpfen, werden dadurch nicht gefördert, obwohl gerade sie der Unterstützung bedürften.

Verbreitet wird Investoren auch die Möglichkeit zu großzügigen Anfangsabschreibungen auf Anlagevermögen und Kapitalgüter eingeräumt. Andere Privilegien, z.B. Verlustvortragungsrechte, können ebenfalls zur steuerlichen Entlastung beitragen.

### 3. *VR China*[19]

#### a) Steuern vom Einkommen ausländisch-chinesischer Gemeinschaftsunternehmen

Für die Besteuerung ausländisch-chinesischer Gemeinschaftsunternehmen gelten nicht die allgemeinen Vorschriften des Income Tax Law of the PRC Concerning Foreign Enterprises, sondern die speziellen Bestimmungen des Joint Venture Income Tax Law[20] (JVITL) mit den dazu erlassenen Durchführungsbestimmungen[21] (JVITLR).[22] Auf Exportunternehmen (*export enterprises*)[23] und technologisch fortschrittliche Unter-

---

19 Weiterführende Literatur: Stricker/Tischbirek m.w.N. in: Horn/Schütze, S. 257 (1987); Schieber, BfAI/RI Nr. 194 (Juli 1985); Strohm, RIW 1986, 446; Hayden/Jones in: Legal Aspects, S. 73 (1985); Conroy, Int'l Fin.L.Rev. 26 (1985); Gelatt/Pomp, 22 Colum.J.Transnat'l L. 421 (1984); Lee, J.Bus.L. 521 (1983); Münzel, RIW 1981, 24; Fields, 22 Harv.Int'l L.J. 234 (1984); Pomp/Surrey, 20 Va.J.Int'l L. 1 (1979); v. Hehn in: Beilage zum Handelsblatt v. 31.3.1987, S. 14; Paufler; Blick durch die Wirtschaft v. 30.7.1985.

20 Income Tax Law of the Prc Concerning Joint Ventures with Chinese and Foreign Investment of 1980.

21 Detailed Rules and Regulations for the Implementation of the Joint Venture Income Tax Law of 1980.

22 Gesetzestexte abgedr. in: Horn/Schütze, Anhang, S. 556 ff.

23 „Production enterprises whose products are mainly for export, which have a foreign exchange surplus after deducting from their total annual foreign exchange revenues the annual foreign exchange expenditures incurred in production and operation and the foreign exchange needed for the remittance abroad of the profits earned by foreign investors" (Art. 2 (1) FIEP).

nehmen (*technologically advanced enterprises*)[24] sind ferner die Provisions of the State Council Encouraging Foreign Investment of 1986 (FIEP/Investitionsförderungsbestimmungen)[25] anwendbar. Sie sehen für diese beiden Unternehmensformen besondere Steuererleichterungen vor und modifizieren die allgemeinen Steuerrechtsvorschriften.

Die Voraussetzungen für den Vorzugsstatus werden von den entsprechenden Ämtern des MOFERT[26] auf der Ebene von Provinzen, autonomen Gebieten und regierungsunmittelbaren Städten geprüft. Als Exportunternehmen werden Unternehmen klassifiziert, die a) Exporterzeugnisse herstellen, b) die Produktion zu mehr als 50 % jährlich ausführen und c) eine ausgeglichene jährliche Devisenbilanz (Importaufwendungen und Exporterträge) oder einen Devisenüberschuß aufweisen. Als technologisch fortschrittliche Unternehmen werden Projekte anerkannt, wenn a) Technologie, Produktionsverfahren und Schlüsselinstallationen denen solcher Unternehmen entsprechen, die von staatlichen Stellen als hochentwickelt und für einen Vergleich geeignet erklärt worden sind und b) das Fertigungsprogramm Produkte umfaßt, die entweder neu entwickelt oder auf dem Inlandsmarkt knapp sind. Für die Sonderwirtschaftszonen Shenzhen, Zhuhai, Shantou und Xiamen werden die Kriterien von den zuständigen Behörden entsprechend den spezifisch örtlichen Bedingungen aufgestellt.

Steuersubjekt ist nach Art. 1 JVITL die JV-Projektgesellschaft, auf deren Einkommen, d.h. Gewinn (Art. 2 JVITL)[27], eine Körperschaftsteuer (*income tax*) erhoben wird. Der nationale Körperschaftsteuersatz beträgt 30 % (Art. 3 S. 1 JVITL).

Zusätzlich fällt gem. Art. 3 S. 2 JVITL eine lokale Steuer von 10 % des erhobenen Steuerbetrages an, so daß die Steuerbelastung im Regelfall 33 % beträgt. Ermäßigungen oder Ausnahmen von der lokalen Steuer sind jedoch möglich; sie werden von den jeweils zuständigen Behörden gewährt.

Exportunternehmen mit einem Jahresausfuhrwert von mindestens 70

---

24 „Production enterprises possessing advanced technology supplied by foreign investors which are engaged in developing new products, and upgrading and replacing products in order to increase foreign exchange generated by exports or for import substitution“ (Art. 2 (2) FIEP).

25 Zu ihrem Inhalt Kügel, RIW 1987, 750; Zheng, 19 N.Y.U.J.Int'l L. & Pol. 269, 300 (1987); Ders./ Kwan, 8 E.A.E.R. 8, 18 ff. (1986).

26 Ministry of Foreign Economic Relations and Trade.

27 Ausgaben für die Anschaffung oder Konstruktion von Maschinen, Gebäuden und Anlagen sowie Zinsen und sonstige Aufwendungen sind nicht absetzbar (Art. 9 JVITLR).

% der Gesamterzeugung müssen nach Ablauf der in Art. 5, 6 JVITL für die Anfangsjahre eingeräumten Steuerermäßigungen und -befreiungen (dazu noch i.F.) nur jeweils die Hälfte der derzeitigen Körperschaftsteuer entrichten, d.h. statt 33 % nur 16,5 %. Für technologisch fortschrittliche Unternehmen ist die Halbierung der Steuerrate auf drei Jahre begrenzt (Art. 9 FIEP). Exportunternehmen, die nicht in der Lage sind, die im JV-Vertrag vereinbarten Devisen zu erwirtschaften,[28] müssen die im Vorjahr ermäßigten bzw. erlassenen Steuern und Abgaben im nächsten Jahr nachzahlen (Art. 18 FIEP).

b) Steuern vom Einkommen ausländischer Investoren

Die persönliche Einkommensteuer von Ausländern ist im Individual Income Tax Law of the PRC of 1980 (IITL) und in den dazu erlassenen Durchführungsbestimmungen[29] geregelt. Sie sehen eine Bruttobesteuerung der Gehälter vor; der Steuersatz ist gestaffelt.

Repatriiert der ausländische JV-Partner seinen Gewinnanteil, muß auf diesen Betrag eine Einkommensteuer in Höhe von 10 % abgeführt werden (Art. 4 JVITL). Aus dem Betrieb exportorientierter und technisch hochentwickelter Unternehmen repatriierte Gewinne ausländischer Investoren sind einkommensteuerfrei (Art. 7 FIEP). Werden Gewinne für mindestens fünf Jahre in die Gründung oder den Ausbau der genannten beiden Kategorien reinvestiert, erfolgt für diese Summe ggf. eine Rückerstattung gezahlter Steuern.

c) Sonstige Steuern

An Steuern, die für ausländische Investoren weiter von Bedeutung sein können, seien hier nur kurz erwähnt:

- eine Allphasen-Umsatzsteuer[30] (*consolidated industrial and commercial tax*), die auf Umsätze von Unternehmen erhoben wird, die in Industrie und Handel tätig sind,[31]
- eine Grundstücksteuer (*real estate tax*),

---

28 Zur Devisenbeschaffungspflicht i.F. III 3.

29 Detailed Rules and Regulations for the Implementation of the Individual Income Tax Law of the PRC of 1980 (IITLR).

30 Ausführlich zu dieser Steuer Stricker/Tischbirek in: Horn/Schütze, S. 288 f.

31 Für Exportunternehmen und technologisch fortschrittliche Unternehmen sieht Art. 4 FIEP Steuerermäßigungen sowie die Möglichkeit einer zeitweiligen Steuerbefreiung vor.

– eine Art Straßensteuer (*licence dues for the use of vehicles and ships*), die die örtlichen Steuerbehörden für die Benutzung von öffentlichen Straßen von den Haltern von Fahrzeugen er heben.

d) Steuervergünstigungen

Das wirtschaftspolitische Interesse an Spitzentechnologie hat auch in der VR China dazu geführt, daß der Steuersatz in bestimmten Branchen sowie allgemein bei Einbringung einer Technologie, die modernsten internationalen Standards (Art. 7 JVL) entspricht, gesenkt werden kann, um ausländischen Kapitalanlegern Investitionsanreize zu bieten (Art. 5, 6 JVITL). Erforderlich ist ein bei der regionalen Steuerbehörde zu stellender Antrag des chinesischen Geschäftspartners sowie der Nachweis, daß die Technologie modernsten internationalen Standards entspricht (*up-to-date technology by world standards*). Bezüglich dieses Erfordernisses bestehen bisher jedoch keine klaren Beurteilungskriterien. Die Kriterien, die vom MOFERT zur Klärung des im Rahmen der Investitionsförderungsbestimmungen (FIEP) relevanten Begriffs „fortschrittliche Technologie" (*technologically advanced*) aufgestellt wurden, bieten letzlich auch nur geringe Anhaltspunkte.

Für Exportunternehmen und technologisch fortschrittliche Unternehmen gelten darüber hinaus die bereits erwähnten besonderen Steuererleichterungen, die nach den Investitionsförderungsbestimmungen gewährt werden.[32]

In den zur Steigerung der Investitionsbereitschaft eingerichteten Sonderwirtschaftszonen und Küstenstädten kann die Steuerlast weiter vermindert sein. Das chinesische Finanzministerium hat Bestimmungen erlassen[33], nach denen eine Ermäßigung der Körperschaftsteuer auf 15 %, bis zu 5 Jahren Steuerbefreiungen, Freistellungen von der Gewinnbesteuerung und der lokalen Steuer gewährt werden können. Kriterien für die Bewilligung derartiger Vergünstigungen sind die Unternehmensbranche, Kapitalhöhe, Art und Umfang der eingebrachten Technologie. Für Exportunternehmen und technologisch fortschrittliche Unternehmen wird der 15 %ige Steuersatz nach Art. 8 FIEP weiter auf 10 % ermäßigt.

Einige Sonderwirtschaftszonen und Küstenstädte haben darüber hin-

---

32 S. oben a).

33 Interim Provisions of the Ministry of Finance of the PRC Concerning the Reduction of and Exemption from Enterprise Income Tax and Consolidated Industrial and Commercial Tax in the Special Economic Zones and Fourteen Coastal Port Cities of 1984; Neufassung von 1988 in Kraft getreten am 15.6.1988.

aus lokale Steuergesetze erlassen, in denen sie weitere Vergünstigungen gewähren.[34]

Die Regelungen des deutsch-chinesischen Doppelbesteuerungsabkommens vom 10.6.1985 (in Kraft seit 13.6.1986) tragen zu einer weiteren steuerlichen Entlastung deutscher Investoren bei.[35]

e) Schlußbemerkung

Das chinesische Steuersystem befindet sich noch im Aufbau, so daß mit dem Erlaß weiterer Gesetze und Verordnungen zu rechnen ist. Es ist zu hoffen, daß sie einige Unklarheiten und Lücken beseitigen, die zur Zeit noch bestehen. So fehlen z.B. eindeutige Definitionen für Begriffe wie *costs, losses, expenses*. Die steuerliche Behandlung der einzurichtenden Fonds (Wohlfahrts-, Rücklagen-, Erweiterungs-, Prämienfonds) bedarf ebenfalls der Klarstellung.

Um spätere Unstimmigkeiten zu vermeiden, sollten die JV-Parteien versuchen, gesetzliche Lücken durch vertragliche Regelungen zu schließen. So sollte etwa eine Definition des besteuerbaren Einkommens und seiner Berechnungsart vertraglich festgeschrieben werden.

Eine vertragliche Absicherung empfiehlt sich auch für den Fall, daß gem. Art. 5, 6 JVITL Steuerermäßigungen oder -befreiungen aufgrund des hohen technologischen Stands der vom ausländischen Investor zu erbringenden Leistungen in Anspruch genommen werden sollen. Der ausländische Investor sollte versuchen, im JV-Vertrag in einer entsprechenden Klausel nachdrücklich auf seinen hohen Technologiestand hinzuweisen.[36]

---

34 Vgl. z.B. die Provisional Procedures for the Implementation of Industrial and Commercial Taxes in the Guangzhou Economic and Technical Development Zone of 1985; Regulations on the Tianjin Economic Develompent Zone of 1985.

35 Dazu insb. Stricker/Tischbirek in: Horn/Schütze, S. 286 f.; Manke, DstZ 1985, 263; zu den ungelösten dt. Problempunkten Schieber, BfAI/RI Nr. 194, S. 49; vgl. auch oben § 3 II 4.

36 So auch Schieber, BfAI/RI Nr. 194, S. 40.

### 4. *Indonesien*[37]

#### a) Reform des indonesischen Steuersystems

Anfang 1984 wurde das noch von der niederländischen Kolonialmacht beeinflußte Steuersystem Indonesiens[38] durch den Erlaß von drei Gesetzen grundlegend reformiert. Am 1.1.1984 traten das Law No. 6 of 1983 Concerning General Tax Provisions and Procedures und das Law No. 7 of 1983 Concerning Income Tax (ITL) in Kraft. Am 1.7.1984 wurde das alte Verkaufssteuersystem durch ein neues, im Law No. 8 of 1983[39] geregeltes Mehrwertsteuersystem abgelöst.[40]

Das heutige indonesische Steuersystem ist im Prinzip recht klar umrissen, wenn auch häufige, durch Dekrete verfügte Änderungen, die das indonesische Rechtssystem jedoch insgesamt kennzeichnen, gelegentlich zu Unsicherheiten führen können.

#### b) Steuern vom Einkommen juristischer und natürlicher Personen

Im Rahmen der Reform des indonesischen Steuersystems wurde die bis dahin aufgrund der Corporation Tax Ordinance of 1925, der Income Tax Ordinance of 1944 und dem Tax Law on Interest, Dividends and Royalties of 1970 geltende Unterscheidung zwischen Einkommen- und Körperschaftsteuer aufgehoben (vgl. Art. 1, 2 ITL). Das Income Tax Law of 1983 unterscheidet nur zwischen Gebietsansässigen- (*resident-*) und Nicht-Gebietsansässigen- (*non-resident-*)Status.

Statt den bisherigen 19 Steuersätzen (bei persönlichen Einkommen) bzw. 3 Steuersätzen (bei Gesellschaftsgewinnen) gibt es nunmehr einheitlich nur noch 3 Steuersätze, die mit 15, 25 und 35 % deutlich niedriger liegen als die bisherigen 50 bzw. 45 %.

Nach dem Income Tax Law Steuerpflichtige müssen die Steuer entsprechend ihrer eigenen Einschätzung eigenverantwortlich monatlich oder jährlich im voraus abführen (*Menghitung Pajak Sendiri/self-assessment*

---

37 Weiterführende Literatur: Consulate General, Indonesia, S. 85 (1985); HAMMER/ELLIOT/SHA, 7 E.A.E.R. 18 (1985); BfAI/RI Nr. 180 (Juni 1984); vgl. auch GAUTAMA in: Legal Aspects, S. 216 (1985).

38 Vgl. dazu DIN in: ASEAN Comparative Law, S. 1 (1982); PRICE WATERHOUSE, Indonesien, S. 49 (1981); HIMAWAN, Foreign Investment Procedures, S. 260 (1980); KLASSEN/NASOETION in: Wirtschaftspartner Indonesien, S. 160 (1979); LERCHE, S. 97 (1977); ROCHMAT in: Private Investments I, S. 729 (1974).

39 Law No. 8 of 1983 Concerning Value Added Tax on Goods and Services and Sales Tax on Luxury Goods.

40 Alle Gesetzestexte abgedr. in: BfAI/RI Nr. 180.

*system*). Das vor der Reform geltende Steuererhebungsverfahren sah daneben ein sog. Steuerbeitreibungsverfahren durch Dritte (*Menghitung Pajak Oran Lain*) vor, d.h. ein Steuerbescheid konnte nur nach Veranlagung des einzelnen Steuerpflichtigen durch die Finanzbehörden erteilt werden. Diese Methode wurde wegen Ineffizienz nicht übernommen. Nach Ende des Geschäftsjahres ist eine Steuererklärung abzugeben, aufgrund derer noch offene Steuerschulden auszugleichen sind bzw. Überschüsse zurückerstattet oder mit anderen Steuern verrechnet werden.

c) Stempelsteuer

An weiteren Steuern ist vor allem die Stempelsteuer (*stamp duty*) zu erwähnen. Sie geht auf die Stamp Duty Regulation of 1921 zurück. Ihr unterliegen eine große Anzahl von Dokumenten, z.B. Verträge mit staatlichen Institutionen, Darlehensverträge, Miet- oder Pachtverträge. Bestimmte Dokumente gelten solange als juristisch unwirksam, wie die Steuer nicht bezahlt ist.

d) Steuervergünstigungen

Das neue Income Tax Law of 1983 hat das bisherige Anreizsystem für ausländische Neuinvestoren abgeschafft. Die Gemeinschaftsunternehmen nach Art. 15, 16 FCIL gewährten steuerlichen Anreize[41] wurden sämtlich gestrichen. Eingeführt wurde die generelle Möglichkeit zum Verlustvortrag für die Dauer von 5 Jahren (Art. 6 III a ITL).

Ein Vorteil der Steuerreform ist die Einführung verbesserter und vereinfachter Abschreibungsmöglichkeiten (Art. 11 ITL). Vom Bruttoeinkommen absetzbar sind u.a.: Materialeinkaufswerte, Löhne und Gehälter, Mieten, Zinszahlungen, Reisekosten und Versicherungsprämien (Art. 6 I ITL). Gehaltsnebenleistungen wie etwa Kosten für Transport, Wohnung und Mahlzeiten der Arbeitnehmer (*fringe benefits*) sowie Sozialleistungen, die einen relativ hohen Personalkostenanteil darstellen, sind in der Liste der abzugsfähigen Kosten nicht mehr enthalten. Sie können auch nicht als absetzbare Lohnerhöhung an die Arbeitnehmer weitergegeben werden.[42]

Die Steuerlast deutscher Investoren wird darüber hinaus durch das

---

41 Steuerermäßigungen und -freistellungen (tax holidays), unbegrenzten Verlustvortragungsmöglichkeiten etc.

42 Hammer/Elliot/Shah, 7 E.A.E.R. 18, 19 (1985); Consulate General, Indonesia, S. 91.

1988 revidierte[43] deutsch-indonesische Doppelbesteuerungsabkommen von 1977 verringert. Durch die Revision wird die Position deutscher Steuerpflichtiger in einzelnen Bereichen weiter verbessert.[44]

### 5. *Malaysia*[45]

#### a) Allgemeines

Malaysia verfügt über ein komplexes Steuersystem. Es ist in wesentlichen Zügen dem englischen und australischen System nachempfunden und sieht zahlreiche direkte wie indirekte Abgaben vor. Ausländischen Investoren wird jedoch die Möglichkeit eingeräumt, eine große Zahl steuerlicher Vergünstigungen in Anspruch zu nehmen. Sie sind als Investitionsanreize vorgesehen und bilden den Kern des im Investment Incentives Act of 1968 (IIA) verankerten nationalen Förderungsinstrumentariums.

#### b) Steuern vom Einkommen juristischer und natürlicher Personen

Das malaysische Steuersystem unterscheidet zwischen Gebietsansässigen- (*resident-*) und Nicht-Gebietsansässigen- (*non-resident-*) Status, nicht jedoch zwischen Körperschaft- und Einkommensteuer. Rechtsgrundlage für die von juristischen wie natürlichen Personen zu zahlende Einkommensteuer (*income tax*) ist der Income Tax Act of 1967, der in direktem Zusammenhang mit dem Investment Incentives Act of 1968 zu lesen ist (Art. 2 IIA).

Der Steuersatz für Gesellschaften beträgt 40 % zuzüglich 5 % Entwicklungssteuer (*development tax*), die gemäß dem Suplementary Income Tax Act of 1967 erhoben wird. Unternehmen, die malaysische Rohstoffe einsetzen, werden mit nur 35 % Einkommensteuer besteuert.

Steuerbemessungsgrundlage ist der Nettogewinn, der sich nach Abzug

43 Paraphierung der Revision nach drei Verhandlungsrunden am 14.10.1988.

44 So werden beispielsweise alle Zinsen auf im Zusammenhang mit Hermes-Dekkungen gewährte Darlehen in Indonesien quellensteuerfrei, die Besteuerung des Lieferteils bei Montagebetriebsstätten für das Betriebsstättenland (Indonesien) ausdrücklich ausgeschlossen und die bisher als sehr weitgehend angesehene Informationspflicht der deutschen Steuerbehörden gegenüber den indonesischen Steuerbehörden eingeschränkt.

45 Weiterführende Literatur: Skrine in: Legal Aspects, S. 287 (1985); Köhler, S. 51 (1982); Sidin in: ASEAN Comparative Law, S. 48. Sutter, S. 134 (1979); FIDA in: Private Investments I, S. 707 (1974).

der absetzbaren Betriebsausgaben[46], bereinigten Verlusten und Abschreibungen (insb. auf Gegenstände des Anlagevermögens) vom Bruttoeinkommen errechnet. Er unterliegt einer zusätzlichen Übergewinnsteuer (*excess profit tax*) von 5 %, wenn er 25 % des Gesellschaftskapitals oder einen bestimmten Freibetrag übersteigt.

Der Steuersatz für Nicht-Gebietsansässige beträgt 40 %; für Gebietsansässige gibt es progressiv gestaffelte Sätze (Höchststeuersatz: 55 %).

Zinsen und Lizenzgebühren (*royalties*), die an nicht in Malaysia ansässige Empfänger gezahlt werden, unterliegen einer Quellensteuer (*withholding tax*) in Höhe von 15 %.[47] Für Gebietsansässige stellt die Quellensteuer eine verrechenbare Vorsteuer, für Nicht-Gebietsansässige eine Definitivsteuer dar. Sie wird nach dem deutsch-malaysischen Doppelbesteuerungsabkommen vom 8.4.1977 jedoch zu bestimmten Prozentsätzen auf die zu zahlende deutsche Einkommen- und Körperschaftsteuer angerechnet, so daß deutsche Investoren auf diese Weise entlastet werden.[48]

c) Sonstige Steuern

Bei Gründung und Betrieb eines Gemeinschaftsunternehmens können weiter insb. folgende Steuern anfallen:

- eine Grundstücksgewinnsteuer (*real property gains tax*) nach dem Land Speculation Act of 1974,
- eine Verbrauchsteuer (*excise duty*) nach dem Excise Duty Act of 1976,
- eine Verkaufsteuer (*sales tax*) nach dem Sales Tax Act of 1972,
- Import-/Exportzölle und -steuern (*customs duty and import/export tax*),
- eine Zusatzsteuer für Importe (*surtax*).

d) Steuervergünstigungen

Das verzweigte Investitionsförderungsinstrumentarium Malaysias setzt sich hauptsächlich aus steuerlichen Privilegien zusammen, deren Rechtsgrundlage der Investment Incentives Act of 1968 ist.

In Gestalt des in Sec. 3 ff. IIA geregelten Pionierstatus (*pioneer status*) kann Unternehmen jeder Art vom Ministerium für Handel und Industrie

---

46 Hierzu zählen Aufwendungen für Produktion, Vertrieb und Verwaltung, Sozial- und Pensionsfondsabgaben etc.

47 Steuerschuldner ist zwar der ausländ. Empfänger der genannten Zahlungen, abführungspflichtig jedoch der Zahlungspflichtige, da die Steuer an der Quelle erhoben wird.

48 Dazu Li, 7 E.A.E.R. 21, 22 (1985).

in Absprache mit dem Finanzministerium Befreiung von der Einkommen-, Entwicklungs- und Übergewinnsteuer gewährt werden. Die Befreiung erfolgt für zehn Jahre unabhängig von der Investitionshöhe. Dadurch soll auch kleinen und mittleren ausländischen Kapitalanlegern der Zugang zu dieser produktionsbezogenen Vergünstigung erleichtert werden.

Der Pionierstatus wird vor allem als Instrument der Importsubstitutionspolitik eingesetzt. Wenn auch feste Kriterien für seine Erteilung fehlen, so wird doch generell vorausgesetzt, daß es sich bei dem Projekt um ein Gemeinschaftsunternehmen handelt, das Güter produziert, die in noch nicht ausreichender Menge in Malaysia hergestellt werden und deren Produktion im öffentlichen Interesse liegt. Vorteilhaft ist auch eine hohe Beschäftigung malaysischer Arbeitnehmer, die die verschiedenen ethnischen Gruppen in der Zusammensetzung berücksichtigt, sowie die Verarbeitung in Malaysia hergestellter Teile und Halbwaren.

Unternehmer, die zusätzlich zum Pionierstatus standortbezogene Vergünstigungen (*locational incentives*) in Anspruch nehmen möchten, müssen darauf achten, daß der Standort für das Gemeinschaftsunternehmen in einem anerkannten Entwicklungsgebiet (*development area*)[49] liegt. Die Steuerfreiperiode kann dann je nach Investitionshöhe und Anzahl der Beschäftigten noch verlängert werden (Sec. 12 B, 12 C, 13 A IIA).

Die in Sec. 12 A, 14 A IIA vorgesehene Steuerbefreiung nach dem Beschäftigungsstatus (*labor utilization relief*) entspricht in ihrer Konstruktion und Handhabung dem Pionierstatus. Im Unterschied zu diesem hängt die Anzahl der steuerfreien Jahre von der Zahl der vollbeschäftigten Arbeitnehmer ab. Diese Form der Steuervergünstigung kann damit nur bei der Gründung eines beschäftigungsintensiven Gemeinschaftsunternehmens in Anspruch genommen werden.

Investoren, die keine der genannten Vergünstigungen erhalten, können nach Sec. 26 IIA einen Steuerfreibetrag (*investment tax credit*) beantragen. Dieses Privileg gestattet dem Gemeinschaftsunternehmen, einen bestimmten Prozentsatz des investierten Kapitals, der je nach Investitionshöhe bis zu 100 % betragen kann, vom besteuerbaren Einkommen abzusetzen. Im Verlustfall kann der nicht genutzte Teil des Freibetrages vorgetragen werden.

Um zwecks Devisenbeschaffung exportorientierte Projekte zu fördern, werden zudem verschiedene exportbezogene Vergünstigungen (*export incentives*) gewährt. Bei der Produktion von Exportwaren wird ein Steuerfreibetrag in Höhe eines bestimmten Prozentsatzes (zuletzt 10 %)

---

49 Dara, Kejora, Ketengah, Kesedar, Keda, Perda und Jengka.

der Wertschöpfung gewährt. Exportbezogene Werbungskosten wie z.B. Aufwendungen für Anzeigen im Ausland, für die Durchführung von Marktstudien, für die Beteiligung und Ausgaben bei Ausschreibungen, für Verhandlung und Abschluß von Auslandsverträgen sind freizügig steuerlich absetzbar. Für den Fall, daß bereits Steuerbefreiungen auf Grund anderer Formen investitionsbezogener Vergünstigungen in Anspruch genommen werden, sind sie unmittelbar nach deren Auslaufen absetzbar. Bei Lagerhäusern, die zur Lagerung von Exportprodukten dienen, bestehen Sonderabschreibungsmöglichkeiten.

### 6. *Kenia*[50]

#### a) Steuern vom Einkommen juristischer und natürlicher Personen

Das kenianische Steuerrecht beruht im wesentlichen auf den in Chap. 470 – 484 der amtlichen Gesetzessammlung (Laws of Kenya) enthaltenen Rechtsnormen. Es kennt kein eigentliches Körperschaftsteuergesetz. Rechtsgrundlage für die Einkommensbesteuerung natürlicher wie juristischer Personen ist der Income Tax Act, Chap. 470 (ITA). Der Income Tax Act wird ergänzt durch jährlich verabschiedete Finance Acts. Sie enthalten die jeweils geltenden Steuersätze sowie eventuelle Änderungen des Income Tax Act und werden als Rechtsgrundlage für die Besteuerung mit herangezogen.

Der Steuersatz für Kapitalgesellschaften beträgt einheitlich 45 %, der für natürliche Personen ist nach Einkommensverhältnissen progressiv gestaffelt (vgl. Sec. 34 ITA i.V.m. Third Schedule).

Steuerbemessungsgrundlage ist der Nettogewinn, bei dessen Ermittlung sämtliche Aufwendungen abzugsfähig sind, die im Steuerjahr zur Einkommenserzielung dienten (Sec. 15 ITA). Als Betriebsauslagen absetzbar sind damit u.a.: Kreditzinsen, Beratungs- und Lizenzgebühren, Gründungskosten, Reparaturkosten, Abschreibungen auf Gegenstände des Anlagevermögens, Forschungs- und Werbungskosten, Beiträge an gesetzlich anerkannte Pensionskassen und Fürsorgeeinrichtungen.

Auf Management- und Lizenzgebühren, Dividenden und Zinsen wird eine Quellensteuer (*withholding tax*) erhoben.[51] Die Steuerbehörde ist

---

50 Weiterführende Literatur: DEG, Projektpromotion, S. 7 (1985); Ministry of Industry of the Republic of Kenya, Guidelines to Investors, S. 32 (Nov. 1981); Embassy of the Republic of Kenya, Investment Guide, S. 22 (1978); Jost, S. 351 (1975).

51 Vgl. dazu auch die Ausführungen bzgl. der nach malays. Recht erhobenen Quellensteuer oben 5 b).

nach Sec. 58 ITA berechtigt, Einsicht in die gebührenbegründenden Verträge zu nehmen.

Gewinne, die bei der Veräußerung von Vermögensgegenständen erzielt werden, unterliegen der Kapitalzuwachssteuer (*capital gains tax*). Ihr Satz beträgt für Gesellschaften 22,5 %.

b) Sonstige Steuern

An sonstigen Steuern ist vor allem eine Umsatzsteuer (*sales tax*) zu erwähnen. Ihr unterliegen nach dem Sales Tax Act, Chap. 476 sowohl die im Land hergestellten als auch die importierten Güter. Der nach Warenarten gestaffelte Steuersatz ist dem jeweiligen Finance Act zu entnehmen. Dieser enthält auch eine Liste der Exportprodukte, die von der Steuer ausgenommen sind. Investitionsgüter, industrielle Rohstoffe und Vormaterialien, die für die inländische Produktion importiert werden, sind ebenfalls steuerbefreit.

Bei der Gründung einer *company limited by shares* ist ebenso wie bei späteren Kapitalerhöhungen eine Stempelsteuer (*stamp duty*) nach dem Stamp Duty Act, Chap. 480 zu entrichten. Bei der Ausgabe von Inhaberpapieren und bei der Übertragung von Namensaktien fällt außerdem eine Effektenstempelsteuer an (Sec. 92 – 94).

Auf Grundstücken lastet nach dem Estate Duty Act, Chap. 483 eine Grundstücksteuer (*estate duty*). Sie wird von den örtlichen Behörden als Prozentsatz des veranlagten Grundstückswertes festgesetzt (*municipal rate*), so daß ihre Höhe variiert.

c) Steuervergünstigungen

Zur Verringerung der steuerlichen Belastung werden Investoren im Income Tax Act[52] zahlreiche Abschreibungsmöglichkeiten eingeräumt. So können bei Industrievorhaben, die sich außerhalb von Nairobi oder Mombasa befinden, An fangs- bzw. Sonderabschreibungen auf Gegenstände des Anlagevermögens vorgenommen werden. Daneben ist allgemein die Möglichkeit zu jährlichen Abschreibungen auf verschiedene Anlagewerte gegeben.

Steuerliche Vergünstigungen, die in Form von Abschreibungsmöglichkeiten eingeräumt werden, haben den Vorteil, daß sie anders als Steuerbefreiungsverfahren nicht von einem Tätigwerden der Finanz-

52 S. insb. Second Schedule (deductions in respect of capital expenditure; Part V: investment deductions).

behörden abhängen und insofern für ausländische Investoren voraussehbarer sind.

Wenn im laufenden Steuerjahr Verluste angefallen sind, dürfen diese unbegrenzt vorgetragen werden.

Steuerbefreiungen (*tax holidays*), die an einen Sonderstatus als Pionierunternehmen oder dergleichen anknüpfen, können nach kenianischem Recht dagegen nicht in Anspruch genommen werden.

Der steuerlichen Entlastung deutscher JV-Partner dient auch das am 17.7.1980 in Kraft getretene deutsch-kenianische Doppelbesteuerungsabkommen. Es kombiniert Freistellungs- und Anrechnungsmethode, so daß zum einen bestimmte Steuerquellen allein der kenianischen Steuerhoheit unterliegen, zum anderen in Kenia entrichtete Steuern auf die deutsche Steuerpflicht angerechnet werden.[53]

## III. Devisenrecht

### *1. Bedeutung*

Für viele Investoren ist die Devisengesetzgebung eines Anlagelandes von größerer Bedeutung als die Steuergesetzgebung. Jeder Kapitaleinsatz im Ausland ist wie die Verwendung der dabei erzielten Gewinne in die globale Wirtschaftsstrategie des Unternehmens eingebettet. Investoren legen deshalb großen Wert darauf, über Kapital und Gewinne frei und unbehindert verfügen zu können. Dies ist vor allem das Bedürfnis mittelständischer Unternehmer, die infolge einer nur begrenzten Kapitalausstattung enger kalkulieren müssen und im Hinblick auf weitere Dispositionen nicht selten auf einen unbeschränkten Kapital- und Gewinntransfer angewiesen sind. Eine unsichere Devisenpolitik oder unklare devisenrechtliche Regelungen können eine Investitionsentscheidung daher u.U. nachhaltiger beeinflussen als eine hohe Einkommensbesteuerung.[54]

### *2. Kapitaltransferbestimmungen*

#### a) Allgemeine Kennzeichnung

Ausländische Unternehmer, die in einem Entwicklungsland ein Gemeinschaftsunternehmen gründen wollen, finden fast überall eine ähnliche Situation vor. Die Zahlungsbilanzsituation der meisten Entwicklungsländer ist schwierig, Devisenreserven fehlen. Da größere Kapitaltransfers

---

53 Wilke, IWB F. 7 Kenia, Gr. 2, D. 7.

54 So richtig Farer, 10 Colum.J.Transnat'l L. 200, 228 (1971).

zu Störungen der Zahlungsbilanz führen können, liegen Devisenkontrollen und -verkehrsbeschränkungen im Interesse der jeweiligen nationalen Währungswirtschaft. Wenn die meisten Entwicklungsländer einen Kapitaltransfer auch im Grundsatz zulassen, da sie erkannt haben, daß er für ausländische Unternehmer unverzichtbare Investitionsbedingung ist, so schränken sie ihn jedoch mehr oder weniger stark ein.

Die Tendenz in den Entwicklungsländern geht allgemein dahin, das Abziehen von Investitionskapital zu erschweren und die Reinvestition erwirtschafteter Gewinne zu fördern. Einige Staaten haben deshalb in ihren Kapitaltransferbestimmungen unterschiedlich strenge Anforderungen für den Transfer von Dividenden, Kreditzinsen, Gehaltszahlungen an ausländische Arbeitnehmer und Lizenzgebühren einerseits sowie für die Repatriierung von Anlagekapital und reinvestierten Gewinnen andererseits aufgestellt. Während erstere vielfach unbeschränkt oder bis zu jährlichen Höchstgrenzen, Gehaltszahlungen und Lizenzgebühren häufig nur beschränkt transferiert werden dürfen, ist die Ausführung letzterer überwiegend generell genehmigungspflichtig und nicht vor Ablauf bestimmter Fristen gestattet.[55]

Wie die Gesetze Malaysias und Kenias differenzieren auch die Gesetze anderer Entwicklungsländer nicht zwischen der Repatriierung von Anlagekapital und dem Transfer von Gewinnen. Sie unterwerfen beide einer einheitlichen Regelung, die aber entsprechend der jeweiligen nationalen Investitionspolitik unterschiedlich liberal gestaltet sein kann.

### b) Indonesien

In Indonesien war gem. Art. 20 FCIL grds. keine Repatriierung von Kapital erlaubt, solange Steuervergünstigungen nach Art. 15 FCIL in Anspruch genommen wurden. Seit 1970 dürfen alle Devisentransaktionen jedoch frei von staatlichen Beschränkungen vorgenommen werden und unterliegen nurmehr von der indonesischen Zentralbank überwachten Formalitäten. Art. 18, 19, 20, 24 FCIL sind deshalb heute obsolet.[56]

### c) Malaysia

Die malaysischen Kapitaltransferbestimmungen (Exchange Control Act of 1953; Exchange Control Statutory Orders; Exchange Control Notices) sind sehr liberal gefaßt. Der Kapital- und Gewinntransfer wird darin

---

55 Fritzsche in: Rohstofferschließungsvorhaben I, S. 228 f. mit zahlreichen Beispielen; vgl. auch i.F. b).

56 Himawan, S. 266.

abgesehen von generellen Formalitäten der Devisenkontrolle freigegeben.[57]

Malaysia sichert den unbeschränkten Kapital- und Gewinntransfer darüber hinaus in Art. 5 des deutsch-malaysischen Investitionsschutzabkommens auf völkerrechtlicher Ebene zu und hat Art. 8 der Satzung des Internationalen Währungsfonds unterzeichnet, in dem der ungehinderte Geldtransfer für internationale Geschäfte gewährleistet wird.

d) Kenia

Kenia gehört zu den Staaten, die ausländischen Unternehmern in Gestalt freizügiger Kapitaltransferbestimmungen einen Investitionsanreiz bieten wollen. Die allgemeinen Bestimmungen des Exchange Control Act, Chap. 113 Laws of Kenya, die durch Verordnungen, allgemeine und spezielle Ausnahmeregelungen des Finanzministers (Sec. 33, 38, 39 Exchange Control Act) ausgefüllt werden, finden ihre Ergänzung in den in Sec. 7 FIPA enthaltenen Garantien auf freie Transferierbarkeit der Gewinne und unbeschränkte Repatriierung des investierten Kapitals.[58] Gewinne, auch thesaurierte Gewinne, die nicht kapitalisiert wurden, sind danach frei transferierbar. Der Retransfer der Kapitalbeteiligung wird in Höhe des Nominalwertes in der Währung des nach Kenia verbrachten Kapitals garantiert, so daß das Währungsrisiko für den ausländischen Investor entfällt. Der durch (Teil-)Verkauf des Unternehmens oder durch Neubewertung der Aktiva erzielte Wertzuwachs der ausländischen Beteiligung wird von der Ausfuhrgarantie allerdings nicht erfaßt.

Die Transfergarantien knüpfen an den einem Gemeinschaftsunternehmen hoheitlich verliehenen Sonderstatus (*approved status*) an.[59] Ihre Geltung setzt die Erfüllung steuerlicher Verpflichtungen und die Beachtung des Exchange Control Act voraus (Sec. 6, 7 FIPA).

---

57 MIDA, Policies & Procedures, S. 9; Köhler, S. 44 f.

58 Seit der Aufdeckung eines Devisenskandals muß die kenian. Zentralbank dem Finanzministerium jedoch jeglichen Auslandstransfer melden. Bei der Überweisung von Dividenden, Zinsen, Managementhonoraren etc. sind das Land, die Währung, die auftragerteilende Person oder Firma und das ausführende Geldinstitut zu benennen. BfAI/NfA v. 28.1.1988.

59 S. unten § 7 II 4.

### 3. *Speziell: Devisenprobleme ausländisch-chinesischer Gemeinschaftsunternehmen*[60]

Wenn auch die Mehrzahl der Entwicklungsländer mit dem Problem einer ausgeglichenen Devisenbilanz zu kämpfen hat, so bekommen Gemeinschaftsunternehmen, die in einem sozialistischen Land wie der VR China gegründet werden, das Devisenproblem doch besonders zu spüren. Das chinesische Recht enthält komplexe Kapitaltransferbestimmungen, die verschiedene Ansätze zur Problembewältigung vorsehen. Auf sie soll im folgenden etwas ausführlicher eingegangen werden.

#### a) Erfordernis einer ausgeglichenen Devisenbilanz

Der Ausgleich bzw. das Defizit der betrieblichen Devisenbilanz steht im Mittelpunkt der chinesischen JV-Problematik. Die VR China hat für ausländisch-chinesische Gemeinschaftsunternehmen ein System individueller Devisenkonten eingeführt (Art. 8 JVL i.V.m. Art. 74 JVLR); grds. sollen alle Gemeinschaftsunternehmen bezüglich ihrer Transaktionen in konvertibler Währung autark sein (Art. 75 S. 1 JVLR i.V.m. Art. 22 Provisional Regulations for Exchange Control of the PRC). Devisen, die für die Finanzierung von Importen, für Lizenzzahlungen, Löhne ausländischer Arbeitnehmer, den Transfer von Gewinnen und Zinsen oder für die Repatriierung von Anlagekapital benötigt werden, müssen devisentechnisch durch Eigenmittel gedeckt sein, d.h. in der Regel durch den Export von Produkten erwirtschaftet werden.

Diese devisenrechtlichen Grundsätze werden zum Teil ausdrücklich in den JV-Vertrag aufgenommen. So findet sich in einem Vertragsentwurf beispielsweise folgende Klausel:

> The JV shall ensure that the foreign exchange earnings shall exceed its payout, and at the least the two shall be self-balancing. The foreign exchange earnings of the JV (such as capital invested, foreign loans, income from distribution of products etc.) shall be deposited in its foreign exchange deposits account in the Bank of China. All foreign exchange payments of the JV (such as foreign exchange required for the importation of various materials, WIDGET'S dividend, fee for the use of technology, salaries for expatriate personnel, expenses incurred from sending personnel abroad, amount payable to WIDGET at liquidation when the Contract expires or terminates etc.) shall be paid out of the above mentioned foreign exchange deposits account.

---

60 Zu den Devisenproblemen ausl.-chines. JVs auch Glatter/Stricker, RIW 1988, 19; Stricker in: Horn/Schütze, S. 241 ff.; Spaulding, 8 E.A.E.R. 13 (1986); Zhang, S. 164; vgl. auch Kügel, RIW 1987, 750 (755).

Die devisenrechtliche Regelung ist ein Schritt zur Umsetzung der Zielsetzung des chinesischen Modernisierungsprogramms, nach dem Gemeinschaftsunternehmen ein Instrument zum Erwerb moderner Technik und zur Erwirtschaftung von Devisen sein sollen. Sie sind aus chinesischer Sicht grds. nicht zu dem Zweck konzipiert, den Inlandsmarkt zu beliefern und hohe Betriebsgewinne zu Lasten der chinesischen Devisenbilanz ins Ausland zu transferieren. Die Regelung widerspricht den Interessen der meisten ausländischen Unternehmer, für die bei Investitionen in der VR China die Erschließung des großen Binnenmarktes im Vordergrund steht.

Wenn die Voraussetzungen für Deviseneinnahmen nicht oder nur unzulänglich gegeben sind, droht in den Anfangsjahren, in denen das Gemeinschaftsunternehmen i.d.R. auf den Import bestimmter Vorprodukte (Bau-, Ersatzteile) oder Rohstoffe angewiesen ist, häufig die Gefahr einer vorübergehenden Produktionseinstellung.[61] In diesen Fällen besteht außerdem die Gefahr, daß bei Beendigung des Gemeinschaftsunternehmens nicht in ausreichender Höhe Devisen vorhanden sind, um eine Erfüllung der für den Auflösungsfall getroffenen Vertragsvereinbarungen[62] zu gewährleisten.

### b) Möglichkeiten zur Lösung des Devisenproblems[63]

Lösungsansätze zum Devisenproblem werden von chinesischer Seite vor allem in den 1986 erlassenen State Council Regulations on Joint Ventures' Balance between Foreign Exchange Revenue and Expenditure (JVFER)[64] gemacht. Einige sollen im folgenden kurz skizziert werden. Alle in den JVFER zur Lösung des Devisenproblems vorgesehenen Möglichkeiten können nur von Gemeinschaftsunternehmen in Anspruch genommen werden, die ihren im JV-Vertrag niedergelegten Devisenbeschaffungs- und Exportverpflichtungen nachgekommen sind (Art. 7 JVFER).[65]

---

61 So mußte z.B. die Beijing Jeep Corp., ein JV der American Motors Corp., den Produktionsbetrieb mangels Devisen zum Import von Ersatzteilen für zwei Monate einstellen; BfAI/NfA v. 20. 8. 1986.

62 Erwerb der Kapitalanteile des ausländischen Partners durch den inländischen Partner, Repatriierung von Investitionskapital etc.

63 S. hierzu insb. auch Glatter/Stricker, RIW 1988, 19 ff.

64 Zu ihrem Inhalt insb. Zheng, 19 N.Y.J.Int'l L. & Pol. 269, 294 (1987).

65 Ausländ. Investoren müssen in der Vertragspraxis regelmäßig die Vereinbarung einer Exportquote hinnehmen; s. z.B. Art. 20 chines. Sample Contract

aa) Belieferung des chinesischen Marktes

Bestimmten Gemeinschaftsunternehmen kann über einen längeren Zeitraum die Belieferung des chinesischen Marktes gegen Devisen gestattet werden (Art. 5 JVFER i.V.m. Art. 61, 64 IV JVLR).[66] Die Möglichkeit des Inlandsabsatzes besteht allerdings nur für Produkte, nach denen ein dringender Bedarf besteht, die einen hohen technologischen Entwicklungsstand repräsentieren und als hochqualitative Erzeugnisse international wettbewerbsfähig sind. Falls eine derartige Importsubstitution von Anfang an beabsichtigt ist, muß eine entsprechende Klausel im JV-Vertrag oder in einer zwischen Hersteller und Abnehmer der Ware getroffenen Vereinbarung enthalten sein (Art. 5 S. 2 JVFER).

Derartige Transaktionen erfordern umfangreiche und zeitaufwendige behördliche Formalitäten. Sie setzen außerdem voraus, daß chinesische Gesellschaften, die über überschüssige Devisenzuteilungen verfügen, bereit sind, die Produkte aus der JV-Erzeugung mit Genehmigung der State General Administration of Exchange Control (SGAEC)[67] zu erwerben.

bb) Devisenausgleich zwischen mehreren Gemeinschaftsunternehmen

Als indirekte Ausgleichsmöglichkeit kann ausländischen Investoren, die in mehreren Gemeinschaftsunternehmen engagiert sind, von der SGAEC erlaubt werden, ihre Währungsreserven in einen gemeinsamen Pool einzubringen, um Defizite eines Unternehmens durch Einnahmen aus einem anderen Gemeinschaftsunternehmen zu decken (kollektiver Defizitausgleich).

Die für Devisenfragen zuständigen Stellen können in einem komplizierten bürokratischen Instanzenweg auch ermächtigt werden, auf die Devisenreserven aller unter ihrer Verwaltung stehenden Gemeinschaftsunternehmen zurückzugreifen, um die Bilanz eines Defizitunternehmens auszugleichen (Art. 3 JVFER).

cc) Export chinesischer Drittprodukte

Ausländisch-chinesische Gemeinschaftsunternehmen haben die Möglichkeit, das Verkaufsnetz des ausländischen Partners außer für den Absatz von JV-Erzeugnissen auch für den chinesischer Drittprodukte einzuset-

---

und Art. 9 chines. Sample Articles sowie Art. 6 Schindler-JV-Vertrag; zur Exportverpflichtung von JVs s. auch unten § 15 III 1.

66 Zu dieser Möglichkeit auch Glatter/Stricker, Riw 1988, 19 (20).

67 Die SGAEC ist nach Art. 3 Provisional Regulations for Exchange Control of the PRC „the administrative organ in charge of exchange control of the PRC".

zen. Zwecks Beschaffung der zur Bezahlung von Importrechnungen benötigten Devisen kann sich daher u.U. auch anbieten, Renminbi-Erlöse für den Ankauf beliebiger chinesischer Waren zu verwenden und diese anschließend zu exportieren. Soweit es sich um Warenkategorien handelt, die unter die staatliche Exportplanung und Lizenzierung fallen, müssen die entsprechenden Genehmigungen und Lizenzen des MOFERT vorliegen, etwaige Quoten eingehalten und sonstige Exportbedingungen beachtet werden (Art. 6 JVFER).

Die Durchführung dieser ebenfalls in die Kategorie der indirekten Erleichterungen fallenden Hilfestellung für devisenknappe Gemeinschaftsunternehmen wurde vom MOFERT Anfang 1987 näher geregelt. Rechtsgrundlage sind die Provisions on Purchasing and Exporting Domestic Products by Foreign Investment Enterprises in order to Balance their Foreign Exchange Accounts.

dd) Staatliche Devisenausfallgarantie

Als ein letzter möglicher Ausweg aus dem Devisenproblem konzipiert, angesichts der knappen Devisenreserven derzeit jedoch sehr restriktiv gehandhabt wird die in Art. 75 JVLR vorgesehene staatliche Devisenausfallgarantie. Danach soll die chinesische Regierung ausländischen Investoren die für den Rücktransfer von Kapital und Gewinnen erforderlichen Devisen, die nicht aus den Devisenkonten der Gemeinschaftsunternehmen entnommen werden können, aus eigenen Mitteln zur Verfügung stellen. Die Vorschrift greift damit den im deutsch-chinesischen Investitionsschutzabkommen (Art. 5 i.V.m. Ziff. 5 des Protokolls) niedergelegten Gedanken der staatlichen Devisenausfallgarantie auf.

Die chinesische Regierung ist nach dem Wortlaut des Art. 75 JVLR („*shall*") jedoch nicht zwingend verpflichtet, Devisen zur Verfügung zu stellen. Es ist anzunehmen, daß die Bereitstellung von Devisen auch künftig von der jeweiligen wirtschaftlichen und devisenpolitischen Situation abhängen wird. Die Garantie ist folglich nur bedingt geeignet, das wirtschaftliche Risiko des deutschen Investors einzuschränken, in jedem Fall selbst alle für den Transfer erforderlichen Devisen erwirtschaften zu müssen.

## IV. Arbeits- und Sozialrecht

### 1. *Entwicklungsstand*

Der Entwicklungsstand der Arbeits- und Sozialrechtssysteme der Entwicklungsländer ist sehr unterschiedlich. Es gibt zum einen Länder, die als Folge des Einflusses einer Kolonialmacht, in der das Arbeitsrecht frühzeitig von Bedeutung war, über ein für Staaten der Dritten Welt hochentwickeltes Arbeits- und Sozialrecht verfügen, das in zahlreichen Gesetzen kodifiziert ist. Zu dieser Ländergruppe zählen Malaysia[68] und Kenia.[69] Zum anderen gibt es Staaten, in denen diese Rechtsbereiche wie in der VR China[70] bisher kaum ausgebildet sind.

Sozialversicherungsrechtliche Schutzsysteme sind in den meisten Entwicklungsländern allenfalls rudimentär vorhanden und eine betriebliche bzw. unternehmerische Mitbestimmung findet nicht oder nur in sehr begrenztem Umfang statt.[71]

### 2. *Arbeitsgesetzgebung und Beschäftigungspolitik*

Die nationale Arbeitsgesetzgebung spielt bei der Gründung von Gemeinschaftsunternehmen eine immer größere Rolle. Personalpolitische Grundfragen können eng mit den binnenpolitischen Zielsetzungen des Anlagelandes verflochten sein. Die arbeitsrechtlichen Konfliktpotentiale umfassen vor allem die Bereiche Löhne und Arbeitsbedingungen, Kündi-

---

68 Aus der malays. Gesetzgebung sind insb. zu erwähnen: der Employment Act of 1955; Housing Workers Act & Regulations of 1966; Trade Unions Act & Regulations of 1959; Industrial Relations Act of 1967; Employees' Provident Fund Act of 1951; Employees' Social Security Act of 1969; Workmen's Compensation Act of 1952.

69 Aus der kenian. Gesetzgebung sind insb. zu erwähnen: der Employment Act, Chap. 226 Laws of Kenya; Regulation of Wages and Conditions of Employment Act, Chap. 229 Laws of Kenya; Trade Unions Act, Chap. 233 Laws of Kenya; Workmen's Compensation Act, Chap. 236 Laws of Kenya; Industrial Training Act, Chap. 237 Laws of Kenya.

70 Arbeits- und sozialgesetzl. Grundlagen für ausl.-chines. JVs sind insb.: Art. 6 JVL i.V.m. Art. 91 ff. JVLR; Regulations on Labor Management in JVs Using Chinese and Foreign Investment of 1980 (JVLMR); Provisions for the Implementation of the JVLMR of 1984; Provisions of the Ministry of Labor and Personnel of the PRC on the Right of Autonomy of Enterprises with Foreign Investment in the Hiring of Personnel and on Wages, Insurance and Welfare Expenses of Staff and Workers of 1986.

71 So richtig u.a. EBENROTH, S. 356.

gungsschutz, Sozialkosten, betriebliche Altersversorgung und Ausbildung, Stellenbesetzung.

Die von der Dekolonisierungsbewegung in der Dritten Welt geprägte Beschäftigungspolitik der Entwicklungsländer geht generell dahin, ausländisches Fachpersonal planmäßig durch inländische Arbeitnehmer zu ersetzen.[72] Zur Verwirklichung dieser Zielsetzung werden unterschiedliche Wege beschritten. Sie reichen von allgemein üblichen Ausbildungs- und Trainingsverpflichtungen verschiedenen Umfangs, die Allgemein- und Fachwissen vermitteln und mittel- bzw. langfristig zur Substitution von ausländischen Kräften führen sollen,[73] über Einstellungspflichten, nach denen eine bestimmte Quote inländischer Arbeitskräfte einzustellen oder bestimmte Stellen national zu besetzen sind,[74] bis hin zu den Verboten, ausländisches Personal für Arbeiten einzusetzen, die keine Qualifikation voraussetzen, oder für Positionen vorzusehen, für die ausreichend qualifizierte inländische Kräfte zur Verfügung stehen.[75]

Die Gründe für das große Interesse der Entwicklungsländer an einer Indigenisierung im Beschäftigungsbereich sind vielseitig. Arbeitslosigkeits- und Unterbeschäftigungsprobleme, mit denen alle Länder zu kämpfen haben, sollen ebenso wie ethnische Probleme gelöst werden, die sich nur in einigen Staaten stellen. Malaysia z.B. betreibt eine Politik des ethnischen Ausgleichs, der ein Ziel der Neuen Wirtschaftspolitik (NEP) ist, u.a. dadurch, daß es die Verteilung von Arbeitsplätzen nach festgelegten Quoten für die verschiedenen Bevölkerungsgruppen (Malayen/Bumiputras, Chinesen, Inder und andere Volksgruppen) vorschreibt.

Die Qualifizierung inländischer Arbeitskräfte soll helfen, den nationalen Einfluß in den Gemeinschaftsunternehmen zu verstärken und langfristig größere finanzielle Verdienstmöglichkeiten bewirken, die für den Anlagestaat zugleich erhöhte Lohnsteuereinnahmen zur Folge haben.

Die diese Beschäftigungspolitik widerspiegelnde Arbeitsgesetzgebung der Entwicklungsländer steht nicht immer mit den Interessen der ausländischen JV-Partner in Einklang. Diese sind i.d.R. darum bemüht, eine umfassende Kontrolle über das Gemeinschaftsunternehmen aufrechtzuer-

---

72 Ahn in: Hottes/Uhlig, S. 284 (288); speziell zur Indonesianisation-Politik: Himawan, S. 268; Gautama in: Legal Aspects, S. 223; zur Kenyanisation-Politik: Investment Guide, S. 515; zur Malaysianisation-Politik: MIDA, Policies & Procedures, S. 7.

73 Vgl. z.B. Art. 12 FCIL (Indonesien); Art. 4 IV JVLR (VR China).

74 Bei ausländ.-chines. JVs muß z.B. der Vorsitzende des Board of Directors chinesischer Abstammung sein (Art. 6 JVL).

75 Vgl. z.B. Art. 10, 11 FCIL.

halten, um Entscheidungen zu verhindern, die sich für sie ungünstig auswirken könnten.[76] Eine solche ist nach Vorstellung der meisten Investoren nur durch eigenes loyales Führungspersonal möglich. Die in Art. 9 FCIL getroffene indonesische Regelung, die ausländischen Investoren die freie Wahl des Managementpersonals zugesteht, kommt den Vorstellungen investitionsbereiter Unternehmer insofern sehr entgegen.

Die Regelung der Stellenbesetzung kann für ausländische Investoren auch unter Effizienzgesichtspunkten von Bedeutung sein. Die Wirtschaftlichkeit des Gemeinschaftsunternehmens ist nur bei ausreichender beruflicher Qualifikation der Belegschaft gewährleistet.

Um den Erfolg des Geschäftsvorhabens nicht durch die Beschäftigung zu vieler unzureichend qualifizierter Arbeitskräfte zu gefährden und um eine Druckausübung auf den ausländischen Partner zu verhindern, erscheint es ratsam, Verpflichtungen zur Einstellung inländischer Arbeitskräfte vertraglich nicht exakt zu quantifizieren, sondern als generelle Verpflichtung zu gestalten. Dasselbe gilt für Ausbildungsverpflichtungen. Der ausländische JV-Partner sollte diesbezüglich ebenfalls versuchen, sich einen gewissen Entscheidungsspielraum vorzubehalten. Gelegentlich treffen die JV-Parteien auch eine Stufenplanregelung, nach der für eine bestimmte Kategorie von Arbeitnehmern (Ungelernte, Gelernte, Büroangestellte, Techniker, Management) der Inländeranteil zu einem bestimmten Zeitpunkt einen bestimmten Prozentsatz erreicht haben muß.

### 3. *Beschäftigung ausländischer Arbeitnehmer*

Die Beschäftigung ausländischer Arbeitnehmer ist i.d.R. genehmigungspflichtig. Arbeitsgenehmigungen für Ausländer (*expatriates*) werden teils personen-, teils stellenbezogen, generell aber nur zeitlich befristet erteilt.

In der VR China und in Indonesien müssen Gemeinschaftsunternehmen, die Ausländer beschäftigen wollen, mit dem Investitionsantrag zugleich die Genehmigung eines Personalbedarfsplans (*labor plan*) beantragen. Er muß eine Aufstellung des zu beschäftigenden ausländischen Personals nach Anzahl und Funktion sowie einen Zeitplan enthalten, nach dem die ausländischen Arbeitskräfte durch inländische ersetzt werden sollen.[77]

---

76 Bartels in: Rohstofferschließungsvorhaben II, S. 233.

77 Vgl. Art. 16 Procedures for Application for Approvals and Facilities for Domestic Capital Investments and Foreign Capital Investments, No. 10/S.K./1985 (Indonesien); Archer, 21 Stan.J.Int'l L. 195, 211 (1985) (VR China).

In Malaysia können für Positionen, die eine im Land noch nicht verfügbare technische Qualifikation erfordern, *executive posts* beantragt werden. Auf ihnen können Ausländer bei entsprechender Genehmigung bis zu zehn Jahren beschäftigt werden. Stellen, für die geringere technische Kenntnisse notwendig sind (*non-executive posts*), können bis zu fünf Jahren mit Ausländern besetzt werden. Bei Investitionsvorhaben mit einer ausländischen Beteiligung von etwa 1 Mio. Ringgit besteht die Möglichkeit, zeitlich unbegrenzte, nicht personenbezogene *key posts* zu beantragen.

In Kenia müssen Arbeitgeber, die einen ausländischen Arbeitnehmer einsetzen wollen, beim Principal Immigration Officer einen Antrag auf Erteilung einer Arbeits- und Einreisegenehmigung (*work and entry permit*) stellen. Ihre Laufzeit beträgt zwei Jahre; es besteht die Möglichkeit der Verlängerung. Die Genehmigungserteilung setzt den Nachweis voraus, daß keine ausreichend qualifizierte kenianische Kraft zur Verfügung steht.

### *4. Arbeitsverträge*

Arbeitsrechtliche Fragen sind nur begrenzt Regelungsgegenstand des JV-Vertrags. Ihre Regelung erfolgt im JV-Vertrag nur soweit sie für die Zusammenarbeit der JV-Partner und die Durchführung des Gemeinschaftsunternehmens von grundsätzlicher Bedeutung sind, wie etwa Vereinbarungen über die Errichtung einer Betriebsgewerkschaft oder allgemeine Grundsätze des Einstellungs- und Entlassungsverfahrens[78]. Alle mit einem Arbeitsverhältnis zusammenhängenden Details bzgl. Einstellung, Entlohnung, Arbeitszeit, Urlaub, Versicherung, Arbeitsordnung und Kündigung werden in Individual- oder Kollektivarbeitsverträgen geregelt.

In der VR China[79] und in Indonesien[80] soll die Beschäftigung inländischer Arbeitskräfte vornehmlich über kollektive Arbeitsverträge erfolgen, um zwecks Sicherung des arbeitsrechtlichen Friedens zwischen den Arbeitnehmern eine Harmonie zu schaffen. Diese dem deutschen Arbeitsrecht unbekannten Verträge werden zwischen dem Gemeinschaftsunternehmen und der Betriebsgewerkschaft geschlossen. Sie sind zum

---

78 Vgl. z.B. Art. 40 chines. Sample Contract; Art. 13 Schindler-Vertrag.

79 Art. 2 II 1 JVLMR. In kleinen ausl.-chines. JVs kann auch mit jedem Arbeitnehmer ein Individualarbeitsvertrag geschlossen werden (Art. 2 II JVLMR).

80 DEG, Projektpromotion Indonesien, S. 14.

Teil genehmigungspflichtig[81] und begründen für eine Vielzahl von Arbeitnehmern identische Arbeitsverhältnisse.

Kollektive Arbeitsverträge, die nach chinesischem oder indonesischem Recht geschlossen werden, lassen sich nur schwer Kollektivvereinbarungen gleichstellen, die Unternehmer aus dem deutschen Tarifvertrags- oder Betriebsverfassungsrecht kennen. Tarifverträge und Betriebsvereinbarungen leiten ihre Rechtsfolgen aus dem Tarifvertragsgesetz (TVG) bzw. dem Betriebsverfassungsgesetz (BetrVerfG) her, die auch regeln, welche Voraussetzungen ein Tarifvertrag bzw. eine Betriebsvereinbarung erfüllen muß.[82] Wie in den meisten Entwicklungsländern so ist das kollektive Arbeitsrecht auch in Indonesien und der VR China nur sehr schach ausgeprägt und es gibt diesbezüglich nur wenige und zudem oberflächliche Informationen. Den Vorschriften des deutschen Tarifvertrags- oder Betriebsverfassungsgesetzes vergleichbare gesetzliche Regelungen fehlen. Eine Gleichstellung kollektiver Arbeitsverträge mit Tarifverträgen oder Betriebsvereinbarungen nach deutschem Rechtsverständnis ist daher nicht möglich.

Für die Besetzung von Schlüsselpositionen (*general director*, *managing director* etc.), die Beschäftigung von Technikern, Ingenieuren oder sonstigen leitenden Angestellten werden immer Individualarbeitsverträge abgeschlossen. Sie enthalten bei der Anstellung von Ausländern i.d.R. eine Rechtswahlklausel[83], in der die Vertragspartner das Beschäftigungsverhältnis dem Heimatrecht des ausländischen Arbeitnehmers unterstellen, während bei gleichzeitiger Organschaft für seine gesellschaftsrechtliche Stellung das Gesellschaftsstatut und das Recht des Anlagelandes gelten.

Eine derartige Regelung kann eine Fülle kollisionsrechtlicher Fragen aufwerfen, was hier nur angedeutet werden kann.[84] Bei der Abberufung eines Geschäftsführers (*managing director*) z.B. muß nach deutschem Recht die gesellschaftsrechtliche Frage des Widerrufs der Bestellung zum Geschäftsführer (vgl. § 38 GmbHG) von den arbeitsrechtlichen Proble-

81 So ist in der VR China die Genehmigung des Local Department of Labor Control einzuholen. Zu dessen Aufgaben insb. Archer, 21 Stan.J.Int'l L. 195, 211 (1985).

82 Vgl. für den Tarifvertrag insb. §§ 1, 2, 4 TVG, für die Betriebsvereinbarung § 77 BetrVerfG.

83 Allg. zu Rechtswahlklauseln Sandrock/Steinschulte, Bd. I, A Rdn. 15 ff.

84 Vgl. hierzu Kneip, Geschäftsführerverträge im internationalen Privatrecht, 1983; Reithmann-Martiny, S. 694 ff.

men der Kündigung des Anstellungsvertrages getrennt werden.[85] Sofern diese Fragen nach der Rechtsordnung des Anlagelandes aber sachrechtlich miteinander verknüpft sind, können kaum lösbare Anpassungsprobleme entstehen. In diesen Fällen empfiehlt es sich, auf eine Rechtswahl zu verzichten und das Recht des Gesellschaftsstatuts auch über arbeitsrechtliche Fragen entscheiden zu lassen.

### 5. *Besondere Arbeitsbedingungen in der VR China*

Arbeitsrechtliche Probleme, die bei der Gründung und Durchführung von Gemeinschaftsunternehmen entstehen, rühren z.T. daher, daß die JV-Partner unterschiedliche Vorstellungen über die Unternehmensziele haben. Darüber hinaus können in sozialistischen Ländern Schwierigkeiten auftauchen, die im nationalen Wirtschaftssystem begründet sind. Beispielhaft sollen im folgenden zwei zentrale Probleme aufgezeigt werden, mit denen Gemeinschaftsunternehmen in der VR China konfrontiert werden.

#### a) Personalbeschaffung und -entlassung

Die Beschaffung inländischer Arbeitskräfte wurde in der VR China lange Zeit durch das in der chinesischen Planwirtschaft verankerte Zuweisungssystem erheblich erschwert.[86] Das zentrale Arbeitsministerium wies jedem Arbeiter seinen Arbeitsplatz durch ein Netz von Büros zu. Dies bedeutete i.d.R. eine lebenslange Anstellung[87], die bei einer entsprechenden Vereinbarung im Arbeitsvertrag sogar an ein Familienmitglied vererbt werden konnte.[88] Gemeinschaftsunternehmen hatten aber das Recht, die Anstellung zugewiesener Arbeitskräfte abzulehnen, die den Arbeitsplatzanforderungen auch nach einer gewissen Ausbildungs- und Einarbeitungszeit nicht genügten.

Da ein freier Arbeitsmarkt nicht existierte, bestand nicht nur die Schwierigkeit, überhaupt die richtigen Arbeitskräfte zu finden, sondern

---

85 So auch das LG München in einem Urteil v. 9.12.1982 – 24 O 4056/78 (IPRAX 1983, 244), wo für die sich bei der Abberufung des managing director einer malays. Sendirian Berhard stellenden gesellschaftsrechtlichen Fragen malaysisches Recht, für die arbeitsrechtlichen Fragen aufgrund der Rechtswahl der Parteien deutsches Recht zur Anwendung kam.

86 Allg. dazu Quittnat, RIW 1986, 427 (428).

87 Prinzip der „eisernen Reisschüssel“, die ohne Berücksichtigung von Leistung, Qualifikation oder Motivation jedem Werktätigen den Magen füllte.

88 Nee in: Delfs/Gorman/Nee, S. 113.

auch die, gute Arbeitnehmer von anderen Betrieben abzuwerben. Der in Art. 14 chines. Sample Contract vorgesehene Weg der Personalbeschaffung, demzufolge diese Aufgabe dem chinesischen Partner übertragen wird, der dann aus einem regelmäßig vorhandenen Personalüberhang Arbeitskräfte zur Verfügung stellte, löste das Problem nicht, da er keine Gewähr hinsichtlich der Qualifikation des Personals bot.

Die im Herbst 1986 eingeleitete Reform des chinesischen Arbeitsrechts[89] hat neben der Neuordnung des Arbeitsvertragssystems in chinesischen Staatsbetrieben auch für auslandsfinanzierte Unternehmen einige Erleichterungen bei der Personalbeschaffung gebracht.[90] Sie hat die aufgezeigten Probleme letztlich jedoch nicht vollkommen beseitigt.

Die für Gemeinschaftsunternehmen relevanten Vorschriften des chinesischen Arbeits- und Personalministerums[91] lassen einige Fragen offen. Vor allem die Einstellungs- und Entlassungsvorschriften verdeutlichen das auch in anderen chinesischen Regelungen häufig anzutreffende Problem mangelnder Bestimmheit. Die allgemeine Formulierung läßt der chinesischen Seite einerseits Freiräume zur Interpretation, begünstigt die Verhandlungspartner aber andererseits auch in ihrem Streben nach gütlicher Einigung.

Gemeinschaftsunternehmen können potentielle Arbeitskräfte nunmehr unter Mithilfe der lokalen staatlichen Arbeits- und Personalbehörden (Labor and Personnel Departments) nach eigenen Kriterien auswählen und anstellen. Von dem chinesischen Partner beschäftigte Arbeitskräfte müssen bei der Gründung des Gemeinschaftsunternehmens nicht mehr notwendigerweise mit übernommen werden.

Bei der Personalsuche und -einstellung müssen in der Praxis aber nach wie vor einige Hindernisse überwunden werden. Die chinesischen Labor and Personnel Departments sind nicht mit deutschen Arbeitsämtern oder -vermittlungsstellen vergleichbar. Ein Personal suchendes Gemeinschaftsunternehmen sollte nicht erwarten, bei der zuständigen Behörde eine Kartei der Arbeitsuchenden vorzufinden. Insbesondere Beschäftigte in Staatsunternehmen, die eine lebenslange gültige Beschäftigungsgarantie genie-

---

89 Dazu insb. Chang, 8 E.A.E.R. 9 f. (1986).

90 Dazu auch Kügel, RIW 1987, 750 (756).

91 Provisions of the Ministry of Labor and Personnel of the Prc on the Right of Autonomy of Enterprises with Foreign Investment in the Hiring of Personnel and on Wages, Insurance and Welfare Expenses of Staff and Workers, zu ihrem Inhalt Zheng, 19 N.Y.J.Int'l L. & Pol. 269, 314 (1987); Neufassung 1988, zu ihrem Inhalt NfA/BfAI v. 23.6.1988.

ßen[92], oder Hochschulabsolventen, die entsprechend ihrer Ausbildung nach Beendigung des Studiums i.d.R. eine Stelle zugewiesen bekommen, werden dort kaum rekrutierbar sein.

Die private Suche nach potentiellen chinesischen Fachkräften ist rechtlich erlaubt. Sie wird in der Praxis aber nur über persönliche Beziehungen und Verbindungen funktionieren können, da ein Markt für Stellennachfragen oder -angebote nicht vorhanden ist.

Entlassungen aus dem Arbeitsverhältnis, die z.B. als Folge einer Produktionsumstellung oder aus sonstigen betriebsbedingten Gründen erforderlich werden können, sind rechtlich zwar möglich. Sie können sich in der Praxis aber nach wie vor schwierig gestalten. Parteisekretäre und Betriebsgewerkschaften haben ein Mitspracherecht. Als leichterer Weg wird gelegentlich eine Versetzung innerhalb des Unternehmens einer Entlassung vorgezogen.

b) Lohnsystem

Ein mit dem chinesischen Wirtschaftssystem verbundenes Problem ist auch das Lohnsystem, für das bislang die geringe Differenzierung zwischen den verschiedenen Arbeitsleistungen charakteristisch war. Sie ist durch das in letzter Zeit verstärkt eingeführte Prämiensystem etwas aufgelockert worden, seitdem die chinesische Regierung erkannt hat, daß sich kapitalistische Marktansätze in einem gewissen Rahmen durchaus positiv auf die Entwicklung der Wirtschaft auswirken.[93]

Um zu verhindern, daß Gemeinschaftsunternehmen zu einem Vehikel für die Ausbeutung chinesischer Arbeitskräfte werden, wird den JV-Parteien hinsichtlich der Lohnpolitik jedoch keine uneingeschränkte Dispositionsfreiheit eingeräumt. Im Unterschied zu Entwicklungsländern, in denen es generell oder in bestimmten Bereichen keinen Mindestlohn gibt[94], müssen sich JV-Partner in der VR China bei Verhandlungen über die Entlohnung der Arbeitnehmer in einem Rahmen bewegen, der zum Teil durch gesetzliche Vorschriften, teilweise durch nicht normierte feste politische Richtlinien vorgegeben ist. Nach Art. 8 JVLMR soll das Lohn-

92 Neuanstellungen werden erst seit Dezember 1986 mit Zeitvertrag ausgestattet.

93 Vgl. Art. 93 JVLR und ein Zitat des Vizepremierministers Li Xian-Nian, Wall Street J., Nov. 20, 1979, at 24, col. 4: „If you do more, you get more; if you do less, you get less; if you don't work at all, you get nothing. We think that only by so doing you can possibly fire the enthusiasm of workers."

94 So gibt es z.B. in Malaysia im industriellen Bereich keinen Mindestlohn (MIDA, Manpower, S. 5); anders in Indonesien, dort ist der Mindestlohn nach Industriebereichen gestaffelt (BKPM, Guide, S. 44).

niveau der in einem Gemeinschaftsunternehmen tätigen Arbeitnehmer 120 bis 150 % des Einkommens von Arbeitnehmern betragen, die in staatlichen Betrieben der Region mit gleicher Produktionspalette und gleichen technischen Bedingungen arbeiten.

Bei der Entlohnung leitender Angestellter[95] ist die von der chinesischen Regierung vorgegebene Maxime „Gleicher Lohn für gleiche Arbeit“ zu beachten.[96] Ausländisches Personal darf demnach nicht besser bezahlt werden als chinesisches, das den gleichen Posten bekleidet.

Die Realisierung dieser Forderung kann zu finanziellen Belastungen führen, die aus der Sicht deutscher JV-Partner nicht immer gerechtfertigt erscheinen mögen. Qualifizierte deutsche Fachkräfte stehen einem nicht nur kurzfristigen Aufenthalt in einem Entwicklungsland aus familiären oder beruflichen Gründen häufig sehr reserviert gegenüber. Sie sind dazu i.d.R. nur bei finanziellen Anreizen (bessere Verdienstmöglichkeit, Gewährung von umfangreichen Gehaltsneben- und Sachleistungen) zu bewegen. Da deutsche Gehälter im Verhältnis zu chinesischen Verdiensten und gemessen an chinesischen Lebenshaltungskosten ohnehin bereits außergewöhnlich hoch sind, chinesische Kräfte die gleiche Position zunächst u.U. allein aus Paritätsgründen bekleiden und von ihren deutschen Kollegen weiter ausgebildet werden müssen, kann die Forderung der chinesischen Regierung in der Praxis zu einer Entlohnung chinesischer Kräfte führen, die im Verhältnis zur Leistung unangemessen hoch ist.

Diese unter Effizienzgesichtspunkten unerwünschte Folge kann zwar dadurch vermieden werden, daß das Gemeinschaftsunternehmen als Arbeitgeber auch dem deutschen Arbeitnehmer ein Gehalt zahlt, das an dem nationalen Lohnniveau und der Leistung des die gleiche Tätigkeit aus übenden chinesischen Arbeitnehmers ausgerichtet ist, der deutsche JV-Partner ihm den Differenzbetrag auf der Grundlage einer entsprechenden besonderen Vereinbarung auf ein deutsches Bankkonto überweist. Diese Vorgehensweise hat jedoch den Nachteil, daß sie die finanzielle Belastung des deutschen Investors einseitig erhöht.

### 6. *Sozialabgaben*

Bei Verhandlungen über die Lohnhöhe ist zu beachten, daß Gemeinschaftsunternehmen auch in Entwicklungsländern, deren Sozialleistungssysteme sich noch in den Kinderschuhen befinden, verstärkt zur Zahlung

95 General manager, deputy manager, chief engineer, deputy chief engineer, treasurer, deputy treasurer etc.

96 Nee in: Delfs/Gorman/Nee, S. 113.

von Sozialabgaben für ihre inländischen Arbeitnehmer herangezogen werden. So werden in der VR China in zunehmendem Umfang Verordnungen erlassen, nach denen Gemeinschaftsunternehmen an die People's Insurance Company of China Sozialversicherungsabgaben zu entrichten haben, die für Zahlungen von Krankengeld, Bestattungskosten, Witwen- und Waisengeld, vor allem aber für Altersgeldzahlungen bestimmt sind. Die Höhe der zu erbringenden Sozialleistungen ist regional unterschiedlich. Als Begründung für die Einführung eines Altersrentenbeitrags wird angeführt, daß Gemeinschaftsunternehmen ebenso wie andere ausländisch-nationale Kooperationen und ausländische Alleinunternehmen auf Grund ihrer vertraglich begrenzten Lebensdauer nicht in der Lage seien, in gleicher Weise wie nationale Betriebe die Lebenshaltung ihrer pensionierten inländischen Betriebsangehörigen zu garantieren.

Zu den Entwicklungsländern, die über ein ausgebauteres Sozialleistungssystem verfügen, gehören neben Kenia auch Malaysia und Indonesien.

In Malaysia müssen alle Beschäftigten nach dem Employees' Provident Fund Act of 1951 bei der staatlichen Rentenversicherung (Employment Provident Fund/EPF) und gemäß dem Employees' Social Security Act of 1969 bei der Arbeitsunfall- und Erwerbsunfähigkeitsversicherung (Social Security Organisation/SOCSO) versichert sein.

In Indonesien sind nur Wirtschaftsunternehmen, die mehr als 100 Arbeitnehmer beschäftigen oder deren monatliche Lohnsumme 5 Mio. Rupiah übersteigt, verpflichtet, für ihre inländischen Beschäftigten bei der staatlichen Versicherung Perum ASTEK eine Berufsunfallversicherung und eine kombinierte Lebens- und Altersversicherung abzuschließen.

Anders als in der VR China sind die Beiträge nicht allein von dem Gemeinschaftsunternehmen als Arbeitgeber, sondern anteilig auch von den einzelnen Arbeitnehmern zu tragen. Eine Ausnahme besteht nur für die Unfallversicherung. Ihre je nach Unfallrisiko in den verschiedenen Wirtschaftsbereichen gestaffelten Prämien sind allein vom Arbeitgeber zu entrichten.

Neben den zwingend vorgeschriebenen Sozialleistungen ist in zahlreichen Anlageländern die Erbringung freiwilliger Leistungen üblich, etwa die Zahlung eines 13. Monatsgehalts, die Zahlung eines Fahrtkostenzuschusses oder Bereitstellung eines Werkbusses, Einrichtung einer oder eventuell sogar mehrerer nach Bevölkerungsgruppen getrennter Kantinen, Anlegung eines Sportplatzes oder Gestellung von Arbeitskleidung.

# § 7 Gründungsverfahren

## I. Allgemeine Kennzeichnung

Die Entwicklungsländer schreiben in ihren Rechtsordnungen für die Gründung von Gemeinschaftsunternehmen ein bestimmtes administratives Verfahren vor, mittels dessen sie eine mehr oder minder strenge Kontrolle über die Errichtung von Gemeinschaftsunternehmen ausüben. Rechtsgrundlage des sich in den Grundzügen gleichenden, zum Teil langwierigen und umständlichen Verfahrens sind zum einen die Investitionsgesetze, zum anderen die gesellschaftsrechtlichen Vorschriften.

Die meisten Staaten haben zwecks Vereinfachung ihrer Bürokratie, die gerade von mittelständischen Unternehmen als Investitionshemmnis empfunden wird, eine Investitionsbehörde geschaffen, die im Mittelpunkt des Genehmigungsverfahrens steht.[1] Sie nimmt alle damit zusammenhängenden Aufgaben wahr und ist mit Vertretern der Fachministerien und Provinzbehörden besetzt, welche die für das Gemeinschaftsunternehmen erforderlichen Erlaubnisse und Genehmigungen erteilen.[2] In ihrer Funktion als zentrale Anlaufstelle ist sie i.d.R. bereits bei der Suche nach einem geeigneten inländischen Fachpartner behilflich.[3] Die Wahl des richtigen Partners ist eine entscheidende Voraussetzung für den Erfolg einer geschäftlichen Zusammenarbeit, die in so hohem Maße von dem Gedanken der Partnerschaft getragen wird wie das Gemeinschaftsunternehmen.[4]

Angesichts der Vertrautheit des inländischen Partners mit der Bürokratiestruktur des Anlagelandes vereinbaren die Parteien im JV-Vertrag regelmäßig, daß er für die Abwicklung des Verkehrs mit den Behörden, d.h. für die Einholung der erforderlichen staatlichen Genehmigungen

---

1 In Indonesien: BKPM (Presidential Decree No. 33 of 1981 – abgedr. in: BfAI/RI Nr. 161, S. 72 -, No. 54 of 1977); in Kenia: IPC (Investment Promotion Centre Bill of 1986); in Malaysia: die 1978 innerhalb der MIDA eingerichtete Central Unit; in der VR China: MOFERT.

2 Zu den Aufgaben des BKPM: BKPM, Guide, S. 67; der Central Unit: MIDA, Central Unit; des MOFERT: Horn in: Horn/Schütze, S. 16 ff.

3 Hierfür sind in der VR China vor allem CITIC (dazu noch i.F. 2) und die 1952 gegründete chines. Außenhandelskammer CCPIT (China Council for the Promotion of International Trade) zuständig.

4 Das betonen auch: Kitterer, S. 68; Kleinsteuber in: Wirtschaftspartner Indonesien, S. 201 ff.; Bivens/ Lovell, S. 5 ff.

etc., zuständig und verantwortlich sein soll.[5] Für die Zuordnung dieses Aufgabenbereichs kann ein Klauselinhalt gewählt werden wie:

> ... to handle applications for registration and other report submission formalities to the competent ... government authorities, and to obtain all approvals required by the ... government for the establishment of the JV and the implementation of the program contemplated by this Contract.

Bei Gründung der das Gemeinschaftsunternehmen rechtlich tragenden Projektgesellschaft ist das nach dem jeweiligen Gesellschaftsrecht vorgeschriebene Verfahren zu beachten. Die Gesetze der Entwicklungsländer sehen wie das deutsche GmbHG und das AktG zumeist eine stufenweise Entstehung vor. Die Gründung erfolgt nicht allein durch die Errichtung des Gesellschaftsstatuts, sondern bedarf einer staatlichen Genehmigung oder muß anderen formellen Voraussetzungen genügen. Letzteres kann auch ein zusätzliches Erfordernis sein. Das Gesellschaftsstatut muß zusammen mit anderen Gründungsdokumenten der Registerbehörde vorgelegt werden. Entsprechen die eingereichten Unterlagen den gesetzlichen Erfordernissen, wird die Gesellschaft ins (Handels- oder Gesellschafts-)-Register eingetragen und eine Inkorporationsurkunde ausgestellt.[6]

Die Kontrollfunktion der Registerbehörde kann unterschiedlich ausgestaltet sein. In Ländern, in denen die Gesellschaftsgründung einer offiziellen behördlichen Genehmigung bedarf (Konzessionssystem),[7] stellt die anschließende Registereintragung eine mehr formelle Überwachungsmaßnahme dar. Demgegenüber ist in anderen Rechtssystemen die für die Eintragung ins Register zuständige Behörde (z.B. der Registrar of Companies) die eigentliche Kontrollinstitution (System der Normativbestimmungen).[8]

Nach dem Recht vieler Länder entsteht die Projektgesellschaft mit der Eintragung ins Register; sie erwirbt eigene Rechtsfähigkeit und wird zur juristischen Person. In anderen Rechtsordnungen wird für die Entstehung als juristische Person auf die Veröffentlichung im Amtsblatt oder bestimmte Genehmigungserteilungen abgestellt.

Nach anglo-amerikanischem Recht reicht ihre Rechtsfähigkeit nur so weit, wie es für die Unternehmensziele notwendig ist (*ultra-vires*-

---

5 So z.B. auch Art. 14 chines. Sample Contract.

6 Art. 3 JVL, Art. 11 JVLR; Art. 38 Com. C.; Sec. 16 malays. Comp. Act; Sec. 15 kenian. Comp. Act.

7 So z.B. in der VR China (Art. 3 JVL) und in Indonesien (Art. 36 II Com. C.); s. i.F. II 1 und 2.

8 So in Malaysia und Kenia; s. i.F. II 3 und 4.

Lehre).[9] Dies ist bei der Gründung von Gemeinschaftsunternehmen in Entwicklungsländern zu beachten, deren Rechtsordnungen vom angelsächsischen Recht beeinflußt sind. Zu diesen zählen auch Kenia und Malaysia.[10] Die durch die *ultra-vires*-Lehre bewirkte Einschränkung der Rechtsfähigkeit juristischer Personen verliert in der Praxis allerdings an Bedeutung, wenn der Gegenstand des Unternehmens sehr weit gefaßt wird. Die JV-Partner sollten dies bei der Abfassung des Gesellschaftsstatuts beachten.[11]

Mit Entstehung der juristischen Person tritt die Haftungsbeschränkung der JV-Partner als Gesellschafter ein. Den Gläubigern des Gemeinschaftsunternehmens haftet für Verbindlichkeiten desselben dann nur das Vermögen der Projektgesellschaft. Die Kapitalaufbringung gehört deshalb grundsätzlich mit zum Gründungsakt.[12]

Die Aufnahme der Geschäftstätigkeit setzt häufig das Vorliegen weiterer Genehmigungen voraus. Hierbei kann es sich wie bei der Erlaubnis zur Beschäftigung von Ausländern oder der malaysischen Fertigungslizenz (*manufacturing licence*)[13] um Genehmigungen handeln, die nicht auf einen bestimmten Industriezweig zugeschnitten sind. Für Geschäftstätigkeiten in speziellen Bereichen können auch besondere Lizenzen erforderlich sein.[14]

## II. Länderspezifische Besonderheiten

### *1. VR China*

Ausländische Unternehmer, die in der VR China ein Gemeinschaftsunternehmen gründen wollen, müssen angesichts der dezentralisierten Bürokratie des Landes ein relativ umständliches Verwaltungsverfahren durch-

---

9 Zur ultra-vires-Lehre Davis, 136 New L.J. 907 (1986).

10 S. unten § 9 III 1 a).

11 S. unten § 9 III 4 b).

12 So in der VR China (Art. 21 JVLR); in Indonesien, vgl. Gautama in: Legal Aspects, S. 201; anders in Kenia, vgl. Jost, S. 136.

13 Dazu insb. MIDA, Polices & Procedures, S. 32 ff.; Köhler, S. 66.

14 So z.B. in Malaysia für holzverarbeitende Betriebe die packer's-, export-, supplier's licences. So z.T. auch in Indonesien, wo es nach Abschaffung der product-by-product-Industrielizenzen anstelle der 2490 nunmehr nur noch 387 Lizenzkategorien gibt; BfAI/NfA v. 17.7.1987.

stehen.[15] Die sich hierdurch in der Praxis ergebenden Probleme[16] (schwierige Ermittlung der jeweils zuständigen Behörde, kostspieliger Zeitaufwand etc.) werden durch das den Gründungsvorgang regelnde JVL nicht gelöst. Auch sein Versuch, durch die Vorgabe von Fristen (Art. 3 JVL) die lange Verfahrensdauer abzukürzen, ist bei vielen laufenden Projekten fehlgeschlagen.

Die chinesische Regierung ist jedoch um Abhilfe bemüht. Seit Juni 1987 können ausländische Investoren beispielsweise versuchen, die bei Planung, Vorbereitung und Durchführung ihrer Investitionsprojekte zu durchlaufenden bürokratischen Instanzenwege durch die Inanspruchnahme des Service-Angebots eines neuen Fachzentrums (Foreign Investment Service Centre) abzukürzen. Dieses ist zunächst auf die regierungsunmittelbare Stadt Tianjin beschränkt, soll aber in gleicher oder ähnlicher Form auch in anderen Städten und Gebieten errichtet werden.[17]

Das Investment Service Centre bietet u.a. folgende Dienstleistungen an:

- unmittelbare und direkte Kontaktaufnahme mit Regierungsstellen und Funktionären, die zur Förderung der jeweiligen Investitionsprojekte ermächtigt sind,
- eindeutige und umfassende Interpretation der Gesetze, Vorschriften, Gebühren, Voraussetzungen für Vorzugsbehandlungen sowie der allgemeinen Investitionsbedingungen,
- Mithilfe bei der Suche nach einem für die angestrebte Zusammenarbeit geeigneten chinesischen Partner,
- Mitarbeit bei der Beschaffung aller erforderlichen Genehmigungen,
- Unterstützung bei Bauplanung und -ausführung gemäß den örtlichen Vorschriften, Mithilfe bei der Erstellung eines Projektkosten-Voranschlags,
- Auswahl und Einstellung fachlich qualifizierten Personals.

Da die VR China noch nicht über ein ausgebildetes eigenständiges Gesellschaftsrechtssystem verfügt[18], weist das im JVL vorgeschriebene Grün-

---

15 Ausführliche Darstellung des Gründungsverfahrens bei Lussenburg, 63 Canadian B.Rev. 545, 551 (1985); Parry, 5 Bus.L.Rev. 7 (1984); Brown, 4 B.C.Int'l & Comp.L.Rev. 115, 130 (1981).

16 Dazu auch Alford/Birenbaum, 3 Nw.J.Int'l L. & Bus. 56, 82 (1981).

17 BfAI/NfA v. 16.6.1987.

18 Zu den Grundzügen des bestehenden Systems der Kapitalgesellschaften Jiang Ping in: Horn/Schütze S. 38 ff.; zum Entwurf eines neuen Gesellschaftsorganisationsgesetzes Lauffs, RIW 1987, 433 ff.

dungsverfahren investitions- wie gesellschaftsrechtliche Züge auf. Seine Struktur unterscheidet sich insofern von der des in den meisten anderen Entwicklungsländern einzuhaltenden Verfahrens. Die dort anzutreffende Trennung zwischen außenwirtschaftsrechtlicher und privatrechtlicher Kontrolle spiegelt sich auch in der behördlichen Kompetenzverteilung wider.

An der Errichtung eines ausländisch-chinesischen Gemeinschaftsunternehmens sind nach Art. 3 JVL, Art. 8 ff. JVLR beteiligt:[19]

- als Vermittlungsstelle: die dem Staatsrat unterstellte, 1979 ins Leben gerufene China International Trust and Investment Corporation (CITIC),
- als Genehmigungsbehörde: das Ministry of Foreign Economic Relations and Trade (MOFERT),[20] dem seit März 1982 die Foreign Investment Control Commission (FICC) eingegliedert ist[21],
- als Registerbehörde: die General Administration for Industry and Commerce (GAIC).

CITIC soll nach Art. 12 JVLR Anlaufstelle für ausländische Investoren sein, bei Partnerwahl wie ersten Vertragsverhandlungen Hilfe leisten und auch in sonstigen Angelegenheiten zwischen ausländischen und chinesischen Partnern vermitteln.[22]

Die dem MOFERT durch Art. 3 JVL verliehene Genehmigungskompetenz ist in den Sonderwirtschaftszonen und Küstenstädten gem. Art. 8 JVLR zum Teil an die Behörden der Provinzregierungen bzw. Stadtverwaltungen delegiert. Sie ist i.d.R. summenmäßig begrenzt. Der Höchstbetrag, bis zu dem eine Genehmigung durch Behörden untergeordneter Verwaltungsebenen zulässig ist, wird vom Staatsrat festgesetzt und variiert lokal. Projektvorschlag, vorläufige und endgültige Durchführbarkeitsstudien, JV-Abkommen (*joint venture agreement*), JV-Vertrag (*joint venture contract*), Statuten (*articles of association*) und Kandidatenliste für die Board-Besetzung müssen in diesen Fällen dann von den jeweils zuständigen Behörden der Provinzregierungen bzw. Stadtverwaltungen gebilligt werden.[23] Die abschließende Genehmigung eines Gemeinschaftsunterneh-

---

19 Zu der JV-Bürokratie insb. ARCHER, 21 Stan.J.Int'l L. 195 (1985).

20 Ausführlich zu den Aufgaben des MOFERT u.a. HORN in: Horn/Schütze, S. 16 ff.

21 LUSSENBURG, 63 Canadian B.Rev. 545, 553 (1985).

22 Art. 2.6 ff. CITIC-Satzung, abgedr. in: 14 J.Int'l L. & Econ. 198, 199 (1980); zu den Aufgaben von CITIC auch HORN in: Horn/Schütze, S. 19 f.

23 Zum Verfahrensablauf im einzelnen Art. 9 JVLR.

mens wird aber auch insoweit immer durch das MOFERT erteilt (Art. 8 IV 2 JVLR).

Die Voraussetzungen für eine Genehmigungserteilung sind in Art. 4, 5 JVLR festgelegt. Sie stellen im wesentlichen darauf ab, ob das Gemeinschaftsunternehmen einen Beitrag zur Förderung des chinesischen Modernisierungsprogramms leistet. Kriterien hierfür sind Technologietransfer, Erneuerung technischer Betriebe, Devisenbeschaffung, Ausbildung von Technikern und Führungskräften. Als Grundlage für die Überprüfung der Genehmigungsfähigkeit dient den Behörden die von den JV-Partnern erstellte Durchführbarkeitsstudie (*feasibility study*).[24] Sie enthält diesbezügliche Informationen, da in ihr die Durchführbarkeit des Projekts unter technischen und wirtschaftlichen Aspekten analysiert wird.

Nach der Genehmigung muß sich das Gemeinschaftsunternehmen gem. Art. 11 JVLR innerhalb eines Monats bei der örtlich zuständigen Dienststelle des GAIC ins Register eintragen. Das Eintragungsverfahren wird durch die Registration Regulations[25] geregelt. Das Bestreben nach Dezentralisierung hat sich aber auch in der Gesetzgebung niedergeschlagen. In den Sonderwirtschaftszonen der Provinz Guangdong (Shantou, Shenzhen, Zhuhai) gelten die Provisional Regulations on the Registration of Enterprises in the Special Economic Zones of Guangdong Province als lex specialis.

Zur Erlangung der Rechtsfähigkeit ist nach Art. 11 JVLR, Art. 5 JVRR noch die Erteilung einer Geschäftserlaubnis (*business licence*) erforderlich. Der Tag ihrer Ausstellung gilt als formeller Errichtungszeitpunkt des Gemeinschaftsunternehmens.

### 2. *Indonesien*

In Indonesien wird das investitionsrechtliche Genehmigungsverfahren durch das dem Staatspräsidenten unterstellte, als zentrale Investitionsbehörde (*one-stop service agency*) eingerichtete Capital Investment Coordinating Board[26] durchgeführt.[27] Die Zuständigkeit für das in Art. 36

---

24 S. dazu auch unten § 8 VI.

25 Regulations of the PRC on the Registration of Joint Ventures Using Chinese and Foreign Investment (JVRR); Text abgedr. in: Horn/Schütze, Anhang, S. 512.

26 Badan Koordinasi Penanaman Modal (BKPM).

27 Art. 1-3 Presidential Decree No. 35 of 1985 Concerning Status, Duties, Func-

Com. C. vorgeschriebene gesellschaftsrechtliche Kontrollverfahren liegt dagegen beim Justizminister.

Das investitionsrechtliche Verfahren wird durch den Letter of Decision No. 10/1985[28] und seine in den Letters of Decision No. 5/1986 und No. 13/1986 enthaltenen Ergänzungen geregelt. Zusammen mit den vom BKPM als Simplification of Investment Procedures erlassenen Vorschriften vereinfacht er das BKPM-Genehmigungsverfahren, da im Vergleich zu den Letters of Decision No. 1/1977 und No. 15/1984 auf zahlreiche formelle Voraussetzungen verzichtet wird.[29] Durch die Presidential Decrees No. 13/1987 und No. 16/1987 wurden weitere bürokratische Erleichterungen eingeführt. So sind vor allem die Genehmigungen für die Errichtung und den Betrieb von Fabrikationsunternehmen erheblich reduziert worden.[30]

Das investitionsrechtliche Genehmigungsverfahren erfolgt in folgenden Phasen[31] :

1. Einreichung des Investitionsantrags beim BKPM; vorläufige Genehmigung;
2. Modifikation des Antrags bzw. Einreichung zusätzlicher Daten und Informationen, sofern vom BKPM gewünscht oder aufgrund veränderter Umstände erforderlich;
3. Evaluierung des Projekts; auf das Empfehlungsschreiben des BKPM endgültige Genehmigung durch den Staatspräsidenten;
4. Erteilung von speziellen Genehmigungen (z.B. Arbeitsgenehmigungen), Lizenzen (Beschaffungs-, Rohstoffverarbeitungs-, Import-

---

tions and Organizational Structure of the Capital Investment Coordinating Board, abgedr. in: BKPM, Investment Law and Regulations, Jakarta 1986, S. 165 ff.; vgl. auch Gautama in: Legal Aspects, S. 205 f.

28 Letter of Decision of the Chairman of the Investment Coordinating Board No. 10 of 1985 on Procedures for Applications for Approvals and Facilities for Domestic Capital Investments and Foreign Capital Investments.

29 Vgl. BKPM, Simplification of Procedures and Investment Approvals, Jakarta 1986, insb. die tabellarische Gegenüberstellung über die nach den verschiedenen Letters of Decision beizubringenden Urkunden etc.

30 Die für Industrieunternehmen erforderlichen Grundgenehmigungen (industrial operating permits) sind z.B. von bislang vier (prinzipielle Betriebsgenehmigung, vorläufige Betriebsgenehmigung, permanente Betriebsgenehmigung und Expansionsgenehmigung) auf zwei (permanente Betriebsgenehmigung – gültig, solange das Unternehmen produziert und Geschäfte betreibt – und Expansionsgenehmigung) reduziert worden.

31 BKPM, Guide, S. 68 ff.; Grimm in: Wirtschaftspartner Indonesien, S. 197 ff.

und Exportlizenzen etc.) und Vergünstigungen (steuerliche und sonstige Investitionsanreize);
5. Erteilung der (permanenten) Betriebsgenehmigung.

Boden- und baurechtliche Genehmigungen fallen ebenso wie Genehmigungen, die im Rahmen des Lärm- und Umweltschutzes (*nuisance law*) einzuholen sind, nicht in die Zuständigkeit des BKPM. Sie müssen bei den regionalen Provinzbehörden bzw. bei der jeweiligen regionalen Investitionsbehörde beantragt werden.

Sofern die Parteien das Gemeinschaftsunternehmen in einer zollbegünstigten Zone (*bonded area*) errichten wollen[32], muß der an das BKPM gerichtete Antrag auf Genehmigung über die für diese Zone zuständige Behörde (*bonded area authority*) gestellt werden. Das investitionsrechtliche Verfahren weist in diesem Fall gem. Art. 19 Letter of Decision No. 10/1985 einige Besonderheiten auf, die seine Durchführung weiter vereinfachen.

Das Verfahren zur Gründung der Projektgesellschaft[33] kann in drei Stufen unterteilt werden:

1. Vornahme des notariellen Errichtungsaktes, d.h. Abfassung des Gesellschaftsstatuts in beglaubigter Form;
2. Genehmigung durch den Justizminister; Voraussetzung für die Genehmigung durch den Justizminister ist die Zeichnung von mindestens 20 % des genehmigten Kapitals, wovon wenigstens die Hälfte (10 %) auch eingezahlt sein muß.
3. Registereintragung durch das Gericht 1. Instanz (Pengadilan Negeri), bei dem die Gesellschaft ihren Gerichtsstand hat, und Bekanntmachung im offiziellen Staatsanzeiger.

Kontroll- und Registerfunktion werden damit von unterschiedlichen Behörden ausgeübt.

### *3. Malaysia*

Ausländische Investoren finden in Malaysia eine vergleichsweise klare Bürokratiestruktur vor, die eine JV-Gründung erleichtert und den Interessen mittelständischer und kleinerer Unternehmen besonders entgegenkommt. Die investitionsrechtliche Seite des Gründungsverfahrens

---

32 Vgl. oben § 5 III 2.

33 Dazu Gautama in: Legal Aspects, S. 200 f.

wird durch die Central Unit abgewickelt, die gesellschaftsrechtliche durch den Registrar of Companies.

Die Central Unit ist bei der dem Industrie- und Handelsministerium unterstehenden Malaysian Industrial Development Authority (MIDA) als zentrale Genehmigungsstelle (*one-stop centre*) eingerichtet. Sie setzt sich aus leitenden Beamten des Finanz- und Arbeitsministeriums, der Hauptabteilungen Industriebetriebe und Binnenhandel des Ministeriums für Handel und Industrie, der Zoll- und Verbrauchsteuerverwaltung und der Einwanderungsbehörde zusammen, welche die für eine JV-Gründung erforderlichen Genehmigungen und Befreiungen[34] erteilen.

Fertigungsbetriebe müssen grundsätzlich[35] die bereits erwähnte Fertigungslizenz (*manufacturing licence*) beantragen.[36] Genehmigungsverfahren und -erteilung werden durch den Industrial Co-ordination Act of 1975 und die Industrial Co-ordination (Amendment) Acts of 1977 und 1979 geregelt. Mit der Fertigungslizenz werden im allgemeinen zugleich Steuervergünstigungen, *expatriate*-Positionen, Einfuhrsteuerbefreiungen und eventuell Zollschutz beantragt.

Zur Gründung der Projektgesellschaft sind beim Registrar of Companies die Anträge auf Prüfung der Unbedenklichkeit und Reservierung des beabsichtigten Gesellschaftsnamens zu stellen (Sec. 22 malays. Comp. Act) sowie verschiedene Unterlagen[37] einzureichen, so z.B. das Gesellschaftsstatut (*memorandum* und *articles of association*), eine Bescheinigung über die Identität bestimmter Personen, eine eidesstattliche Erklärung bezüglich der Beachtung des malaysischen Gesellschaftsrechts.[38] Entsprechen die eingereichten Unterlagen den gesetzlichen Erfordernissen, so nimmt der Registrar of Companies den Eintrag im Register vor und stellt zur Bestätigung, daß die *company limited by shares* gegründet ist, eine Bescheinigung (*certificate of incorporation*) aus.[39] Dieser dem deutschen Handelsregisterauszug vergleichbaren Urkunde kommt im

---

34 Aufzählung bei Köhler, S. 66, 69 und MIDA, Central Unit, S. 1; vgl. auch Sutter, S. 128 f.

35 Für kleinere Projekte wirkt sich positiv aus, daß die Fertigungslizenz nunmehr erst bei einem Kapital von 2,5 Mio. Ringgit und einer Beschäftigungszahl ab 75 zu beantragen ist; BfAI/NfA v. 1.12.1986 (früher 1 Mio. Ringgit bzw. 50 Beschäftigte; Li, 8 E.A.E.R. 23, 24 "Jan. 1986„).

36 S. oben § 5 III 3.

37 Aufzählung bei Hock, Anhang Iı, S. 113 ff.

38 Zur Gesellschaftsgründung insb. MIDA, Incorporating A Manufacturing Company; Köhler, S. 67 ff.; zu den nahezu identischen Voraussetzungen nach engl. Recht s. Palmer I 15.01-15.06.

39 Vgl. zu dem certificate of incorporation auch Palmer I 16.01-16.08.

Rahmen der JV-Errichtung große Bedeutung zu. Das in ihr ausgewiesene Eintragungsdatum ist maßgebend für den Entstehungszeitpunkt des Gemeinschaftsunternehmens als juristische Person und die damit verbundene Haftungsbeschränkung der Gesellschafter (Sec. 16 IV malays. Comp. Act).[40] Das Zertifikat muß sowohl zur Erlangung der Fertigungslizenz als auch in anderen Antragsverfahren vorgelegt werden.

### *4. Kenia*

An der Errichtung eines Gemeinschaftsunternehmens sind in Kenia ähnlich wie in Malaysia das Investment Promotion Centre (IPC) als zentrale Investitionsbehörde und der Registrar of Companies als die für die Gründung der Projektgesellschaft zuständige Behörde beteiligt. Durch die Einrichtung des IPC, in dem die Ministerien für Finanzen, Handel und Industrie, Regionalverwaltung, Raumordnung, Landwirtschaft, Viehzucht und Fremdenverkehr vertreten sind, wird versucht, die in investitionsrechtlicher Hinsicht bestehende Kompetenzvielfalt abzubauen.

Um den in Sec. 7, 8 FIPA geregelten Kapitalschutz für ausländische Investitionen[41] und die nur den Unternehmen mit Vorzugsstatus (*approved enterprises*) gewährten Investitionsanreize[42] in Anspruch nehmen zu können, müssen die JV-Parteien eine spezielle Bescheinigung (*certificate of approved enterprise*) beantragen. Der Vorzugsstatus wird einem Gemeinschaftsunternehmen i.d.R. gewährt, wenn das Projekt den Interessen der kenianischen Wirtschaft entspricht. Solche Interessen können beispielsweise ein positiver Beitrag zur Zahlungsbilanzentwicklung durch Importsubstitution oder Schaffung von Exportmöglichkeiten, Know-how-Vermittlung, die Schaffung von Arbeitsplätzen oder die Produktion von Investitionsgütern sein.

In Kenia besteht zwar grundsätzlich Gewerbefreiheit. Investitionen bis zu 5 Mio. Kenia-Schilling[43] müssen aber vom New Projects Committee hinsichtlich ihrer Wirtschaftlichkeit und ihres Nutzens für die kenianische Volkswirtschaft überprüft und genehmigt werden. Die Nichterteilung der ministeriellen Genehmigung erschwert die Kapital- und Rohstoffeinfuhr sowie die Bewilligung des Vorzugsstatus. Alle Unternehmen

---

40 Vgl. auch Sec. 13 engl. Comp. Act of 1948.

41 Gewährleistung des Gewinntransfers, der Kapitalrepatriierung, des Eigentums etc.

42 Sonderabschreibungen auf Anlagen, Zollermäßigungen, Exportrückvergütung etc.

43 BfAI/NfA v. 1.8.1985.

sind darüber hinaus zwecks Überwachung der geltenden Arbeitssicherungs- und Hygienevorschriften beim Arbeitsministerium zu registrieren.

Dem Registrar of Companies müssen gem. Sec. 15 ff. kenian. Comp. Act das Gesellschaftsstatut, Erklärungen über das Grundkapital und die Einhaltung der Gründungsvorschriften zur Kontrolle eingereicht werden. Er überprüft die Unbedenklichkeit des von den JV-Parteien gewählten Gesellschaftsnamens und kann diesen auf Antrag hin bis zu 60 Tagen vormerken (Sec. 19 kenian. Comp. Act). Der Registrar of Companies stellt über die Eintragung im Register die zur Erlangung der Rechtsfähigkeit und für die Geschäfts aufnahme erforderliche Gründungsbescheinigung (*certificate of incorporation*) aus, die die Einhaltung der gesetzlichen Formvorschriften bestätigt.[44] Wie nach englischem Recht[45] bestimmt das in dieser Urkunde ausgewiesene Eintragungsdatum den Entstehungszeitpunkt der *company limited by shares* als juristische Person (Sec. 16 II kenian. Comp. Act).

---

44 Zum Gründungsverfahren insb. Jost, S. 136 ff.

45 Vgl. Sec. 13 engl. Comp. Act of 1948.

# 3. Kapitel
# Die vertragliche Errichtung und Beendigung des Gemeinschaftsunternehmens

## § 8 Vorbereitende Vereinbarungen

### I. Bedürfnis und Zweck

Transnationale Gemeinschaftsunternehmen sind wirtschaftlich bedeutende Geschäfte, für deren Zustandekommen zumeist komplizierte und langwierige Vertragsverhandlungen erforderlich sind. Unterschiedliche Mentalitäten der Geschäftspartner, Sprachbarrieren und Konzeptdiskrepanzen können die Verhandlungsführung noch erschweren. Das vorliegende Umfeld kann gerade in einem Entwicklungsland ein völlig anderes sein, als es deutsche Unternehmer von Geschäftsbeziehungen in industrialisierten Ländern gewohnt sind. Dies trifft vor allem auf asiatische Länder, insbesondere auf ein Land wie die VR China zu, wo Geduld[1] und Höflichkeit[2] die wichtigsten Voraussetzungen für erfolgreiche Verhandlungen sind.[3] Für die Vorbereitung und Verhandlung von Gemeinschaftsunternehmen sind speziell in asiatischen Entwicklungsländern deshalb Zeit, Engagement, Geduld, Besonnenheit und nicht zuletzt auch ein finanzieller Einsatz erforderlich.

Häufig überbrücken die Geschäftspartner die Zeitspanne, die zwischen dem Eintritt der Gespräche in ein ernsthaftes Stadium und dem formellen Abschluß des JV-Vertrages liegt, mit Verhandlungsprotokollen und vorbereitenden Vereinbarungen, die *memorandum of understanding*, *prelimi-*

---

1 Vgl. „Von vornherein auf Zeit einstellen" in: Blick durch die Wirtschaft v. 26.2.1986; Bloomfield, 14 Int'l Bus.Law. 327, 328 (1986); Messmann, S. 5 f.

2 Der chines. Partner darf nie in eine Lage gebracht werden, in der er sein „Gesicht verlieren" könnte; dazu auch Schneider/Scheuble, Marktforschung 1986, 39 (40); Helms in: Wirtschaftspartner China, S. 463 ff.

3 So ausdrücklich auch Horn in: Horn/Schütze, S. 141.

*nary agreement*, *letter of intent* oder ähnlich lauten. Ihre rechtsgeschäftliche Verbindlichkeit kann unterschiedlich ausgebildet sein.[4]

Vorbereitende Vereinbarungen können verschiedene Ziele verfolgen: Zusammenfassung des zur Zeit gültigen Verhandlungsstandes; Festlegung der nächsten Schritte, die die Unterzeichner einleiten wollen, um das Projekt voranzutreiben; Vereinbarung der Geheimhaltung der während der Verhandlungen und aufgrund der Studien erarbeiteten oder zur Verfügung gestellten Informationen; vorläufige oder endgültige Kostenregelungen für die im Vorfeld des Projekts anfallenden Kosten.

## II. Verhandlungsprotokolle

Verhandlungsprotokolle kennzeichnen den Verhandlungsgang und bilden eine wichtige Grundlage des Vertragswerks des Gemeinschaftsunternehmens. Sie können für ausländische Investoren aber auch eine Gefahr darstellen. JV-erfahrene Gesprächspartner wiesen wiederholt darauf hin, daß der ausländische Geschäftspartner an Aussagen festgehalten wird, die in derartigen Protokollen getroffen wurden. Auf Festlegungen sollte daher entweder so lange verzichtet werden, wie ihre Einhaltbarkeit im Rahmen des gesamten Vertragswerks noch unsicher erscheint, oder durch klar formulierte Vorbehalte ihre Unverbindlichkeit deutlich herausgestellt werden.

## III. Memorandum of Understanding

Die Parteien können ein *memorandum of understanding* unterzeichnen, das als eine Vorstufe zum *letter of intent* anzusehen ist.[5] Aufgabe eines solchen Memorandum, bei dem bereits die Wortwahl auf den fehlenden Bindungswillen hinweist, ist die Festlegung des erreichten Gesprächsstandes, sei es zur Abklärung von Punkten, über die noch keine Einigung erzielt wurde, sei es zur Bestätigung durch zuständige höhere Stellen in den Partner-Unternehmen.

---

4 Zu den Rechtsgeschäften im Vorfeld eines Projekts allg. Hertel, BB 1983, 1824 ff.; s. auch Langefeld-Wirth, S. 8 f.

5 Anders Siebourg, S. 146 Fn. 2, 143 f., der von einem synonymen Gebrauch der Begriffe ausgeht.

## IV. Letter of Intent

### *1. Inhalt und Verbindlichkeit*

Oft tauschen die Parteien auch einen *letter of intent* aus, dessen Inhalt, Umfang und Verbindlichkeit sie entsprechend dem jeweiligen Stand der Verhandlungen ganz unterschiedlich gestalten.[6]

Es gibt Schriftstücke, die nur ganz kursorisch die grundsätzliche Bereitschaft der Parteien (*firm intention*) zur Bildung eines Gemeinschaftsunternehmens versichern. Die Aufgabe eines solchen *letter of intent* liegt vor allem in der Bestätigung, daß nun eine Verhandlungsdelegation aus Fachleuten zur Ausarbeitung eines gemeinsamen Projektvorschlags und einer vorläufigen Durchführbarkeitsstudie gebildet werden kann sowie erste Überlegungen zur juristischen Gestaltung der wichtigsten Elemente des künftigen Kooperationsvertrages angestellt werden können.

Ein *letter of intent* kann auch Bestimmungen enthalten, über die sich die Parteien bereits grundlegend geeinigt haben, beispielsweise Vereinbarungen über die Kapitalstruktur und die Mehrheitsverhältnisse im zukünftigen Gemeinschaftsunternehmen, über Fragen der Geschäftsführung oder des Know-how-Transfers.[7] Der *letter of intent* ist in diesem Fall umfangreicher[8] und dient als Basis für die im einzelnen auszuhandelnden Regelungen des endgültigen Vertrages.

Gewöhnlich liegt in ihm noch kein Vorvertrag, der die Parteien zum Abschluß des Kooperationsvertrages verpflichtet.[9] Die Parteien tauschen vielmehr nur auf den Vertragsschluß gerichtete Absichtserklärungen aus. Sie schaffen dadurch dem Inhalt der Erklärungen entsprechende Verhaltenspflichten, auf Grund derer sie gehalten sind, sich ernsthaft um den Abschluß des Vertrages zu bemühen bzw. die ausgehandelten grundsätzlichen Vertragsbedingungen im wesentlichen einzuhalten.[10]

### *2. Haftung des Ausstellers*

Wenn auch eine Pflicht zur Errichtung eines Gemeinschaftsunternehmens nicht begründet wird, so fragt es sich gleichwohl, ob das durch die Ausstellung eines *letter of intent* bei dem Empfänger erweckte Vertrauen

---

6 Siebourg, S. 126; Lutter, S. 9 ff.

7 Langefeld-Wirth, S. 9.

8 Beispiele bei Lutter, S. 8.

9 Langefeld-Wirth, aaO; zur Bindungswirkung des letter of intent insb. Siebourg, S. 136 ff.; Lutter, S. 25 ff.

10 Lutter, S. 62 ff.

auf den Abschluß des JV-Vertrages bei Nichtzustandekommen zur Haftung des Ausstellers führt.

Über einen Anspruch wegen schuldhaften vorvertraglichen Verhaltens entscheidet nach h.M. das Schuldstatut des beabsichtigten oder geschlossenen Vertrages[11], also des JV-Vertrages.

a) Deutsches Recht

Nach deutschem Recht wird durch die Ausstellung eines *letter of intent* ein vorvertragliches Vertrauensverhältnis mit entsprechenden Verhaltenspflichten begründet. Bei deren schuldhafter Verletzung steht dem geschädigten Geschäftspartner ein Schadensersatzanspruch aus culpa in contrahendo auf Ersatz des Vertrauensinteresses zu.[12] Er kann als Aufwendungsersatz z.B. Erstattung der ihm für die Erstellung der Durchführbarkeitsstudie entstandenen Kosten beanspruchen. JV-Verträge, die dem deutschen Recht unterstehen, sind in der Vertragspraxis jedoch kaum zu finden.[13]

b) Angelsächsisch beeinflußte Rechte

Die Rechtsordnungen von Entwicklungsländern, die wie Kenia und Malaysia englisches Recht übernommen haben[14], sind demgegenüber mit der Anerkennung vorvertraglicher Pflichten eher zurückhaltend.[15] Die dem Rechtsgedanken der culpa in contrahendo ähnliche Rechtsfigur der fahrlässigen Irreführung durch Abgabe unrichtiger Erklärungen (*negligent misrepresentation*)[16] gibt nach ihrem Recht bei Nichtzustandekommen des JV-Vertrags keinen Schadensersatzanspruch.[17]

c) Chinesisches Recht

Unklar ist, ob nach chinesischem Recht die Begründung einer vorvertraglichen Haftung möglich ist. Das chinesische Recht enthält den Grundsatz

---

11 Reithmann-Martiny m.w.N., S. 204.

12 Lutter, S. 62 ff.; kritisch Siebourg, S. 150, 224 ff.

13 S. i.F. § 9 II 5.

14 Zur Rezeption des engl. Rechts in Kenia Jost, S. 60 ff.; Cotran, 27 J.A.L. 42, 48 (1983); in Malaysia Wu/Vohrah, S. 1 ff.; Schütze, S. 23 ff.

15 Zur Haftung beim letter of intent nach engl. Recht Lutter, S. 106 ff.; Dünnweber m.w.N., S. 22.

16 Allg. zu dieser Rechtsfigur statt vieler Anson, S. 246 ff.

17 Vgl. Singh, S. 71 (74).

der Vertragstreue (*pacta sunt servanda*)[18] und sieht bei der Verletzung von Vertragspflichten Schadensersatzansprüche des Geschädigten vor (vgl. Art. 13 JVL, Art. 102 JVLR, §§ 18 ff. AWVG, §§ 32 ff. WVG). Vorvertragliches Parteiverhalten und vorvertragliche Parteivereinbarungen sind demgegenüber nicht ausdrücklich geregelt. Nach Art. 3 JVL, Art. 9, 17 JVLR werden zur Gründung eines Gemeinschaftsunternehmens geschlossene Vereinbarungen (*joint venture agreement, joint venture contract, articles of association*), deren Ergänzungen und Änderungen erst mit Genehmigung der zuständigen Behörden wirksam. Die rechtsgeschäftliche Bindungswirkung tritt demnach – auch bei dem das Gemeinschaftsunternehmen vorbereitenden *joint venture agreement* – nicht ohne bzw. nicht vor Erteilung der Genehmigung ein. Eine Haftung für ein im Vorfeld liegendes unredliches Verhandlungsverhalten eines JV-Beteiligten besteht nach chinesischem Recht insofern wohl nicht.

## V. Heads of Agreement

Zu den Vereinbarungen, die von den Geschäftspartnern im Vorfeld eines JV-Vertrages getroffen werden können, gehören auch sog. Grundsatzregelungen (*heads* oder *principles of agreement*).[19] Als solche werden Schriftstücke bezeichnet, welche die Einigung der Parteien über Grundlinien ihres zukünftigen Vertragswerkes enthalten. Häufig sind diese bereits paragraphenmäßig aufgeführt. Die Ausgestaltung im einzelnen sowie die Regelung noch offener Punkte bleibt den weiteren Vertragsverhandlungen vorbehalten. Das chinesische Recht spricht in dem die Gründungsprinzipien festlegenden *joint venture agreement* eine derartige Vereinbarung ausdrücklich an (Art. 13 JVLR).[20]

Da die JV-Partner ihre Einigung über die grundlegenden Vertragsbestimmungen auch in einem *letter of intent* niederlegen können, besteht – abgesehen von etwaigen Unterschieden in der formellen Gestaltung des Schriftstücks – oft kein Unterschied zwischen einem *letter of intent* und den *heads of agreement*.

---

18 Vgl. § 16 AWVG, § 6 WVG.

19 Vgl. dazu auch Siebourg, S. 151; Lutter, S. 13 f.

20 Brace, Int'l Bus.Law. 434, 435 (1985) und Rich, 15 Int'l Law. 183, 192 (1981) wählen die Bezeichnung letter of intent.

### VI. Feasibility Study

Eine der wichtigsten Vorbereitungsmaßnahmen zur Gründung eines Gemeinschaftsunternehmens ist die Erstellung einer Durchführbarkeitsstudie (*feasibility study*). Sie soll die ökonomischen Voraussetzungen und Risiken des geplanten Projekts untersuchen. Der Schwerpunkt der Untersuchung kann dabei je nach Projekt auf unterschiedlichen Gebieten liegen: häufig wird die Untersuchung des Marktes und des Marktzugangs erforderlich sein, in anderen Fällen können technische Fragen im Vordergrund stehen.[21]

Die Parteien legen in der Durchführbarkeitsstudie die für den JV-Vertragsabschluß maßgeblichen technischen und wirtschaftlichen Daten des geplanten Projekts fest. Wird das Vertragswerk für verbindlich erklärt, so bestimmen die in ihr enthaltenen Angaben gewissermaßen als „Geschäftsgrundlage" die künftigen Aktivitäten des Gemeinschaftsunternehmens. Die Durchführbarkeitsstudie liefert nicht nur den zukünftigen JV-Partnern und Finanzierungsinstitutionen die Grundlagen für ihre Entscheidungsfindung, sondern dient auch den Behörden des Anlagelandes im Genehmigungsverfahren als Prüfungsgrundlage.

## § 9 Das Vertragswerk

### I. Überblick

#### *1. Ziel und Aufbau des Vertragswerks*

Als eine Form internationaler Wirtschaftskooperation, die sich auf ebenso zahlreiche wie verschiedenartige Bereiche erstreckt, stellen Gemeinschaftsunternehmen i.d.R. komplexe Geschäfte dar, für deren Durchführung ein umfangreiches Vertragswerk geschaffen wird.

Das Vertragswerk hat das Ziel,

- die Gründung einer rechtlich selbständigen Gesellschaft zu regeln, die Rechtsträger des gemeinschaftlich betriebenen Unternehmens wird,
- den Aufbau und die Struktur dieses Gemeinschaftsunternehmens festzulegen,
- die Modalitäten zu bestimmen, in welcher Art und Weise die Zusam-

---

21 Langefeld-Wirth, S. 8.

menarbeit der Geschäftspartner über das Gemeinschaftsunternehmen abgewickelt werden soll.

Das Gesamtvertragswerk eines Gemeinschaftsunternehmens setzt sich typischerweise aus einer Mehrzahl von Verträgen zusammen:

- einem Joint Venture-Vertrag (JV-Vertrag), der das Gemeinschaftsunternehmen und die in ihm zu verwirklichende Unternehmenskooperation umfassend regeln soll,[1]
- einem formellen Gesellschaftsvertrag wie er nach dem Recht des Landes, in dem das Gemeinschaftsunternehmen seinen Sitz haben soll, für die formelle Gründung der Trägergesellschaft erforderlich ist,[2]
- verschiedenen Verträgen über Lieferungen und Leistungen, die zwischen dem Gemeinschaftsunternehmen und einzelnen Partnern, den Partnern untereinander oder mit Dritten zur Durchführung des Gemeinschaftsunternehmens geschlossen werden.[3]

### 2. *Verhältnis der einzelnen Verträge zueinander*

Angesichts der Mehrzahl von Verträgen, die das Gesamtvertragswerk eines Gemeinschaftsunternehmens bilden, stellt sich die Frage, in welchem Verhältnis die einzelnen Verträge untereinander stehen. Die Doppelung von JV-Vertrag und Gesellschaftsvertrag, die bei der Gründung von Gemeinschaftsunternehmen allgemein praktiziert wird und im JV-Gesetz der VR China sogar gesetzlich anerkannt ist[4], wirft die Rangordnungsfrage insbesondere für diese beiden Verträge auf.

Das chinesische Recht spricht das Verhältnis von JV-Vertrag und Gesellschaftsstatut in Art. 13 JVLR ausdrücklich an. Die inhaltliche Gestaltung des Gesellschaftsstatuts erfolgt danach entsprechend den im JV-Vertrag getroffenen Vereinbarungen („... in compliance with the principles of the joint venture contract").

Der chinesische Gesetzgeber hat mit dieser Regelung einen allgemeinen Grundsatz kodifiziert, der zu den Wesensmerkmalen des Gemeinschaftsunternehmens gehört: Die JV-Partner wickeln ihre geschäftliche Zusammenarbeit über ein gemeinschaftlich betriebenes Unternehmen ab. Die Gründung der dieses Gemeinschaftsunternehmen rechtlich tra-

---

1 Dazu i.F. II.
2 Dazu i.F. III.
3 Dazu i.F. IV.
4 Vgl. Art. 5, 6, 13 JVL, Art. 13, 14 ff. JVLR.

genden Gesellschaft erfolgt **in Vollzug** des JV-Vertrags.[5] Das Gesellschaftsstatut ist der als Gründungsakt erforderliche formelle Gesellschaftsvertrag, der einen wesentlichen Teil aus dem JV-Vertrag als der Gesamtübereinkunft der JV-Partner beurkunden soll.[6] Der JV-Vertrag hält nicht nur generell die Bereitschaft der Kooperationspartner fest, eine bestimmte Gesellschaft als Träger des Gemeinschaftsunternehmens zu gründen, sondern regelt auch Zeitpunkt und Voraussetzungen der Gesellschaftsgründung sowie die rechtliche Struktur dieser Gesellschaft.[7] Dies macht bereits im JV-Vertrag eine nähere Charakterisierung des gesellschaftsrechtlichen Zusammenschlusses unter den Partnern erforderlich, wobei die Gestaltung stark durch das Gesellschaftsrecht des Landes am Sitz des Gemeinschaftsunternehmens beeinflußt ist.[8]

JV-Vertrag und Gesellschaftsstatut werden daher i.d.R. gemeinsam verhandelt und enthalten hinsichtlich der gesellschaftsrechtlichen Struktur des Gemeinschaftsunternehmens zum Teil wortidentische Klauseln. Teilweise wird in den Regelungen des Gesellschaftsstatuts auch ausdrücklich auf die entsprechende Vereinbarung im JV-Vertrag hingewiesen.[9]

Vertragstechnisch bietet sich auch an, dem JV-Vertrag den Entwurf eines Gesellschaftsvertrages als Anlage beizufügen und im JV-Vertrag die Vereinbarung zu treffen, daß die Parteien den in der Anlage annexierten Entwurf des Gesellschaftsstatuts bei formeller Gründung der JV-Gesellschaft verwenden. In diesem Fall braucht der JV-Vertrag dann nur noch die Punkte zu regeln, die nicht im Gesellschaftsstatut enthalten sind.

Für den Fall, daß eine Unstimmigkeit oder Diskrepanz zwischen JV-Vertrag und Gesellschaftsstatut auftritt, wird in vielen JV-Verträgen ausdrücklich festgehalten, daß der JV-Vertrag Vorrang haben soll (Vorrangklausel). Eine derartige Klausel kann z.B. lauten:

> In the event of any inconsistency between the terms of this Agreement and the terms of the Articles of Association, the terms hereof shall prevail.

Liefer- und Leistungsverträge, die der Durchführung des Gemeinschaftsunternehmens dienen, können für die JV-Partner so wichtig sein, daß sie zusammen mit dem JV-Vertrag verhandelt und in die JV-Vertragsurkunde bzw. deren Anhang aufgenommen werden[10] oder zumindest ih-

---

5 S. auch i.F. II 2 und 3.

6 So richtig Langefeld-Wirth, S. 30.

7 Langefeld-Wirth aaO; ausführlich zum Inhalt des JV-Vertrages i.F. II 4.

8 S. i.F. III 2-4.

9 So z.B. im Statut des Schindler-JV (vgl. Art. 10.2., 12.1.3.,13.1.1., 13.1.2.).

10 Vgl. z.B. Art. 3.2. des Schindler-JV-Vertrags.

re inhaltlichen Gründzüge im JV-Vertrag festgelegt werden[11]. Dies gilt vor allem für Technologietransfer-, Management-, Marketing- und andere Vereinbarungen, die wesentliche Bereiche der Projektabwicklung regeln.[12] Der JV-Vertrag kann hinsichtlich dieser Verträge auch die Regelung enthalten, daß sie nur geändert, gekündigt oder aufgehoben werden dürfen, wenn alle oder bestimmte JV-Partner dem zustimmen.[13]

### 3. *Anforderungen an die Vertragsgestaltung*

Da das Vertragswerk das Gemeinschaftsunternehmen und die geschäftliche Zusammenarbeit der Partner im Rahmen des Gemeinschaftsunternehmens langfristig[14] bestimmen soll, werden an seine Gestaltung hohe Anforderungen gestellt. Es muß einerseits auch Einzelheiten lückenlos regeln, andererseits in seiner Komplexität flexibel, dabei langfristig stabil, ausgewogen und mit dem *ordre public* und der zwingenden Gesetzgebung des Anlagelandes vereinbar sein. Das erhöhte Konfliktpotential, das sich aus der Zusammenarbeit von Partnern ergibt, die aus unterschiedlichen Rechts- und Kulturkreisen kommen, zum Teil traditionsbedingt juristisch unerfahren sind und gegensätzliche Geschäftsinteressen verfolgen, erfordert bei der Errichtung von Gemeinschaftsunternehmen in Entwicklungsländern eine noch sorgfältigere Vertragsgestaltung als sie bei dieser Kooperationsform ohnehin schon erforderlich ist.

Die Vertragsgestaltung mit asiatischen JV-Partnern erfolgt in einer gemischten, traditionell asiatischen Geschäfts- und halbverwestlichten Rechtsatmosphäre, die nicht selten geschäftsausführende vor juristischen Lösungen betont.[15] Geschäfte mit asiatischen Geschäftspartnern, insbesondere mit Chinesen, sind häufig in erster Linie Vertrauens- und erst in zweiter Linie Vertragssache. Geschäftliche und persönliche Beziehungen sind voneinander abhängig.[16] Aber auch für die Errichtung von Gemeinschaftsunternehmen in anderen Ländern gilt, daß eine erfolgreiche dauerhafte partnerschaftliche Zusammenarbeit ohne hinreichendes Vertrauen in die Person und die Sache nicht denkbar ist. Die Kooperationspartner sollten sich diesen das Gemeinschaftsunternehmen in seiner Ge-

---

11 Vgl. z.B. Art. 15-19 chines. Sample Contract.
12 Hierzu auch i.F. IV 2.
13 Langefeld-Wirth, S. 27.
14 Zur Laufzeit von Gemeinschaftsunternehmen s. unten § 13.
15 Dies wurde in Gesprächen mit deutschen Geschäftsleuten wiederholt geäußert.
16 „Between friends, all things are possible", Klika, 1 UCLA Pac.Bas.L.J. 162, 174 (1982).

samtheit tragenden essentiellen Grundsatz von der Aufnahme erster Geschäftskontakte bis und während der Projektdurchführung ständig vor Augen führen und ihn vor allem bei der inhaltlichen Gestaltung des Vertragswerks berücksichtigen.

## II. Der Joint Venture-Vertrag

### *1. Terminologie; Funktion*

Die JV-Partner regeln die Planung für das Gemeinschaftsunternehmen in einem Vertrag, der allgemein als Joint Venture-, Kooperations-, Konsortial-, Partnerschafts- oder Grundlagenvertrag bezeichnet wird.[17] Im internationalen Wirtschaftsverkehr finden sich auch Verträge, die als *shareholders' agreement, investment agreement, pre-corporation (pre-company) agreement* oder *basic agreement* bezeichnet werden.[18]

Bei aller Erscheinungsvielfalt und Inhaltsverschiedenheit von JV-Verträgen lassen sich ihre typischen Funktionen doch generalisierend erfassen. Sie bestehen in der Planung der mittels des Gemeinschaftsunternehmens zu betreibenden unternehmerischen Tätigkeiten der Kooperationspartner einschließlich der Leitung des Gemeinschaftsunternehmens sowie der Regelung seiner Wettbewerbs- und Leistungsbeziehungen zu den Kooperationspartnern.[19] Die Kooperationspartner schreiben im JV-Vertrag ihre Rechtsvorstellungen hinsichtlich des Gemeinschaftsprojekts fest und regeln ihre künftige Zusammenarbeit als Gesellschafter im Gemeinschaftsunternehmen.

Als Basisvertrag[20] in dem für die Durchführung des Gemeinschaftsunternehmens geschaffenen Vertragsnetz bestimmt der JV-Vertrag in den Grundzügen die inhaltliche Gestaltung der übrigen Verträge, insbesondere des Gesellschaftsstatuts, von dem er aber begrifflich und funktionell zu unterscheiden ist.[21]

---

17 Vgl. statt vieler Mestmäcker, S. 12.

18 Vgl. Paetzolt, S. 7.

19 Mestmäcker, aaO.

20 Horn in: Hinsch/Horn, S. 224, 239 f.

21 S. dazu auch oben I 2.

*2. Rechtsnatur*

Der JV-Vertrag ist die Grundlagenvereinbarung des Joint Venture[22], ein das Gesamtprojekt überspannender Rahmenvertrag[23].
Der JV-Vertrag ist:

- die Übereinkunft der Kooperationspartner, zwecks Durchführung ihrer Zusammenarbeit eine rechtlich selbständige Gesellschaft zu gründen;
- die Übereinkunft der Kooperationspartner, daß die gegründete Gesellschaft, also das Gemeinschaftsunternehmen ein bestimmtes Investitionsvorhaben in einer bestimmten Form realisieren und eine bestimmte Geschäftstätigkeit aufnehmen und ausüben soll;
- die Übereinkunft der Kooperationspartner über geschäftspolitische Grundsatzfragen, d.h. die Übereinkunft, die gegründete Gesellschaft so zu leiten und die Stimmrechte in den Gremien der Gesellschaft so auszuüben wie im JV-Vertrag vereinbart,
- die Übereinkunft der Kooperationspartner über die Art und Weise und den Umfang der Geschäftsbeziehungen der einzelnen Partner zu dem Gemeinschaftsunternehmen, insbesondere die Art und Weise, wie die Partner das Gemeinschaftsunternehmen fördern und unterstützen werden.[24]

Der JV-Vertrag läßt sich nur schwer herkömmlichen Vertragstypen zuordnen. Er muß als ein Vertrag sui generis angesehen werden, als eine von der Vertragspraxis des internationalen Wirtschaftsverkehrs entwickelte eigene Vertragsform. Er ist Kooperationsvereinbarung, Technologietransfer- und transnationaler Investitionsvertrag[25] und enthält ein Bündel verschiedener Verträge, die für die Durchführung des Joint Venture erforderlich sind. Hierzu zählen Vereinbarungen über die Sacheinlagen der Partner[26], Lieferverträge über Maschinen und Ausrüstungen, Verträ-

---

22 Mestmäcker, S. 12; Zweigert/v. Hoffmann in: FS Martin Luther, S. 203 (206); Reithmann-Kleinschmidt, S. 792 f.; Schaub in: Sölter/Zimmerer, S. 182; Zihlmann, AWD 1974, 466 (467 f.); Fischer, ZvglR Wiss 86 (1987) 314, 317; Neilsen in: Rosendahl, S. 329 (344); Berens, 26 Bus.Law. 1527, 1542 (1970/71).

23 Ehinger in: Nicklisch, S. 187 (193).

24 Langefeld-Wirth, S. 25.

25 Zum Rechtscharakter von Investitionsverträgen insb. Hartono, New Legal Principles, S. 51; Dies., 20 Malaya L.Rev. 145, 147 (1978).

26 Dazu unten § 11 III.

ge über ausländische oder lokale Zulieferungen[27], Finanzierungsvereinbarungen[28] und Exportabsprachen[29].

Verträge über Management- oder technische Hilfeleistungen, Warenzeichen oder Lizenzen sind i.d.R. ebenfalls Bestandteil des JV-Vertrages.[30] Sie können Teil der Vereinbarung über die Sacheinlagen der Partner sein. Häufig werden über derartige Leistungen aber auch separate Vereinbarungen (Zusatzverträge) getroffen.[31] Unabhängig davon welcher vertragstechnischen Ausgestaltung sich die JV-Parteien im einzelnen bedienen gilt, daß das Element des Technologietransfers Bestandteil aller JV-Verträge ist, die mit Partnern in Entwicklungsländern geschlossen werden. Ursächlich hierfür ist das Bestreben der Entwicklungsländer, Anschluß an den internationalen Standard zu bekommen.

Der JV-Vertrag ist kein Austauschvertrag, sondern weist als Kooperationsvereinbarung die Merkmale eines Gesellschaftsvertrages auf.[32] Die von den Partnern zu erbringenden Leistungen (Einlage von Geld, Sachen, gewerblichen Schutzrechten, Know-how etc.) sind einem gemeinsamen Zweck unterstellt.[33] Trotz seines gesellschaftsrechtlichen Elements ist der JV-Vertrag aber keinesfalls mit dem Gesellschaftsstatut gleichzusetzen, in dem Rechte und Pflichten der JV-Partner als Gesellschafter des Gemeinschaftsunternehmens formell begründet werden[34]. Er regelt im Gegensatz zu diesem die schuldrechtlichen Beziehungen der zukünftigen Gesellschafter im Gemeinschaftsunternehmen zueinander.[35]

Für eine rechtliche Einordnung des JV-Vertrags bietet sich auch die aus der Rechtsgeschäftslehre des deutschen Rechts bekannte Unterscheidung zwischen Verpflichtungs- und Vollzugsgeschäft an.[36] Der JV-Vertrag ist als Grundlagenvereinbarung das Verpflichtungsgeschäft. Die Gründung des Gemeinschaftsunternehmens ist eine der Vollzugshandlungen.[37]

---

27 Dazu unten § 15 II.

28 Zum Inhalt UNCTC, JV-Arrangements, S. 35 f.

29 S. unten § 15 III.

30 Dazu auch UNCTC, JV-Arrangements, S. 33 f.

31 S. dazu § 12.

32 Zweigert/v. Hoffmann in: FS Martin Luther, S. 203 (207).

33 Zweigert/v. Hoffmann aaO.

34 S. oben I 1, 2 und i.F. III; Langefeld-Wirth, S. 26; Reithmann-Kleinschmidt, S. 793.

35 Ehinger in: Nicklisch, S. 187 (186).

36 Dazu statt vieler Medicus, S. 83 ff.; Larenz, S. 310 ff.; Brox, S. 54 ff.

37 Zweigert/v. Hoffmann in: FS Martin Luther, S. 203 (206).

### 3. *Gründung einer Doppelgesellschaft*

Die Geschäftspartner schließen sich durch den JV-Vertrag zu einem Konsortium[38] zusammen, um das gemeinsame Vorhaben mit vereinten Mitteln zu realisieren. Zwischen ihnen wird nach deutschem Recht ein Gesellschaftsverhältnis i.S.d. §§ 705 ff. BGB begründet.[39]

Wenn nach englischem Sprachgebrauch *consortium* und *joint venture* auch z.T. gleichgesetzt werden[40] und unter den Begriff „Joint Venture" Kooperationen gefaßt werden, die nach deutschem Recht als BGB-Gesellschaft oder offene Handelsgesellschaft anzusehen wären,[41] so ist das Gemeinschaftsunternehmen (*equity joint venture*) doch weder eine *partnership*[42] noch ein *joint venture*[43] nach anglo-amerikanischem Recht. Die Geschäftspartner gründen mit bzw. nach Abschluß des JV-Vertrages eine gemeinsame juristische Person, i.d.R. eine Kapitalgesellschaft,[44] um über diese ihre Zusammenarbeit abzuwickeln. Sie wird als JV-Company, JV-, Träger- oder Projektgesellschaft bezeichnet und stellt das Gemeinschaftsunternehmen dar.

So entstehen zur Verwirklichung eines (Equity) Joint Venture rechtlich zwei Gesellschaften: eine Personengesellschaft und eine Kapitalgesellschaft. Wirtschaftlich bilden beide Gesellschaften eine Einheit, so daß rechtlich eine Doppelgesellschaft entsteht.

---

38 Allg. zum Konsortium STAUDINGER-KESSLER, Vorbem. zu § 705 BGB Anm. 153.

39 MESTMÄCKER, S. 14; ZIHLMANN, SJZ 1972, 317.

40 „The prevailing British term for joint venture seems to be business consortium." 1963 Duke L.J. 516 (FN).

41 LANGEFELD-WIRTH, S. 2.

42 Die partnership wird allgemein definiert als „an association of two or more persons to carry on as co-owners a business for profit" (Uniform Partnership Act § 6).

43 Ein joint venture ist nach anglo-amerikanischem Recht jeder nicht-inkorporierte vertragliche Zusammenschluß von (juristischen oder natürlichen) Personen zur Durchführung einer gemeinsamen Einzelunternehmung bei entsprechender Gewinnbeteiligung, unbegrenzter Haftung und gemeinsamer Kontrolle (H. HENN, S. 106; WOODS, Accountant's Encyclopedia I, S. 145). Die Vereinigung darf zudem weder die Rechtsform einer partnership noch die einer corporation erfüllen (KIRCHNER, Rohstofferschließungsvorhaben I, S. 360; FRIEDMANN, 7 Colum.J.World Bus. 58 (1972); speziell zur Abgrenzung von der partnership MELCHER, S. 53; MALLER, 13 Real Estate L.J. 177, 180 "1984„). Allg. zur Stellung des joint venture im amerikan. Gesellschaftsrechtssystems insb. MELCHER, S. 1-67.

44 Zur Rechtsform des Gemeinschaftsunternehmens s. i.F. III 1, 2 a), 3 a), 4 a).

Unter einer Doppelgesellschaft versteht man die Verbindung zweier rechtlich selbständiger Gesellschaften, der Grundgesellschaft (JV-Konsortium) und der Organgesellschaft (Projektgesellschaft), zu einer wirtschaftlichen Einheit.[45] Die Projektgesellschaft ist als Organgesellschaft in ihrem Zweck darauf gerichtet, den Zweck der Grundgesellschaft zu verwirklichen; das Gemeinschaftsunternehmen übt seine Tätigkeit also in Abhängigkeit von dem Partnerschaftsverhältnis aus, das zwischen den Kooperationspartnern besteht.[46] Die Grundgesellschaft bildet ihrerseits den Rechtsgrund für die Gründung und den Betrieb der Projektgesellschaft.

### *4. Vertragsinhalt*

#### a) Allgemeine Kennzeichnung

Der JV-Vertrag soll die Zusammenarbeit der Kooperationspartner als zukünftige Gesellschafter des Gemeinschaftsunternehmens gestalten und dessen wirtschaftliche Strukturen festlegen. Er enthält eine umfassende Regelung aller Sachfragen und -probleme, die für die Zusammenarbeit der Partner von Bedeutung sind.[47] Soweit die Gesetzgebung des Anlagelandes nicht ausnahmsweise wie in der VR China[48] eine bestimmte inhaltliche Gestaltung vorschreibt, wird der Vertragsinhalt in seiner Gesamtheit wie in den einzelnen Punkten maßgeblich von den jeweiligen Bedürfnissen und der Verhandlungsmacht der Kooperationspartner bestimmt.[49]

Unabhängig davon was die JV-Partner in ihrem konkreten Fall für regelungsbedürftig erachten, gibt es Schwierigkeiten, die bei der Gründung von Gemeinschaftsunternehmen erfahrungsgemäß auftauchen können, Punkte, die grundsätzlich beachtet und vereinbart werden sollten. Einen Überblick über Regelungsgegenstände des JV-Vertrags gibt die im folgenden zusammengestellte Checkliste. Seine Hauptregelungsgegenstände werden darüber hinaus in den nachfolgenden Paragraphen noch näher angesprochen.

Der JV-Vertrag erlaubt den Kooperationspartnern innerhalb der Parteiautonomie weitgehende Gestaltungsmöglichkeiten. In ihn können deshalb auch Regelungen aufgenommen werden, die nicht Gegenstand des

---

45 Allg. zur Doppelgesellschaft STAUDINGER-KESSLER Vorbem. zu § 705 Anm. 153.

46 Dazu auch oben I 2.

47 So richtig LANGEFELD-WIRTH, S. 26.

48 Vgl. Art. 14 JVLR, der die Hauptregelungsgegenstände eines ausl.-chines. Jv-Vertrags festlegt. Sie sind ein Ausschnitt der i.F. zusammengestellten Checkliste.

49 So schon LEE, 17 Int'l Law. 257, 260 (1983).

Gesellschaftsstatuts sind oder die nicht bekannt werden sollen; Gesellschaftssatzungen werden gewöhnlich im Anlageland veröffentlicht,[50] so daß auch Konkurrenten in sie einsehen können. Solche Regelungspunkte sind beispielsweise die Bedingungen bzw. Voraussetzungen, von deren Erfüllung die Partner die Gründung des Gemeinschaftsunternehmens abhängig machen, detaillierte Beschreibungen der technischen und betriebswirtschaftlichen Aspekte des geplanten Gemeinschaftsunternehmens[51], Stimmrechtsvereinbarungen, Geschäftsgeheimnisse.

Die Verletzung nur im JV-Vertrag niedergelegter (schuldrechtlicher) Pflichten kann jedoch u.U. den Nachteil haben, daß die Sanktionen bei Nicht- oder Schlechterfüllung schwächer sind (nur Schadensersatzansprüche) als bei Satzungsverstößen. Maßnahmen, die gegen Bestimmungen einer registrierten Satzung verstoßen, sind i.d.R. nichtig oder auf Antrag vernichtbar.[52] Allein die Aufnahme einer Verpflichtung in den JV-Vertrag kann andererseits gerade für Partner, die aus dem asiatischen Raum stammen, ein moralisches Zwangsmittel sein, das die Erfüllung der übernommenen Vertragspflicht gewährleistet – vielleicht sogar besser als rechtliche Sanktionen. Für das Ansehen eines asiatischen Geschäftspartners wäre es sehr schädlich, könnte der ausländische Partner der übrigen Geschäftswelt durch Vorzeigen des JV-Vertragspapiers das Bestehen einer Verpflichtung nachweisen, der dieser schuldhaft nicht nachgekommen ist.

b) Checkliste für Vertragsbestandteile

Die folgende Checkliste gibt einen Überblick über wichtige Regelungsgegenstände des JV-Vertrages. Sie erhebt keinen Anspruch auf Vollständigkeit. Die Besonderheiten des Einzelfalls können spezielle Regelungen erfordern, die in dieser Aufzählung nicht enthalten sind.

**Allgemeine Bestimmungen**
- *Bezeichnung der Parteien*
- *Beschreibung des Vertragsgegenstandes*
- Errichtung und Betrieb eines Unternehmens
  zur Herstellung und zum Verkauf von ...
- *Projektbeschreibung*

---

50 S. oben § 7.

51 Kapazität des Gemeinschaftsunternehmens, Zielmarkt, Distributionsweg, Zeitplan des Aufbaus, Beschäftigtenzahl, technologische Aspekte, die für Produktion oder Produkt wichtig sind, etc.

52 Paetzolt, S. 8.

- Produktionsumfang
- Zeitplan
- *Festlegung der Rechtsform des zu gründenden Gemeinschaftsunternehmens*
- *Vereinbarungen über Namen und Sitz des Gemeinschaftsunternehmens*

**Beteiligung der Partner am Gemeinschaftsunternehmen**
- *Festlegung des Beteiligungsverhältnisses*
- Beteiligungsbeschränkung für ausländische Investoren?
- *Einräumung von Sicherheiten für den Minoritätspartner*
- Mitsprache- und Entscheidungsrechte
- Informations- und Prüfungsrechte
- Recht auf Einsicht in Geschäftsunterlagen
- Recht auf Auskunftserteilung
- Erstellung eines *full financial report*
- *Vereinbarungen über den Verkauf und die Übertragung von Anteilen*
- Vorkaufsrecht
- Ausübung
- Kaufpreisaufbringung
- Verfügungsbeschränkung
- Inhalt
- Rechtsfolge bei Verletzung
- Optionsvereinbarung
- Optionszeitpunkt
- Optionspreis

**Kapitalstruktur**
- *Festlegung des Investitionsvolumens*
- *Höhe des Grundkapitals*
- gesetzliches Mindestkapital?
- *Geldmittelaufbringung*
- Eigenkapital
- Fremdkapital
- *Begründung von Nachfinanzierungspflichten*
- *Zeichnung des Grundkapitals*
- *Festlegung der Anteilsarten*
- Inhaber- oder Namensanteile
- Anteilsgattungen
- *Kapitaleinlageerbringung*
- Höhe der Kapitaleinlage
- Struktur der Kapitaleinlage
- Bareinlage

- Sacheinlage
- Gegenstand
- Bewertung
- Schutz immaterieller Leistungen
- Leistungszeitpunkt
- Beschaffungsfrist
- Tragung der vor der Einlageerbringung entstehenden Kosten

**Sonderleistungen des ausländischen Partners, über die separate Verträge geschlossen werden sollen**

- *Ausbildungspflichten*
- *Personaleinsatz*
- *Technologie- und Know-how-Transfer*
- *Management-Leistungen*

**Organisation des Gemeinschaftsunternehmens**

- *Bestimmung der Geschäftsführungs- und Kontrollorgane*
- *Aufgaben- und Kompetenzzuweisung*
- *Besetzung der Organe*
- Mitgliederzahl
- gesetzliche Mindestmitgliederzahl?
- Besetzung
- Benennungsrechte
- speziell: Stellung des Vorsitzenden
- Vertreterbestellung
- *Arbeitsweise der Organe*
- Einberufung
- Sitzungsanzahl
- Sitzungsort
- Ladungsfrist
- Mitteilung der Tagesordnungspunkte
- Beschlußfähigkeit
- besonderes Quorum für außergewöhnliche Rechtsgeschäfte
- Beschlußfassung im Umlaufverfahren
- Beschlußfassung
- qualifizierte Abstimmungsmehrheiten
- Vetorechte
- Einstimmigkeitserfordernis
- Stichentscheid
- *Besetzung nachfolgender Führungsebenen*

**Geschäftspolitik**

– *Vereinbarungen über Materialbeschaffung*
– Bezug ausländischer oder lokaler Materialien
– Bezugsbindungen
– Ausschluß branchenunüblicher Sondervorteile bei Rechtsgeschäften zwischen JV-Partnern und Gemeinschaftsunternehmen
– Beschaffung von Importlizenzen und Devisen bei Einkauf von Produktionsmaterial im Ausland
– Sicherstellung eines bestimmten Qualitätsstandards bei Materialbeschaffung im Anlageland
– *Festlegung des Absatz- und Marketingkonzepts*
– Absatzgebiet
– Exportauflagen?
– Abnahmeverpflichtung des ausländischen Partners?
– Devisenbeschaffungspflicht?
– Exportanreize?
– Verknüpfung von Kapitalbeteiligung und Exportanteil?
– *Gebietsabgrenzung (Konkurrenz) zwischen JV-Partnern und Gemeinschaftsunternehmen, insb. bei Verwendung gleicher Warenzeichen*
- *Vertriebsstruktur*

**Gewinnpolitik**

- *Vereinbarungen über Gewinnverwendung*
– Thesaurierung
– gesetzliche Gewinnausschüttungsverbote?
– behördliche Auflagen?
– (Dividenden-)Ausschüttung
– Gewinnaufteilung
– unbeschränkter Gewinntransfer?
– Devisenbeschaffungspflicht?
– Steuern auf Gewinnausschüttungen ins Ausland?
– verdeckte Gewinnausschüttung
– Lizenzgebühren
– Management-Gebühren
– Gebühren für die Versorgung mit technischer Information, Unterlagen und Know-how
– Gehaltszahlungen an ausländische Fachkräfte
– Transfer ins Ausland unbeschränkt möglich?
– Transfer steuerpflichtig?
– Devisenbeschaffungspflicht?
– *Aufstellung von Kriterien zur Gewinnermittlung*

**Rechnungs- und Berichtswesen**
- *Buchführungspflicht*
– *Erstellung eines full financial report*
– *Auswahl des chief accountant*
– *Bestellung qualifizierter unabhängiger Rechnungsprüfer*

**Konfliktregelung**
– **Gesellschaftsinterne Konfliktbeilegung**
– Anpassungsklauseln
– Neuverhandlungsklauseln
– Verhandlungspflicht
– freundschaftliche Verhandlungen
– Vermittlung
– *Schiedsvereinbarungen*
– Schlichtung
– Schlichtungsorgan
– Verfahren
– Schiedsgerichtsbarkeit
– Schiedsgericht
– Verfahren

**Vertragsbeendigung**
– *Festlegung der Dauer der Zusammenarbeit*
– *Einräumung einer Verlängerungsmöglichkeit*
– Optionsrecht
– *Begründung von Kündigungsrechten*
– Voraussetzungen
– Kündigungsfrist
– Folgen der Kündigung
– Aufnahme eines neuen JV-Partners
– Weiterführung des Unternehmens durch den inländischen Partner
– Liquidation der Gesellschaft
– unbeschränkte Kapitalrepatriierung?
– *force majeure*-Klauseln

**Sonstige Vereinbarungen**
– *Beschaffung der erforderlichen Genehmigungen*
– *Beantragung von Investitionsvergünstigungen*
– *Abschluß von Versicherungen*
– *Vereinbarungen über Erweiterungsinvestitionen*
– Zeitplan
– Voraussetzungen

- *Rechtswahl*
- *Vertragssprache*
- *Vorrangklausel*

### 5. *Rechtswahl*[53]

Der JV-Vertrag muß als Grundlagenvereinbarung nicht notwendigerweise dem nationalen Recht des Anlagelandes unterstehen, das das Gesellschaftsstatut beherrscht. Die Kooperationspartner können das auf ihre vertraglichen Beziehungen anwendbare Recht zumeist frei bestimmen.

Gleichwohl besteht in den Entwicklungsländern die Tendenz, JV-Verträge als Institute des nationalen Rechts zu qualifizieren und sie der nationalen Gesetzgebung zu unterwerfen. So unterstanden die der Verfasserin zur Verfügung gestellten Verträge ausnahmslos den indonesischen, malaysischen oder kenianischen Gesetzen. Dies entspricht der Einschätzung durch die Öffentlichkeit der Entwicklungsländer, die ein Gemeinschaftsunternehmen trotz der ausländischen Kapitalbeteiligung überwiegend als „national" ansieht.[54] In der VR China erfolgen Aufstellung und Auslegung eines JV-Vertrages ohnehin zwingend nach chinesischem Recht (Art. 15 JVLR). § 5 S. 3 AWVG stellt diese u.a. für Gemeinschaftsunternehmen gemachte Ausnahme von dem Prinzip der Rechtswahlfreiheit, das bei Verträgen mit Außenwirtschaftsbeziehungen grds. gilt, noch einmal ausdrücklich fest.

Die Rechtswahl wird bisweilen auch zu einer Prestigefrage gemacht. Erst allmählich setzt sich die Erkenntnis durch, daß die Wahl eines ausländischen Rechts nicht eine Beeinträchtigung der nationalen Souveränitätsrechte bedeutet.[55]

### 6. *Vertragssprache*[56]

#### a) Wahl der Vertragssprache durch die JV-Partner

Die JV-Verträge transnationaler Gemeinschaftsunternehmen werden zwischen Parteien geschlossen, die häufig nicht nur unterschiedlichen Rechtssystemen angehören, sondern auch unterschiedliche Sprachen

---

53 Allg. zur Rechtswahl beim JV Reithmann-Kleinschmidt, S. 794 ff.

54 Zutr. Ahn, Gemeinschaftsunternehmen, S. 74.

55 Horn in: Horn/Schütze, S. 128; Ders. RIW 1985, 688 (691).

56 Zum Sprachenstatut s. Beckmann/Sandrock in: Sandrock, Handbuch der internationalen Vertragsgestaltung I, Rdn. 180 ff.; v. Westphalen, Exportfinanzierung, S. 49 f.

sprechen. Die Parteien müssen daher nicht nur das auf den JV-Vertrag anwendbare Recht, also das Vertragsstatut festlegen[57], sondern auch eine bestimmte Vertragssprache, in welcher der JV-Vertrag abgefaßt werden soll – das sog. Sprachenstatut.

Wenn das Sprachenstatut aus Gründen der Einfachheit, Rechtssicherheit und Plausibilität auch grundsätzlich an das Vertragsstatut anknüpfen sollte (Prinzip des Einheitsstatuts)[58], so sind die JV-Parteien in der Wahl der Vertragssprache doch frei. Sie können im Rahmen der Parteiautonomie auch eine Sprache als Vertragssprache festlegen, die nicht mit der Sprache des Vertragsstatuts übereinstimmt.[59]

JV-Verträge, die mit Partnern in Entwicklungsländern geschlossen werden, unterstehen üblicherweise dem Recht des Anlagelandes.[60] Da dessen Sprache dem ausländischen Investor in den meisten Fällen nicht vertraut ist, besteht auf seiner Seite das Bedürfnis, den JV-Vertrag hinsichtlich seiner sprachlichen Fassung einer Sprache zu unterstellen, die aus seiner Sicht nicht so „exotisch" ist.

Die meisten JV-Parteien wählen Englisch als Vertragssprache.[61] Die englische Sprache ist die beherrschende Verkehrssprache der Weltwirtschaft und wird häufig von beiden Geschäftspartnern verstanden. Dies gilt vor allem für JV-Gründungen in Entwicklungsländern, die wie Kenia und Malaysia unter britischer Kolonialmacht standen und in denen Englisch teilweise noch Amtssprache, außerdem wichtige Verkehrs- und Bildungssprache ist.

Die Sprachenwahl kann ausdrücklich, etwa durch Aufnahme einer Sprachklausel in den JV-Vertrag, oder konkludent vorgenommen werden. Eine stillschweigende Sprachenwahl ist in den Fällen anzunehmen, in denen die Parteien sowohl die Vertragsverhandlungen in einer bestimmten Sprache geführt haben als auch der Vertrag als Ergebnis dieser Verhandlungen in dieser Sprache abgefaßt worden ist.[62]

---

57 S. oben 5.

58 v. Westphalen, Exportfinanzierung, S. 49; Beckmann/ Sandrock, aaO, Rdn.186 m.w.N.

59 v. Westphalen, Exportfinanzierung, S. 49; im einzelnen Beckmann/Sandrock, aaO, Rdn. 191 ff.

60 S. oben 5.

61 So waren die der Verfasserin zur Verfügung gestellten JV-Verträge ausschließlich in englischer Sprache abgefaßt; speziell für Malaysia auch Schütze, S. 38.

62 Beckmann/Sandrock, aaO, Rdn. 195.

### b) Gesetzliche Vorgabe des Sprachenstatuts für Gemeinschaftsunternehmen in der VR China

Die zur Errichtung eines ausländisch-chinesischen Gemeinschaftsunternehmens erforderlichen Dokumente müssen nach Art. 9 II JVLR in chinesischer Sprache geschrieben sein. Es ist aber zulässig, den JV-Vertrag und weitere wichtige Schriftstücke wie das Gesellschaftsstatut, die Durchführbarkeitsstudie und Kandidatenliste für die Board-Besetzung gleichzeitig in einer anderen Sprache abzufassen. Beiden Ausfertigungen kommt die gleiche Verbindlichkeit zu.

Um Konfliktstoff zu vermeiden, sollten die Parteien darauf achten, daß die Vertragsentwürfe nicht auf Grund sprachlicher Ungenauigkeiten inhaltlich voneinander abweichen.[63]

Deutsch-chinesische JV-Verträge, die unter der Federführung der DEG zustande kommen, werden deshalb zunächst in deutscher Sprache abgefaßt. Der Vertragsentwurf wird in der VR China anschließend in die chinesische, später von einem anderen Dolmetscher in die deutsche Sprache zurückübertragen. Die Parteien verhandeln daraufhin erneut über die Punkte, die nach den unterschiedlichen Übersetzungen voneinander abweichen, und vereinbaren in einem Protokoll, das als Anlage zum Vertrag genommen wird, welcher Übersetzungsinhalt jeweils gelten soll.

Sind die Vertragsverhandlungen – wie zumeist – in der englischen oder deutschen Sprache geführt worden, empfiehlt es sich, den Vorrang der Verhandlungssprache zumindest für den Zeitraum zu vereinbaren, bis ein genauer Textvergleich der beiden Vertragsversionen vorgenommen und die chinesische an die ausgehandelte englische oder deutsche Version angepaßt werden konnte.

## 7. *Vertragsform*

Im Gegensatz zu den regelmäßig strengen Formerfordernissen unterliegenden Statuten des Gemeinschaftsunternehmens[64] sind JV-Verträge formlose privatschriftliche Vereinbarungen.[65] Sie müssen weder in einer besonderen Gestaltungsform (Druckform, Paragraphenform o.ä.) abgefaßt sein, noch bedarf ihre Unterzeichnung einer notariellen Beglaubigung o.ä.

---

63 Zu den besonderen Problemen, die sich ergeben können, wenn mehrere Vertragssprachen gleichberechtigt nebeneinander gelten s. Beckmann/Sandrock, aaO, Rdn. 220 ff.

64 S. unten III 3 c) und 4 c); anders nur in der VR China s. unten III 2 c).

65 Paetzolt, S. 7; Langefeld-Wirth, S. 28.

In Ländern, deren Vertragsrecht wie der kenian. Law of Contract Act of 1960, Chap. 23 Laws of Kenya, oder der malays. Contracts Act of 1950 vom *common law* beeinflußt ist,[66] ist zwar zu beachten, daß nach angelsächsischem Recht Verträge ihre verpflichtende Wirkung u.U. aus bestimmten Formalien (*deed, speciality*)[67] und nicht wie im deutschen Recht aus dem übereinstimmenden Parteiwillen herleiten[68]. Gesetzlich vorgeschrieben ist die Form eines *deed* nach angelsächsischem Recht aber nur bei einem *gratuious promise*, d.h. um ein Versprechen ohne Gegenleistung wirksam zu machen, und im Grundstücksrecht.[69] Im Rechtsbewußtsein hat sich die Anhänglichkeit für eine besondere (feierliche) Form des Vertragsabschlusses gleichwohl auch erhalten, wo dies nicht gesetzlich vorgeschrieben ist. Durch die Beachtung bestimmter Formalien (*seal, stamp*) soll die Bedeutung eines Vertragsabschlusses unterstrichen werden.[70] JV-Verträge, die der Verfasserin aus dem anglo-amerikanischen Rechtskreis zur Verfügung standen, waren denn auch überwiegend *under seal* geschlossen, d.h. sie beinhalteten die Klausel „unterzeichnet, gesiegelt und ausgehändigt“ (*signed, sealed and delivered*)[71] oder wiesen zumindest eine Siegelmarke auf.

## III. Das Gesellschaftsstatut

### 1. *Gründung einer juristischen Person mit Haftungsbeschränkung zur Durchführung des Gemeinschaftsunternehmens*

#### a) Rechtsform

Für die Durchführung eines Gemeinschaftsunternehmens wird eine juristische Person mit Haftungsbeschränkung und Sitz im Anlageland gewählt, typischerweise die Rechtsform einer Kapitalgesellschaft, bei der die Haftung der Gesellschafter auf das eingezahlte oder gezeichnete Kapital beschränkt ist.

In einigen Entwicklungsländern wird den JV-Partnern von der natio-

---

66 Vgl. Cotran, 27 J.A.L. 42, 46 (1983); Singh, Contract Law of Malaysia, S. 37 ff.

67 Geltungsgrund der Verpflichtung aus einem contract under seal ist allein die besondere Form, in der sie eingegangen worden ist, Anson, Law of Contract, S. 70.

68 Vgl. statt vieler Larenz, S. 503 ff.

69 Henrich, S. 53; Triebel, S. 39 mit Nachweisen für das englische Recht.

70 Anson, aaO, S. 72.

71 Allg. zu dieser Klausel Anson, aaO, S. 70 f.

nalen Investitionsgesetzgebung eine bestimmte Kapitalgesellschaftsform zwingend als Rechtsform des Gemeinschaftsunternehmens vorgegeben[72], in anderen sind sie frei, eine geeignet erscheinende Form des nationalen Gesellschaftsrechts zu wählen. Bestimmend für die Wahl einer Kapitalgesellschaft sind in diesem Fall ihre Bedürfnisse nach:

- klarer interner und externer Vermögenstrennung,
- Festlegung einer Haftungsgrenze,
- Flexibilität hinsichtlich der organisatorischen Ausgestaltung,
- Schaffung einer mit dem gewünschten Maß an Autonomie ausgestatteten juristischen Person, deren Existenz grds. nicht vom Bestand der Partner abhängt.

Fast alle Entwicklungsländer verfügen heute über ein kodifiziertes Gesellschaftsrecht, in dem sich Rechtsformen finden, die diese Kriterien weitgehend erfüllen. Sie sind i.d.R. der GmbH oder AG des deutschen Rechts vergleichbar, unterliegen aber anderen Grundsätzen als diese.

In vielen Rechtsordnungen stehen innerhalb der Kapitalgesellschaften mehrere Gesellschaftstypen zur Auswahl, so z.B. auch in den vom englischen Recht beeinflußten Gesellschaftsrechten Malaysias und Kenias.[73] In diesen Fällen ist vor der Wahl der Rechtsform des Gemeinschaftsunternehmens genau zu untersuchen, welche Unterschiede nach dem anwendbaren Recht zwischen den einzelnen Kapitalgesellschaftstypen bestehen und bei der Wahl welcher Rechtsform ausreichende Flexibiliät in der Ausgestaltung des Gesellschaftsstatuts gewährleistet ist, um die im Einzelfall gewollte Struktur des Gemeinschaftsunternehmens statutarisch festschreiben zu können. Unterschiedliche Anforderungen und Regelungen können beispielsweise im Hinblick auf die Kapitalstrukturen der Gesellschaften, Anteilsübertragungen, Veröffentlichungspflichten von Jahresabschlüssen, Informationsrechte oder Sperrminoritäten bestehen.[74]

Die gesellschaftsrechtlichen Kodifikationen der meisten Entwicklungsländer lassen sich bestimmten Rechtskreisen[75] zuordnen. Nach Erlangung der Unabhängigkeit hat jedes Land zwar als souveräner Staat seine eigenen Gesetze erlassen; in ihnen setzt sich aber häufig der Einfluß der früheren Kolonialmacht fort. Länder des früheren britischen Empire oder Commonwealth gehören i.d.R. zum anglo-amerikanischen Rechts-

72 So z.B. in der VR China und in Indonesien, s. i.F. 2 a) und 3 a).
73 S. i.F. 4 a).
74 So richtig auch LANGEFELD-WIRTH, S. 11 f.
75 Dazu insb. ZWEIGERT/KÖTZ I, S. 72 ff.

kreis[76], so z.B. eine Reihe ost- und westafrikanischer Staaten (u.a. Kenia) sowie einige südostasiatische Länder (u.a. Malaysia). Rechtsvorstellungen, Methoden und Institutionen des englischen Common Law[77] haben in diesen Ländern nicht nur spezielle Rechtsgebiete beeinflußt, sondern das materielle und formelle Recht in seiner Gesamtheit geprägt.[78] Ehemalige Kolonien, Protektorate und Mandatsgebiete Frankreichs, Belgiens und der Niederlande, wie z.B. große Teile von Nord- und Zentralafrika, aber auch Indonesien, gelten demgegenüber als Länder des frankophonen Rechtskreises.[79]

b) Gründungsurkunde

Gründungsurkunde der zwecks Durchführung der Kooperation zu errichtenden Gesellschaft ist das Gesellschaftsstatut. Für diesen im deutschen Recht als Gesellschaftsvertrag oder Satzung bezeichneten Vertrag[80] finden sich im anglo-amerikanischen wie internationalen Sprachgebrauch die Begriffe *memorandum and articles of association* bzw. *articles of incorporation*. Die JV-Partner regeln in ihnen die Gründung und Verwaltung der Gesellschaft sowie alle als Gesellschafter untereinander und gegenüber der Gesellschaft bestehenden Rechte und Pflichten. Sie müssen dabei die nach dem Recht des Anlagelandes an Vertragsform und -inhalt gestellten Anforderungen beachten.[81]

### 2. *VR China*

a) Rechtsform des Gemeinschaftsunternehmens

In der VR China muß ein Gemeinschaftsunternehmen nach Art. 4 JVL als „Gesellschaft mit beschränkter Haftung“ (*limited liability company*) durchgeführt werden. Zur Ausfüllung dieses Begriffs können neben dem nur wenige Artikel umfassenden JVL, dem ein bloßer Rahmencharakter zukommt, keine allgemeinen gesellschaftsrechtlichen Vorschriften herangezogen werden. Ein allgemeines Gesellschaftsrecht steht zur Zeit noch

---

76 Vgl. Zweigert/Kötz I, S. 254 ff.
77 Allg. dazu statt vieler Zweigert/Kötz II, Institutionen; zur rechtsgeschichtl. Entwicklung Dies. I, S. 210 ff.
78 Für Malaysia: Wu/Vohrah, S. 1 ff.; Singh, S. 8 ff.; Schütze, S. 23 ff.; Skrine in: Legal Aspects, S. 277 ff.; für Kenia: Cotran, 27 J.A.L. 42 (1983); Jost m.w.N., S. 60 ff.
79 Vgl. Zweigert/Kötz I, S. 113 ff.
80 Vgl. § 2 GmbHG, § 2 AktG.
81 S. im einzelnen hierzu 2 b), 3 b), 4 b).

nicht zur Verfügung.[82] Hinsichtlich der rechtlichen Qualifizierung und Ausgestaltung dieser Organisationsform bestand deshalb zunächst Unklarheit.

Erst die JVLR stellten fest, daß es sich um eine juristische Person handelt (Art. 2 JVLR), bei der die Haftung der Gesellschafter auf die Erbringung ihrer Einlage begrenzt ist (Art. 19 JVLR), und bestimmten die Gestaltung der rechtlich-wirtschaftlichen Strukturen des Unternehmens näher. Danach bietet sich für die *limited liability company* des chinesischen Rechts ebenfalls der Vergleich mit einer Kapitalgesellschaft (GmbH bzw. AG) des deutschen Rechts an. Dies wird durch § 41 II i.V.m. §§ 37 Nr. 4, 48 S. 3 AGZR bestätigt, die den Status des Gemeinschaftsunternehmens als juristische Person regeln und bestimmen, daß ihr Vermögen den Gläubigern haftet.

Darüber hinaus enthalten die AGZR in den §§ 36 ff. erstmals Regelungen zur Ausfüllung des Begriffs „juristische Person". Danach ist die juristische Person des chinesischen Rechts rechts- und geschäftsfähig, d.h. sie kann selbständig Trägerin von Rechten und Pflichten sein (§ 36 AGZR). Sie verfügt über einen eigenen Namen und Sitz, handelt durch ihre Organisationsorgane, für deren Verhalten sie nach § 43 AGZR einzustehen hat, und haftet mit ihrem eigenen Vermögen (§§ 37 ff. AGZR) bei Vertragsverletzungen oder sonstigen Pflichtverstößen (§§ 106 ff. AGZR).[83]

b) Inhalt des Gesellschaftsstatuts

Art. 13 JVLR beschreibt das Gesellschaftsstatut ausländisch-chinesischer Gemeinschaftsunternehmen (*articles of association*) als eine Urkunde, in der die JV-Partner die Organisations- und Verwaltungsprinzipien des Gemeinschaftsunternehmens festlegen. Sein Mindestinhalt wird durch Art. 16 JVLR bestimmt. Danach sollen im Gesellschaftsstatut folgende Punkte geregelt werden:

- Name und Sitz des Gemeinschaftsunternehmens,
- Zweck, Geschäftsrahmen und Dauer des Gemeinschaftsunternehmens,
- Namen, Firmensitz und Adressen der JV-Partner sowie Namen, Berufe und Nationalitäten ihrer rechtlichen Vertreter,
- Investitionsvolumen, Grundkapital des Gemeinschaftsunternehmens,

---

82 Zu dem vorliegenden Entwurf eines Gesellschaftsgesetzes LAUFFS, RIW 1987, 433.

83 Speziell zu den Regelungen der AGZR über JVs auch GOOSSEN, JVs under the New Civil Code, 8 E.A.E.R. 9 ff.(1986).

Investitionsanteil jedes JV-Partners, Anteilsübertragung, Gewinnverteilung und Verlusttragung,
- Zusammensetzung, Zuständigkeiten, Befugnisse und Entscheidungsfindung des Board of Directors, Amtszeit der Board-Mitglieder, Befugnisse des Board-Vorsitzenden und des stellvertretenden Board-Vorsitzenden,
- Bildung von geschäftsführenden Ausschüssen, Richtlinien zur Führung des Tagesgeschäfts, Ernennung, Entlassung und Befugnisse des Hauptgeschäftsführers (*general manager*), des stellvertretenden Geschäftsführers und anderer leitender Angestellter, die mit der Geschäftsführung betraut sind,
- Finanzierungs-, Buchführungs- und Rechnungslegungsgrundsätze,
- Auflösung und Liquidation des Gemeinschaftsunternehmens,
- Änderungen des Gesellschaftsstatuts.

c) Form des Gesellschaftsstatuts

An die Form des Gesellschaftsstatuts werden nach chinesischem Recht nur geringe Anforderungen gestellt. Art. 13, 9 JVLR lassen einfache Schriftform genügen.

### 2. *Indonesien*

a) Rechtsform des Gemeinschaftsunternehmens

In Indonesien wird den JV-Partnern durch das Law No. 1 of 1967 Concerning Foreign Investment (FCIL) zwingend vorgeschrieben, das gemeinsame Unternehmen als juristische Person indonesischen Rechts mit Sitz in Indonesien zu organisieren (Art. 3 FCIL). Nach dem indonesischen Gesellschaftsrecht, das keine Auswahl an Kapitalgesellschaftsformen zur Verfügung stellt, kommt als solche nur die Rechtsform der *Perseroan Terbatas* in Betracht. Sie entstammt dem niederländischen Recht[84] und ist im Commercial Code in nur 21 Artikel (Art. 36-56) geregelt. Die Vorschriften wurden aus dem niederländischen Recht in ihrer ursprünglichen Ausgestaltung ohne die in den Niederlanden zwischen-

84 Es handelt sich um die niederländische Aktiengesellschaft (Naamloze Vennootschap), die in Art. 36-56 Wetboek van Koophandel voor Indonesia geregelt ist; Kähler, S. 100 Fn. 3.

zeitlich vorgenommenen Änderungen und Ergänzungen übernommen[85] und sind alle über 100 Jahre alt.[86]

Die *Perseroan Terbatas* hat ein in Anteile (*shares*) aufgeteiltes Grundkapital. Die Anteilseigner haften den Gesellschaftsgläubigern gegenüber nur in Höhe ihres Kapitalanteils (Art. 40 Com. C.).

In der gesellschaftsrechtlichen Kodifikation selbst wird der Status dieser gebräuchlichsten indonesischen Gesellschaftsform nicht spezifiziert. Ihre Stellung als juristische Person, die eigene Rechte und Pflichten haben kann, ist gleichwohl gewohnheitsrechtlich anerkannt.[87]

b) Inhalt des Gesellschaftsstatuts

Gründungsurkunde einer *Perseroan Terbatas* sind die *articles of incorporation* (vgl. Art. 36, 38 Comm.C.). Sie regeln sowohl alle die Existenz der Gesellschaft betreffenden Angelegenheiten als auch Rechte und Pflichten der Gesellschafter. Name, Sitz, Grundkapital, Gegenstand, Management und Dauer des Unternehmens werden in ihnen ebenso festgelegt wie Rechte und Pflichten der Gesellschaftsorgane, deren Zusammensetzung und Arbeitsweise. Anteilsverhältnis und -übertragung, Kapitalaufbringung, Gewinn- und Verlusttragung, Stimmrechte der Gesellschafter, Auflösung und Liquidation der Gesellschaft sind weitere Punkte, die von den Parteien in den Statuten der Gesellschaft geregelt werden müssen.[88]

Die inhaltliche Gestaltung des Gesellschaftsstatuts steht nach indonesischem Recht weitgehend zur Disposition der Vertragspartner. Art. 37

---

85 Auch andere niederländische Rechtsquellen wie das Burgerlijk Wetboek (Bürgerliches Gesetzbuch) mit Ausnahme des Grundstücksrechts, das vom französischen Code de commerce abgeleitete Wetboek van Koophandel (Handelsgesetzbuch) und die Faillesementverordening (Konkursordnung) werden in Indonesien weiterhin angewendet, allerdings mit der Maßgabe, daß sie a) nicht den Charakter verbindlichen Rechts haben, sondern unter dem (jeweils vom Gericht interpretierbaren) Vorbehalt stehen, daß ihre Bestimmungen nur unter der Voraussetzung rechtswirksam sind, „daß sie nicht mit der indonesischen Verfassung von 1945 in Widerspruch stehen" (Sec. II Provisions Effecting the Interregnum, Constitution of Indonesia) und b) die Rechtsentwicklungen im niederländischen Recht seit 1945 nicht mehr berücksichtigen. KLASSEN/NASOETION in: Wirtschaftspartner Indonesien, S. 151 (152).

86 Zur Entwicklung des indones. Gesellschaftsrechts insb. KAEHLIG, S. 211 ff.

87 HIMAWAN, 15 Malaya L.Rev. 139, 140 (1973); HELILIAH in: ASEAN Comparative Law, S. 25.

88 Vgl. Model Articles of Incorporation abgedr.: bei HIMAWAN/KUSUMAATMADJA in: Private Investments I, S. 775 ff.

Com.C. fordert lediglich, daß die Gesellschaft nicht gegen die öffentliche Moral oder Ordnung verstößt und das Gesellschaftsstatut keine Vereinbarungen enthält, die mit Art. 38-55 Com.C. nicht in Einklang stehen. In diesen knappen, nur teilweise zwingenden[89] und vereinzelt recht allgemein gefaßten Vorschriften werden die Entstehung und Beendigung der *Perseroan Terbatas*, ihre Führungsorganisation und Finanzordnung sowie die Rechtsbeziehungen zwischen den Gesellschaftern grob skizziert.

Da die gesetzliche Regelung der *Perseroan Terbatas* im Vergleich zu den gesellschaftsrechtlichen Kodifikationen anderer Länder[90] sehr lückenhaft ist, sollten die von den JV-Partnern getroffenen statutarischen Vereinbarungen umso detaillierter sein.

c) Form des Gesellschaftsstatuts

Das Gesellschaftsstatut ist nach indonesischem Recht formbedürftig (Art. 38 Com. C.). Die Errichtung in beglaubigter Form, z.B. einer notariellen Urkunde, ist Wirksamkeitsvoraussetzung ("... on penalty of annulment ..."). Formfehler wirken sich damit zugleich auf die rechtliche Existenz der Gesellschaft als juristische Person aus.[91]

*4. Malaysia; Kenia*

a) Rechtsform des Gemeinschaftsunternehmens

Die Rechtsordnungen Malaysias und Kenias schreiben für die Gründung von Gemeinschaftsunternehmen keine speziellen Rechtsformen vor. Die Kooperationspartner können für die Durchführung ihrer Zusammenarbeit eine ihnen geeignet erscheinende Gesellschaftsform des kenian. Companies Act of 1962, Chap. 486 Laws of Kenya, bzw. des malays. Companies Act of 1965[92] wählen.

Die Companies Acts Malaysias und Kenias sind umfangreiche Gesetzeswerke, die gegenüber ihrer englischen Vorlage (Companies Act of 1948) nur geringe Abweichungen aufweisen. Sie erfassen wie der engl. Companies Act eine Vielzahl mehr oder minder eigenständiger Kapital-

89 Vgl. z.B. Art. 38, 46, 47, 51, 55 Com.C.

90 Vgl. z.B. die detaillierten Regelungen des deutschen GmbHG und AktG oder der Companies Acts von Großbritannien, Malaysia und Kenia.

91 Himawan/Kusumaatmadja in: Private Investments I, S. 747 (748).

92 Zuletzt geändert durch The Malaysian Companies Bill of 1984.

gesellschaftsformen.[93] Unterscheidungskriterium für die Abgrenzung der Gesellschaftsformen ist nicht nur der Haftungsumfang (*unlimited company*[94] oder *limited company*[95]), sondern auch die Art der Haftungsbeschränkung (*company limited by guarantee*[96], *company limited by shares*[97] oder *company limited by shares and guarantee*[98]), die Aufteilung des Grundkapitals in Anteile (*shares*) und die Ausgestaltung als *private* oder *public company*[99].

---

93 Vgl. Sec. 4 II, 30 kenian. Comp. Act; Sec. 14 II, 15 malays. Comp. Act; Darstellung der einzelnen Gesellschaftstypen für Kenia bei Jost, S. 119 ff.; für Malaysia bei Boon, S. 5.; Überblick über das malays. Gesellschaftsrecht auch bei Schütze, S. 82 ff.

94 Gesellschaft mit unbeschränkter Haftung. Die unlimited company ist durch die unbegrenzte Haftung der Gesellschafter gekennzeichnet. Sie kommt in dieser Beziehung der partnership nahe, ist im Gegensatz zu ihr aber juristische Person, auf die grds. die Vorschriften des Company Act Anwendung finden. Allg. zu dieser Gesellschaftsform Jost, S. 119; Boon, S. 5; vgl. auch Palmer I 3.13-3.18; Pennington, S. 653 ff.

95 Gesellschaft mit beschränkter Haftung.

96 Gesellschaft mit beschränkter Nachschußpflicht. Bei dieser Gesellschaftsform haften die Gesellschafter nur bis zur Höhe einer für den Liquidationsfall übernommenen Garantiesumme. Die Besonderheit dieser Haftungsart besteht darin, daß die Gesellschafter zu ihrer Garantieleistung erst nach durchgeführter Liquidation der Gesellschaft beigezogen werden können. Die company limited by guarantee kommt vor allem für Unternehmen in Betracht, die nicht auf Gewinnerzielung ausgerichtet sind, z.B. für karitative Vereine. Zu dieser Gesellschaftsform u.a. Jost, S. 120 f.; Boon, S. 5; vgl. auch Palmer, I. 3.07-3.12.

97 Gesellschaft, bei der sich die Haftung der Gesellschafter auf den von ihnen übernommen Anteil am Grundkapital beschränkt (Kapitalgesellschaft). Je nach Ausgestaltung als private oder public company einer Gesellschaft mit beschränkter Haftung (GmbH) oder Aktiengesellschaft (AG) vergleichbar. Vgl. zu dieser Gesellschaftsform auch Palmer I 3.05-3.06.

98 Eine Mischung aus reiner Garantiegesellschaft (company limited by guarantee) und Kapitalgesellschaft (company limited by shares), bei der die Gesellschafter einer zweifachen Haftung unterliegen. Durch die Zeichnung von Kapitalanteilen verpflichten sie sich, für Verbindlichkeiten der (bestehenden) Gesellschaft bis zur Höhe ihrer Zeichnung einzustehen, während das Versprechen auf Garantieleistung die Übernahme eines bestimmten Anteils der nach der Auflösung der Gesellschaft ggfs. bestehenden Verbindlichkeiten beinhaltet. Vgl. zu dieser Gesellschaftsform auch Palmer I 3.10.

99 Die Unterscheidung in private und public company bezieht sich auf bestimmte Beschränkungen, denen private companies im Gegensatz zu public companies unterworfen sind, um andererseits hinsichtlich verschiedener Formalitäten eine bevorzugte Behandlung zu erfahren. Die private company ist die Gesellschafts-

Anders als im deutschen Recht werden die einzelnen Sachbereiche (Gründung, Leitung und Verwaltung, Auflösung etc.) jeweils für alle Gesellschaften gemeinsam geregelt. Im Anhang der Companies Acts finden sich Formulare und Mustersatzungen (*schedules* oder *tables*), die das Gesetzesrecht ergänzen.

Für die Durchführung eines ausländisch-malaysischen bzw. ausländisch-kenianischen Gemeinschaftsunternehmens bietet sich die Gründung einer *private company limited by shares* an. Sie ist in diesen Ländern die wirtschaftlich bedeutendste Organisationsform privater Gesellschaften und zugleich die übliche Rechtsform für Auslandsinvestitionen.[100]

Als *private company* ist die *company limited by shares* der deutschen GmbH vergleichbar. Sie ist im Gegensatz zur *public company* zwar gewissen Beschränkungen unterworfen, die bei der Abfassung des Gesellschaftsstatuts beachtet werden müssen. So ist das Recht zur Übertragung ihrer Anteile beschränkt und die Anzahl der Gesellschafter auf 50 begrenzt; Anteile und Schuldverschreibungen dürfen nicht öffentlich ausgelegt werden (Sec. 15 I malays. Comp. Act; Sec. 30 I kenian. Comp. Act). Sec. 15 I d malays. Comp. Act verbietet der Gesellschaft darüber hinaus die Annahme von Einlagen durch die Öffentlichkeit. Eine *private company* wird andererseits hinsichtlich bestimmter Formalitäten bei der Gründung und Kapitalaufbringung bevorzugt behandelt[101] und ist nicht den strengen Publizitätsvorschriften unterworfen, denen die *public company* als Publikumsgesellschaft unterliegt.[102]

Anders als im deutschen Recht, wo die AG und die GmbH in getrennten Gesetzen geregelt sind und ihre Bestimmungen nicht wechselseitig Anwendung finden (die der AG auf die GmbH und umgekehrt), gelten ansonsten fast alle Bestimmungen der Companies Acts gleichermaßen für *public* und *private companies*.

---

form für kleine und mittlere Unternehmen, die public company die des Großkapitals. Zu der Unterteilung der companies in private und public companies ausführlich Palmer I 4.01-4.13.

100 Jost, S. 121 ff.; Köhler, S. 64.

101 Vgl. z.B. Sec. 50 I malays. Comp. Act, Sec. 50 III kenian. Comp. Act (keine Prospektpflicht bzw. Beschränkung bzgl. Zuteilung der Titel); Sec. 142 I malays. Comp. Act, Sec. 130 X kenian. Comp. Act (keine konstituierende Mitgliederversammlung, keine Gründungsberichtsvorlage); Sec. 52 II malays. Comp. Act, Sec. 111 kenian. Comp. Act (keine Beschränkungen bzgl. der Geschäftsaufnahme).

102 Vgl. z.B. Sec. 128 IV kenian. Comp. Act.

b) Inhalt des Gesellschaftsstatuts

Während in den kontinental-europäischen Rechten das Gesellschaftsstatut auch die Rechtsbeziehungen zwischen den Gesellschaftern regelt, unterscheidet das anglo-amerikanische Recht zwischen dem *memorandum of association* (England) bzw. dem *certificate of incorporation* (USA), in welches die für das Außenverhältnis maßgeblichen Regeln aufzunehmen sind, und den *articles of association* bzw. *by-laws*, die das Innenverhältnis regeln. In den stark vom englischen Gesellschaftsrecht geprägten Ländern Malaysia und Kenia setzt sich das Statut einer *company* daher aus zwei Urkunden zusammen: dem *memorandum of association* und den *articles of association*.

Das *memorandum of association* ist die Hauptgründungsurkunde der Gesellschaft und bestimmt ihren Geschäftsbereich. Es regelt den Namen, Sitz und Zweck der Gesellschaft, die Höhe und Aufteilung des Grundkapitals, die beschränkte Haftung der Gesellschafter sowie die Anzahl der von den Unterzeichnern übernommenen Gesellschaftsanteile (Sec. 5 kenian. Comp. Act; Sec. 18 malays. Comp. Act).[103]

Die Bedeutung des *memorandum* wird durch die Geltung der *ultra-vires*-Lehre unterstrichen; eine *company* hat keine unbeschränkte Rechtsfähigkeit, ihr Umfang wird durch den im *memorandum* niedergelegten Gegenstand bestimmt.[104]

Alle anderen Bestimmungen, insb. über die Verwaltung der Gesellschaft, sind in den *articles of association* enthalten.[105] Diese sind dem *memorandum* nachgeordnet und müssen mit ihm inhaltlich übereinstimmen.[106]

In den *articles* werden geregelt: Fragen des Gesellschaftskapitals, Rechte und Pflichten der Board-Mitglieder, Gewinnverteilung und Bestimmungen für Rücklagen, Buchführung, Abwicklung etc. Die *articles* der *private companies* müssen gemäß zwingender gesetzlicher Vorschrift (Sec. 15 I malays. Comp. Act; Sec. 30 I kenian. Comp. Act) weiter vorsehen: Beschränkung der Übertragbarkeit der Anteile, Begrenzung der Mitgliederzahl auf 50, Verbot, die Öffentlichkeit zur Zeichnung von Anteilen und Schuldverschreibungen aufzufordern.

Die Companies Acts Malaysias und Kenias stellen wie der englische

---

103 Allg. zum memorandum Jost, S. 144 ff.; Boon, S. 16 ff.; Hock, S. 53 f.

104 Palmer I 9.03; zur Entwicklung der ultra-vires-Lehre ausführlich Gower, S. 83 ff.; s. auch oben § 7 I.

105 Allg. dazu Jost, S. 140 f.; Hock, S. 11.

106 Boon, S. 21.

Companies Act Mustersatzungen zur Verfügung[107], die subsidiär gelten, wenn die Parteien das gesellschaftsrechtliche Innenverhältnis nicht oder nur unvollständig selbst gestalten.[108] Interessengegensätze, technologisches und organisatorisches Gefälle zwischen den beteiligten Parteien erfordern beim Gemeinschaftsunternehmen aber i.d.R. eine auf die spezifischen Bedürfnisse zugeschnittene statutarische Gestaltung, die vom gesetzlichen Prototyp abweicht.

c) Form des Gesellschaftsstatuts

Hinsichtlich der äußeren Gestaltung des Gesellschaftsstatuts sind sowohl in Malaysia als auch in Kenia detaillierte Formvorschriften zu beachten.

Das *memorandum* muß in Druckform abgefaßt sein (Sec. 18 I malays. Comp. Act; Sec. 5 I kenian. Comp. Act). Es muß ein Ausfertigungsdatum erkennbar sein, die Zeichnung hat unter vollständiger Namens-, Berufs- und Anschriftenangabe zu erfolgen (Sec. 18 I malays. Comp. Act; Sec. 6 kenian. Comp. Act). Sec. 18 I malays. Comp. Act verlangt darüber hinaus eine Abfassung in Paragraphen.

Der kenianische Companies Act führt im Anhang (First Schedule Table B) ein Formmuster an. Ihm soll die Form des *memorandum* entsprechen, soweit es die Besonderheiten des Einzelfalls zulassen (Sec. 14 Comp. Act).

Die in Sec. 12 kenian. Comp. Act bzw. Sec. 29 II malays. Comp. Act für die *articles of association* aufgestellten formellen Voraussetzungen sind ähnlich. Die *articles* müssen in gedruckter Form abgefaßt, mit Datum versehen und in fortlaufend nummerierte Paragraphen unterteilt sein, in Gegenwart eines Dritten, der unter Namens- und Adressenangabe (nach Sec. 12 kenian. Comp. Act zuzügl. Berufsangabe) Beglaubigungsfunktion ausübt, von jedem Unterzeichner des *memorandum* unterschrieben werden.

## IV. Zusatzverträge

### *1. Der „deutsche Kooperationsvertrag"*

Die DEG schließt im Falle ihrer Projektbeteiligung mit dem deutschen Fachpartner, dessen Investition sie unterstützt, einen eigenen, sog. „deutschen Kooperationsvertrag". Dieser regelt zum einen das Verhältnis der

---

107 So First Schedule, Table A, Part II kenian. Comp. Act; Fourth Schedule, Table A malays. Comp. Act.

108 Sec. 30, 4 malays. Comp. Act; Sec. 11 kenian. Comp. Act.

beiden deutschen Kooperationspartner untereinander und legt zum anderen noch einmal die Pflichten des deutschen Fachpartners aus dem JV-Vertrag fest. Zweck der Vereinbarung ist, den Einfluß der DEG auf die Projektdurchführung mittels Schaffung weiterer Informations- und Kontrollrechte zu stärken und ihr das vor deutschen Gerichten durchsetzbare Recht einzuräumen, den deutschen Fachpartner zur Erfüllung seiner Pflichten als JV-Partei anzuhalten.

Ein Regelungsgegenstand, der das interne Verhältnis zwischen DEG und deutschem Fachpartner betrifft, ist z.B. das Abstimmungsverhalten in den Organen der Projektgesellschaft. Im allgemeinen wird die Vereinbarung getroffen, daß ein „einheitliches Abstimmungsverhalten angestrebt wird". Gewöhnlich verpflichtet sich der deutsche Fachpartner, die nur in den Kontrollorganen (Board of Directors oder Board of Supervisors) vertretene DEG über das tägliche Management kontinuierlich (ca. alle drei Monate) und ausführlich (durch Weiterleitung der von der Gesellschaft erhaltenen Informationen) zu unterrichten.

Soweit nach dem Recht des Anlagelandes zulässig räumt ihm die DEG für den Fall ihres Ausscheidens ein Vorkaufsrecht ein, damit das allgemeine Beteiligungsverhältnis zwischen inländischen und ausländischen JV-Partnern bestehen bleibt. Ein etwaiges Ausscheiden des deutschen Fachpartners wird oft dergestalt geregelt, daß ein von ihm vorgeschlagener geeigneter Nachfolger nur mit Zustimmung der DEG in den JV-Vertrag eintreten darf.

Die DEG behält sich zuweilen auch einen Einfluß auf die im folgenden dargestellten Verträge vor, indem sie bezüglich der Lizenzgebührenfestsetzung und für den Fall der Kündigung Mitspracherechte gegenüber dem deutschen Fachpartner beansprucht.

### 2. *Technologietransfer-, Management-, Marketing- und andere Vereinbarungen*

Bringt der ausländische Partner das für die Durchführung des Gemeinschaftsunternehmens erforderliche Know-how nicht oder nur teilweise als Sachleistung in das Projekt ein[109], wird die Verschaffung in separaten Verträgen geregelt.[110] Technologien wie betriebswirtschaftliches und kaufmännisches Know-how werden darin zum einen als Leistung angeboten, für die ein entsprechendes Entgelt (*fees* oder *royalties*) bezahlt wird. Zum

109 S. unten § 11 III 2 b).

110 Zur Ausstattung des Gemeinschaftsunternehmens mit Technologie s. auch § 12.

anderen dienen sie auf diese Weise häufig auch dazu, die Minderheitsposition des ausländischen Partners zu kompensieren.[111]

Die Parteien können derartige als Lizenz-, Know-how-, Technologietransferverträge, technische Hilfeabkommen, Management- oder Consulting-Verträge gestaltete Vereinbarungen untereinander oder mit dem Gemeinschaftsunternehmen treffen.[112] Die Verträge können in der JV-Vertragsurkunde selbst enthalten sein oder in deren Anhang aufgenommen werden. Sofern sie Bestandteil des JV-Vertrages sind[113], unterliegen sie dem auf diesen anwendbaren Recht, so daß eine Rechtswahl nicht möglich ist. Wenn sie nicht zugleich mit dem JV-Vertrag abgeschlossen werden, können die Parteien in diesem bereits die inhaltlichen Grundzüge festlegen.[114]

Zum Vertragsnetz eines Gemeinschaftsunternehmens können auch Verträge über Zubehör- und Ersatzteillieferungen[115], Kauf oder Pacht eines Betriebsgrundstücks sowie spezielle Marketingvereinbarungen[116] gehören. Unter dem Druck nationaler Gesetze oder Auflagen der Investitionsgenehmigungsbehörde wird häufig eine Exportverpflichtung oder Abnahmegarantie (*buy-back provision*) des ausländischen Partners vereinbart, in der sich dieser zur Abnahme einer bestimmten Menge oder eines bestimmten Prozentsatzes der Produktion zu einem vorher festgelegten Preis und Zahlungsmodus verpflichtet.[117] Eine übliche Vereinbarung ist auch das alleinige Vertriebsrecht (*sole agentship*) des inländischen Partners für den Inlands- und des ausländischen Partners für den Exportmarkt.[118]

---

111 Ausführlich dazu unten § 10 IV 2; vgl. auch die empirische Untersuchung von Ahn, Gemeinschaftsunternehmen, S. 168 ff. und Schlüter, S. 101.

112 Zur inhaltlichen Gestaltung von technischen Hilfe-Abkommen: Unido, Manual, S. 43 ff.; ICC, Joint Ventures, S. 17 ff.; von Lizenzverträgen: Stumpf, Der Lizenzvertrag, 1984; Becker, S. 171 ff.; UNIDO, aaO, S. 32 ff. (Warenzeichenlizenz), S. 36 ff. (Patentlizenz); von Management- und Consulting-Verträgen: Schlüter, Management- und Consulting-Verträge, 1987.

113 So z.B. im Schindler-Vertrag (Art. 3.2.).

114 So z.B. Art. 15-19 chines. Sample Contract.

115 Dazu insb. Becker, S. 27 ff., 80 ff.; s. auch unten § 15 II.

116 Zur inhaltlichen Gestaltung insb. UNIDO, Manual, S. 29 ff.; ausführlich zum Bereich des Marketing auch unten § 15 III.

117 So z.B. in der VR China, Surrey/Fishburne/Chaudhri, 21 Tex.Int'l L.J. 221, 251 (1986).

118 Ahn, Gemeinschaftsunternehmen, S. 171 ff.

### *3. Kreditverträge*

Der JV-Vertrag legt die Verantwortlichkeit der Kooperationspartner für die Finanzierung des Gemeinschaftsunternehmens in groben Zügen fest.[119] Daneben werden Vereinbarungen geschlossen, die der Beschaffung von Krediten oder beteiligungsähnlichen Darlehen dienen.[120] Vertragspartner sind auf der einen Seite das Gemeinschaftsunternehmen, der ausländische Investor oder der inländische Partner, auf der anderen Seite internationale oder nationale Finanzierungsinstitutionen[121], Geschäfts- oder Entwicklungshilfebanken. Das System der Finanzierungsmöglichkeiten ist so vielseitig und komplex[122], daß es einer gesonderten Darstellung vorbehalten bleiben muß.[123]

Auch hinsichtlich der Frage der Kreditsicherung bieten sich bei der Abfassung einer JV-Finanzierungsvereinbarung so zahlreiche Gestaltungsvarianten an, daß auf sie im Rahmen dieser Arbeit nicht näher eingegangen werden kann. Sie reichen von der Projektüberwachung (Berichtspflichten der Projektgesellschaft, Inspektionsrechte der Kreditgeber)[124] über Projektauflagen (Verpflichtung zur Einhaltung einer bestimmten Kapital- und Finanzierungsstruktur, Gewinnverwendungsauflagen) bis hin zu den klassischen Sicherungsrechten (Personal- und Realsicherheiten).

---

119 Stellvertretend für viele Verträge Art. 10-12 chines. Sample Contract.

120 Dazu auch UNCTC, Jv-Arrangements, S. 35 f.

121 Zu den Finanzierungsinstitutionen insb. STOCKMAYER in: Rohstofferschließungsvorhaben I, S. 252 ff. und II, S. 194 ff.

122 S. nur die am Beispiel Kenias gegebene Darstellung von STOCKMAYER, aaO I, S. 266.

123 S. z.B. STOCKMAYER, Projektfinanzierung und Kreditsicherung, 1981; NEVITT, Project Financing, 1983; zum Vertragsrecht internationaler Projektfinanzierung s. nur HORN m.w.N. in: Hinsch/Horn, S. 202 ff.

124 Vgl. KIRCHNER in: Rohstofferschließungsvorhaben I, S. 111 ff.

## § 10 Beteiligungsverhältnis

### I. Privatrechtliche Kapitalbeteiligungen an Gemeinschaftsunternehmen in sozialistischen Staaten

#### *1. Privateigentum ausländischer Investoren, Sozialismus und Entwicklungspolitik*

Gemeinschaftsunternehmen werden in der Rechtsform einer Kapitalgesellschaft durchgeführt;[1] die gemeinschaftliche Kapitalaufbringung und -beteiligung der Kooperationspartner gehört zu den Wesensmerkmalen des Gemeinschaftsunternehmens.[2] Eine privatrechtliche Kapitalbeteiligung am Gemeinschaftsunternehmen (*private joint venture ownership*) widerspricht in sozialistischen Anlageländern dem dortigen System, demzufolge an Produktionsmitteln grundsätzlich keine Vermögensrechte einzelner bestehen dürfen.

Nach sozialistischer Vorstellung ist Grundlage der Volkswirtschaft im Sozialismus das sozialistische gesellschaftliche Eigentum an den Produktionsmitteln[3]. Das sozialistische gesellschaftliche Eigentum an den Produktionsmitteln soll ermöglichen, die sozialistische Wirtschaft im Interesse der gesamten Gesellschaft planmäßig und proportional zu entwickeln, die Produktivkräfte über das Territorium des Landes rationell zu verteilen und die Naturreichtümer, Produktionskapazitäten, die materiellen und finanziellen Resourcen der Volkswirtschaft sowie die Arbeitskräfte effektiv zu nutzen.[4] Die Eigentumsverhältnisse bestimmen nach sozialistischer Auffassung „als materieller resumierter Ausdruck der Gesamtheit der Produktionsverhältnisse die charakteristischen Merkmale aller anderen ökonomischen Verhältnisse"; es spiegele sich deshalb andererseits in den Eigentumsverhältnissen das Wesen aller anderen Produktionsverhältnisse wider.[5]

Privatrechtliche Kapitalbeteiligungen ausländischer Investoren an Gemeinschaftsunternehmen werden im Rahmen einer sich wandelnden Wirtschafts- und Entwicklungspolitik seit einiger Zeit jedoch auch in sozialistischen Staaten zugelassen. Der Grund hierfür mag neben der Erkennt-

---

1 Zur Rechtsform des Gemeinschaftsunternehmens s. auch oben § 9 III 1-4.

2 S. oben § 2 I.

3 Allg. zum sozialistischen Volkseigentum an Produktionsmitteln Horn in: Horn/Schütze, S. 4; Laptew, S. 97 ff.; Bilinsky, S. 20 ff.

4 So statt vieler die Ausführungen von Laptew, S. 97.

5 So stellvertretend für zahlreiche andere Autoren aus sozialistischen Staaten Andrae, S. 50.

nis, daß ausländische Technologien und ausländisches Kapital für den Modernisierungsprozeß der nationalen Wirtschaft unentbehrlich sind, auch in einer Veränderung der Eigentumsfunktion liegen. Die Leitung der Wirtschaft durch den Staat, Planung und Kontrolle der Wirtschaftstätigkeit werden heute nicht mehr in erster Linie über Eigentumsrechte vermittelt. Staatliche Maßnahmen zur Wirtschaftslenkung können in Form von Steuererhebungen, Beschränkungen des Kapitaltransfers, Auflagen zur Reinvestition erzielter Gewinne oder zur Verwendung lokaler Resourcen, Importrestriktionen oder einer Einschränkung der Einflußrechte der ausländischen Anteilseigner im Geschäftsführungs- und Kontrollbereich erfolgen.

### 2. *Speziell: VR China*

In der VR China gibt es an Produktionsmitteln im wesentlichen nur zwei Arten von Eigentum[6]: Staatseigentum (*socialist ownership by the whole people*) und kollektives Volkseigentum (*socialist collective ownership by the working people*). Andere Eigentumsformen sind jedoch nicht generell verboten; Privateigentum wird grundsätzlich anerkannt (vgl. § 71 AGZR).[7] Staats-, kollektives Volks- und Privateigentum stehen damit als eigenständige Rechte nebeneinander.

Nach § 75 I AGZR können aber nur solche Produktionsgüter zum Vermögen einzelner gehören, an denen das Gesetz dem einzelnen Eigentum gestattet. Die individualrechtliche Beteiligung der Partner am Gemeinschaftsunternehmen wird durch das JVL zugelassen. Sie ergibt sich mittelbar aus den in Art. 4 enthaltenen Regelungen, die die Anteilshöhe des ausländischen Partners, Gewinn-, Risiko- und Verlusttragung entsprechend dem anteilsmäßigen Verhältnis der Partner sowie das Genehmigungserfordernis bezüglich der Anteilsübertragung betreffen.

## II. Beteiligungsmodelle

Das Anteilsverhältnis der JV-Partner am Grundkapital des Gemeinschaftsunternehmens wird als paritätische Beteiligung (*equal ownership*), Mehrheits- oder Minderheitsbeteiligung des ausländischen Partners (*majority foreign ownership, minority foreign ownership*) ausgestaltet. Entsprechend der jeweiligen Gestaltung der Beteiligung sind in der Lite-

---

6 „There are mainly two kinds of ownership of the means of production in the PRC ..." (Art. 6 der chines. Verfassung).

7 Dazu insb. Horn in: Horn/Schütze, S. 84.

ratur die Begriffe Paritäts-, Mehrheits- und Minderheits-JV geprägt worden.[8] Zur Klarstellung sei darauf hingewiesen, daß, wenn im folgenden von einer Mehrheits- oder Minderheitsbeteiligung, einem Mehrheits- oder Minderheits-JV die Rede ist, diese immer aus der Sicht des ausländischen/deutschen JV-Partners betrachtet werden.

### *1. Paritätsbeteiligung*

Bei einer Paritätsbeteiligung sind die JV-Partner zu gleichen Teilen am Grundkapital des Gemeinschaftsunternehmens beteiligt (*equal equity participation*). Ein Paritäts-JV hat den psychologischen Vorteil, eine „richtige Partnerschaft" zu sein.[9] Beteiligungssymmetrie ist für Partner aus Entwicklungsländern als Symbol der Gleichheit (gleiche Gewinnanteile, gleiche Verantwortlichkeit, gleicher Einsatz der Beteiligten) von Bedeutung. Es vermittelt ihnen das Gefühl, als gleichberechtigter und geachteter Geschäftspartner akzeptiert zu werden. Dem ausländischen Investor wiederum bringen die mit einem Paritäts-JV assoziierten partnerschaftlichen Geschäftsbeziehungen einen Imagegewinn in der Öffentlichkeit des Anlagelandes.[10]

Die ein Paritäts-JV formal kennzeichnende Beteiligungssymmetrie bezieht sich von der Konzeption her nicht nur auf das Kapital, sondern ebenso auf die Leitung und Kontrolle des Gemeinschaftsunternehmens. Die JV-Partner sollen alle unternehmerischen Entscheidungen gemeinsam als gleichberechtigte Partner fällen und kontrollieren.

Ein so konzipiertes Paritäts-JV arbeitet nur dann erfolgreich, wenn die Kooperationspartner ungefähr gleich stark sind. Sie müssen in der Lage sein, relativ gleichwertige Beiträge zu leisten. Anderenfalls fehlt ein ausgewogenes Kräfteverhältnis, die Grundlage jeder paritätischen Zusammenarbeit.[11] Wenn ein deutsches Unternehmen in einem Entwicklungsland mit einem dort ansässigen inländischen Unternehmen ein Gemeinschaftsunternehmen gründet, so sind die Kooperationspartner von ihren Interessen[12], Fähigkeiten und finanziellen Möglichkeiten her oft sehr weit voneinander entfernt. Ein Paritäts-JV, in dem die Parteien nicht nur das Kapital zu gleichen Teilen aufbringen, sondern das Gemeinschaftsunterneh-

---

8 Statt vieler Ahn, Gemeinschaftsunternehmen, S. 96; vgl. auch Friedmann/Kalmanoff, S. 99.

9 Bivens/Lovell, S. 19.

10 So richtig Ahn, Gemeinschaftsunternehmen, S. 104.

11 Vgl. Friedmann/Kalmanoff, S. 377 f.

12 S. unten § 15 I.

men auch streng paritätisch leiten und kontrollieren, bietet sich deshalb eher für Kooperationen mit Partnern aus industriell fortgeschrittenen Ländern an.[13]

In der Praxis des internationalen Wirtschaftsverkehrs ist eine paritätische Kapitalbeteiligung dagegen nicht zwangsläufig gleichbedeutend mit paritätischen Machtverhältnissen im Gemeinschaftsunternehmen. Die Projektherrschaft kann von den JV-Partnern abweichend von der Kapitalbeteiligung geregelt werden.[14] Außerdem bedeutet ein Paritäts-JV keinesfalls, daß auch in jedem Beschlußgremium oder Durchführungsorgan automatisch ein faktisches Gleichgewicht zwischen den Partnern besteht. Selbst bei zahlenmäßig gleicher Besetzung hat doch letztlich der JV-Partner die größere Durchschlagskraft, der den Vorsitzenden stellt[15], die fachlich versierteren Mitglieder entsendet oder die Schlüsselpositionen mit eigenen Leuten besetzt.

### 2. *Mehrheitsbeteiligung*

Ausländische Investoren sind vielfach nur dann zur Gründung von Gemeinschaftsunternehmen bereit, wenn ihre Mehrheitsbeteiligung akzeptiert wird. Hinter dieser Forderung steht der Wunsch, mittels der Kapitalmajorität Kontrollfunktionen auszuüben und hinreichende Entscheidungsautorität im Management des Gemeinschaftsunternehmens zu besitzen, um z.B. einen gewinneinbringenden Gebrauch des eingesetzten Kapitals sicherzustellen oder Einfluß auf die bei der Produktion anzulegenden Qualitätsmaßstäbe zu nehmen.

Projektherrschaft und Kapitalmehrheit stimmen im Gemeinschaftsunternehmen jedoch nicht zwingend überein.[16] Die Machtverhältnisse im Gemeinschaftsunternehmen hängen wesentlich von der vertraglichen Ausgestaltung auf der Management- und Kontrollebene sowie von dem tatsächlichen Einfluß ab, den die Partner aufgrund bestimmter faktischer Gegebenheiten haben.

Ausländische Investoren, die bei der Gründung eines Gemeinschaftsunternehmens den Wunsch nach einer mehrheitlichen Kapitalbeteiligung haben, sollten bedenken, daß eine solche unter finanziellen Gesichtspunkten nicht immer nur vorteilhaft ist. Weniger die einfache (51 %) als viel-

---

13 So richtig auch Bivens/Lovell, S. 20.

14 Dazu i.F. IV 2.

15 Dies ist im Board of Directors ausländisch-chinesischer Gemeinschaftsunternehmen immer der chinesische Partner (Art. 6 JVL).

16 S. i.F. IV.

mehr die qualifizierte Majorität ist mit einem größeren finanziellen Risiko verbunden, da mehr Finanzmittel gebunden sind. Dies stellt gerade für finanzschwache mittelständische Unternehmer einen nicht zu übersehenden Nachteil da. Ein unsicheres Investitionsklima, Programme zur Förderung der nationalen Beteiligung oder eine Beschäftigungspolitik, die bestimmte ethnische Gruppen begünstigt, können in puncto langfristige Stabilität der Unternehmung zu Unsicherheiten führen, die eine mehrheitliche Beteiligung unter wirtschaftlichen Aspekten ebenfalls nicht immer als günstig erscheinen lassen.

Eine ausländische Mehrheitsbeteiligung kann sich u.U. auch nachteilig auf das Interesse und die Bereitschaft des inländischen Partners auswirken, durch seinen Einsatz Schwierigkeiten mit zu bewältigen helfen, die im Rahmen des Geschäftsablaufs, etwa mit örtlichen Behörden, auftreten. Angesichts der in den meisten Entwicklungsländern anzutreffenden nationalistischen Bewegungen gilt ein Mehrheits-JV in der Öffentlichkeit vieler Länder zudem als „ausländisch", was für das Projektimage nicht sehr förderlich ist.

### 3. *Minderheitsbeteiligung*

Wählen die JV-Partner ein Beteiligungsverhältnis, bei dem sich der ausländische Partner anteilsmäßig in einer Minderheitsposition befindet, so ist dieser verstärkt daran interessiert, daß sein eingesetztes Investitionskapital durch vertragliche Sicherungen ausreichend geschützt ist. Darüber hinaus will er seine Interessen auch im übrigen über Geschäftsführungsbefugnisse oder sonstige Rechte gewahrt wissen, die ihm einen wesentlichen Einfluß auf die Geschäftspolitik des Gemeinschaftsunternehmens oder zumindest eine gewisse Kontrolle über solche Funktionsbereiche gewährleisten, in denen er über spezielle Fähigkeiten verfügt oder in denen seine wesentlichen Personalverpflichtungen bestehen. In der Vertragspraxis sind Lösungen zu finden, die eine allgemeinhin mit der Höhe der Kapitalbeteiligung in Verbindung gebrachte Einflußnahme mittels anderer Konstruktionen ermöglichen.[17]

Da ausländische Kapitalanleger ihr Zugeständnis zu einer Minoritätsbeteiligung fast immer von der Einräumung ausreichender Sicherungen abhängig machen, geht in der Praxis mit einer Mehrheitsbeteiligung des inländischen Partners nicht zugleich regelmäßig auch die Beherrschung des Gemeinschaftsunternehmens einher.

---

17 S. i.F. IV 2.

## III. Gestaltung des Beteiligungsverhältnisses

### *1. Einschränkung der Gestaltungsfreiheit durch die nationale Investitionsgesetzgebung*

In vielen Entwicklungsländern steht die Ausformung des Beteiligungsverhältnisses wegen der gemeinhin vorausgesetzten Verknüpfung zwischen Beteiligungs- und Machtstruktur unter dem Einfluß der nationalen Investitionsgesetzgebung. Sie sieht zum Teil eine konkrete Beteiligungsbeschränkung für ausländische Investoren vor, so daß den Parteien bezüglich der Festlegung der Anteilshöhe entweder kein Gestaltungsspielraum verbleibt – sofern eine paritätische Beteiligung vorgeschrieben ist – oder nur ein sehr begrenzter – sofern eine Mehrheitsbeteiligung des inländischen Partners gesetzlich festgelegt ist.

#### a) Malaysia

In Malaysia ist eine ausländische Majoritätsbeteiligung grundsätzlich nur bei exportorientierten Gemeinschaftsunternehmen erlaubt, die zulässige Höhe der Auslandsbeteiligung zudem in Quoten festgelegt, welche an bestimmte Exportquoten anknüpfen. Die Quotenhöhen sind Schwankungen unterworfen; sie werden von Zeit zu Zeit neu festgesetzt.

Ursprünglich war es nur Gemeinschaftsunternehmen, die ihre gesamte Erzeugung exportierten, gestattet, eine ausländische Mehrheitsbeteiligung zu halten. Im Sommer 1985 wurden die Investitionsbestimmungen dahingehend geändert, daß ausländische Unternehmer an Produktionsbetrieben Beteiligungen bis zu 80 % halten durften, wenn diese 80 % oder mehr des Ausstosses exportierten. Bei einem Exportgeschäftsanteil von 51 bis 80 % der Produktion war eine Auslandsbeteiligung in der gleichen Höhe zulässig. Wurden 20 bis 50 % exportiert, so sank die mögliche Beteiligung des ausländischen Partners auf maximal 51 %, bei Ausfuhren bis zu 20 % auf 30 %.

1986 und 1988 erfolgten weitere Lockerungen, um Malaysia als Kapitalanlageland nicht nur im Wettbewerb mit anderen Entwicklungsländern, sondern auch innerhalb der ASEAN-Staaten attraktiver zu machen. Gemeinschaftsunternehmen, die zwischen 51 und 80 % ihrer Produktion exportieren, konnten daraufhin zunächst generell bis zu 80 % ihres Kapitals in ausländischer Hand belassen, bei einer darüber hinaus gehenden Exportquote wurde eine noch höhere Auslandsbeteiligung zugelassen.

Im Sommer 1988 beschloß die malaysische Regierung, bei einer Exportquote von 20 % ausländischen Kapitalanlegern künftig sogar eine 100 %ige Beteiligung an produzierenden Unternehmen zu erlauben. Für einen Zeitraum von fünf Jahren soll eine 100 %ige ausländische Beteiligung darüber hinaus möglich sein, wenn Waren für den Inlandsbedarf (Importsubstitution) produziert werden.[18]

b) Indonesien

Nach indonesischem Recht steht die Gestaltung des Beteiligungsverhältnisses ebenfalls nicht zur uneingeschränkten Disposition der JV-Parteien. Die Investitionspolitik der indonesischen Regierung unterscheidet sich zwar nicht in ihren Zielen (einerseits Anregung von Auslandsinvestitionen, andererseits Indigenisierungsbestrebungen), wohl aber in der Art ihrer Durchsetzung von der malaysischen. Der die Gestaltung des Beteiligungsverhältnisses betreffende Inhalt der Investitionsgesetzgebung ist folglich ein anderer.

Gemeinschaftsunternehmen sollen von Anfang an grundsätzlich mindestens 20 % Inländeranteil haben. Innerhalb von 15 Jahren nach Aufnahme der kommerziellen Produktion müssen sich 51 % des JV-Grundkapitals in inländischer Hand be finden. Ausländische Investoren können diese Frist um weitere 5 Jahre hinausschieben, wenn ihr Kapitaleinsatz 10 Mio. $ übersteigt, das Gemeinschaftsunternehmen in einem weniger entwickelten Gebiet Indonesiens liegt und mindestens 65 % seiner Produktion für den Export bestimmt sind.

In bestimmten Fällen – hohes Risiko, hoher Kapitalbedarf, Hochtechnologieprojekte, abgelegener Standort[19] oder zu 85 bis 100 % Exportproduktion – können Gemeinschaftsunternehmen mit nur 5 % Inländeranteil gegründet werden, die auch in späteren Jahren nicht aufgestockt zu werden brauchen.[20]

## 2. *Sonstige Einflußfaktoren*

a) Besondere Investitionsanreize; Kenia

Die Gesetzgebung des Anlagelandes kann die beteiligungsrechtliche Ausgestaltung eines Gemeinschaftsunternehmens auch indirekt beeinflussen. Sie kann die Entscheidung der JV-Partner zu Gunsten eines Beteiligungsverhältnisses, bei dem sich der ausländische Partner anteilsmäßig in

18 Vgl. BfAI/NfA v. 25.7.1988.

19 Gebiete wie: Bengkulu, Jambi, Zentralkalimantan, Südost- und Nordsulawesi, Maluku, West- und Ostnusa, Tenggara, Osttimor, Irian oder Jaya (BfAI/NfA v. 13.7.1987).

20 Dazu auch BfAI/NfA v. 20.1.1988.

einer Minderheitsposition befindet, dadurch maßgeblich bestimmen, daß bestimmte Investitionsanreize nur bei inländischer Majorität gewährt werden.

Eine Mehrheitsbeteiligung des inländischen Partners kann z.B. im Interesse von exportorientierten Gemeinschaftsunternehmen liegen, die sich innerhalb einer Präferenzhandelszone (*preference trade area*) Kenias oder anderer ost- oder südafrikanischer Staaten befinden. Nach den zur Zeit noch geltenden Bestimmungen kommen nach einer Übergangsfrist von fünf Jahren nur noch solche Erzeugnisse in den Genuß der Präferenzzölle, die aus Unternehmen mit mehrheitlich inländischer Kapitalbeteiligung stammen.[21]

b) Unsicheres Investitionsklima; VR China

Fehlt eine definitive gesetzliche Regelung, so kann die Wahl eines bestimmten Beteiligungsverhältnisses u.U. gleichwohl aufgrund tatsächlicher Verhältnisse geboten sein. So stark der Wunsch des ausländischen Investors nach einer Mehrheitsbeteiligung einerseits auch sein mag, so gering ist andererseits regelmäßig seine Bereitschaft, bei einem auf Grund politischer Unwägbarkeiten und unklarer Rechtslage unbeständigen Investitionsklima wesentlich mehr als 51 % der Kapitalanteile zu halten.

Dies trifft z.B. auf Gemeinschaftsunternehmen in der VR China zu. Anders als die Gesetzgebungen der meisten Entwicklungsländer enthält das chinesische JV-Gesetz keine Bestimmungen über die Höchstgrenze des ausländischen Kapitalanteils, sondern legt als Richtlinie sogar eine 25 %ige Untergrenze fest. Sie wird von der chinesischen Regierung damit begründet, daß nur wenn der ausländische Partner in zumindest dieser Höhe an dem gemeinsamen Unternehmen beteiligt sei, auch die Gewähr für seine effektive Mitwirkung an der Projektdurchführung bestehe.[22] Die Bestimmung der Beteiligungshöhe steht damit weitestgehend zur Disposition der Vertragsparteien, d.h. grundsätzlich wird auch eine ausländische Mehrheitsbeteiligung in Höhe von 75 % oder mehr genehmigt. Gleichwohl sind deutsche Unternehmer, sofern sie überhaupt über die Mehrheit verfügen wollen, regelmäßig nicht an hohen, über 51 % hinausgehenden Kapitalbeteiligungen interessiert. Ursächlich für die Zurückhaltung sind die infolge der erst relativ kurzen Öffnung Chinas bestehenden politischen Risiken, die nicht immer klare Rechtslage und das in mancher Hinsicht anderweitige Verständnis von Recht sowie ökonomi-

---

21 BfAI/NfA v. 6.11.1986.

22 Messmann, S. 9.

sche Gründe wie eine unzulängliche Infrastruktur, Technologiedefizite und die nicht ausreichende Qualifikation vieler chinesischer Arbeitskräfte.

## IV. Kapitalbeteiligung und Machtstruktur

### *1. Bedeutung des Kapitalanteils*

Beteiligungsverhältnis und Machtverhältnis stimmen in Gemeinschaftsunternehmen nicht immer überein. Ein Charakteristikum der JV-Verträge mit Partnern in Entwicklungsländern liegt gerade darin, daß zwischen Eigentum und Kontrolle, Risiko- und Gewinnverteilung kein zwingender Zusammenhang mehr besteht. Die Kapitalanteile der JV-Beteiligten stellen nach außen hin zwar ein Hauptkriterium zur Beurteilung der Machtrelation in dem betreffenden Gemeinschaftsunternehmen dar, weil die Projektherrschaft bei Kooperationen, die in Form einer Kapitalgesellschaft durchgeführt werden, i.d.R. an den Kapitalanteil anknüpft.[23] Die JV-Partner lösen die zu den klassischen Fragen gesellschaftsrechtlicher Gestaltung zählende Frage, wie die Herrschaft und Kontrolle im Gemeinschaftsunternehmen zwischen ihnen verteilt sein soll, intern aber häufig anders als ihre anteilsmäßige Beteiligung am Grundkapital des Gemeinschaftsunternehmens auf den ersten Blick vermuten läßt.

An einer Übereinstimmung zwischen Beteiligungs- und Machtverhältnis fehlt es z.B. dann, wenn die JV-Partner Dritte als Strohmann-Beteiligte (*nominee shareholders*) einschalten. Schreibt das nationale Gesellschaftsrecht für die Gründung der Projektgesellschaft eine die Zahl der JV-Partner übersteigende Mindestgesellschafterzahl vor, so bestellen die JV-Partner häufig Strohmänner, um die notwendige Anzahl an Gründungsmitgliedern aufzubringen. Bei diesen kann es sich um außenstehende Dritte oder um in dem Gemeinschaftsunternehmen als Führungskraft tätige Dritte (*chief executive officers, directors*) handeln. Sie halten die erforderliche Mindestbeteiligung rein treuhänderisch für eine der JV-Parteien, so daß ihnen in Bezug auf die Leitung des Gemeinschaftsunternehmens keine Befugnisse zustehen.[24]

Weitaus häufiger ist in der Praxis der Fall anzutreffen, daß die JV-Partner wegen einer gesetzlichen Beteiligungsbeschränkung für ausländische Investoren eine von der Beteiligungsstruktur abweichende Ausge-

---

23 Vgl. für das malays. Recht Sec. 55 I Comp. Act; für das indones. Recht Art. 54 Com. C.

24 UNIDO, Manual, S. 8.

staltung der Machtstruktur vornehmen. Dieses ist oftmals geboten, um den höheren technischen Fähigkeiten oder anderen, sich in den Händen des ausländischen Partners befindenden immateriellen Vermögenswerten Rechnung zu tragen. Seine auf der Überlegenheit im Technologie-, Management-, Marketing- und Organisationsbereich beruhende starke Verhandlungsmacht ermöglicht es dem Investor, die Gestaltung des JV-Vertrages und sonstiger Vereinbarungen so zu beeinflussen, daß seinem in der Kooperation tatsächlich geleisteten Beitrag Rechnung getragen wird.

Für die aus einer Mehrheitsbeteiligung herzuleitenden Rechte ist demnach die Person des Majoritätspartners wesentlich. Bei dem ausländischen Partner wird eine Mehrheitsbeteiligung regelmäßig mit der Beherrschung des Gemeinschaftsunternehmens verbunden sein. Bei einer Mehrheitsbeteiligung des inländischen Partners ist die Projektherrschaft dagegen häufig durch Delegation zumindest der technisch-administrativen Leitung in den Entscheidungsbefugnissen relativiert ist, da das Gemeinschaftsunternehmen gerade in diesem Bereich auf die Leistungserbringung des ausländischen Unternehmers angewiesen ist.[25]

Ähnliches gilt für Paritäts-JVs. Ein Übergewicht des ausländischen Investors kann auch dann bestehen, wenn sein Anteil zwar formal-juristisch nur 50 % beträgt, er tatsächlich jedoch deutlich mehr Beiträge leistet und dem durch eine entsprechende Gestaltung seiner partnerschaftlichen Rechte in JV-Vertrag und Gesellschaftsstatut Rechnung getragen wird.

### 2. *Sicherungen für den Minoritätspartner*

Viele der Ziele, die gemeinhin mit der Höhe der Kapitalbeteiligung eines Partners assoziiert werden (Projektleitung und -kontrolle, Gewinn- und Vermögensanteil etc.), können auch durch andere Gestaltungen erreicht werden. Die JV-Parteien können dem Minoritätspartner zum Schutz seiner Interessen in JV-Vertrag, Gesellschaftsstatut oder Zusatzvereinbarun-

---

25 Vgl. auch Schanze, Investitionsverträge, S. 71 und Rohstofferschließungsvorhaben I, S. 376, der für den Bereich der Rohstoffprojekte darauf hinweist, daß eine nähere Analyse der als Majoritäts-JV nach dem Verhältnis 49 : 51 gestalteten Verträge die Regel zeige, daß bei überwiegender Finanzierung des Projekts durch den Investor und/oder den internationalen Kapitalmarkt und bei fortbestehender Abhängigkeit in der Weiterverarbeitung die formell gewählte Kontrolle des inländischen Partners auf der Verwaltungsseite zugunsten einer Projektherrschaft des ausländischen Investors zurückgenommen werde.

gen Rechte einräumen, welche über die gesetzlich vorgeschriebenen Kontrollrechte und Gewinnbeteiligungsansprüche hinausgehen und seine Rechtsstellung in den Gesellschaftsorganen stärken.

Vertragliche wie statutarische Sicherheiten sind ebenso wie eine Kapitalmehrheit letztlich aber keine Garantie für ein erfolgreiches Gemeinschaftsunternehmen. Sie ersetzen weder einen fähigen und verläßlichen Kooperationspartner, noch gegenseitiges Vertrauen, Respekt und Verständnis für die Belange des anderen Partners. Ihr nicht zu unterschätzender Wert ist andererseits zweifellos darin zu sehen, daß sie den für eine zufriedenstellende Kooperation als so wesentlich angesehenen Interessenausgleich zwischen den Partnern schaffen.

Die Interessen eines ausländischen Minoritätspartners (Schutz des Investitionskapitals, gewinneinbringender Einsatz seiner Fähigkeiten und Kenntnisse, Einfluß auf die Projektleitung, um ein optimales Wachstum, Wettbewerbsfähigkeit und langfristige Gewinnträchtigkeit des Gemeinschaftsunternehmens sicherzustellen etc.) können vor allem durch die Einräumung von Entscheidungsbefugnissen und Überwachungsrechten im finanziellen Bereich (*financial safeguards*) sowie durch verstärkte Mitsprache- und Kontrollrechte im Managementbereich (*management safeguards*) geschützt werden.

### a) Sicherungen im finanziellen Bereich

Für die Wahrung der finanziellen Belange des Minoritätspartners bieten sich verschiedene Gestaltungsmöglichkeiten an, deren Sicherungsumfang und -wirkung recht unterschiedlich sind.

#### aa) Mitsprache- und Entscheidungsrechte

Einen effektiven Schutz stellt die Vereinbarung dar, daß bei größeren finanziellen Entscheidungen, die in einem nicht unerheblichen Umfang auch die Rechtsstellung des Minoritätspartners betreffen, beiden Partnern ein Mitsprache- und Entscheidungsrecht zustehen soll. Die Abrede kann inhaltlich im einzelnen dahingehend ausgestaltet sein, daß bestimmte finanzielle Grundentscheidungen[26], die im JV-Vertrag näher dargestellt (beispielhafte Aufführung) bzw. der Klarheit halber möglichst abschließend aufgezählt werden sollten, nur einstimmig getroffen werden dürfen

---

26 Z.B. die Aufnahme weiterer Kredite oder die Eingehung sonstiger finanzieller Verpflichtungen gegenüber Dritten, die eine summenmäßig oder prozentual festgelegte Grenze überschreiten.

oder daß dem Minoritätspartner in diesen Fällen ein Vetorecht eingeräumt wird (Einstimmigkeitsprinzip).

Das in einer solchen Regelung zum Ausdruck kommende Prinzip des gegenseitigen Einvernehmens kann rechtlich auf verschiedenen Ebenen verwirklicht werden. Sofern über die betreffenden Fragen durch Beschluß der Gesellschafterversammlung entschieden werden soll, können die JV-Partner vereinbaren, daß eine Beschlußfassung nur mit Zustimmung des Minoritätspartners möglich sein soll. Die Regelung grundlegender finanzieller Angelegenheiten kann auch in die Zuständigkeit der Unternehmensleitung (Board of Directors) fallen[27] oder bei Bestehen eines Aufsichtsorgans (Board of Supervisors) von dessen Zustimmung abhängig gemacht werden.[28] Die Interessen des Minoritätspartners können in diesen Fällen durch die Vereinbarung gewahrt werden, daß die Entscheidung des zuständigen Organs mit den Stimmen der auf seinen Vorschlag dorthin entsandten Mitglieder zustande kommen muß.

bb) Informations- und Prüfungsrechte

Dem Schutzbedürfnis des Minoritätspartners dienen auch Informations- und Prüfungsrechte. Je nach dem Entwicklungsstand des auf die Rechtsbeziehung der JV-Partner anwendbaren Rechts können diese zwecks Gewährleistung eines durchgreifenden gesetzlichen Minderheitenschutzes bereits in einschlägigen Rechtsnormen vorgesehen sein.[29] Je lückenhafter die gesetzliche Regelung ist, desto größere Bedeutung kommt der vertraglichen Begründung und Ausgestaltung von Kontrollrechten zu.

Das Verlangen nach Information über die finanziellen Angelegenheiten des Gemeinschaftsunternehmens kann durch die Vereinbarung von Einsichts- und Auskunftsrechten erfüllt werden. Ein dem Minoritätspartner eingeräumtes Recht auf Einsichtnahme in die Geschäftsunterlagen ermöglicht es ihm, die Geschäftsvorgänge des Gemeinschaftsunternehmens aus den jeweils vorhandenen Büchern und Papieren zu ersehen. Sofern die Besorgnis besteht, daß die schriftlichen Unterlagen das Informationsbedürfnis nicht hinreichend zu befriedigen vermögen, sollte in den JV-Vertrag zusätzlich ein Recht auf Auskunftserteilung aufgenommen werden. Das Auskunftsrecht ergänzt das Einsichtsrecht in seiner

27 So z.B. nach Art. 6 JVL, 36 JVLR.

28 S. unten § 14 IV 2.

29 Vgl. Art. 89 JVLR; Sec. 158 kenian. Comp. Act; Art. 55 Com. C.; Sec. 170 malays. Comp. Act.

Funktion als Hilfsrecht zur Ausübung von Gesellschafterrechten[30] und kann als solches unentbehrlich sein.

Das Informationsbegehren des Minoritätspartners hat in diesen Fällen organisationsrechtliche Gründe. Er kann von ihm eingeräumten Entscheidungsbefugnissen nur dann sinnvoll Gebrauch machen, wenn er für die anstehende Entscheidung eine ausreichende Beurteilungsgrundlage gewonnen hat. Dies erfordert eine umfassende Kenntnis der Umstände, die für die Ausübung der Rechte jeweils wesentlich sind.

Um dem Minoritätspartner die Möglichkeit einer Kontrolle über die finanziellen Angelegenheiten des Gemeinschaftsunternehmens zu geben, nehmen die Parteien in den JV-Vertrag oftmals auch die Klausel auf, daß der Minoritätspartner die Erstellung eines sog. *full financial report* beanspruchen kann.[31] Ein Vergleich des *full financial report* mit dem deutschen Unternehmer bekannten Berichtsinstituten läßt sich nur schwer durchführen. Eine eindeutige rechtliche Qualifizierung ist letztlich auch nicht von Bedeutung. Entscheidend ist allein seine Funktion, dem Minoritätspartner eine umfassende Kontrollmöglichkeit über die finanziellen Angelegenheiten des Gemeinschaftsunternehmens zu verschaffen, sowie deren Umsetzung durch die von den JV-Parteien in formeller und materieller Hinsicht getroffenen Abreden, die für die Rechte des Minoritätspartners jeweils maßgebend sind. Im Gegensatz zum *financial report*, unter dem die vom Steuer- und/oder Handelsrecht des Anlagelandes ohnehin geforderte turnusmäßige Darstellung der Vermögens- und Ertragslage einer Gesellschaft zu verstehen ist, wäre ein *full financial report* somit die „vollständige" Darstellung der Vermögens- und Ertragslage des Gemeinschaftsunternehmens, die sich nicht an gesetzlichen Minima oder steuerlichen Erfordernissen, sondern am Informationsbedürfnis des Minoritätspartners als Adressaten orientiert. Die Verschaffung eines umfassenden Überblicks über die Vermögens- und Ertragslage einer Gesellschaft wird nach der Rechnungslegungskonzeption des deutschen Rechts bereits von dem Jahresabschluß und Lagebericht gefordert.

Ein *full financial report* sollte zumindest nach Ablauf des laufenden Geschäftsjahres erstellt werden. Kürzere Zeiträume sind von Vorteil; sie erhöhen die Kontrollmöglichkeit.

Im Hinblick auf die Person des mit seiner Erstellung Beauftragten findet sich in einigen JV-Verträgen die Forderung, daß sie durch einen neutralen Außenstehenden, etwa durch einen unabhängigen inländischen Wirtschaftsprüfer zu erfolgen habe. Läßt sich dies nicht realisieren, so

30 K. Schmidt, Informationsrechte, S. 23.

31 Bivens/Lovell, S. 43.

muß der Minoritätspartner darauf drängen, daß er jedenfalls eine Person seines Vertrauens zur Überprüfung der finanziellen Transaktionen heranziehen darf.

Da zur Ausübung des Prüfungsrechts der Zugang zu den Geschäftsbüchern sowie ggfs. eine weitere Informationserteilung erforderlich ist, ist die Vereinbarung von Einsichts- und Auskunftsrechten auch insofern von Bedeutung.

cc) Sonstige Sicherungsmöglichkeiten

Die JV-Partner können einzelnen Board-Mitgliedern im Wege der Geschäftsverteilung bestimmte Bereiche (Finanzwesen, Produktion, Absatz etc.) zur eigenverantwortlichen Leitung übertragen, in denen die wahrzunehmenden Aufgaben dann von leitenden Angestellten (*executive officers* oder *managers*) ausgeführt werden.[32] Das Recht, die im Bereich des Finanzwesens für die Tagesgeschäfte zuständige Führungskraft (*key* oder *chief financial officer*) zu stellen, bietet in diesem Fall eine weitere Möglichkeit, auf die finanziellen Angelegenheiten des Gemeinschaftsunternehmens Einfluß zu nehmen. Dasselbe kann auch mit der Einräumung eines Vetorechts gegen die Ernennung des vom Majoritätspartner Vorgeschlagenen erreicht werden.

Eine andere, nicht in jedem Anlageland zulässige[33] massive Sicherungsmöglichkeit besteht darin, daß sich der Minoritätspartner das Recht vorbehält, bei Auftreten von schwerwiegenden Meinungsverschiedenheiten mit dem Partner einen bestimmten Anteil seines eingebrachten Kapitals aus dem gemeinsamen Unternehmen abzuziehen.[34] Er verschafft sich dadurch nicht nur eine erhebliche Einflußnahmemöglichkeit auf die Projektleitung, sondern sichert sich zugleich einen Teil seines Investitionskapitals.

Der ausländische JV-Partner stellt bei Akzeptierung einer Minderheitsbeteiligung gewöhnlich die Forderung nach einem gewinneinbringenden Einsatz seiner Fähigkeiten und Kenntnisse. Ihr kann durch verschiedene Regelungen entsprochen werden.

Die Parteien können im Rahmen einer Verständigung über die Dividendenpolitik festlegen, daß dem ausländischen Minoritätspartner ein bestimmter Minimalgewinn garantiert wird. Dieser kann so vor allem in den schwierigen ersten Geschäftsjahren, die im allgemeinen noch nicht

---

32 Dazu unten § 14 I 1.

33 So z.B. nicht in der VR China, vgl. Art. 22 JVLR.

34 Bivens/Lovell, S. 41.

zu einer Gewinnauszahlung führen, Ausgleich für den Teil des von ihm tatsächlich geleisteten Beitrags erhalten, der über seine anteilsmäßige Leistungspflicht hinaus geht, dessen Erbringung zur Durchführung des Gemeinschaftsunternehmens aber erforderlich ist. Von dieser Gestaltungsmöglichkeit wird in der Praxis jedoch kaum Gebrauch gemacht. Sie wird von dem inländischen Partner i.d.R. nicht akzeptiert, da sie nach außen hin nicht mit dem Gedanken der Partnerschaft in Einklang steht, der die gemeinsame Gewinnbeteiligung und Verlusttragung beinhaltet und auf dem jedes Gemeinschaftsunternehmen beruhen soll.

Im Zusammenhang mit dem Kapitalanteil besteht auch die Möglichkeit, durch die Schaffung unterschiedlicher Anteilsarten eine Gewinn- und Verlustbeteiligung der Partner herbeizuführen, die von ihrer anteilsmäßigen Beteiligung am Grundkapital des Gemeinschaftsunternehmens abweicht.[35]

Neben den in Form von Dividenden und Kapitalbeteiligungen gewährten Vermögensrechten werden die finanziellen Interessen des ausländischen Geschäftspartners in der internationalen Vertragspraxis vorwiegend dadurch berücksichtigt, daß er von dem Gemeinschaftsunternehmen Zahlungen erhält, die zu seiner anteilsmäßigen Kapitalbeteiligung nicht unmittelbar in Beziehung stehen. Hierbei kann es sich um Leistungsvergütungen (*fees*), wie z.B. Lizenzgebühren, Geschäftsführungsentgelte, Direktorengehälter, Löhne für Schlüsselpositionen besetzende ausländische Führungskräfte, Vergütungen für besondere Dienstleistungen oder sonstige Tätigkeiten, indirekte Sozialleistungen (*fringe benefits*) oder Zinsen für die Zurverfügungstellung von Investitionskrediten oder sonstigen Darlehen (*debt capital*) handeln. Rechtsgrundlage für derartige Zahlungen sind i.d.R. die bereits erwähnten Zusatzverträge (Lizenz-, Know-how-, Management-, Ausbildungs-, Kreditverträge) oder sonstige Vereinbarungen, die zwischen den JV-Partnern oder mit dem Gemeinschaftsunternehmen geschlossen werden.

b) Sicherungen im Management-Bereich

Das Interesse des ausländischen JV-Partners, auch als kapitalmäßiger Minoritätspartner Einfluß auf die Leitung des Gemeinschaftsunternehmens zu nehmen, sich soweit möglich sogar die Projektherrschaft zu sichern, kann durch die Einräumung verstärkter Mitsprache- und Kontrollrechte im Management-Bereich verwirklicht werden. Den JV-Partnern stehen verschiedene Wege offen, um die anteilsmäßig vermittelte Position von

35 S. unten § 11 II 2.

der Entscheidung über die administrativen und technischen Abläufe im Gemeinschaftsunternehmen zu trennen.

aa) Vertretung im Board of Directors

Der Einfluß der Kooperationspartner im Gemeinschaftsunternehmen kann durch die ihrer Parteiautonomie unterstehende[36] Zusammensetzung des Führungsgremiums des Gemeinschaftsunternehmens (Board of Directors) bestimmt werden. Die Vertretung im Board soll sicherstellen, daß jeder Partner seine grundlegenden Verwaltungsrechte als Gesellschafter der Projektgesellschaft[37] wahrnehmen kann.

Ist der ausländische Partner nicht lediglich entsprechend seiner kapitalmäßigen Minderheitsposition, sondern abweichend von der gemeinhin bestehenden, z.T. normierten[38] Vorstellung, daß die Parteien die Board-Besetzung proportional ihres Beteiligungsverhältnisses vornehmen sollen, paritätisch oder mehrheitlich vertreten, kann er den Aufbau und die Durchführung des Gemeinschaftsunternehmens entscheidend beeinflussen.

Die Geschäftsführung kann auch einem Board-Mitglied (*general manager* oder *managing director*) weitgehend zur eigenverantwortlichen Leitung übertragen werden. Seine Bestimmung ermöglicht dem ausländischen Partner dann ebenfalls, den gewünschten Einfluß auf die Leitung des Gemeinschaftsunternehmens zu nehmen.

bb) Abschluß eines Management-Vertrages

Eine andere Möglichkeit besteht darin, dem ausländischen JV-Partner die Geschäftsführung im Rahmen eines mit dem Gemeinschaftsunternehmen abgeschlossenen Management-Vertrages vollständig zu übertragen.[39] Dies bietet sich vor allem bei solchen Gemeinschaftsunternehmen an, in denen der inländische Partner über keinerlei Management-Erfahrung verfügt. Die Geschäftsführung durch den an technischen wie administrativen Kenntnissen und Kapazität überlegenen ausländischen Partner wird nicht nur unter Ausbildungsgesichtspunkten, sondern regelmäßig auch

36 Vgl. Art. 34 I 2 JVLR; Art. 44 Com. C.; First Schedule, Table A, para 75 ff. kenian. Comp. Act; Sec. 30 i.V.m. Fourth Schedule, Table A, para 63 ff. malays. Comp. Act.

37 Informations-, Anhörungs-, Vorschlags- und Stimmrechte.

38 Vgl. z.B. Art. 34 I 2 JVLR.

39 Vgl. Schlüter, S. 99 ff.

insofern im Interesse des inländischen Partners liegen, als er nur dann die Aussicht hat, von einem optimalen Technologietransfer zu profitieren.

Die mit der alleinigen Geschäftsführung durch den ausländischen Partner praktisch verbundene umfassende Projektherrschaft steht häufig in Widerspruch zu der nationalen Investitionspolitik. Diesem Problem kann nach außen hin dadurch abgeholfen werden, daß die JV-Partner die Geschäftsführungsvereinbarung unter eine Überschrift fassen, die für den inländischen Partner vertragspolitisch attraktiv ist. Bezeichnungen wie: Service Agreement, Technical Assistance Agreement, Management Contract lassen den ausländischen Investor unabhängig von seiner tatsächlichen Machtstellung symbolisch als Angestellten und damit Abhängigen des Gemeinschaftsunternehmens erscheinen.[40]

cc) Vetorechte

Ein in Anbetracht der Kapitalbeteiligung u.U. ebenfalls unverhältnismäßig weitreichendes Mitbestimmungsrecht bei der Geschäftsführung kann auch durch die Vereinbarung von Vetorechten bei wichtigen Entscheidungen eingeräumt werden. Der ausländische Investor kann so Beschlüsse verhindern, die seinen besonderen Interessen zuwiderlaufen, eine grundlegende Änderung der JV-Struktur oder -ziele bewirken oder sonst einen größeren Einfluß auf den Geschäftsablauf haben.

dd) Verschiedene Anteilsarten

Durch die Einführung verschiedener Anteilsarten (*preference shares, class A and class B shares*) kann das Stimmrecht von dem Kapitalanteil getrennt werden.[41] Dem formellen Minoritätsanteil des ausländischen Partners kann durch eine entsprechende Verteilung der Anteile so eine Stimmrechtsmehrheit zugeordnet werden.

## V. Änderung des Beteiligungsverhältnisses

### 1. *Übertragung der Beteiligung*

Das Beteiligungsverhältnis kann sich während der mehrjährigen Laufzeit eines Gemeinschaftsunternehmens ändern. Das freiwillige oder unfreiwillig durch Tod, Konkurs, Liquidation etc. bedingte Ausscheiden eines Kooperationspartners kann zu einem Partnerwechsel im Gemeinschafts-

---

40 SCHANZE, Investitionsverträge, S. 72.

41 S. unten § 11 II 2.

unternehmen führen[42] oder eine Veränderung des Anteilsverhältnisses zwischen den übrigen Beteiligten zur Folge haben. Eine Änderung des Beteiligungsverhältnisses kann auch investitionsrechtlich vorgeschrieben sein. Nach der Investitionsgesetzgebung einiger Entwicklungsländer müssen ausländische Kapitalanteile während der Laufzeit des Gemeinschaftsunternehmens stufenweise in Inlandsbesitz überführt werden.[43]

a) Vorkaufsrecht

aa) Einräumung

Für den Fall, daß ein Partner seine Anteile am Gemeinschaftsunternehmen verkaufen will, ist es üblich, den anderen Partnern im JV-Vertrag ein Vorkaufsrecht (*right of first refusal*) einzuräumen. Die entsprechende Regelung kann z.B. lauten:

> Any shareholder of the Company desiring to sell or transfer all or any part of its shares in the Company shall first offer, by written notice to each other shareholder, to sell such shares to such other shareholders.

Unabhängig von jeder vertraglichen Einräumung eines Vorkaufsrechts wird für die Partner ausländisch-chinesischer Gemeinschaftsunternehmen in Art. 23 II JVLR ein gesetzliches Vorkaufsrecht begründet.

bb) Ausübung

Um bei Eintritt eines Vorkaufsfalls keine Unklarheiten hinsichtlich der Ausübungsbedingungen aufkommen zu lassen, sollte die Ausübung des Vorkaufsrechts von den Parteien umfassend im JV-Vertrag geregelt werden. Dies geschieht in der Vertragspraxis nicht immer. Zwar enthalten zahlreiche Verträge sehr detaillierte Regelungen zum Vorkaufsrecht, die erkennen lassen, daß die Vertragschließenden dieser Frage einen hohen Stellenwert beigemessen haben. Andererseits sind Verträge ohne bzw. mit nur sehr spärlichen Ausführungen zu finden.[44]

Die JV-Partner können die Ausübung des Vorkaufsrechts unterschiedlich gestalten. Die Parteien eines deutsch-indonesischen JV-Vertrages trafen z.B. die Vereinbarung, daß ein Partner, der Anteile am Gemeinschafts-

---

42 Für die Aufnahme eines neuen Partners kann die Zustimmung der Investitionsgenehmigungsbehörde erforderlich sein; so z.B. Art. 23 I JVLR; vgl. auch Sec. 4 FIPA bzgl. der Übertragung des Status eines bevorrechtigten Unternehmens (approved enterprise) bei Wechsel des ausländischen Investors.

43 S. oben III 1 b).

44 So z.B. der Schindler-Vertrag und Art. 13 chines. Sample Contract.

unternehmen verkaufen oder übertragen will, zuvor nicht nur den anderen Partnern ein schriftliches Angebot zu unterbreiten habe, sondern auch dem Board of Directors (*direksi*) hiervon schriftlich Mitteilung zu machen habe.

Dem Angebot des ausscheidungswilligen Partners sollten Anzahl und Preis der zu verkaufenden Anteile sowie alle sonstigen Verkaufsbedingungen zu entnehmen sein.

Im Interesse des ausscheidenden Partners und der Rechtssicherheit wird im JV-Vertrag regelmäßig eine Frist von 30 oder 60 Tagen festgelegt, innerhalb derer der andere Partner seine Entscheidung hinsichtlich der Übernahme von Anteilen zu treffen hat (Annahmefrist). Für die Annahmeerklärung sollte Schriftform vereinbart werden.

In einigen Verträgen findet sich darüber hinaus die Forderung, der erwerbende Partner müsse in der Annahmeerklärung sein uneingeschränktes Einverständnis zu den Verkaufsbedingungen erklären.

> Each acceptance must be in writing addressed to the offeror and shall state the number of shares such shareholder desires to purchase and an unconditional acceptance of the offeror's terms and conditions.

Die Parteien eines deutsch-malaysischen Gemeinschaftsunternehmens einigten sich demgegenüber dahingehend, daß ein Partner das Angebot auch dann annehmen dürfe, wenn er nicht mit dem Kaufpreis einverstanden sei. Sofern die Parteien hinsichtlich des Preises zu keiner Übereinstimmung gelangen könnten, sollten sie zu seiner Festsetzung einen unabhängigen Bewerter (*valuer*) bestimmen, dessen Entscheidung endgültig und bindend sein solle. Als Bewerter könne auch der für das Unternehmen zuständige Wirtschaftsprüfer fungieren. Für den Fall, daß ein Kaufpreis nicht bestimmt werde, dürfe jeder Partner seine zuvor abgegebene Erklärung widerrufen.

> 1.1. If the offeree wishes to accept the offer but does not agree to the price asked then it shall be competent for the offeree to accept only the offer and require the price to be determined in the manner stated in clause 1.2. below. In such an event the completion of the purchase shall be done before the expiry of thirty days following the date on which the price determined as stated in clause 1.2. below is notified in writing by the offeror to the offeree, provided always that in the event the price shall remain undetermined in the manner stated in clause 1.2 below after the expiration of thirty days from date the offer was served to the offeree, either party shall then be at liberty to revoke the offer or the acceptance made under this clause.
>
> 1.2. If the parties hereto shall not be able to agree on the price for the shares the same shall be determined and certified by an independent va-

> luer agreed by the parties concerned (and if the parties hereto shall be unable to agree on an independent valuer, then the valuer shall be the Company's then auditor) whose decision shall be final and binding on them. In such an event the completion of the purchase shall be done before the expiry of thirty days from the date the price determined is notified in writing by the offeror to the offeree. All fees, costs and expenses of and in connection with such valuation shall be borne and paid by the parties equally.

Sind mehrere JV-Partner vorhanden, muß eine Lösung für die Frage gefunden werden, wie zu verfahren ist, wenn sich mehr Interessenten für den Erwerb der Anteile finden als insgesamt zum Verkauf stehen. Hier bietet sich eine Vereinbarung des Inhalts an, daß entsprechend dem bestehenden Beteiligungsverhältnis eine verhältnismäßige Aufteilung der zum Verkauf stehenden Anteile erfolgen soll. Diese Regelung läßt die Machtstruktur unverändert. Sie kann z.B. lauten:

> In the event other shareholders accept in writing as aforesaid to purchase more than the number of shares offered for sale, then each shareholder accepting such offer as aforesaid shall be entitled to purchase that number of shares offered for sale which bears the same proportion to total shares offered for sale as the number of shares then owned by such accepting shareholder bears to total shares then owned by all shareholders who have accepted such offer.

oder kürzer

> If two or more shareholders desire to accept such offer, they shall be entitled to purchase said shares pro rata in accordance with their holdings.[45]

Die JV-Parteien können vereinbaren, daß der ausscheidungswillige Partner dem anderen Partner die Anteile zu einem Vorzugspreis anbieten muß. Eine solche Regelung wirkt sich für letzteren vor allem vorteilhaft aus, wenn weitere Angebote von außenstehenden Kaufinteressenten vorhanden sind. Sie verschafft ihm die Möglichkeit, entweder die Anteile für sich selbst zu erwerben oder einen neuen Partner aufzunehmen und durch den Weiterverkauf noch einen Gewinn zu erzielen.

cc) Kaufpreisaufbringung

Ein Problem, das sich bei Gemeinschaftsunternehmen mit Partnern in Entwicklungsländern regelmäßig stellt, ist die Finanzierung des Anteils-

---

45 Art. 6 Ziff. 1 S. 5 der indones. Model Articles of Incorporation, abgedr. bei Himawan/Kusumaatmadja in: Private Investments I, S. 775 (781).

erwerbs durch den inländischen Partner. Sind die Anfangsjahre überwunden, in denen neben den finanziellen vor allem die technisch-administrativen Leistungen des ausländischen Partners unersetzbar waren, fühlt sich der inländische Partner oft stark genug, das Unternehmen in eigener Regie fortzuführen. Die stufenweise Überführung der ausländischen Kapitalanteile in Inlandsbesitz kann zudem durch die nationale Investitionsgesetzgebung vorgeschrieben sein.[46] Bei Ausscheiden des ausländischen Investors will der inländische Partner deshalb oftmals keinen neuen Partner mehr in das Gemeinschaftsunternehmen mit hineinnehmen. Er ist dazu aber gezwungen, wenn er das für den Kauf der Anteile erforderliche Kapital nicht aufbringen kann. Um dies zu verhindern, legt er bei Entwurf des JV-Vertrags zumeist Wert auf die Aufnahme einer Finanzierungsvereinbarung.

Das Finanzierungsproblem kann auf verschiedenen Wegen überwunden werden. Die Gewährung günstiger Zahlungsbedingungen, die Ratenzahlungen, lange Zahlungsfristen, niedrige oder gar keine Zinsen und eine großzügige Karenzfrist vorsehen, stellt nur eine Möglichkeit dar, die Forderung, daß die an den ausländischen Partner ausgezahlten Dividenden als teilweise oder vollständige Tilgung der Kaufpreisschuld des inländischen Partners gelten sollen, eine andere.

Für den Fall, daß der ausländische Partner vorzeitig ausscheiden will, liegt insbesondere die Regelung im Interesse des inländischen Partners, daß die Zahlung nur aus Gewinnen des Gemeinschaftsunternehmens erfolgen soll, die an den Ausscheidungswilligen in Form von Dividenden ausgeschüttet worden sind. Diese Gestaltung hat für den inländischen Partner wirtschaftlich den Vorteil, daß dem ausländischen Partner nicht erlaubt wird, ein „sinkendes" Gemeinschaftsunternehmen zu einem Zeitpunkt zu verlassen, zu dem sein Einsatz verstärkt gefordert ist. Für den ausländischen Unternehmer bedeutet dies, daß ihm die Möglichkeit genommen wird, seine Investition bei einer verlustreichen Entwicklung des Projekts wenigstens zum Teil durch den frühzeitigen Verkauf seiner Anteile zu retten. In der Praxis scheitert eine derartige Regelung deshalb regelmäßig am Widerstand des ausländischen Partners.

### b) Verfügungsbeschränkung

#### aa) Begründung und Inhalt

Der am Gemeinschaftsunternehmen festhaltende Partner möchte für den Fall der Nichtausübung des Vorkaufsrechts regelmäßig sichergestellt wis-

46 S. oben III 1 b).

sen, daß er den Nachfolgepartner mit aussuchen kann, da dessen Fähigkeiten und Einsatz für den künftigen Erfolg der gemeinsamen Zusammenarbeit von großer Bedeutung sein können. Die Parteien vereinbaren deshalb üblicherweise, daß jede Verfügung über Anteile am Gemeinschaftsunternehmen der vorherigen Zustimmung des anderen Partners bedarf (*restriction on transfer*). Ein Beispiel, das auch in den chinesischen Mustervertrag (Art. 13 I) Aufnahme gefunden hat, lautet:

> In case any party to the JV intends to assign all or part of its investment subscribed to a third party, consent shall be obtained from the other party to the JV.

Eine Verfügungsbeschränkung kann ebenso dadurch begründet werden, daß die Übertragung der Beteiligung durch Vinkulierung der Anteile (*shares*) vom Einverständnis der Mitglieder des Board of Directors abhängig gemacht wird.[47]

Vereinzelt ist die Übertragbarkeit der Beteiligung auch durch das nationale Recht eingeschränkt.[48]

Nach vielen JV-Verträgen besteht eine Informationspflicht oder -obliegenheit des ausscheidenden Partners, derzufolge er dem anderen Partner Namen, Anschrift und sonstige ihm über den voraussichtlichen Käufer zur Verfügung stehende Informationen mitzuteilen hat.

> In the event that any person who is not a shareholder will be offered, or offers or agrees to purchase any shares, the selling shareholder, prior to making or accepting such offer or agreeing to sell to such person, shall notify the other shareholder(s) as to the name and address of the prospective buyer and provide any information relating to the prospective buyer of which the seller has knowledge and which it in good faith believes is relevant to such other shareholder.

Für die Zustimmungserteilung sollten eine bestimmte Frist (z.B. 14 Tage) und Schriftform vereinbart werden. Mit Ablauf der Frist bzw. Einverständniserklärung kann der ausscheidungswillige Partner den Verkauf der Anteile an den in der Mitteilung genannten Interessenten durchführen. Dieser tritt dann als Rechtsnachfolger des ausgeschiedenen Partners in dessen Rechte und Pflichten aus dem JV-Vertrag ein.

---

47 Vgl. hierfür para 24 der in First Schedule, Table A des kenian. Comp. Act vorgesehenen satzungsrechtlichen Regelung.

48 So z.B. in der VR China nach Art. 23 I JVLR; vgl. auch Sec. 30 kenian. Comp. Act.

### bb) Rechtsfolge

Eine unter Verletzung des Vorkaufsrechts oder gegen den Willen des anderen Partners vorgenommene Übertragung der JV-Beteiligung soll nach dem Inhalt der meisten JV-Verträge nichtig sein. Ihrem Erwerber sollen keine Rechte oder Vergünstigungen zustehen. Um bei einer Vertragsverletzung die Sanktion der Nichtigkeit zu gewährleisten, ist es ratsam, die Regelungen über die Beteiligungsübertragung in das Gesellschaftsstatut aufzunehmen. Die entsprechende Klausel kann beispielsweise lauten:

> The Memorandum of Association/Articles of Incorporation shall provide that, unless approved by all shareholders, any sale or transfer of shares not in accordance with the Memorandum/Articles of the Company, which Articles shall incorporate the provisions of (this) Article ... (concerning the transfer of shares), shall be null and void and the purchaser or transferee shall not be entitled to any of the rights or benefits accruing to such shares.

### cc) Abgrenzung zum Gesellschafterwechsel innerhalb eines Partnerunternehmens

Von den angesprochenen Verfügungsbeschränkungen wird nicht der Fall erfaßt, daß sich bei einem JV-Partner, der keine natürliche Person ist, infolge eines Gesellschafterwechsels eine Änderung in der Identität vollzieht. Sie kann praktisch gleichbedeutend sein mit der Einführung eines neuen Partners in das Gemeinschaftsunternehmen ohne die Zustimmung des anderen Partners.

Rechtlich gesehen besteht zwar durch die Rechtsnachfolge in den JV-Vertrag eine Bindung des neuen Gesellschafters als JV-Partner. Er kann die persönliche Beziehung, auf die der andere Partner hinsichtlich einer effizienten und harmonischen weiteren Zusammenarbeit vertraut hat, gleichwohl zerstören, so z.B. wenn er die Führungs- und Fachkräfte ersetzt, die sein Vorgänger für den Aufbau und die Durchführung der Unternehmung zur Verfügung gestellt hatte. Er kann den Geist des JV-Vertrages in vielerlei Hinsicht untergraben, während er trotzdem seine vertraglichen Verpflichtungen erfüllt. Wenn die Änderung der Identität eines korporativen Partners nicht die Beendigung des Gemeinschaftsunternehmens zur Folge haben soll, was JV-Parteien nur selten vereinbaren, so bietet sich als Schutz für den alten JV-Partner die Abrede an, daß er einer Änderung des Personalbestands durch einen internen Austausch seitens des neuen Partners zustimmen muß.

c) Optionsvereinbarung

aa) Funktion

Die dem inländischen Partner eingeräumte Option, nach einem bestimmten Zeitraum alle oder einen Teil der Anteile des ausländischen Partners zu erwerben, wird als Instrument zur Änderung des Beteiligungsverhältnisses vorwiegend eingesetzt, wenn die ausländischen Kapitalanteile stufenweise in Inlandsbesitz überführt werden sollen. In Indonesien z.B. müssen Gemeinschaftsunternehmen innerhalb von 15 Jahren nach Produktionsbeginn grundsätzlich eine 51 %ige Beteiligung des indonesischen Partners aufweisen.[49] In Malaysia sollte die Beteiligungsstruktur im Fabrikationssektor bis 1990 so aussehen, daß der malaysische Kapitalanteil 70 % (einschl. 30 % Bumiputras), der ausländische 30 % beträgt. Anders als in Indonesien stellt dieses Kapitalbeteiligungsverhältnis ein allgemeines Ziel im Rahmen der Neuen Wirtschaftspolitik dar, das nicht notwendigerweise auf der Ebene einzelner Unternehmen verwirklicht werden muß.[50] Eine Optionseinräumung ist dennoch sehr erwünscht. Das gilt auch für andere Entwicklungsländer, deren Investitionsgesetzgebungen keine diesbezüglichen Forderungen aufstellen.

Der Vorteil einer Option liegt für den inländischen Partner darin, daß er sie nur auszuüben braucht, wenn das Gemeinschaftsunternehmen erfolgreich ist. Sie ermöglicht ihm die Beanspruchung einer größeren künftigen Beteiligung an einem erfolgreichen Gemeinschaftsunternehmen, ohne daß er anfangs den größeren Teil des Investitionsrisikos getragen hätte.

bb) Optionszeitpunkt

Ein Hauptproblem der Optionsvereinbarung liegt in der Festlegung des „richtigen" Optionszeitpunkts. Er darf nicht zu früh gewählt werden, d.h. bevor dem Gemeinschaftsunternehmen der volle Vorteil der Beiträge des ausländischen Partners (Technologie, organisatorisches und kaufmännisches Know-how etc.) zugute gekommen ist. Aus der Sicht des ausländischen Partners muß die Zeitspanne vor der Ausübbarkeit der Option so lang sein, daß er die Möglichkeit hat, während ihr einen im Verhältnis zum investierten Kapital angemessenen Gewinn zu erzielen. Anderenfalls wird er nicht geneigt sein, seine Leistungen zu maximieren. Gerade das liegt jedoch im Interesse des inländischen Partners.

49 S. auch oben III 1 b).

50 MIDA, Polices & Procedures, S. 5 f.

cc) Optionspreis

Bei Aufnahme einer Optionsvereinbarung in den JV-Vertrag besteht weiter die Schwierigkeit, ohne Kenntnis der künftigen Projektentwicklung einen angemessenen Optionspreis festzulegen. Es gibt diesbezüglich verschiedene Möglichkeiten.

Die Parteien können einen bestimmten Preis pro Anteil (*share*) festlegen. Diese Vorgehensweise ist u.U. sehr willkürlich. Ein zum Zeitpunkt des Vertragsabschlusses festgelegter Preis spiegelt nicht unbedingt den wahren Wert eines Anteils zum späteren Optionszeitpunkt wider. Ist er bei Ausübung der Option zu hoch, wird der inländische Partner um sein Recht gebracht, die Option zu einem angemessenen Preis auszuüben. Ist er zu niedrig, verliert der ausländische Partner das Interesse am Gemeinschaftsunternehmen mit Heranrücken des Optionszeitpunktes.

Die Vereinbarung, die Preisfestsetzung anhand einer bestimmten Berechnungsgrundlage vorzunehmen, kann ebenfalls willkürlich sein. Wird z.B. der Buchwert als Berechnungsgrundlage verwandt, besteht die Gefahr, daß er infolge maximaler oder steigender Abschreibungen wesentlich niedriger ist als der tatsächliche Wert. Außerdem spiegelt er das wahre Einnahmepotential des Gemeinschaftsunternehmens nicht immer wider.

Die größte Flexibilität bringt eine Vereinbarung mit sich, welche die Inanspruchnahme eines Verfahrens vorsieht, das eine gerechte Preisbestimmung gewährleistet. Als solches kommt ein Schiedsverfahren (*arbitration*) oder ein kombiniertes Schlichtungs- und Schiedsverfahren (*combination of conciliation and arbitration*) in Betracht. Der Optionspreis wird dann entweder von vorneherein oder nach fehlgeschlagenen Einigungsversuchen der Parteien durch einen unabhängigen Schlichter bestimmt, der eine aktuelle Bewertung der Anteile vornimmt. Die Schwierigkeit dieser empfehlenswerten Lösung liegt gelegentlich darin, eine geeignete neutrale Schiedsperson zu finden, die von beiden Partnern akzeptiert wird. Hier bietet sich z.B. die Wahl eines aus einem dritten Land stammenden Richters oder die Bewertung durch ein in einem solchen Land ansässiges Gericht an.[51]

Bei einer Optionsausübung durch den inländischen Partner stellt sich häufig ebenfalls das Problem der Optionspreisaufbringung. Die bei den Ausführungen zum Vorkaufsrecht angesprochenen Finanzierungsmöglichkeiten kommen auch insofern in Betracht.

---

51 UNIDO, Manual, S. 61.

### 2. *Das Ausscheiden als JV-Partner*

Die dem JV-Vertragsabschluß folgende Errichtung der Projektgesellschaft läßt eine Doppelgesellschaft entstehen.[52] Bei einer Doppelgesellschaft stellt sich die im Schrifttum kontrovers diskutierte Frage, ob und in welcher Weise die Mitgliedschaft in der Grundgesellschaft und die Beteiligung an der Organgesellschaft voneinander abhängig sind.[53]

Da die JV-Parteien ihre Anteile an der Projektgesellschaft nur im Hinblick auf ihre Rechtsstellung als JV-Partner übernehmen, ist die Doppelgesellschaft beim Gemeinschaftsunternehmen als ein funktionell einheitliches Gesamtgebilde zu betrachten. Das Ausscheiden einer Partei als JV-Partner muß deshalb auch eine Beendigung ihrer Gesellschafterstellung in der Projektgesellschaft zur Folge haben.

Wenn die rechtliche Selbständigkeit von Grund- und Organgesellschaft auch insofern nicht im Vordergrund steht, so kann die Doppelgesellschaft andererseits doch nicht als rechtlich einheitliches Gesamtgebilde betrachtet werden. Die Grundgesellschaft (JV-Konsortium) ist zwar das bestimmende Rechtsverhältnis. Die Mitgliedschaft in der Organgesellschaft (Projektgesellschaft) ist aber nicht lediglich Folge und Annex der Gesellschafterstellung in der Grundgesellschaft.[54] Die Übernahme der Kapitalanteile der Organgesellschaft ist vielmehr ein selbständiges Rechtsgeschäft, so daß formell eine Beteiligung an zwei Gesellschaften besteht.[55]

Das JV-Vertragswerk enthält i.d.R. keine ausdrückliche Regelung über die Zusammengehörigkeit der Beteiligungen. Es stellt sich daher die Frage, wie dem Charakter des Gemeinschaftsunternehmens als einer funktionell einheitlichen Doppelgesellschaft rechtlich Rechnung getragen wird. Die Bindung der Gesellschafterstellung an die Beteiligung als JV-Partner kann methodisch unterschiedlich bestimmt werden.[56]

Naheliegend ist z.B. die Annahme einer Bedingungskonstruktion. Die Übernahme der Kapitalanteile der Projektgesellschaft ist zwar ein selbständiges Rechtsgeschäft. Dieses kann aber unter der stillschweigenden Bedingung vorgenommen werden, daß die Beteiligung nur für die Zeit der Mitgliedschaft im JV-Konsortium gelten soll.

Eine andere Möglichkeit besteht darin, die gesellschaftsrechtliche

---

52 S. oben § 9 II 3.

53 Dazu insb. Treeck, Das Ausscheiden aus der Doppelgesellschaft, 1968.

54 a.A. Goldbaum, § 8 IV 4 a.

55 Zustimmend Treeck, § 10 m.w.N. (S. 112 Fn. 14).

56 Ausführliche Darstellung der Vorschläge bei Treeck, §§ 10, 11.

Treuepflicht[57] heranzuziehen. Sie verpflichtet die Gesellschafter, jede Schädigung der Interessen der Gesellschaft und der durch den Gesellschaftszweck umfaßten Interessen der Mitgesellschafter zu unterlassen und darüber hinaus diese Interessen im Rahmen der durch die Gesellschaft bedingten Tätigkeit zu fördern.

Die Kooperationsform des Gemeinschaftsunternehmens beruht auf dem Gedanken der umfassenden partnerschaftlichen Zusammenarbeit. Dem am Gemeinschaftsunternehmen festhaltenden Partner ist zwecks weiterer erfolgreicher Durchführung der Unternehmung deshalb daran gelegen, den ausscheidenden Partner durch einen neuen zu ersetzen, mit dem er effektiv und harmonisch auf der Grundlage gegenseitigen partnerschaftlichen Vertrauens und Einsatzes zusammenarbeiten kann. Der Ausscheidende ist daher aus seiner gesellschaftsrechtlichen Treuepflicht heraus verpflichtet, **insgesamt** auszuscheiden.

Rechtsgrundlage der Treuepflicht ist nach deutschem Recht § 242 BGB.[58] Da der JV-Vertrag zumeist der Gesetzgebung des Anlagelandes unterworfen wird,[59] ist diese Norm jedoch nur selten einschlägig. Soweit vorhanden ist als Rechtsgrundlage in diesen Fällen eine entsprechende Vorschrift des nationalen Rechts oder eine im JV-Vertrag getroffene Vereinbarung über das am Kooperationszweck zu orientierende Verhalten jedes JV-Partners heranzuziehen.

Um eine Bindung der Gesellschafterstellung an die Beteiligung als JV-Partner herbeizuführen, läßt sich auch der JV-Vertrag ergänzend auslegen. Die ergänzende Vertragsauslegung hat den Zweck, eine Lücke im Vertrag zu schließen.[60] Die Unvollständigkeit kann darauf beruhen, daß die Parteien bestimmte regelungsbedürftige Umstände, die bereits im Zeitpunkt des Vertragsschlusses vorlagen, übersehen haben. Nicht selten tritt die Lücke aber erst im Laufe der Vertragsabwicklung zutage, wenn nämlich die künftige rechtliche oder tatsächliche Entwicklung von den Parteien verkannt worden ist.[61]

Ansatzpunkt und Maßstab für die Ausfüllung einer Lücke ist der Parteiwille. Er ist auf der Grundlage des Vertragswerks durch sachgerechte Konkretisierung der in ihm enthaltenen Wertungen objektiv zu ermit-

---

57 Allg. dazu Hueck, Der Treuegedanke im modernen Privatrecht, 1947; Staudinger-Kessler, Vorbem. zu § 705 BGB, Anm. 38 ff.

58 Allgemein anerkannt; vgl. nur die ausführlichen Nachweise bei Staudinger-Kessler, Vorbem. zu § 705 BGB Anm. 39 ff.

59 S. oben § 9 II 5.

60 BGHZ 9, 273; 77, 304.

61 Mayer-Maly in: MüKo, § 157 Rdnr. 32 f.

teln.[62] Es ist festzustellen, was sich aus dem erkennbaren Zweck, Sinnzusammenhang und Grundgedanken des Vertrages bei Berücksichtigung der Interessen aller Beteiligten als durch den Vertrag selbst gefordert ergibt. Der das Gemeinschaftsunternehmen tragende Gedanke einer partnerschaftlichen Zusammenarbeit verlangt für eine erfolgreiche Durchführung des gemeinsamen Projekts den vollen Einsatz jedes Partners. Nach dem Willen der sich als JV-Partner und Gesellschafter zusammenschließenden Parteien besteht aus diesen Erwägungen heraus zwischen den Beteiligungen eine untrennbare Verbindung.

Wie die Abhängigkeit der Mitgliedschaften in Grund- und Organgesellschaft methodisch bestimmt wird, ist letztlich nicht entscheidend. Das Problem des Auseinanderfallens der Beteiligungen ist mehr theoretischer Natur und in der Praxis nicht von Bedeutung. Im allgemeinen sind sich die JV-Parteien darüber einig, daß ein Ausscheiden als JV-Partner mit der Aufgabe der Stellung als JV-Gesellschafter verknüpft ist, da ein Interesse am Fortbestand einer nur kapitalmäßigen Beteiligung gewöhnlich allerseits nicht besteht.

# § 11 Kapitalstruktur

## I. Kapitalausstattung und Investitionsvolumen

### *1. Allgemeines*

Die rechtliche Ordnung der Unternehmensfinanzierung unterscheidet sich in den Anlageländern danach, ob das Gesetz wie in den kontinentaleuropäischen Ländern ein Mindestgrundkapital vorschreibt[1] oder wie im anglo-amerikanischen Rechtskreis darauf verzichtet.

Eine Mindestkapitalsumme kann ziffernmäßig als absoluter Betrag oder im Verhältnis zum Investitionsvolumen bestimmt sein[2]. Sie dient als Kreditgrundlage und Haftungsstock für die Gläubiger, zumeist auch als

62 Staudinger-Dilcher, §§ 133, 157 Anm. 42 ff.

1 Vgl. für das dt. Recht § 5 GmbHG (50.000 DM), § 7 AktG (100.000 DM). Weitere Beispiele für das französische und italienische Recht bei Raiser, § 7.

2 So z.B. nach chinesischem Recht; s. i.F. 2.

Schwelle für den Zugang zu der betreffenden Rechtsform[3]. Einzahlung und Erhaltung einer gesetzlich vorgeschriebenen Mindestkapitalsumme werden i.d.R. durch strenge Vorschriften gesichert.[4]

In Ländern, deren Rechtsordnungen nicht als Gegengewicht zum Verzicht auf die Privathaftung der Gesellschafter einen Mindestgrundkapitalbetrag nennen,[5] obliegt es allein den Gründern der Gesellschaft, das gesellschaftliche Mindestvermögen statutarisch festzulegen. Das Gesetz beschränkt sich in diesen Fällen darauf, für die Aufbringung des Kapitals in der bezifferten Höhe zu sorgen und zu verhindern, daß dieses im Anschluß zu Lasten der Gläubiger reduziert wird.

Eine Reduktion des Grundkapitals ist nach den Rechtsordnungen der meisten Länder nur erschwert möglich. Sie kann an staatliche Genehmigungen gebunden sein.

Bei der Regelung der Kapitalausstattung des Gemeinschaftsunternehmens können besonders unter der Geltung angelsächsisch geprägter Rechtsordnungen Kapitalbezeichnungen auftauchen, mit denen sich deutsche Unternehmer erst vertraut machen müssen. Die wesentlichen werden im folgenden kurz vorgestellt.[6]

Durch eine Projektverteuerung oder die teilweise Nichtgewährung fest eingeplanter Finanzierungskredite entsteht nicht selten unvorhergesehen weiterer Kapitalbedarf. Er kann eine Erhöhung des Grundkapitals oder eine sonstige Geldmittelaufbringung in Form von (Gesellschafter-) Darlehen, Lieferantenkrediten etc. erforderlich machen.

Die JV-Partner sollten im Hinblick auf eine etwaige Nachfinanzierung unbedingt eine verbindliche Regelung treffen. Dabei sollte neben der Frage der Entscheidungszuständigkeit bzgl. des Ob und der Höhe der zusätzlich aufzubringenden Geldmittel u.a. festgeschrieben werden, ob eine solche Nachfinanzierung automatisch (Nachschußpflicht) oder erst durch spätere Beschlußfassung erfolgt.

Das Investitionsvolumen des Gemeinschaftsunternehmens kann nicht in jedem Entwicklungsland von den JV-Parteien frei festgelegt werden. Nationale Gesetze oder Erlasse können die Gestaltungsfreiheit der Kooperationspartner dadurch einschränken, daß in ihnen die Investitions-

---

3 So z.B. im dt. Recht, das unterschiedliche Kapitalgesellschaftsformen kennt; nicht so im chines. Recht, das z.Z. noch nicht über ein allgemeines Kapitalgesellschaftsrecht verfügt.

4 Vgl. für das dt. Recht statt vieler Raiser, §§ 11, 19, 26, 37.

5 So z.B. in Indonesien, Malaysia und Kenia; dazu auch i.F. 3 und 4.

6 S. i.F. 3 und 4.

summe im Verhältnis zum Grundkapital bestimmt wird[7] oder für ausländische Investoren Mindestinvestitionspflichten begründet werden[8].

## 2. *VR China*

Das chinesische Recht hat die Frage des Verhältnisses von Grundkapital und Gesamtinvestition, von Eigenkapital und Fremdkapital zunächst nicht geregelt; weder das JVL noch die JVLR enthalten hierzu Regelungen. Angesichts der zunehmenden Unterkapitalisierung von Gemeinschaftsunternehmen wurden 1987 spezielle Vorschriften zum Verhältnis von Grundkapital und Gesamtinvestition[9] erlassen. In ihnen wird das Verhältnis des eingetragenen Kapitals (*registered capital*, Grundkapital), welches definiert ist als Gesamtinvestition abzüglich fremdfinanzierten Anteils (Art. 21 JVLR), prozentual zum Investitionsvolumen (Art. 20 JVLR) festgelegt.[10] Im Rahmen einer Investitionserhöhung hat das eingetragene Kapital entsprechend mitzuwachsen. Seine Verringerung ist nach Art. 22 JVLR grundsätzlich nicht zulässig.

1988 wurden als weitere Ergänzung der JVLR detaillierte Vorschriften über die Erbringung der Kapitaleinlage erlassen.[11]

---

7 So z.B. in der VR China; s. i.F. 2.

8 So z.B. in Indonesien; s. i.F. 3.

9 Interim Provisions of the General Administration for Industry and Commerce (GAIC) Concerning the Ratio of Registered Capital to Total Investment for Sino-Foreign Joint Ventures of 1987; hierzu auch Soutar, 6 Int'l Fin.L.Rev. 30, 32 (1987).

10 So muß das eingetragene Kapital eines ausl.-chines. Gemeinschaftsunternehmens bei einer Gesamtinvestitionssumme von bis zu einschließlich 3 Mio. US $ mindestens 70 % dieses Wertes betragen. Liegt der Betrag über 3 Mio. und unter 10 Mio. $, soll sich das eingetragene Kapital auf die Hälfte dieser Summe, mindestens aber auf 2,1 Mio. $ belaufen, was 70 % von 3 Mio. $ entspricht. Werden hingegen mehr als 10 Mio., aber höchstens 30 Mio. $ eingebracht, sinkt der Prozentsatz auf 40 %. Bei einer Gesamtinvestition unter 12,5 Mio. $ muß das registrierte Kapital mindestens 2,5 Mio. $ betragen. Steigt das Investitionsvolumen auf mehr als 30 Mio. $, so liegt der Prozentsatz für das registrierte Kapital bei 33,3 %, unter 36 Mio. $ muß es mindestens 12 Mio. $ betragen. Ausnahmen von diesen Bestimmungen sind unter besonderen Umständen möglich. Sie müssen von MOFERT und GAIC genehmigt werden.

11 Provisions on the Contribution of Capital by Parties to Joint Ventures Using Chinese and Foreign Capital vom 1.3.1988; Gesetzestext abgedr. in: BfAI-RI 35/88; zum Inhalt auch BfAI/NfA v. 18.2.1988.

### *3. Indonesien*

Ähnlich dem englischen Recht differenziert das indonesische Kapitalgesellschaftsrecht zwischen:

- dem zur Ausgabe genehmigten Kapital (Nominalkapital, *authorized capital*),
- dem gezeichneten Kapital (*issued* oder *subscribed capital*) und
- dem eingezahlten Kapital (*paid-up capital*).[12]

Das genehmigte Kapital (*authorized capital*) ist der im Gesellschaftsstatut (*articles of incorporation*) festgelegte Gesamtbetrag der Anteile, den die Gesellschaft ausgeben darf. Eine Mindesthöhe ist hierfür nach dem Commercial Code nicht vorgeschrieben.

Der Höchstbetrag der Anteile, den die Gesellschaft ausgeben darf, ist von den tatsächlich schon gezeichneten Anteilen (*issued capital*) und der Summe der tatsächlich eingezahlten Einlagen (*paid-up capital*) zu unterscheiden. Auch wenn die Gesellschafter Anteile gezeichnet haben, brauchen sie ihre Einlagen anfangs nicht oder nicht voll erbracht zu haben. Voraussetzung für die zur Gesellschaftsgründung erforderliche Genehmigung des Justizministeriums[13] ist nur, daß wenigstens 20 % des genehmigten Kapitals gezeichnet und hiervon wiederum mindestens 10 % tatsächlich eingezahlt sind (Art. 50 Com.C.). Es müssen also lediglich 2 % des Gesellschaftskapitals (*authorized capital*) als gesetzliches Minimum eingezahlt werden, was in der Praxis regelmäßig zu einer Unterkapitalisierung führt.[14]

Für ausländische Investoren besteht grundsätzlich die Verpflichtung zur Mindestinvestition von 1 Mio. $.[15] Das stellt kleine und mittlere investitionswillige Unternehmen häufig vor Probleme. Nach den revidierten BKPM-Richtlinien kann dieses Minimum für Investitionsprojekte mit mindestens 85 % Exportanteil, für mit Auslandsbeteiligung errichtete Consulting- und Engineering-Unternehmen sowie für andere Vorhaben, über die im Einzelfall von den zuständigen Fachministerien entschieden wird, herabgesetzt werden.[16]

---

12 Vgl. zu den einzelnen Kapitalarten HIMAWAN, 15 Malaya L.R. 139, 141 (1973).
13 S. oben § 7 II 2.
14 KAEHLIG, S. 257; HIMAWAN aaO.
15 BfAI/NfA v. 28.5.1986.
16 BfAI/NfA v. 13.7.1987.

*4. Malaysia; Kenia*

Im malaysischen und kenianischen Kapitalgesellschaftsrecht gilt es wie im englischen Recht zu unterscheiden zwischen:

- *nominal* (oder *registered, authorized, original*) *capital*,
- *issued* (oder *subscribed*) *capital* bzw. *non-issued capital*,
- *paid-up capital* bzw. *uncalled* (oder *unpaid*) *capital*.[17]

Das Nominalkapital (*nominal capital*) ist das im Gesellschaftsstatut (*memorandum of association*) festzusetzende Kapital der Gesellschaft, der Gesamt-/Höchstbetrag der Anteile, den die Gesellschaft ausgeben darf. Der zur Zeichnung gelangte Teil des Nominalkapitals wird als *issued capital* bezeichnet; die Differenz zwischen Nominal- und gezeichnetem Kapital ist das nicht gezeichnete Kapital (*unissued capital*).

Das gezeichnete Kapital gibt an, bis zu welchem Betrag die Gesellschafter für Verbindlichkeiten der Gesellschaft haften; es ist der Haftungsstock der Kapitalgesellschaft. Es setzt sich zusammen aus der Summe der auf die gezeichneten Anteile tatsächlich eingezahlten Einlagen (*paid-up capital*) und dem noch ausstehenden Rest, d.h. den nicht oder noch nicht voll bezahlten Einlagen (*unpaid capital*).

Eine Mindestkapitalsumme wird entsprechend dem englischen Recht weder im kenianischen noch im malaysischen Companies Act vorgeschrieben.

Die Herabsetzung des Nominalkapitals bedarf eines mit qualifizierter Mehrheit zustandegekommenen Sonderbeschlusses (*special resolution*) und muß gerichtlich bestätigt werden (Sec. 68 kenian. Comp. Act; Sec. 64 malays. Comp. Act).[18]

## II. Anteile (shares)

*1. Rechtsnatur*

Anteile (*shares*) sind finanzielle Beteiligungen an einer Gesellschaft, die in einem bestimmten Geldbetrag ausgedrückt werden, der einen Bruchteil des Nennwertes des Grund-/Nominalkapitals darstellt. In den meisten Rechtsordnungen handelt es sich dabei um begebbare Wertpapiere.[19]

Darüber hinaus verkörpern Anteile die Rechte und Pflichten der An-

---

17 Ausführlich zu den einzelnen Kapitalarten PALMER, S. 309 ff.; TRIEBEL, S. 137 ff.; speziell für Kenia JOST, S. 163 f.; für Malaysia BOON, S. 40 ff.

18 Vgl. dazu auch JOST, S. 167; BOON, S. 43 ff.

19 BECKER, S. 161.

teilseigner (*shareholders*), d.h. ihre Mitgliedschaft. Die Rechte, die sich aus der Mitgliedschaft kraft Gesetzes oder statutarischer Einräumung ergeben, sind sowohl vermögensrechtlicher Natur – so das Recht auf Bezug einer Dividende und die anteilsmäßige Berechtigung am Liquidationserlös – als auch nichtvermögensrechtlicher Natur wie die Rechte auf Mitverwaltung, so z.B. das Recht auf Teilnahme an Gesellschafterversammlungen, Stimm- und Auskunftsrechte. Hauptpflicht des Anteilseigners ist die Leistung der übernommenen Einlage.[20] Darüber hinaus können weitere Pflichten (Nebenleistungs-, Nachschuß-, Verhaltenspflichten) vereinbart werden.

### 2. *Anteilsarten*

Die JV-Partner müssen festlegen, welche Arten von Gesellschaftsanteilen (*type of shares*) zur Ausgabe genehmigt werden sollen und welche Rechte jeder Anteilstyp den Inhabern gewähren soll. Sie sind in der Gestaltung weitgehend frei, müssen aber die durch das nationale Gesellschaftsrecht aufgestellten Schranken berücksichtigen.

Gesellschaftsanteile sind nach indonesischem[21], kenianischem[22] und malaysischem[23] Recht grundsätzlich als Namensanteile auszustellen. Sofern die Ausgabe von Inhaberanteilen rechtlich zulässig ist, muß sie statutarisch vorgesehen sein und darf nur nach voller Einzahlung erfolgen (Sec. 85 kenian. Comp. Act; Art. 41 Com.C.).

#### a) Stammanteile

Das Grund-/Nominalkapital der das Gemeinschaftsunternehmen rechtlich tragenden Gesellschaft wird im allgemeinen in Stammanteile (*common* oder *ordinary shares*) aufgeteilt. Sofern die Statuten nichts anderes bestimmen, gewährt jeder Stammanteil seinem Nennwert entsprechend gleiche Vermögens- und Mitgliedschaftsrechte.

Häufig werden auch zwei verschiedene Gattungen von Stammanteilen geschaffen (*class A shares* und *class B shares*) und der einzelnen Gattung unterschiedliche Mitgliedschaftsrechte, insbesondere unterschiedliche

---

20 Dazu i.F. III.

21 Art. 41 Com.C.; dazu auch Himawan, 15 Malaya L.Rev. 139, 142 (1973).

22 Sec. 85 kenian. Comp. Act; s. auch Jost, S. 187.

23 Sec. 57 malays. Comp. Act.

Stimmrechte zugeordnet.[24] Auf diese Weise relativiert sich die Bedeutung der Kapitalbeteiligung für die Projektherrschaft.[25]

b) Vorzugsanteile

Die JV-Partner können vereinbaren, daß durch Aufnahme einer entsprechenden Regelung in die Statuten spezielle Anteilstypen geschaffen werden, die ihren Inhabern bestimmte Rechte oder Vergünstigungen zuteil werden lassen (Vorzugsanteile, *preference* oder *priority shares*).

aa) Malaysia; Kenia

Wenn die Schaffung unterschiedlicher Anteilsarten auch in vielen Ländern zulässig ist, so ist die Vorliebe, Anteile in Gattungen (*classes of shares*) zu unterteilen, doch in England besonders groß[26] und das englische Gesellschaftsrecht in dieser Hinsicht sehr ausgeprägt.[27] Die vielfältigen Formen des englischen Gesellschaftsrechts sind auch in Kenia und Malaysia anzutreffen. Die JV-Partner können in beiden Ländern die Einführung von Vorzugsanteilen vereinbaren.[28]

Die Bevorrechtung solcher Anteile besteht zumeist hinsichtlich der Verteilung des Reingewinns. Ihr Inhaber erhält vorweg eine Dividende in bestimmter Höhe (Vorzugsdividende); anschließend wird der verbleibende Rest auf den bzw. die Inhaber der Stammanteile verteilt. Im Gegensatz zu Schuldverschreibungen oder Obligationen (*debentures*)[29] kann eine Dividendenausschüttung nur erfolgen, sofern tatsächlich ein Gewinn erzielt wurde. Sind die Vorzugsanteile als kumulative Vorzugsanteile (*cumulative preference shares*) konzipiert, so kann der Dividendenausfall eines Jahres jedoch in späteren Gewinnjahren ersetzt werden. Bei nicht kumulativen Vorzugsanteilen (*non-cumulative preference shares*) besteht dagegen kein Nachholanspruch.[30]

Eine Bevorrechtung kann auch im Hinblick auf die Verteilung des im Falle einer Liquidation anfallenden Erlöses gegeben sein.[31]

---

24 Palmer, S. 337.
25 S. dazu auch oben § 10 IV.
26 Triebel, S. 142.
27 Zu den verschiedenen Anteilsarten des englischen Rechts s. nur Pennington, Chap. 7; Palmer, Chap. 34.
28 Vgl. Sec. 66 malays. Comp. Act; Sec. 60 kenian. Comp. Act.
29 Sec. 70 ff. malays. Comp. Act; Sec. 88 ff. kenian. Comp. Act.
30 Palmer, S. 347 ff.
31 Palmer, S. 353 ff.

Vorzugsanteile können als stimmrechtslose Anteile herausgegeben werden.[32] Sie bieten den JV-Parteien damit eine Möglichkeit, den Einfluß eines Partners auf die hinsichtlich der Projektdurchführung zu treffenden Entscheidungen zu begrenzen. Üblicherweise wird vorgesehen, daß stimmrechtslose Vorzugsanteile ebenfalls ein Stimmrecht bekommen, wenn ihre Dividenden für drei aufeinanderfolgende Jahre nicht ausgezahlt wurden.

Nach kenian. wie malays. Comp. Act sind rückkaufbare Vorzugsanteile (*redeemable preference shares*)[33] zulässig (Sec. 60 kenian. Comp. Act; Sec. 61 malays. Comp. Act.). Sie berechtigen die Projektgesellschaft zum Rückkauf der Anteile. Sie kann dieses Recht etwa in dem Fall ausüben, daß eine Änderung der Finanzpolitik die Aufhebung der mit diesen Anteilen verbundenen Vorzüge erfordert. Für den Rückkauf können besondere gesetzliche oder vertragliche Vorschriften bestehen, die gewährleisten sollen, daß das Prinzip der Erhaltung des Gesellschaftskapitals nicht beeinträchtigt wird. So kann der Rückkauf z.B. nur aus akkumulierten Gewinnen oder aus einer zu diesem Zweck erfolgten Kapitalerhöhung zulässig sein. Um spätere Unstimmigkeiten zu vermeiden, sollte im JV-Vertrag überdies festgelegt sein, ob die Anteile zum Nominalwert oder zum wahren Wert zurückgekauft werden müssen.

#### bb) Indonesien

Wenn das indonesische Kapitalgesellschaftsrecht auch nicht so ausgeprägt ist wie das englische, so ist die Aufteilung von Anteilen in Gattungen (Stammanteile – Vorzugsanteile) in Indonesien doch bekannt und wird auch praktiziert.[34]

### 3. *Inhalt der vertraglichen Regelung*

Die von den JV-Partnern im Hinblick auf die Aufteilung des Gesellschaftskapitals zu treffende Vereinbarung kann folgenden Inhalt haben:[35]

> The Joint Company shall have an authorized capital of (amount) consisting of:
> 1A. (number) common (or ordinary) shares with par value of (amount) each (or without nominal, or par value).

---

32 Triebel, S. 142.
33 Allg. hierzu Palmer, S. 356 ff.
34 Himawan, 15 Malaya L.Rev. 139, 142 (1973).
35 UNIDO, Manual, S. 10 f.

or
1B. (a) (number) Class A shares of a nominal value of (amount) each; and (b) (number) Class B shares of an nominal value of (amount) each.
(c) The said Class A shares shall be entitled to appoint (number) directors of the Joint Company, and the said Class B shares shall be entitled to appoint (number) directors of the Joint Company.
2. (number) (interest rate) non-voting (or voting) cumulative (or non-cumulative), redeemable (or non-redeemable) preference shares with a par value of (amount) each.
3. (number) (interest rate) non-voting (or voting), cumulative (or non-cumulative), convertible preference shares with a par value of (amount) each, which said shares shall be convertible into common shares on the basis of one preference share for one common share any time after the last business day of the calendar year 19...

## III. Kapitaleinlage

### *1. Struktur*

Inhalt und Umfang der als Investitions- und Gesellschafterbeitrag zu erbringenden Kapitaleinlagen variieren. Sie können nach den Gesetzen der meisten Länder sowohl in Form von Sacheinlagen (*investment in kind*) als auch in bar (*cash investment*) geleistet werden. Die JV-Partner müssen deshalb neben der Höhe des Investitionsbeitrags jeder Partei auch die Art und Weise der Beitragsleistung sowie die Bewertung von Sacheinlagen regeln.

Die meisten JV-Verträge sehen Einlagen sowohl in Geld als auch in Sachleistungen vor.[36] Die wirtschaftlichen Ziele der Partner lassen sich mittels einer derartigen Regelung oftmals am besten verwirklichen.[37]

Der inländische Partner hat einerseits den Wunsch, sich das für die Durchführung eines Projekts fehlende Eigenkapital, Know-how und Sachmaterial so günstig wie möglich zu besorgen. Er will andererseits sein vorwiegend in Form von Arbeitskräften, Dienstleistungen, Rohstoffen, Immobilien oder sonstigen Vermögenswerten vorhandenes Kapital als Investitionsbeitrag einbringen. Dem steht kongruent das Bestreben des ausländischen Geschäftspartners gegenüber, sich die bei Investitionen in Entwicklungsländern unerläßlichen Dienste eines inländischen Partners möglichst günstig zu sichern und die Beschaffung von Rohmaterialien, fähigen inländischen Arbeitskräften, Standortnutzungsrechten

---

36 Vgl. auch Stricker in: Horn/Schütze, S. 229 (237).

37 Zutr. Hushon, 6 N.C.J.Int'l L. & Com.Reg. 207, 212 (1980/81).

oder Gebäuden unter geringen Kosten so einfach wie möglich zu gestalten. Mittelständische Unternehmer, denen die für eine Auslandsinvestition erforderlichen finanziellen Mittel nicht in voller Höhe zur Verfügung stehen, zeigen zudem ihrerseits Interesse daran, ihr sich aus immateriellen Leistungen (technischem Know-how, Management- und Marketingkenntnissen) zusammensetzendes Kapital als Sacheinlage ihrer gesellschaftsrechtlichen Beteiligung oder als Gegenstand einer die Beteiligung ergänzenden Lizenz einzusetzen.[38]

Denkbar ist auch der Fall, daß der Kapitalbeitrag des ausländischen JV-Partners ausschließlich in der Zurverfügungstellung von Know-how, Management- oder Consulting-Leistungen besteht, während der inländische Partner alle weiteren Bar- und Sachmittel in das Gemeinschaftsunternehmen einbringt. Zu einer derartigen Gestaltung kann es z.B. kommen, wenn eine zunächst in Form eines Know-how-, Management- oder Consulting-Vertrages durchgeführte rein vertragliche Kooperation im Rahmen der Ausweitung der Zusammenarbeit auf gesellschaftsrechtlicher Kooperationsbasis, d.h. als Gemeinschaftsunternehmen weitergeführt werden soll. Als Beispiel für eine derartige Regelung mag folgende, in einem Know-how-Vertrag gefundene Klausel dienen:

> Part of the know-how transfering fee would be paid to A by B as per clause ... during the joint-production period, and the unpaid part would be converted as the investment of A to the JV when the JV comes to realisation.

### 2. *Einbringung von Sacheinlagen*

Die Einbringung von immateriellen Leistungen oder Sachmitteln kann gesetzlich besonders geregelt sein. Dies betrifft vor allem solche Sacheinlagen, die zugleich der Durchsetzung nationaler entwicklungspolitischer Vorstellungen dienen oder sonstwie aus politischen Gründen nicht zur Disposition der JV-Partner stehen dürfen.

#### a) Immobilien

Einige Entwicklungsländer haben spezielle Vorschriften über die Einbringung von Immobilien erlassen. Sie sehen zumeist die eigenkapitalersetzende Nutzungsüberlassung des für die JV-Produktion benötigten Grundstücks durch den inländischen Partner vor.

---

38 Zu den typischen Investitionsbeiträgen ausländischer und inländischer Jv-Partner vgl. auch UNCTC, JV-Arrangements, S. 18.

aa) VR China

In der VR China stehen gewerblich genutzte Grundstücke im Eigentum des Volkes, d.h. im Staatseigentum. Privateigentum oder kollektives Eigentum kann an Grund und Boden nicht erworben werden, nur das Recht, den Grund und Boden gegen eine Pachtszinszahlung zu nutzen.[39]

Sofern dem chinesischen JV-Partner ein Landnutzungsrecht für das als Produktionsstätte des Gemeinschaftsunternehmens auserwählte Grundstück zusteht, kann er dieses nach Art. 5 JVL, Art 47 ff. JVLR als Sacheinlage einbringen. Der Wert des Nutzungsrechts muß dann auf dem Verhandlungswege kapitalisiert werden.[40]

Das Gemeinschaftsunternehmen kann das Landnutzungsrecht jedoch auch selbst erwerben und den Pachtzins an den Staat zahlen.

bb) Indonesien

Nach dem Presidential Decree No. 23 of 1980 re Utilization of Land[41] kann nur der indonesische JV-Partner Inhaber eines Nutzungsrechts über Grund und Boden sein und dieses auch nur für eine begrenzte Zeit (35 Jahre, Verlängerung bis zu insgesamt 60 Jahren möglich). Er kann dem Gemeinschaftsunternehmen das Bodennutzungsrecht für einen bestimmten Nutzungszweck übertragen (*handover-for-use-basis*). Hierüber muß eine spezielle Vereinbarung getroffen werden, die vom BKPM zu genehmigen ist. Der indonesische Partner erhält als Inhaber des Bodennutzungsrechts einen Gegenwert für die Übertragung, den er als Investitionseinlage auf seinen Kapitalanteil in Ansatz bringen kann.

b) Technologie

Die Sacheinlagen ausländischer JV-Partner bestehen häufig in der Einbringung von Technologien. Hierzu müssen in einigen Entwicklungsländern spezielle Vorschriften zum Technologietransfer beachtet werden.[42]

Die Übermittlung gewerblicher Eigentumsrechte kann im Wege der Übertragung an das Gemeinschaftsunternehmen als der weitreichensten

---

39 Stricker in: Horn/Schütze, S. 229 (237); s. auch oben § 10 I.

40 Stricker aaO.

41 Presidential Decree No. 23 of 1980 re Utilization of Land with the Right of Exploitation and the Right of Construction for Joint Ventures within the Framework of Foreign Capital Investments (Text abgedr. in: BfAI/RI Nr. 161, S. 61 ff.); dazu auch Goergen, aaO, S. 9 ff.

42 Ausführlich zur Ausstattung des Gemeinschaftsunternehmens mit Technologie unten § 12.

Transfermöglichkeit, der Erteilung einer weltweiten Alleinlizenz oder der Vergabe einer einfachen Lizenz erfolgen. Für das Gemeinschaftsunternehmen ist eine umfassende Rechtsübertragung wegen der bei der Lizenzvergabe üblichen Beschränkungen und im Hinblick auf eine etwaige transnationale Verwertung regelmäßig am vorteilhaftesten. Der ausländische Partner wird sich bei einem hohen Vermögenswert seines Know-how hiergegen aber häufig sträuben. Er wird seine Rechtsposition insbesondere dann nicht vollständig aufgeben wollen, wenn er bereits Lizenzen an Lizenznehmer in anderen Ländern erteilt hat bzw. sich eine derartige weitere Vermarktung seines Know-how offenhalten will.

Das Gemeinschaftsunternehmen erbringt als Gegenleistung für die Zurverfügungstellung der Immaterialgüter eine Vergütung. Sie kann in der Leistung einer einmaligen Pauschalsumme (*lump-sum royalty*) oder in der Entrichtung von Lizenzgebühren (*royalties*) bestehen. Sie wird bei Vereinbarung einer Pauschalsumme sofort, bei Vereinbarung von Gebühren mit Einforderung der noch ausstehenden Einlagen als Sacheinlage auf den Beitrag des ausländischen Partners für den von ihm gezeichneten Kapitalanteil in Ansatz gebracht.

### 3. *Bewertung von Sacheinlagen*

Soweit Sacheinlagen in das Gemeinschaftsunternehmen eingebracht werden sollen, müssen sich die Parteien über deren Bewertung einigen und im JV-Vertrag festlegen, in welcher Höhe diese auf den Anteil eines Partners in Ansatz gebracht werden sollen.

#### a) Allgemeine Probleme der Bewertung

Die Bewertung von Sacheinlagen verursacht in der Praxis häufig erhebliche Probleme.

Bewertungsprobleme können auf dem Wirtschaftssystem eines Anlagelandes gründen. Existiert für die vom inländischen Partner einzubringenden Sachwerte im Anlageland kein freier Markt, so läßt sich ihr tatsächlicher Wert nur schwer ermitteln. Hierauf wird im folgenden noch näher einzugehen sein.

Die Vorstellungen der Partner von dem Wert bestimmter Sachleistungen sind zum Teil auch so gegensätzlich, daß eine Annäherung der Positionen nur schwer möglich ist und übereinstimmende Wertfestsetzungen nicht immer erreicht werden können.

Um eine möglichst objektive und realistische Bewertung zu gewährleisten, bietet sich zumindest für die Bewertung gegenständlicher Sacheinlagen an, sie durch eine neutrale Person oder Institution, z.B. durch einen Wirtschaftsprüfer vornehmen zu lassen. Die entsprechende Klausel des JV-Vertrags kann beispielsweise lauten:[43]

> If the payment is made in kind, then the goods or assets have to be specified at their real value determined by a public accountant appointed by the board of directors with due observance of the applicable regulations.

Die Bewertung der Sacheinlagen steht nicht immer zur uneingeschränkten Disposition der Parteien. Sie kann einer mehr oder weniger strengen behördlichen Kontrolle unterliegen.[44]

Behördliche Kontrollen sollen eine mißbräuchliche Überbewertung zum Nachteil des anderen Partners verhindern. Es besteht allerdings die Gefahr, daß die Kontrolltätigkeit nicht objektiv ausgeübt wird und die Beiträge des inländischen Partners aus wirtschaftspolitischen Gründen überbewertet werden.

Behördliche Kontrollen bereiten in der Praxis auch Schwierigkeiten, wenn es sich nicht um gegenständliche Sacheinlagen, sondern um die Einbringung von Fachkenntnissen, Erfahrungen etc. handelt. Für die Bewertung von Know-how gibt es bislang keine international anerkannten Regeln, die den Parteien oder Behörden als Bewertungsmaßstab dienen könnten.[45]

---

43 So z.B. auch eine Bestimmung in Art. 4 Ziff. 2 II der Model Articles of Incorporation einer indones. Perseroan Terbatas, abgedr. bei HIMAWAN/KUSUMAAT-MADJA in: Private Investments I, S. 747 (777).

44 Vgl. z.B. Art. 49 JVLR bzgl. der Bewertung des vom chines. Partner einzubringenden Bodennutzungsrechts.

45 Interessant in diesem Zusammenhang die Ausführungen von LEMKE, S. 332. Danach sollen chines. Experten in informellen Gesprächen der Ansicht nicht widersprochen haben, daß man bei der Bewertung von Know-how ähnlich vorgehen könnte wie bei Abreden über Lizenzgebühren in internationalen Lizenzverträgen. Dort werde zumeist der Wert einer Lizenz als ein 25 %iger bis 33,3 %iger Anteil des Lizenzgebers an dem Gewinn beim Lizenznehmer verstanden. LEMKE führt folgendes Beispiel an: Wenn der Exportverkaufspreis des mit dem Know-how des ausländischen Partners hergestellten Produktes 100 Yuan beträgt und der Gewinn mit 10 % (10 Yuan) vorkalkuliert werden kann, dann läge der anteilige Know-how-Wert in seiner Untergrenze bei 2,5 Yuan. Anhand des nach Art. 6 JVL vom Board of Directors aufzustellenden Produktionsplans ließe sich dann der Multiplikator für den Faktor 2,5 Yuan ermitteln.

b) Besondere Problembereiche

aa) Immobilien

Besondere Probleme wirft die Bewertung von Immobilien in sozialistischen Anlageländern auf. Die Grundstücke selbst stehen in diesen Ländern im Staatseigentum. Es ist nur die Einbringung ihres Nutzungswertes in Form eines dem inländischen Partner zustehenden Standortnutzungsrechts als eigenkapitalersetzende Gebrauchsüberlassung möglich.[46]

Der Nutzungswert wird anhand verschiedener Beurteilungskriterien (Lage, vorhandene und für den speziellen Gebrauch erforderliche Infrastruktur etc.) ermittelt. Er wird in einer staatlich festgelegten Benutzungsgebühr (*land* oder *site use fee*) ausgedrückt, die dann als Investitionseinlage des inländischen Partners auf dessen Anteil in Ansatz gebracht werden kann.[47]

Um eine Überbewertung des Beitrags des inländischen Partners zu verhindern, sollte sich der ausländische Partner über die in Ländern vergleichbarer Regionen herrschenden Pachtsätze informieren.[48] In der VR China z.B. wurden von chinesischer Seite teilweise Werte angegeben, die über die in anderen Ländern der ost- und südost-asiatischen Region üblichen Pachtsätze weit hinausgingen.[49] Obwohl in Art. 47-53 JVLR nicht vorgesehen, ist es nach der Vertragspraxis üblich, daß die Parteien über Nutzungswerte, die von staatlicher Seite überhöht angegeben werden, verhandeln.[50]

bb) Maschinen, Anlagen, Ausrüstungen

Die Ermittlung des Wertes vom inländischen Partner einzubringender Gebäude, älterer Maschinen, Anlagen oder Ausrüstungen kann problematisch sein. Die Ursache hierfür liegt häufig in den nationalen Abschreibungsmethoden. Niedrige Abschreibungssätze, die vor allem in sozialistischen Anlageländern zu finden sind, und ungenaues oder nicht verfügbares Zahlenmaterial bewirken, daß der tatsächliche Wert der Produktionsstätten und Ausrüstungen nur schwer feststellbar ist. Die JV-Partner müs-

---

46 S. oben 2 a).

47 Vgl. z.B. Art. 48, 49 JVLR.

48 Zutr. Lemke, S. 331.

49 Statt vieler Messmann, S. 10.

50 Bloomfield m.w.N., 14 Int'l Bus.Law. 327, 329 (1986); allg. zu dem Problem der Grundstücksbewertung in der VR China Nee in: Delfs/Gorman/Nee, S. 109 f.; Torbert, 12 Vand.J.Transnat'l L. 819, 856 (1979); Cohen, China Bus.Rev. 23, 24 (1982); Stricker in: Horn/Schütze, S. 229 (237).

sen in diesem Fall versuchen, im Verhandlungsweg eine Einigung über den Bewertungswert zu erzielen.

Der Wert neuer Maschinen, Geräte, Fahrzeuge und Anlagen läßt sich demgegenüber regelmäßig problemlos anhand von Weltmarktpreisen oder Lieferpreisen an Dritte ermitteln.[51]

### 4. *Zeitpunkt der Einlageerbringung*

Je nach nationaler Gesetzgebung und individualvertraglicher Regelung müssen die JV-Partner die von ihnen für die Übergabe der Anteile (*shares*) zu leistenden Beiträge bei deren Ausgabe ganz oder nur teilweise erbringen.[52] Im letzteren Fall bleibt die Einforderung noch ausstehender Einlagen gewöhnlich dem Board of Directors vorbehalten, der von Zeit zu Zeit bei Auftreten weiteren Kapitalbedarfs zur Einzahlung der rückständigen Einlagen auf gezeichnete Anteile auffordert. So findet sich in einem unter deutscher Beteiligung gegründeten Gemeinschaftsunternehmen z.B. folgende Regelung:

> Die Anteile werden von A und B gezeichnet und voll eingezahlt. Die Gründungsausgabe wird wie folgt durchgeführt:
> Die Einzahlung der Anteile erfolgt auf Abruf. Der Board of Directors entscheidet über den Abruf unter Berücksichtigung des finanziellen Bedarfs der neuen Gesellschaft.

Da die JV-Partner noch ausstehende Einlagen (insb. Bareinlagen) bei deren Einforderung nicht immer sofort erbringen können, wird ihnen in einigen JV-Verträgen vorsorglich eine Frist eingeräumt. Der entsprechende Absatz kann z.B. lauten:

> Payments to the share capital are to be effected in cash or in kind and will be called for in accordance with the requirements of the JV-Project and pari passu from the partners. The respective share calls shall be made at least 28 days in advance and in accordance with the Company's Articles of Association.

### 5. *Regelung der Vorgründungskosten*

Unabhängig davon, ob die Parteien ihre Beiträge bei Gründung der Projektgesellschaft oder bei Produktionsbeginn ganz oder nur teilweise zu leisten haben, müssen sie immer eine Regelung hinsichtlich der vor Einlageerbringung entstehenden Kosten (*pre-incorporation* oder *pre-opera-*

---

51 Zutr. Lemke, S. 331.

52 S. oben I 2-4.

*ting expenses*) treffen. Diese werden regelmäßig aus dem späteren Gesellschaftsvermögen beglichen.

> The Company shall provide a budget which shall cover the following items:
>
> a) reimbursement of pre-operating expenses of A up to a maximum amount of ...;
> b) reimbursement of pre-operating expenses of B up to a maximum amount of ...;
> c) payment of all necessary expenses of the Company prior to actual start-up of operations.

Um zwischen den Partnern keine Meinungsverschiedenheiten über den Begriff der Vorgründungskosten aufkommen zu lassen, sollten diese im Vertrag abschließend aufgezählt bzw. definiert werden. Ein Beispiel für eine solche Klausel lautet:

> The following pre-incorporation expenses (expenses) shall be borne by the Company:
>
> a) all reasonable expenses and fees of legal counsel and notaries in ... relating to the preparation, negotiation and execution of this Agreement, any agreement referred to herein or relating to the establishment and operation of the Company and any agreements to be entered into by the Company and third parties, the deed of establishment of the Company and amendments thereto, the application to ... for approval of the investment contemplated by this Agreement and to ... for approval of the deed of establishment, and for obtaining such approvals, and other documents or action re lated to the foregoing;
> b) any fees, taxes, duties or other costs relating to any matter referred to in clause a) thereof; and
> c) any other expenses which the parties mutually agree in writing to be treated as expenses.

## § 12 Technologietransfer

### I. Ausstattung des Gemeinschaftsunternehmens mit Technologie

Gemeinschaftsunternehmen, die in der VR China, Indonesien, Malaysia, Kenia oder einem anderen Entwicklungsland gegründet werden, gehen regelmäßig mit einem Technologietransfer einher; das Gemeinschaftsunternehmen wird von dem ausländischen Investor mit dem für die Projektdurchführung erforderlichen Know-how ausgestattet. Damit ist gemeint:

- Zurverfügungstellung von Immaterialgütern (*industrial property*) in Form des Ausleihens von Technikern oder Ingenieuren, die den JV-Beschäftigten das Know-how beibringen,
- Dokumententechnologietransfer, d.h. die bloße Übergabe des technologischen Informationsmaterials,
- Überlassung körperlicher Vermögensgegenstände wie z.B. Anlagen, Gebäude, Ausrüstungen, Computer, teilweise entwickelte Fabrikteile,
- Erbringung sonstiger Dienste, z.B. Organisationsleistungen.

Der Begriff Immaterialgüter bezeichnet in diesem Zusammenhang Patente, Gebrauchs- und Geschmacksmuster, Warenzeichen und Handelsbezeichnungen ebenso wie Know-how, technische Informationen und Unterlagen über Produktion, Verwendung und Verkauf der herzustellenden Waren, bestimmte Verarbeitungstechniken, Testverfahren, Anleitungen für Qualitätskontrollen und ähnliches.[1]

Als Beispiel für eine Technologietransferregelung kann folgende detaillierte Vereinbarung dienen, die sich in einem malaysischen JV-Vertrag findet:

> Technical Know-how (Manufacturing)
> 1.1 A (foreign partner) shall povide assistance, co-operation and up-to-date technical know-how and facilities necessary for the manufacture of Widget by the Company.
> 1.2 (a) A hereby undertakes to be responsible for the training of technical personnel at the Company's factory or plant and for the provision of qualified technical personnel to the Company.
> (b) All expenses incurred including travelling and accommodation charges of such personnel extended by A to the Company shall be borne by the Company. Payments shall be made at such rate or rates as may be agreed upon by the parties hereto.
> (c) A shall without any fee allow technical personnel of the Company to visit plants of A for instruction in the use of know-how and to study the production methods of A and such personnel shall be required to abide by all the rules and regulations of A and the instructions of the factory manager and provided that the Company shall bear all the travelling living and other expenses of such technical personnel. The length of their stay, the number of such technical personnel and other details shall be determined by agreement between the parties hereto and/or the Company as each occasion may require.

---

1 So auch UNIDO, Manual, S. 12.

1.3 (a) Subject to clause ... herein, A shall grant to the Company sole and exclusive right, privilege and licence to manufacture Widget and to use the trade secret and processes of A under any relevant licence, copyright, trade mark, patent and know-how owned or held by A exclusively and without derogation.

(b) A shall communicate to the Company modifications, improvements or addition to know-how concerning the manufacture of Widget together with full particulars as to the mode of manufacturing and working the same.

(c) Nothing herein shall be deemed to affect in anyway and/or vary such manufacturing rights that have been granted hereto before by A by agreement to the respective parties listed in Part I and hereafter to such relevant parties in respect of the territories listed in Part II of the Appendix „A" hereto.

(d) A undertakes with B (local partner) and the Company that it shall not during the currency of this Agreement provide or attempt to provide the manufacturing rights and/or know-how to any affiliated, subsidiary or related company or to any third party in Malaysia or elsewhere without the prior written consent of B and the Company.

1.4 A and B shall cause on such Widget manufactured by the Company under licence from A, boxes, packages, catalogues, price lists and advertisements a suitable statement indicating that such Widget have been manufactured by the Company in Malaysia under licence from A.

Die Ausstattung des Gemeinschaftsunternehmens mit Technologie kann sich auf zwei verschiedenen Wegen vollziehen. Sie kann Sacheinlage sein, d.h. der ausländische Investor kann das Know-how über Lizenz-, Know-how- oder Management-Verträge als Teil seiner Kapitaleinlage in das Gemeinschaftsunternehmen einbringen.[2]

Die Verträge über den Technologietransfer können vertragstechnisch aber auch vom Gesellschaftsstatut getrennt und als separate Zusatzvereinbarungen gefaßt werden, in denen Technologien, betriebswirtschaftliches und kaufmännisches Know-how als Leistung gegen Zahlung eines entsprechenden Entgelts (*fee, royalities, charge*) angeboten werden.[3] Dies ist vor allem bei ausreichender Eigenkapitalausstattung oder hohem Know-how-Wert der Fall. Der JV-Vertrag sieht in diesem Fall für die Know-how-Übertragung den Abschluß weiterer Vereinbarungen vor. Die entsprechende Klausel kann etwa lauten:

---

2 S. oben § 11 III 2 b).

3 S. oben § 9 IV 2.

1.1 A shall supply the Company with all technical know-how needed for the production of Widget. It shall train the Company's technical personnel, shall put to the Company's disposal its collection of products and shall grant in favour of the Company the licences for the use of its registered industrial property (patents, trade marks, etc.).
1.2 All details including the remuneration to be paid for the services to be rendered as per paragraph 1 of this Article will be laid down in a separate Know-how and Technical Assistance Agreement to be concluded between the Company and A for an initial period of ... years (renewable for subsequent periods of ... years each).

## II. Die rechtliche Behandlung des Technologietransfers auf nationaler Ebene

### *1. Nationale Unterschiede in der Regelungsintensität*

Der rechtliche Rahmen, innerhalb dessen sich der Technologietransfer in den Entwicklungsländern vollzieht, variiert von Land zu Land entsprechend den jeweiligen Entwicklungszielen und Rechtssystemen. Während Indonesien, Malaysia, Kenia und eine Reihe anderer Entwicklungsländer Inhalt und Struktur von Technologietransfervereinbarungen nicht durch spezielle Technologievertragsgesetze regeln und lediglich eine Kontrolle der Transferzahlungen vorsehen, zählt die VR China zu den Entwicklungsländern, in denen relativ regelungsintensive Technologietransfergesetze erlassen wurden. Mit ihrer Hilfe soll zum einen der Technologietransfer in den Bereichen zurückgedrängt werden, in denen ein Technologieimport aus dem Ausland unerwünscht ist. Zum anderen soll hierdurch auch die Verhandlungsposition des inländischen Technologienehmers gestärkt werden, da dieser sich in der Regel sowohl technologisch als auch wirtschaftlich auf einer niedrigeren Entwicklungsstufe als sein ausländischer Vertragspartner befindet. Während für die Industriestaaten die Reglementierung des Technologietransfers in erster Linie ein wettbewerbsrechtliches Problem ist und das Transfergeschäft durch die Kartellgesetze vornehmlich im Hinblick auf die Aufrechterhaltung und Förderung des freien Wettbewerbs überprüft wird, bezwecken die von Entwicklungsländern erlassenen Technogietransfergesetze die einseitge Förderung inländischer Interessen.[4]

Derartige Technologietransfergesetze machen die Wirksamkeit des Transfergeschäfts i.d.R. von der Genehmigung durch die zuständige nationale Behörde abhängig. Die Genehmigung wird nur dann erteilt, wenn

---

[4] Ebenroth, S. 73, 260.

der Technologietransfervertrag bestimmten wirtschaftlichen, technologischen und rechtlichen Kriterien genügt.

Häufig wird die Vertragsfreiheit der Parteien durch die Vorgabe eines gesetzlichen Mindestinhalts eingeschränkt. Im Extremfall ist es dem Technologiegeber nicht gestattet, zu einer für ihn wirtschaftlich zumutbaren Vertragsgestaltung zu gelangen. Dies gilt insbesondere im Hinblick auf dem Technologiegeber auferlegte Erfolgsgarantien oder wettbewerbsrechtliche Verbote.[5]

Die im Rahmen eines separaten Zusatzvertrages durchgeführte Kooperation auf dem Gebiet des Technologietransfers kann formal anderen Bestimmungen unterliegen als die Einbringung von technischem Wissen als Investitionsbeitrag und Kapitaleinlage. Von der Regelungsdichte, den an den Technologietransfer gestellten Anforderungen und der Kontrollintensität her ist jedoch zumeist kein wesentlicher Unterschied festzustellen.[6] Die mittels der Investitions- und Technologietransferkontrolle verfolgten entwicklungspolitischen Zielsetzungen sind dieselben.

### 2. *Speziell: Technologietransferregelungen der VR China*

In der VR China werden Technologietransferverträge, die zwischen dem ausländischen Partner und dem Gemeinschaftsunternehmen geschlossen werden, grundsätzlich von den am 24.5.1985 in Kraft getretenen Technologieimportvertragsbestimmungen (TIVB)[7], den vom MOFERT am 20.1.1988 verkündeten Durchführungsbestimmungen[8] und dem Außenwirtschaftsvertragsgesetz[9] erfaßt.[10] Sollen gewerbliche Schutzrechte und technisches Know-how als Kapitaleinlage des ausländischen Partners in das Gemeinschaftsunternehmen eingebracht werden, sind dagegen die Bedingungen zu beachten, die auf der Grundlage des Gesellschaftsrechts in Art. 25, 28, 29, 43-46 JVLR aufgestellt werden. Dies wird in Art. 4 Implementing Regulations noch einmal ausdrücklich klargestellt.

Die Anforderungen, die an die Qualität der einzubringenden Tech-

---

5 Ebenroth, S. 74.

6 S. i.F. 2.

7 Regulations of the PRC for the Control of Technology Import Contracts (Technology Regulations).

8 Regulations for the Implementation of the Technology Regulations (Implementing Regulations); Text abgedr. in: Heuser, RIW 1988, 258 (260).

9 Foreign Economic Contract Law (FECL).

10 Allg. dazu Heuser, RIW 1988, 258 ff.; Jakubowski, ZvglRwiss 84 (1985) 257-273; Helms/Heubel in: Harnischfeger-Ksoll/Wu, S. 323 ff.; Heuser/Zhao, RIW 1985, 684 ff.

nologie gestellt werden, sind in beiden Fällen ähnlich. Art. 44 JVLR verlangt, daß sie „geeignet und fortschrittlich“ (*appropriate and advanced*) sein muß, ferner ermöglichen muß, daß die vom Gemeinschaftsunternehmen hergestellten Produkte „im Inland bemerkenswerte, sozialwirtschaftliche Resultate zeigen oder auf dem Weltmarkt konkurrenzfähig sind“. Ein allgemein gültiger Maßstab dafür, wann eine Technologie als „geeignet und fortschrittlich“ gilt, fehlt allerdings.[11] Kriterien sind die in Art. 28 JVLR erhobenen Forderungen, daß das *industrial property* entweder neue, in der VR China dringend benötigte Produktionen erlaubt, zu erheblichen Qualitätsverbesserungen in der Produktion bzw. einer Steigerung der Produktivität oder zu beträchtlichen Rohstoff- oder Energieeinsparungen führt. Diese Eigenschaften werden neben weiteren, alternativ aufgeführten Voraussetzungen[12] auch in Art. 3 Ziff. 1-8 Technology Regulations verlangt. Dort wird die Forderung aufgestellt, die zu importierende Technologie müsse „fortschrittlich und anwendbar sein“ (*advanced and practical*). Wie die bisherige JV-Praxis gezeigt hat, werden ausgereifte Technologien als fortschrittlich akzeptiert, auch wenn sie nicht den dernier cri darstellen.

Technologietransferverträge mit chinesischen Vertragspartnern müssen die in Art. 5-9 Technology Regulations bzw. die in Art. 46 Ziff. 1-7 JVLR aufgeführten Voraussetzungen erfüllen, wenn eine Einlageerbringung Regelungsgegenstand ist. Danach haben Preise, die für eine Technologiesacheinlage in Ansatz gebracht werden, „gerecht und angemessen“ (*fair and reasonable*) zu sein. Die auf Gebührenbasis (*royalties*) anzurechnenden Gegenleistungen sollen dem internationalen Standard entsprechen und auf der Basis des Nettoverkaufspreises der Produkte oder nach einer anderen von den Parteien vereinbarten Methode ermittelt werden. Sofern die Partner keine abweichende Regelung treffen, ist es dem Technologielieferanten verboten, an den Technologietransfer restriktive Bedingungen (Festlegung von Stückzahlen oder Preisen, regionale Exportrestriktionen etc.) zu knüpfen. Die Laufzeit eines Technologietransfervertrages ist grundsätzlich auf maximal 10 Jahre begrenzt. Danach soll die übertragene Technologie von der Partei, die die Technologie importiert hat, kontinuierlich genutzt werden dürfen. Der Austausch von Informationen über Technologieverbesserungen soll reziprok sein. Eine exclusive Bindung an den Technologielieferanten bzgl. Ausrüstung und Rohmaterialien wird ausgeschlossen.

---

11 MESSMANN, S. 10.

12 Vorteilhaftigkeit für den Umweltschutz, die Produktionssicherheit, die Verbesserung des Wirtschaftsmanagements etc.

## III. Schutz immaterieller Leistungen

### *1. Schutzbedürfnis ausländischer Investoren*

Unabhängig davon, ob der ausländische Partner dem Gemeinschaftsunternehmen sein Know-how als Sacheinlage oder im Rahmen einer Zusatztechnologietransfervereinbarung zur Verfügung stellt, stellt sich für ihn die Frage nach dem Schutz dieser immateriellen Leistung. Sie bedarf der Absicherung gegenüber dem unberechtigten Zugriff Dritter und des Anlagestaates. Das zumeist fortschrittliche Wissen soll nur an die Projektgesellschaft als Trägerin des Gemeinschaftsunternehmens bzw. zahlende Empfängerin weitergegeben werden. Das Bedürfnis, sich durch gewerbliche Schutzrechte oder andere Schutzinstrumente vor unbefugter Know-how-Weitergabe und dem Verlust des aus diesem Wissen resultierenden Wettbewerbsvorteils zu schützen, ist verstärkt bei mittelständischen Unternehmen anzutreffen, deren Wettbewerbsvorteil in speziellem Fachwissen besteht.

### *2. Gewerbliche Schutzrechte*

#### a) Nationaler Rechtsschutz

Soweit es sich um schutzrechtsfähiges Wissen handelt, kommen als Garanten der immateriellen Leistungen vor allem gewerbliche Schutzrechte, insbesondere Patentrechte in Betracht.[13] Sie haben in den Rechtsordnungen zahlreicher Entwicklungsländer eine eigene Regelung erfahren, so auch in der VR China[14], Indonesien[15], Malaysia[16] und Kenia.[17]

---

13 Ullrich, RIW 1987, 179 (182).

14 Vgl. The Trademark Law of the PRC (1982); Detailed Rules and Regulations for the Implementation of the Trademark Law of the PRC (1988); zum chines. Warenzeichenrecht insb. Kügel in: Horn/Schütze, S. 207 ff.; Heuser, ZvglRwiss 82 (1983) 142-151; Bao Zenghua/Drouven, RIW 1988, 861 ff.; The Patent Law of the PRC (1984); Implementing Regulations of the Patent Law of the PRC (1985); zum chines. Patentrecht statt vieler Kügel m.w.N. in: Horn/Schütze, S. 165 ff.; Gesetzestexte abgedr. in: Horn/Schütze, Anhang, S. 446 ff.; Text der Durchführungsbestimmungen zum Warenzeichengesetz abgedr. in: Bao Zenghua/Drouven, RIW 1988, 861, 865 ff.

15 Vgl. The Trade Mark Act of 1961. The Copyright Act of 1982; seit Oktober 1987 gelten verschärfte Ergänzungsbestimmungen. Der bisherige Urheberrechtsschutz wird darin z.T. von 25 auf 50 Jahre verlängert; Urheberrechtsverletzungen werden schärfer geahndet und können von den Behörden auch ohne vorherige Anzeige verfolgt werden. Der Schutz für Ausländer verbessert sich auch insoweit, als ausländische Urheberrechte nunmehr in Indonesien schon

Die meisten Entwicklungsländer gestalten den gewerblichen Rechtsschutz jedoch so, daß sie ihre entwicklungspolitischen Vorstellungen mit seiner Hilfe durchsetzen können. Sie bedienen sich dabei verschiedener Mittel. So werden der sachliche und zeitliche Schutzumfang von Ausschließlichkeitsrechten häufig stark begrenzt, d.h. bestimmte technische Bereiche oder Produkte von der Schutzrechtsfähigkeit ausgeschlossen, Schutzfristen allgemein oder für bestimmte Gegenstände kurz bemessen (z.B. 10 oder 5 Jahre ab Anmeldung),[18] und strenge Zwangslizenzregelungen getroffen.[19]

Der gewerbliche Rechtsschutz kann auch durch besondere Vorschriften der nationalen Technologietransfergesetzgebung eingeschränkt sein. Wert und Schutzfunktion gewerblicher Schutzrechte können auf verschiedene Weise beeinträchtigt werden. Regelungen, die restriktive Vertragsklauseln wie z.B. Gebiets- und Mengenbeschränkungen, Verwendungs- und Wettbewerbsverbote nicht oder nur begrenzt zulassen, können hierzu ebenso beitragen wie eine Technologietransferaufsicht, die auch die Marktgerechtigkeit der Lizenzgebührregelung oder die wirtschaftspolitische Zweckmäßigkeit, insbesondere die entwicklungsstrategische Eignung der Technologie erfaßt.[20]

---

automatisch geschützt sind, wenn der betreffende Staat ein bilaterales Copyright-Abkommen mit Indonesien hat oder einem multilateralen Abkommen zum Schutz von Urheberrechten angehört, dem auch Indonesien beigetreten ist. Ein spezielles Patentrecht ist z.Z. noch nicht in Kraft. Es existiert lediglich eine Verfügung des Justizministers, wonach eine provisorische Registrierung beim Patentamt im Justizministerium beantragt werden kann, die beim Inkrafttreten eines zukünftigen Patentgesetzes ein „droit de priorite" gewährleistet. Gebrauchs- und Geschmacksmuster werden gesetzlich nicht geschützt; zum gewerblichen Rechtsschutz auch BKPM, Guide, S. 90.

16 Vgl. The Copyright Act of 1986, der den Copyright Act of 1969 ablöste; dazu BfAI/NfA v. 29.4.1987 und v. 25.11.1987; The Patent Act of 1983, geändert durch den Patent Amendment Act of 1986; dazu auch BfAI/NfA v. 19.12.1986; The Trade Mark Act of 1976, nebst zugehöriger Ausführungsbestimmungen in Kraft getreten am 1.9.1983; dazu auch GRUR INT. 1984, 57.

17 Vgl. The Trade Licensing Act, Chap. 497 Laws of Kenya; The Trade Marks Act, Chap. 506 Laws of Kenya; The Patents Registration Act, Chap. 508 Laws of Kenya.

18 Ebenroth, S. 262 ff.

19 Allg. dazu auch Ullrich, RIW 1987, 179 (180).

20 Ullrich, aaO, S. 181; Ebenroth, S. 266 ff.

b) Internationaler Rechtsschutz

Internationaler gewerblicher Rechtsschutz wird durch die Pariser Verbandsübereinkunft zum Schutz des gewerblichen Eigentums von 1883 gewährt. Sie wurde zuletzt 1967 in Stockholm revidiert. Die Pariser Verbandsübereinkunft ist das führende multilaterale Abkommen für den gewerblichen Rechtsschutz und verpflichtet alle Verbandsstaaten zur Gewährung eines Mindestschutzes für erfinderisches Wissen. Dieser soll vor allem durch die Grundsätze der Inländerbehandlung und der internationalen Priorität garantiert werden. Darüber hinaus wird die Befugnis der beigetretenen Staaten eingeschränkt, den Bestand und die Ausübung von Patenten autonom zu regeln. Abgesehen davon, daß die Pariser Verbandsübereinkunft ihren weltweiten Geltungsanspruch nicht einlösen kann, da ihr nicht alle Staaten oder einige nur in einer ihrer alten, schutzrechtlich schwächeren Fassungen angehören[21], hat sich im Laufe der Zeit gezeigt, daß der Konventionsschutz erhebliche Lücken aufweist.[22]

### *3. Investitionsgarantien*

Gewerbliches Eigentum ist ebenso wie andere Kapitalanlagen speziell auch der Gefahr staatlicher Zugriffe ausgesetzt. Zwangslizenzen können zu einer Rechtsbeschränkung oder Rechtsentziehung führen und damit enteignungsgleichen oder enteignenden Charakter haben.[23] Auch wenn die nationale Rechtsordnung zum Investitionszeitpunkt noch keine Rechtsgrundlage für den hoheitlichen Zugriff auf ausländisches Know-how vorsieht, so kann der ausländische Unternehmer doch nicht vor einer Änderung der Rechtslage hinsichtlich der wirtschaftspolitisch gesteuerten Nutzungsrechtsausübung sicher sein.[24] Eine Änderung der

---

21 Der Pariser Verbandsübereinkunft gehören u.a. an: die VR China, Kenia, Indonesien (nur in einer ihrer älteren, schutzrechtlich schwächeren Fassung). Übersicht über den Stand der internationalen Verträge auf dem Gebiet des gewerblichen Rechtsschutzes in: GRUR Int. 1987, 162 ff.

22 Allg. zur Pariser Verbandsübereinkunft Ebenroth, S. 274 f.

23 Vgl. z.B. eine im malays. Patentrecht (Sec. 84) zu findende Regelung: Danach kann ein zuständiger Minister oder ermächtigter Beamter im öffentlichen Interesse eine Behörde, Regierungsstelle oder private Person ermächtigen, eine patentierte Erfindung auch ohne Einwilligung des Patentinhabers in Malaysia zu nutzen. Hierfür ist nach heftigem Protest von verschiedenen Seiten nunmehr nach Sec. 84 n.F. immerhin eine angemessene Entschädigung zu leisten.

24 S. oben § 6 I.

Wirtschaftspolitik kann hierzu ebenso führen wie eine Änderung der allgemeinen politischen Verhältnisse.

Internationale und nationale Investitionsgarantien für gewerbliches Eigentum versuchen, diesem politischen Risiko zu begegnen. So erstreckt sich der Begriff der Kapitalanlage in den bereits früher angesprochenen bilateralen Investitionsschutzverträgen[25] auch auf Urheberrechte, Rechte des gewerblichen Eigentums, technische Verfahren, Handelsmarken und -namen, Know-how und Good will.[26]

Das multilaterale Abkommen über die Errichtung der MIGA hat die Möglichkeit einer selbständigen Garantie für immaterielle Investitionen offen gehalten, indem es dem Board of Directors erlaubt, neben Unternehmensbeteiligungen und beteiligungsähnlichen Darlehen auch andere Investitionen zur Garantie zuzulassen (Art. 12 b des Abkommens).[27]

Demgegenüber ist der durch die Bundesgarantien für Kapitalanlagen gewährte Schutz der nationalen Investitionsgarantie enger. Da nach § 3 der Allgemeinen Bedingungen für die Übernahme von Garantien für Kapitalanlagen im Ausland[28] nur gesellschaftsrechtliche bzw. vergleichbare Unternehmensbeteiligungen zu den garantiefähigen Kapitalanlagen zählen, wird gewerbliches Eigentum nur geschützt, wenn es als Sacheinlage eingebracht wird.

### 4. *Sonstige Schutzmechanismen*

Gewerbliche Schutzrechte und Investitionsgarantien vermögen den ausländischen JV-Partner bei der Erbringung immaterieller Leistungen nur bedingt zu schützen. Der Schutz gewerblichen Eigentums kann je nach tatsächlich gehandhabter und rechtlich ausgestalteter Wirtschaftsordnung des Anlagelandes durch eine restriktive nationale Gesetzgebung zum gewerblichen Rechtsschutz und/oder eine strenge staatliche Kontrolle von Technologietransfer- und Investitionsvorhaben mehr oder weniger stark eingeschränkt sein.[29] Immaterielle Leistungen, die in der Vermittlung von nicht schutzrechtsfähigem technischem Wissen oder in sonstigen Kenntnissen und Erfahrungen (z.B. Organisations- und Planungs-

---

25 S. oben § 3 II 2.

26 Vgl. nur Art. 1 I d des Musterabkommens.

27 Text des Abkommens abgedr. in: I.L.M. 1985, 688.

28 Text abgedr. in: SALOW, S. 246 ff.

29 So auch ULLRICH, RIW 1987, 179 (182); allg. zu dieser Problematik vgl. auch die Ausführungen von BEIER, RIW 1988, 166 ff. über gewerbliche Schutzrechte in Gemeinschaftsunternehmen nach sowjetischem Recht.

methoden) bestehen, sind vom gewerblichen Rechtsschutz ohnehin ausgenommen. Vertraglicher Schutz vor einer unbefugten Offenbarung des Know-how[30] ist je nach Inhalt der nationalen Technologietransfergesetzgebung auch in diesem Bereich nicht immer lückenlos erhältlich.

Es zeigt sich insofern wiederum die Bedeutung der richtigen Partnerwahl, die schon in anderen Zusammenhängen herausgestellt wurde. Eine vertrauensvolle partnerschaftliche Zusammenarbeit vermag oftmals noch am besten vor einer unbefugten Wissensweitergabe zu schützen.

Abgesehen von dem resignierenden Verzicht auf die Investition kommt für den ausländischen Partner ansonsten nur in Betracht, sein Know-how in den letztlich entscheidenden Punkten soweit wie möglich zurückzuhalten. Ein derartiges Verhalten ist andererseits jedoch nicht dazu geeignet, das Vertrauensverhältnis zwischen den Partnern zu fördern, das als Basis für ein erfolgreiches Gemeinschaftsunternehmen unerläßlich ist. Eine Absicherung dieser Art kann für die Anfangsjahre eines Gemeinschaftsunternehmens gleichwohl ratsam sein, wenn sich die Kooperationspartner nicht aufgrund vorheriger Geschäftsbeziehungen näher kennen. Um zu verhindern, daß die Technolgie bei einem vorzeitigen Scheitern des Gemeinschaftsunternehmens ohne entsprechende Gegenleistung an den inländischen Partner geleistet worden ist, sollte sich der ausländische JV-Partner sicherheitshalber nur zu einer stufenweisen Technologievermittlung verpflichten.[31]

Ein kleiner Trost mag ausländischen Unternehmern auch das Wissen darum sein, daß sich die Übernahme von Know-how in der Praxis oft als langwieriger Lernprozeß darstellt. Es dauert also eine Zeit, bis der inländische Partner bzw. die Projektgesellschaft als Technologienehmer über das Know-how verfügen. Technologien werden zudem ständig fortentwickelt. Der inländische Partner ist also ohnehin solange auf den ausländischen Geschäftspartner angewiesen, wie er nicht selbst zur eigenständigen Weiterentwicklung in der Lage ist.

---

30 Zu denken ist z.B. an die Vereinbarung der Geheimhaltung über die Vertragslaufzeit hinaus.

31 So richtig Bloomfield, 14 Int'l Bus.Law. 327, 329 (1986).

# § 13 Beendigung

## I. Zeitlich begrenzte Existenz des Gemeinschaftsunternehmens

Ein Gemeinschaftsunternehmen ist nicht auf unbegrenzte Zeit angelegt. Als eine Form ausländischer Direktinvestition und Entwicklungshilfe ist seine Lebensdauer begrenzt. Ausländische Investitionen sind nach Auffassung der meisten Entwicklungsländer zwar einerseits für ihre entwicklungspolitischen Zielsetzungen unverzichtbar. Da sie jedoch gleichzeitig – tatsächliche oder vermeintliche – Gefahren für die nationale Wirtschaft und Gesellschaft mit sich bringen können, darf ausländisches Kapital andererseits nicht dauerhaft im Land anwesend sein. Wenn in der Kooperationsform des Gemeinschaftsunternehmens von der Konzeption her auch ein optimaler Weg gefunden wurde, bei größtmöglicher Begrenzung des ausländischen Einflusses gleichwohl nicht auf die Vorteile ausländischer Investitionen (Technologie- und Know-how-Transfer, Kapitalbeschaffung etc.) verzichten zu müssen, so soll das Gemeinschaftsunternehmen letztlich doch nur vorübergehend bestehen. Das Unternehmen soll unter Übernahme der Kapitalbeteiligung des ausländischen Investors auf Dauer gesehen vom inländischen Partner in eigener Regie weitergeführt werden.

Die Verwirklichung dieser Zielvorstellung läßt sich mittels verschiedener Maßnahmen erreichen. Investitionsgesetze können die stufenweise Überführung ausländischer Kapitalanteile in Inlandsbesitz[1] oder eine zeitliche Befristung des Gemeinschaftsunternehmens[2] vorsehen. Die Investitionsbehörden können angewiesen werden, nur befristete Genehmigungen zu erteilen. Durch die zeitliche Begrenzung von steuerlichen Vorteilen oder sonstigen Investitionsvergünstigungen kann auf das Interesse des ausländischen Geschäftspartners am Gemeinschaftsunternehmen mittelbar Einfluß genommen werden.[3]

Ausländische Unternehmer sind ihrerseits ebenfalls nicht an unbegrenzten JV-Beteiligungen interessiert. Gerade in Entwicklungsländern besteht die Gefahr, daß sich das Investitionsklima verändert. Politische und wirtschaftliche Rahmenbedingungen, die zum Investitions-

---

[1] S. oben § 10 III 1 b).

[2] S. i.F. II.

[3] Vgl. z.B. die für ausländ.-chines. Gemeinschaftsunternehmen in Art. 5, 6 JVITL getroffenen Regelungen.

zeitpunkt im Anlageland vorgefunden werden, können sich im Laufe der Jahre verschlechtern.

Fallen Vergünstigungen, die dem Gemeinschaftsunternehmen oder dem ausländischen Investor anfangs gewährt wurden, nach der Investitionspolitik des Anlagelandes im Laufe der Zeit weg, so verteuert sich die Produktion, die Gewinne verringern sich. Der ausländische Geschäftspartner ist in diesem Fall regelmäßig daran interessiert, sich aus dem betreffenden Land zurückzuziehen. Häufig hat er bereits die Erschließung neuer Märkte ins Auge gefaßt, so daß ihm verstärkt daran gelegen ist, sein Kapital aus dem Anlageland abzuziehen, um es anderswo zu günstigeren Bedingungen neu zu investieren.

Investoren, die eher an kurz- oder mittelfristigen Projekten interessiert sind, legen ohnehin keinen Wert auf längerfristige Kooperationen.

Bei Gründung oder Durchführung eines Gemeinschaftsunternehmens können auch Umstände eintreten, die eine **vorzeitige** Beendigung der Kooperation erfordern oder für den ausländischen Unternehmer zumindest wünschenswert erscheinen lassen. Die Weiterführung des Projekts durch den inländischen Partner kann in diesen Fällen ausgeschlossen sein, so daß nicht nur die Kooperation beendet wird, sondern auch die Projektgesellschaft aufgelöst und liquidiert werden muß.

Im folgenden sollen einige der Gründe angesprochen werden, die in der Vertragspraxis häufig zur Beendigung des JV-Vertrages und damit zur Aufhebung der Kooperation führen.

## II. Beendigung durch Zeitablauf

### *1. Laufzeit des JV-Vertrages*

Die Kooperation der JV-Partner kann zeitlich befristet sein. Vielfach legen die Geschäftspartner im JV-Vertrag eine Laufzeit fest, mit deren Ablauf ihre Zusammenarbeit als JV-Partner beendet sein soll.

Die Befristung des JV-Vertrages kann auch in den nationalen Investitionsgesetzen vorgeschrieben sein. Eine maximale Laufzeit wird wegen der Verschiedenheit der Projekte (Unterschiede im Geschäftsbereich, Investitionsumfang, Technologiebedarf etc.) zwar i.d.R. nicht zwingend vorgegeben. Es wird jedoch ein Regelwert aufgestellt. So ist z.B. in dem JV-Gesetz der VR China generell eine Vertragsdauer von bis zu 50 Jahren vorgesehen (Art. 100 JVLR).[4] Verlängerungen sind zulässig, bedürfen

4 Art. 100 JVLR sah ursprünglich nur eine Laufzeit von bis zu 30 Jahren vor; zur Laufzeitverlängerung insb. Horsley, 8 E.A.E.R. 9 (1986).

jedoch der Genehmigung des MOFERT (Art. 101 JVLR). Nach der bisherigen Praxis wird dieser zeitliche Rahmen aber kaum ausgeschöpft. JV-Verträge, die im Produktionsbereich geschlossen werden, haben bislang eine durchschnittliche Laufzeit von 10 bis 25 Jahren[5]; im Tourismussektor sind die Laufzeiten zum Teil noch kürzer.[6]

Welche Kooperationsdauer die JV-Parteien im Einzelfall vereinbaren, hängt von ihren jeweiligen Interessen und der Amortisation des konkreten Investitionsvorhabens ab. Ein hoher Kapitaleinsatz, lange Konstruktionszeiten, unzulängliche Fähigkeiten des inländischen Partners, eine geringe Arbeitsproduktivität und niedrige Gewinnspannen können für die Vereinbarung einer längeren Laufzeit ausschlaggebend sein. Günstige Investitionsbedingungen, ein qualifizierter inländischer Partner, ein kleines oder mittleres Investitionsvolumen und eine gewinnorientierte Geschäftspolitik können demgegenüber für die Vereinbarung einer kürzeren Laufzeit mitbestimmend sein.

JV-Verträge, die für eine bestimmte Zeit abgeschlossen werden, sollten eine Verlängerungsmöglichkeit vorsehen.[7] Dies gilt insbesondere für Verträge, deren Laufzeit kurz bemessen ist. Eine Verlängerung der Kooperationsdauer kann für den ausländischen Partner u.a. deshalb interessant sein, weil er auf vielen Gebieten (Finanzierung, Technologie, Management etc.) erhebliche Vorleistungen erbringt. Der Amortisationszeitpunkt läßt sich wegen zahlreicher Unsicherheitsfaktoren bei Abschluß des JV-Vertrages jedoch nicht immer vorhersehen. So ist vor allem der Umfang der notwendigen technischen und kaufmännischen Hilfe häufig nicht absehbar. Viele Investoren unterschätzen den materiellen und personellen Aufwand, der auf diesen Gebieten erforderlich ist. Der ausländische Geschäftspartner sollte sich deshalb durch eine entsprechende Vertragsgestaltung, etwa durch die Vereinbarung einer Option auf Verlängerung der Zusammenarbeit, dagegen sichern, daß der inländische Partner ihn aus der Kooperation hinausdrängen kann, wenn sie anfängt, für ihn Gewinne abzuwerfen. Die Möglichkeit einer Vertragsverlängerung ist auch im Schindler-JV-Vertrag vorgesehen:

---

5 So wurde z.B. im Schindler-JV eine Laufzeit von 20 Jahren mit der Verlängerungsmöglichkeit um jeweils 5 Jahre vereinbart (Art. 4 JV-Vertrag). Die Laufzeit des Wella-JV betrug zunächst 15 Jahre; sie wurde mit Rücksicht auf die Neuinvestition von Wella auf 25 Jahre verlängert.

6 So gibt es beispielsweise eine Reihe ausländ.-chines. Hotel-JVs mit extrem kurzen Laufzeiten (7 Jahre).

7 So richtig u.a. Farer, 10 Colum.J.Transnat'l L. 200, 208 (1971).

4. Duration and Termination

4.1. The corporate existence of the JVC will commence on the issue of an operation license under Art. 3 JVL and will continue for an initial period of 20 years but may be extended for further periods of 5 years by the written agreement of all of the then participants.
4.2. Not less than four years prior to the expiration of the initial period of 20 years or any subsequent extended period of 5 years, the then participants in the JVC shall commence discussion regarding the extension of the period of existence of the JVC and in the event of their agreeing upon such extension, they shall record such agreement in a written document signed by all of them not later than three years before the expiry of the then current period or by such later date as all of them may agree.
4.3. If a written agreement for the extension of the period of existence of the JVC is not signed by three years prior to the expiration of the then current period of existence (or by such later date as all of the then participants may agree), the JVC shall terminate at the end of such current period of existence and the provisons of clauses 4.5. and 4.6. shall then apply.
4.4. Not withstanding the foregoing, it shall be open to the then participants to agree at any time to extend the period of existence of the JVC for more than one period of 5 years or for a single period longer than 5 years if they so agree and if the law then permits.

### 2. *Sonstige Regelungen*

Wird die JV-Kooperation durch Zeitablauf beendet, hat dies nicht zwangsläufig die Auflösung der Projektgesellschaft, wohl aber das Ausscheiden des ausländischen Partners zur Folge.[8] Sein Gesellschaftsanteil soll nach der JV-Politik der Entwicklungsländer bei Beendigung der Kooperation von dem inländischen Partner übernommen oder an andere inländische Unternehmen übertragen werden. Der JV-Vertrag enthält daher im allgemeinen eine Klausel, in der sich der ausländische Partner verpflichtet, bei Zeitablauf seine Anteile an den inländischen Partner zu verkaufen.[9] Schwierigkeiten bereitet auch hier die Festlegung des Kaufpreises.[10]

Stellt der ausländische Partner dem Gemeinschaftsunternehmen seinen Namen oder Warenzeichen zur Verfügung, so sollte er sich durch eine

8 So auch Zihlmann, AWD 1974, 466 (468); zur Bindung der Gesellschafterstellung an die Rechtsstellung als JV-Partner s. oben § 10 V 2.

9 S. oben § 10 V 1 a) und c).

10 Zu diesem Problem vgl. auch oben § 10 V 1 c) cc).

entsprechende Vereinbarung davor schützen, daß die Projektgesellschaft hiervon nach seinem Ausscheiden ohne sein Einverständnis Gebrauch macht. Ein Beispiel für eine detaillierte Regelung dieser Punkte findet sich wiederum im Schindler-JV-Vertrag:

> 4.5. Upon termination of the present Agreement, the shares of the foreign parties will be repurchased by CCMC.
> The repurchase price for the foreign parties' shares shall be the net equality (line ... of Schindler balance sheet form) of the JVC to be determined by a balance sheet effective on the date of termination multiplied by the share factor plus a percentage to be negotiated and to reflect the future profitability of the JVC. This final percentage shall take into account the degree of smoothness of the JVC progress.
>
> 4.6. After termination of the present Agreement, the name of the JVC shall be changed to exclude any allusion to Schindler or JS. CCMC agrees not to use any Schindler or JS trademark after termination of the present Agreement without written consent by Schindler or JS respectively.

## III. Vorzeitige Beendigung

Bei jedem Gemeinschaftsunternehmen können Umstände eintreten, die eine vorzeitige Beendigung der Zusammenarbeit erfordern oder für einen Partner wünschenswert erscheinen lassen.

Die Gesetze der meisten Länder sehen für Kapitalgesellschaften zwingende Gründe vor, mit deren Eintritt eine Gesellschaft vorzeitig aufgelöst ist und liquidiert werden muß.

Die Beendigung vollzieht sich häufig ähnlich wie im deutschen Recht[11]. Zunächst wird die Gesellschaft durch Beschluß der Gesellschafterversammlung (*general meeting of shareholders*) bzw. des Board of Directors oder behördlichen bzw. gerichtlichen Akt aufgelöst. Die darauf folgende Abwicklung (*liquidation, winding up*) dient dazu, schwebende Geschäfte zu beenden, Arbeitsverhältnisse abzuwickeln, Vermögensgegenstände günstig zu veräußern und das verbleibende Restvermögen der Gesellschaft unter den JV-Partnern aufzuteilen. Anschließend wird die Gesellschaft durch die Registerbehörde im Handels- oder Gesellschaftsregister gelöscht. Voraussetzungen und Verfahren der Auflösung und Be-

---

11 Vgl. §§ 262 ff. AktG; §§ 60 ff. GmbHG; §§ 71 ff. Ko.

endigung werden in den nationalen Rechtsordnungen zumeist ausführlich geregelt.[12]

Die Auflösung der Projektgesellschaft hat die vorzeitige Beendigung des JV-Vertrages und damit die Aufhebung des Kooperationsverhältnisses zur Folge. Die im JV-Vertrag niedergelegten gemeinsamen Vorstellungen der Geschäftspartner gehen dahin, die geschäftliche Zusammenarbeit mittels der zu diesem Zweck zu errichtenden Gesellschaft durchzuführen. Bei Auflösung der Gesellschaft ist eine Durchführung des JV-Vertrages nicht mehr möglich, die Kooperationsgrundlage damit entfallen.

Die JV-Partner können auch im JV-Vertrag selbst Gründe aufführen, die ihre Kooperation beenden sollen. Der ausländische Investor kann versuchen, sich auf diese Weise vor einer Fortsetzung des Kooperationsverhältnisses unter Bedingungen zu schützen, die ihm als nicht annehmbar erscheinen. Er sollte jedoch nicht auf der Aufnahme zu vieler Beendigungsgründe bestehen. Ein solches Verhalten wird den inländischen Partner an seinem Interesse und seiner Bereitschaft, das Gemeinschaftsunternehmen erst einmal durchzuführen, zweifeln lassen und das Vertragsklima belasten.

Nach dem Doppelgesellschaftskonzept wird die Projektgesellschaft von der Beendigung des JV-Vertragsverhältnisses nicht in ihrer Existenz berührt.[13] Ob sie vom inländischen Partner in eigener Regie weitergeführt werden kann oder liquidiert werden muß, hängt von dem jeweiligen Beendigungsgrund und der Parteivereinbarung ab. Für den Fall, daß eine Auflösung der Gesellschaft weder beabsichtigt noch erforderlich ist, sollte im JV-Vertrag eine Regelung vorgesehen sein, die es dem inländischen Partner ermöglicht, den ausländischen Partner bei Vertragsbeendigung auszukaufen.

Im folgenden sollen nun einige der Gründe näher erörtert werden, die zu einer vorzeitigen Beendigung des JV-Vertrages führen können.

### *1. Fehlende Genehmigungserteilung*

Immer wieder ist von ausländischen Investoren die Klage zu hören, daß zwischen Vertragsabschluß und Gesellschaftserrichtung bzw. Produktionsaufnahme eine zu lange Zeit verstreicht. Ursächlich hierfür ist das

---

12 Vgl. z.B. Sec. 212 ff., Anhang VII kenian. Comp. Act und die Companies (Winding Up) Rules; Sec. 211 ff. malays. Comp. Act; Art. 102 ff. JVLR.

13 S. oben § 10 V 2.

bei der JV-Gründung zu durchlaufende administrative Verfahren.[14] Es ist häufig sehr langwierig und umständlich, wenn sich die Entwicklungsländer seit einiger Zeit auch verstärkt um eine Vereinfachung ihrer Bürokratiestruktur und Verfahrensbeschleunigung bemühen.

Der ausländische Unternehmer kann sich eine Wartezeit wirtschaftlich meist nur begrenzt leisten. Je länger die Durchführung des Gemeinschaftsunternehmens auf sich warten läßt, desto gravierender sind gerade bei mittelständischen Unternehmen die finanziellen Verluste, die durch das bereitgehaltene, aber nicht zum Einsatz kommende Investitionskapital verursacht werden. Einem anderweitigen Einsatz des Kapitals steht die durch den JV-Vertrag begründete Investitionsverpflichtung entgegen.

Der ausländische Investor kann sich dadurch schützen, daß eine Aufhebung der Bindung an den JV-Vertrag für den Fall vereinbart wird, daß es nach Vertragsschluß nicht gelingt, die Voraussetzungen für die Gründung des Gemeinschaftsunternehmens innerhalb einer bestimmten Frist (z.B. binnen einen Jahres) herbeizuführen.

## 2. *Änderung der Rechtslage*

Während der Laufzeit des JV-Vertrags können sich die nationale Investitionspolitik und mit ihr die rechtlichen Rahmenbedingungen für Gemeinschaftsunternehmen ändern. Neue oder novellierte Gesetze, Verwaltungsvorschriften oder sonstige hoheitliche Maßnahmen können sich u.U. so nachteilig auf die Geschäftspolitik des Gemeinschaftsunternehmens, die Besteuerung oder Transfermöglichkeiten des ausländischen Investors auswirken, daß er nicht in den Genuß der erwarteten wirtschaftlichen Vorteile kommt und das Gemeinschaftsunternehmen für ihn unrentabel wird. Da es für ihn keine Möglichkeit gibt, nachteilige Veränderungen der nationalen rechtlichen Rahmenbedingungen zu verhindern[15], sollte er zumindest versuchen, sich dadurch zu schützen, daß im JV-Vertrag für diesen Fall eine Neuverhandlungspflicht vereinbart wird.[16]

---

14 Zum Gründungsverfahren s. oben § 7.

15 S. oben § 6 I.

16 Allg. zur Neuverhandlungspflicht und Vertragsanpassung das Standardwerk von HORN (Hrsg.), Adaptation and Renegotiation of Contracts in International Trade and Finance, 1985; DERS., NJW 1985, 1118 ff.; DERS., AcP 181 (1981), 255 ff.; DERS. in: Bundesminister der Justiz (Hrsg.), Gutachten und Vorschläge zur Überarbeitung des Schuldrechts Bd. I, S. 551 ff.

Können sich die Parteien im Rahmen von Neuverhandlungen dann dergestalt auf eine Anpassung des Vertrages einigen, daß der ausländische Partner letztlich die vor der Änderung zugestandenen Vorteile erhält, so hat sich seine Rechtsposition nicht verschlechtert.

Im JV-Vertrag sollte jedoch auch für den Fall eine Regelung getroffen werden, daß es den Parteien nicht gelingt, eine Vertragsanpassung herbeizuführen, die den ausländischen Investor zufriedenstellt. Die vorzeitige Beendigung des Kooperationsverhältnisses kommt seinen Vorstellungen in dieser Situation i.d.R. am nächsten. Die entsprechende Klausel kann z.B. lauten:

> In the event that during the term of this Contract the laws or policies of ... are supplemented, altered or amended so that they adversely affect the business of the Joint Venture or the tax treatment of the Joint Venture or of A (foreign partner), then at the request of A, the parties shall renegotiate the terms of this Contract to enable A to obtain the benefits from this Contract that it would have obtained if there had been no such change in the laws or policies. If within 120 days subsequent to the making of such request the parties are unable to reach a mutually satisfactory agreement, this Contract shall be terminated upon the request of either party upon 60 days written notice given not later than 60 days after the end of the 120-days period.

### 3. *Vertragsverletzungen*

Die grobe Verletzung von Vertragspflichten (*breach of contract*) stellt nach dem Willen der JV-Parteien regelmäßig einen Grund für die Beendigung der Kooperation dar.[17] Erfüllt eine Partei die ihr nach dem JV-Vertrag obliegenden Verpflichtungen nicht, so soll die andere Vertragspartei berechtigt sein, die Aufhebung der Kooperation zu verlangen[18], sofern es sich nicht um eine bloß unerhebliche Vertragsverletzung handelt. Über die Frage, was zwischen den Parteien als Vertragsbruch angesehen werden soll, sind in einigen Verträgen detaillierte Regelungen zu finden (Default-Klausel).

In den meisten JV-Verträgen wird darüber hinaus gefordert, daß die ihren Vertragspflichten nicht nachkommende Partei zuvor von der anderen Partei unter schriftlicher Angabe der Vertragsverletzung und eines

---

17 So ausdrücklich auch Art. 13 JVL, Art. 102 (3) JVLR.

18 Das Recht einer Vertragspartei, den Vertrag durch Erklärung gegenüber der anderen Partei einseitig zu beenden, ist nunmehr auch im chines. Recht ausdrücklich vorgesehen (vgl. Art. 29 AWVG).

ihr u.U. zugefügten Schadens vergeblich aufgefordert worden sein muß, innerhalb einer bestimmten Frist Abhilfe zu schaffen bzw. Schadensersatz zu leisten. Die Frist wird von den Parteien unterschiedlich lang bemessen. Es finden sich Fristen von 2 bis 4 Monaten. Die entsprechende Regelung kann z.B. lauten:

> A and B shall be entitled at any time to terminate this Contract if either party shall be in a serious breach of any of the terms and conditions of this Contract or its obligations hereunder and shall not within three months after receipt of a notice in writing from the other party specifying such breach and requiring
>
> a) the party to discontinue such breach if the same be a continuing breach;
>
> b) the party to give reasonable compensation for such breach if the other party shall have sustained damage thereby and specifying the damage alleged to have been sustained;
>
> discontinue such breach and/or offer to pay reasonable compensation for any damage flowing from such breach.

Die Parteien müssen für den Kündigungsfall eine Regelung darüber treffen, ob die Projektgesellschaft von einer Partei weitergeführt oder liquidiert werden soll.

Die Praxis kennt unterschiedliche Gestaltungen. Die Regelung, daß der Partner, der die Vertragsverletzung begangen hat, von dem anderen Partner ausgekauft werden soll,

> Upon termination of this Contract the party in default shall forthwith sell all its shares in the Company to the other party and for this purpose there shall be deemed to have been given by the party in default an offer to sell all its shares pursuant to clause ... of this Contract and thereupon the provisions of clause ... shall mutatis mutandis apply and its machinery shall be set in motion by a letter from the other party to the party in default stating that it is willing to purchase the shares in the Company held by the party in default.

ist ebenso zu finden wie die Vereinbarung, daß sich die Parteien zunächst um eine gütliche Einigung hinsichtlich der weiteren Behandlung der Projektgesellschaft bemühen sollen, diese jedoch liquidiert werden soll, sofern innerhalb einer bestimmten Frist keine Einigung erzielt wird. Für den Fall der Liquidation sollte klargestellt werden, daß die geschädigte

Partei zumindest das Recht hat, sich bei der Aufteilung der Vermögensgegenstände aus dem Gesellschaftsvermögen zu befriedigen.[19]

In einigen JV-Verträgen wird ausdrücklich darauf hingewiesen, daß die im Zusammenhang mit einer Vertragsverletzung begründeten vertraglichen Rechte (Kündigungsbefugnis, Unterlassungsanspruch, Schadensersatzanspruch, Aufkaufrecht etc.) nicht an die Stelle gesetzlich begründeter Ansprüche treten, sondern diese nur ergänzen.

> The rights granted hereunder shall not be in substitution for but shall be in addition to any and all rights and remedies for breach of contract available in law.

### *4. Force majeure*

Der Bestand des JV-Vertrags ist wie der aller langfristigen Verpflichtungen besonders gefährdet durch unvorhergesehene künftige Entwicklungen, die sich dem Einfluß der Vertragsparteien entziehen und in der Kautelarpraxis üblicherweise als Fälle höherer Gewalt (force majeure) definiert werden.[20] Die Weiterführung des Gemeinschaftsunternehmens kann unmöglich werden, weil ein Partner die ihm nach dem JV-Vertrag obliegenden Leistungspflichten infolge höherer Gewalt nicht oder nicht rechtzeitig erfüllen kann. Die meisten JV-Verträge enthalten für diesen Fall die Regelung, daß die an der Leistungserbringung gehinderte Partei die Leistungsstörung nicht zu vertreten hat. Sie soll weder eine Vertragsverletzung darstellen, die der anderen Partei das Recht gäbe, einseitig die Aufhebung der Kooperation zu verlangen, noch eine Schadensersatzpflicht begründen.

Als Fälle höherer Gewalt werden in der Vertragspraxis üblicherweise definiert:[21]

- Kriege und kriegsähnliche Zustände, Umstürze, Revolutionen, Aufstände, Sabotageakte etc.;
- Naturkatastrophen wie z.B. Erdbeben, Vulkanausbrüche, Unwetter, Überschwemmungen, Brände;

---

19 So auch Farer, 10 Colum.J.Transnat'l L. 200, 234 (1971).

20 Horn in: Hinsch/Horn, S. 254.

21 Vgl. die Musterklausel bei Farer, 10 Colum.J. Transnat'l L. 200, 231 (1971).

- Embargos und sonstige staatliche Maßnahmen (Gesetze, Verordnungen, Erlasse, Anweisungen etc.) oder gerichtliche Anordnungen, durch die die Leistungserbringung einer Partei verzögert oder verhindert wird;
- Generalstreiks, örtliche Streiks oder ähnliche Störungen.

Meinungsverschiedenheiten können zwischen den Parteien darüber bestehen, ob es sich bei Streiks um unvorhersehbare Ereignisse handelt, die dem Einfluß und der Kontrolle einer Partei entzogen sind. Partner, die aus sozialistischen Ländern stammen, vertreten gelegentlich die Ansicht, Streiks seien nicht als höhere Gewalt im Sinne der angegebenen Definition einzuordnen. In einem sozialistischen Land gäbe es keine Streiks, da die Arbeitnehmer zufrieden seien. Wenn der ausländische Partner an der Leistungserbringung durch eine Arbeitsniederlegung seiner Arbeitnehmer gehindert sei, so hätte er dies durch die Schaffung besserer Arbeitsbedingungen verhindern können.[22] Streikbedingte Leistungsstörungen seien folglich von ihm zu vertreten. In JV-Verträgen, die mit Partnern aus sozialistischen Ländern geschlossen werden, sind Streiks und ähnliche Arbeitsniederlegungen daher i.d.R. nicht Inhalt einer force-majeure-Klausel. Die Musterklausel der UNIDO schließt sie jedoch mit ein:[23]

> Any failure or delay in the performance by either party hereto of its obligations under this Agreement shall not constitute a breach hereof or give rise to any claims for damages, if and to the extent that it is caused by occurrences beyond the control of the party affected, including, but without limiting the generality of the foregoing, acts of governmental authority, acts of God, strikes or concerted acts of workmen, fires, floods, explosions, wars, riots, storms, earthquakes, accidents, acts of public enemy, war, rebellion, insurrection, sabotage, epidemic, quarantine restrictions, shortages of labour, materials or supplies, failures by contractors or subcontractors, transportation embargoes, failures or delays in transportation, rules, regulations, orders, or directives of any government or any

22 Vgl. auch die Einschränkung bei Farer, aaO: „... Force Majeure shall also include general strikes, local strikes or similar labor disturbances which the party affected could not, by taking all reasonable measures available to it, have prevented or controlled, but only for such period as such party shall remain unable to effect a termination thereof by taking all reasonable measures available to it."

23 Manual, S. 75.

state, subdivision, agency or instrumentality thereof or the order of any court of competent jurisdiction.

Kann ein Partner seine Leistung infolge höherer Gewalt nicht erbringen, so muß er den anderen Partner unverzüglich davon in Kenntis setzen.

If any party is prevented by any reason specified above from performing its obligations under this Agreement, such party shall promptly notify the other party of the same.

An den Umfang der Informationspflicht können unterschiedlich strenge Anforderungen gestellt werden. Eine relativ strenge Regelung findet sich im chinesischen Mustervertrag. Sie verlangt, daß der andere Partner nach der ersten telegraphischen Benachrichtigung innerhalb von 15 Tagen unter Beibringung eines Urkundenbeweises ausführlich über die näheren Umstände der Leistungsverhinderung informiert werden muß.[24]

### 5. *Finanzielle Verluste*

Hohe finanzielle Verluste können einer weiteren Zusammenarbeit der Kooperationspartner entgegenstehen. Ist das Gemeinschaftsunternehmen trotz aller Anstrengungen ein wirtschaftlicher Mißerfolg, so ruft dies bei den Partnern den Wunsch nach seiner vorzeitigen Beendigung hervor. Der JV-Vertrag sollte deshalb für den Fall, daß sich das Projektvorhaben infolge großer Verluste nicht verwirklichen läßt, die Aufhebung der Kooperation vorsehen.[25]

Bei hohen finanziellen Verlusten ist nach dem Gesellschafts- oder Insolvenzrecht der meisten Anlageländer auch die automatische Auflösung der Gesellschaft oder die Konkurseröffnung vorgeschrieben, so daß der JV-Vertrag in diesen Fällen ohnehin beendet ist.

Nach einigen nationalen Rechten kann schon der teilweise Verlust des Grundkapitals einen gesetzlichen Auflösungsgrund darstellen.[26] So gilt die Projektgesellschaft nach indonesischem Recht bei Verlust von 75 %

24 Art. 57: „... the prevented party shall notify the other party by cable without any delay, and within 15 days thereafter provide the detailed information of the events and a valid document for evidence issued by the relevant public notary organization for explaining the reason of its inability to execute or delay the execution of all or part of the contract."

25 So auch Art. 13 JVL, Art. 102 JVLR.

26 Paetzolt, S. 14 f.

ihres Kapitals ipso jure als aufgelöst mit der Folge, daß der Board of Directors persönlich haftbar wird (Art. 47 Com. C.).[27] In den meisten Rechtsordnungen ist dagegen die Regelung zu finden, daß eine Gesellschaft aufgelöst wird, wenn über ihr Vermögen der Konkurs eröffnet wird.[28] Als Konkursgründe sind wie im deutschen Recht Zahlungsunfähigkeit und/oder Überschuldung vorgesehen.[29]

---

27 Allg. zur Gesellschaftsauflösung nach indones. Recht Himawan/Kusumaatmadja in: Private Investments I, S. 769 ff.

28 Vgl. für das dt. Recht: § 262 I Ziff. 3 AktG, § 60 I Ziff. 4 GmbHG; für das kenian. Recht: Sec. 220 kenian. Comp. Act; für das malays. Recht: Sec. 218 (1) (e) malays. Comp. Act; für das chines. Recht: § 45 Ziff. 3 AGZR; für das indones. Recht: die eng dem niederländischen Recht folgende Faillesementverordening of 1905; Himawan/Kusumaatmadja in: Private Investments I, S. 770 f.

29 Vgl. für das dt. Recht: § 63 I GmbHG; § 207 KO; für das malays. Recht: Sec. 218 (1) (e) malays. Comp. Act: „... if the company is unable to pay its debts"; ebenso das kenian. Recht: Sec. 220 kenian. Comp. Act, vgl. dazu auch Jost, S. 279 f.; allg. zur Konkursrechtsgesetzgebung in der VR China Lauffs, RIW 1986, 779 ff.

# 4. Kapitel
# Die vertragliche Organisation der Durchführung des Gemeinschaftsunternehmens

## § 14 Leitung des Gemeinschaftsunternehmens

### I. Organisationsstruktur

#### *1. Allgemeine Kennzeichnung*

Die Festlegung der Organisationsstruktur des Gemeinschaftsunternehmens ist einer der wichtigsten Regelungsgegenstände, die die Durchführung des Joint Venture betreffen. Der Sache nach sind zu unterscheiden:

- die Festlegung der generellen rechtlichen Struktur der Leitung und Kontrolle des Gemeinschaftsunternehmens durch Gesetz und Vertrag (JV-Vertrag und Gesellschaftsstatut) und
- die konkrete Besetzung der einzelnen Positionen von der ausländischen oder inländischen Seite.

Die rechtliche Struktur der Leitung und Kontrolle des Gemeinschaftsunternehmens ist in den Grundzügen durch zwingendes nationales Gesellschafts- oder Investitionsrecht vorgegeben.[1] Leitung und Kontrolle eines Gemeinschaftsunternehmens können strukturell unterschiedlich verankert sein. Zu unterscheiden sind zwei Modelle:

- das aus dem deutschen Unternehmensrecht bekannte Aufsichtsratssystem (*two-tier system*) und
- das dem angelsächsischen Recht entstammende Board-System (*one-tier system*).[2]

Im Aufsichtsratssystem wird neben dem obersten Gesellschaftsorgan, das von der Gesamtheit der Gesellschafter gebildet wird (Gesellschafter-, Hauptversammlung), zwischen einem Geschäftsführungs- oder Exekutiv-

---

1 S. i.F. 2.

2 Zum Vergleich der beiden Systeme Bleicher/Paul, DBW 1986, 263 ff.

organ, dem die eigentliche Leitung der Gesellschaft obliegt (Vorstand, Geschäftsführung, Board of Directors), und einem für die Überwachung zuständigen Kontrollorgan (Aufsichtsrat, Board of Supervisors) unterschieden.

Im Gegensatz dazu kennt das originäre Board-System neben der Gesellschafterversammlung (*general meeting of shareholders*) als einziges Organ den Board of Directors. Er ist die formelle Führungsspitze der Gesellschaft, entscheidet in Grundsatzfragen und hat umfassende Geschäftsführungsbefugnis. In der Vertragspraxis hat sich indessen eine Gestaltungsvariante des Board-Systems durchgesetzt, die Ähnlichkeit mit dem deutschen Aufsichtsratssystem erkennen läßt, ohne es institutionell festzuschreiben. Dort hat sich eine Funktionenteilung herausgebildet zwischen den Mitgliedern des *inside* oder *executive board*, in deren Händen die Unternehmensleitung liegt, und den Mitgliedern des *outside* oder *supervisory board*, deren Tätigkeit sich mehr oder weniger auf die Überwachung der Geschäftspolitik beschränkt. Anders als nach deutschem Recht, das eine gleichzeitige Mitgliedschaft in Vorstand und Aufsichtsrat verbietet, besteht auch bei dieser Gestaltungsvariante des Board-Systems keine Ämterinkompatibilität.

In der JV-Praxis wird eine Funktionenteilung innerhalb des Board-Modells häufig auch dadurch geschaffen, daß die Geschäftsführungsbefugnis für das Tagesgeschäft vertraglich auf ein *executive* oder *management committee* übertragen wird. Dieses bildet dann die mit dem Tagesgeschäft (*day-to-day-management*) befaßte Führungsspitze des Gemeinschaftsunternehmens.[3] Die Tätigkeit des Board of Directors beschränkt sich in diesem Fall auf die Überwachung der Geschäftsführung und die Entscheidung in Grundsatzfragen.

Rechtsgrundlage für die Einrichtung eines *executive committee* ist im allgemeinen eine Vereinbarung der JV-Partner, die besagt, daß der Board of Directors alle oder einige seiner Rechte einem *committee* übertragen kann.[4]

Die nähere Ausgestaltung der Organisationsstruktur des Gemeinschaftsunternehmens obliegt infolge fehlender oder dispositiver Gesetzesbestimmungen den JV-Partnern selbst und kann auf ihre individuellen Bedürfnisse abgestimmt werden.

Je geringer das Gesellschaftsrecht des Anlagelandes entwickelt ist, desto weiter ist der Gestaltungsspielraum der JV-Partner, desto erfor-

---

3 Art. 38 JVLR wählt hierfür die Bezeichnung management office.

4 UNIDO, Manual, S. 19. Ein Beispiel für eine gesetzliche Grundlage findet sich in Art. 38 JVLR.

derlicher und wichtiger ist aber auch die umfassende vertragliche Regelung aller organisationsrechtlicher Fragen. Inwieweit die JV-Partner die für die Leitung des Gemeinschaftsunternehmens zuständigen Geschäftsführungs- und Aufsichtsorgane, deren Kompetenzen, Arbeitsweise und Zusammensetzung vertraglich bestimmen können, hängt also von dem Recht des jeweiligen Anlagelandes ab.

Dasselbe gilt für die konkrete Besetzung der einzelnen Positionen. Die JV-Partner können sich hierüber grundsätzlich frei verständigen. Die Einrichtung eines *executive committee* kann beispielsweise Teil des institutionellen Vollzugs eines mit dem ausländischen JV-Partner geschlossenen Management-Vertrages sein. Da der ausländische Partner häufig über erheblich mehr Erfahrung in der Geschäftsführung verfügt als der inländische Partner, treffen die Parteien nicht selten die Vereinbarung, ihm in der Aufbauphase des Gemeinschaftsunternehmens die Führung der Geschäfte zu überlassen. Dies wird dann in der Weise durchgeführt, daß der ausländische Partner den *managing director* und die Mehrzahl der Mitglieder des *executive committee* stellt.

In einigen Ländern ist die Besetzung bestimmter Stellen jedoch zwingend durch das nationale Recht vorgegeben. Es handelt sich hierbei i.d.R. um Führungspositionen, etwa den Board-Vorsitz[5], die durch den inländischen Partner besetzt werden sollen.

Eine umfassende Darstellung der Organisationsstruktur der Gemeinschaftsunternehmen kann im Rahmen dieser Arbeit nicht gegeben werden. Es sollen im folgenden aber ihre gesetzlichen Grundstrukturen in den Anlageländern aufgezeigt und solche Probleme der Vertragsgestaltung angesprochen werden, die in der Vertragspraxis immer wieder auftauchen.

### 2. *Gesetzliche Grundstrukturen*

#### a) VR China

Das Joint Venture-Gesetz sieht für Gemeinschaftsunternehmen eine Führungsorganisation vor, die sich am ehesten mit dem Board-Modell des anglo-amerikanischen Rechtskreises vergleichen läßt.

Oberstes und zugleich einziges Organ der *limited liability company* ist der Board of Directors (Art. 6 JVL, Art. 33 JVLR). Er berät und entscheidet über alle grundlegenden Fragen, die das Gemeinschaftsunternehmen betreffen. Er ernennt den Hauptgeschäftsführer (*general manager*) sowie

---

[5] S. auch i.F. III 1 b).

die stellvertretenden Geschäftsführer (*deputy general managers*), die zusammen das Management des Gemeinschaftsunternehmens bilden (Art. 38 JVLR). Der Hauptgeschäftsführer wird üblicherweise vom ausländischen Partner ernannt.[6] Er ist nach Weisung des Board of Directors für das tägliche Management zuständig (Art. 39 JVLR) und steht unterhalb der Board-Ebene.[7]

Anders als beim angelsächsischen Board-System üben die Anteilseigner (*shareholders*) bei der Leitung des Gemeinschaftsunternehmens nach chinesischem Recht keine Organfunktion aus. Sie sind weder Willensbildungsorgan noch oberste Kontrollinstanz über den Board of Directors, das Geschäftsführungsorgan der Gesellschaft.[8]

Die Entbehrlichkeit einer Gesellschafterversammlung (*general meeting of shareholders*) wird mit der Regelung erklärt, die der chinesische Gesetzgeber in Art. 6 JVL getroffen hat. Danach hat die Beschlußfassung durch den Board of Directors „im Wege der Beratung aller Parteien gemäß dem Prinzip der Gleichberechtigung und des gegenseitigen Nutzens" zu erfolgen.[9] Da die Kooperationspartner ihre Interessen nach dieser Konstruktion gleichberechtigt im Board of Directors wahrnehmen und keine Entscheidungen gegen den Willen eines Partners getroffen werden, sollen Gesellschafterversammlungen keine Funktion mehr haben.[10]

Da das JVL und die JVLR lediglich Konturen eines zur Zeit noch fehlenden Gesellschaftsrechts enthalten, ist die organisationsrechtliche Gestaltung des Gemeinschaftsunternehmens weitgehend den JV-Parteien überlassen. Von wenigen Ausnahmen abgesehen[11] steht es ihnen frei, Geschäftsführungs- und Kontrollaufgaben, die nach der gesetzlichen Regelung allein dem Board of Directors zustehen, auf *committees* zu delegieren. In der Vertragspraxis finden sich vielfältige Regelungen. Sie reichen von der Einrichtung eines *executive management committee*, das mit teilweise personengleicher Besetzung neben dem primär als Aufsichtsorgan

6 Stricker in: Horn/Schütze, S. 229 (239).

7 So auch Nee in: Delfs/Gorman/Nee, S. 111; a.A. Goergen, BfAI/RI Nr. 161, S. 63.

8 Anders noch das Provisional Statute on Jointly Operated State-Private Enterprises, der Entwurf zum Jvl. Das Provisional Statute sah als Form der limited company u.a. eine limited company mit einem board of directors und shareholders' meetings vor, Torbert, 12 Vand.J.Transnat'l L. 819, 858 (1979).

9 „In handling an important problem, the board of directors shall reach decision through consultation by the participants on the principle of equality and mutual benefit."

10 Torbert m.w.N. in Fn. 134, 12 Vand.J.Transnat'l L. 819, 858 (1979).

11 Vgl. Art. 36 JVLR.

handelnden Board of Directors für die Geschäftsführung zuständig ist[12], bis hin zur Schaffung eines *supervisory* oder *monitoring committee*[13]. Seine Aufgabe kann in der Beratung oder Kontrolle der Geschäftsführung und/oder in eigenen geschäftsleitenden Entscheidungen bestehen. Es setzt sich je nach vertraglicher Gestaltung aus gesellschaftsfremden Personen, Board-Mitgliedern oder Anteilseignern zusammen.

b) Indonesien

Die Organisationsstruktur einer *Perseroan Terbatas* ist eher dem Aufsichtsratssystem als dem Board-System zuzuordnen.

Die *Perseroan Terbatas* verfügt im allgemeinen über drei Organe: die *Rapat Umum Pemegang Saham* (Gesellschafterversammlung, *general meeting of shareholders*), den *Dewan Direksi* (Geschäftsführungsorgan, *board of directors*) und den *Dewan Komisaris* (Überwachungsorgan, *board of supervisors*). Letzterer wird vom Commercial Code nicht zwingend vorgeschrieben (vgl. Art. 44, 52, 55 Com. C.), ist aber allgemein üblich.

Die JV-Parteien können die Geschäftsführung und Kontrolle des Gemeinschaftsunternehmens im wesentlichen frei vertraglich bestimmen. Der Commercial Code regelt die organisationsrechtliche Ausgestaltung der *Perseroan Terbatas* nur in groben Zügen. Er legt zwar fest, daß Geschäftsführer (*managing directors*) oder andere von den Gesellschaftern bestellte Personen die Geschäfte der Gesellschaft führen sollen (Art. 44 Com. C.). Er trifft aber keine Aussage darüber, **wie** dies zu erfolgen hat.[14] Zu den wenigen gesetzlich geregelten Pflichten der Geschäftsführer gehören z.B. die Aufstellung einer jährlichen Gewinn- und Verlustrechnung (Art. 55 Com. C.) sowie die Anzeige von Verlusten in einem beim Bezirksgericht geführten Sonderverzeichnis und in einem Amtsblatt, sofern sie 50 % oder mehr des Grundkapitals der Gesellschaft betragen (Art. 47 Com. C.).

Damit stehen nicht nur die Zusammensetzung und Arbeitsweise der Organe zur Disposition der JV-Parteien, sondern auch die genaue Festlegung ihres Zuständigkeits- und Machtbereichs.

---

12 So z.B. im VW-JV.

13 S. i.F. IV 3.

14 Darauf weisen auch Himawan/Kusumaatmadja in: Private Investments I, S. 747 (766) hin.

c) Malaysia und Kenia

In den Gesellschaftsrechten zum anglo-amerikanischen Rechtskreis gehörender Länder dominiert das Board-System.

Die *private companies limited by shares* des kenianischen und malaysischen Rechts kennen als Organe die *general meeting of shareholders*[15] und den *board of directors*[16]. Ein Aufsichtsrat oder eine sonstige als Organ ausgestaltete Kontrollinstanz ist gesetzlich nicht vorgesehen.

Der für jede Gesellschaft zu ernennende Gesellschaftssekretär (*secretary*)[17] ist kein Organ, sondern Hilfsperson des Board. Als solche ist er an der Geschäftsführung nicht beteiligt, sondern übt rein verwaltungstechnische Funktionen aus. Er ist für die vollständige und fristgerechte Einreichung von Berichten und Unterlagen beim Registeramt verantwortlich, sorgt für die ordnungsgemäße Führung der Gesellschaftsregister und nimmt an offiziellen Unterzeichnungsakten teil.[18]

Im Vergleich zu den Gesellschaftsrechten anderer Staaten regeln die Companies Acts Malaysias und Kenias die Organisation der *private company limited by shares* zwar relativ ausführlich.[19] Sie räumen den Kooperationspartnern gleichwohl weitgehend die Freiheit ein, die Führungsorganisation des Gemeinschaftsunternehmens ihren individuellen Bedürfnissen und Vorstellungen entsprechend zu gestalten.

## II. General Meeting of Shareholders

Die *general meeting of shareholders* (Gesellschafter-, Anteilseigner-, Mitglieder-, Haupt- oder Generalversammlung) ist die Versammlung aller Gesellschafter der Projektgesellschaft. Die Gesellschafterversammlung ist nach dem Recht vieler Länder auf Grund der gesetzlichen Ausge-

---

15 Sec. 130 ff. kenian. Comp. Act; Sec. 142 ff. malays. Comp. Act; vgl. auch First Schedule, Table A, para 47 ff. kenian. Comp. Act; Fourth Schedule, Table A, para 43 ff. malays. Comp. Act.

16 Sec. 177 ff. kenian. Comp. Act; Sec. 122 ff. malays. Comp. Act; vgl. auch First Schedule, Table A, para 75 ff. kenian. Comp. Act; Fourth Schedule, Table A, para 63 ff. malays. Comp. Act.

17 Sec. 178 kenian. Comp. Act; Sec. 139 malays. Comp. Act; vgl. auch Hock, S. 72.

18 Vgl. First Schedule, Table A, para 113 kenian. Comp. Act; Fourth Schedule, Table A, para 95 malays. Comp. Act.

19 Vgl. Sec. 122-157 und Fourth Schedule, Table A, para 43-95 malays. Comp. Act; Sec. 130-146, 177-201 und First Schedule, Table A, para 47-112 kenian. Comp. Act.

staltung als Willensbildungsorgan und oberste Kontrollinstanz über das Geschäftsführungsorgan als das zentrale Gesellschaftsorgan anzusehen. Sie beschließt über die Grundlinien der Unternehmenspolitik, Gewinnverteilung, Kapitalveränderungen (Vermögensübertragungen oder -belastungen, Fusionen, Unternehmensbeteiligungen etc.), Wahl, Bestätigung oder Entlassung von Geschäftsführung und Aufsichtsrat sowie über deren Entlastung.

Aufgaben und Funktionen der Gesellschafterversammlung sind im malaysischen und kenianischen Gesellschaftsrecht detailliert geregelt, während sie in Indonesien nicht im einzelnen gesetzlich fixiert sind.

Der tatsächliche Einfluß eines Gesellschaftsorgans auf die Unternehmensleitung hängt in der Rechtswirklichkeit von der vertraglichen Modifizierung des gesetzlichen Führungsmodells und den konkreten Umständen, wie z.B. seiner Zusammensetzung und den beteiligten Persönlichkeiten ab. In der JV-Praxis ergibt sich die Gewichtsverteilung zwischen den einzelnen Organen daher auch häufig anders. Die JV-Partner sehen in JV-Vertrag und Gesellschaftsstatut eine Aufgabenverteilung vor, die den für die Geschäftsführung und Überwachung zuständigen Gremien größere Kompetenzen einräumt.[20]

Wirtschaftliche und rechtliche Probleme, die bei der Durchführung eines Gemeinschaftsunternehmens auftreten, können wegen ihrer Komplexität bestmöglich von dem Organ angegangen und gelöst werden, das den größten Überblick besitzt. Das ist im allgemeinen das Geschäftsführungs- oder Aufsichtsorgan. Die JV-Partner sind in diesen durch von ihnen entsandte Personen ihres Vertrauens vertreten. Es findet insoweit also lediglich eine Verlagerung und keine Beschneidung oder Abgabe der internen Willensbildung und Kontrolle durch die JV-Partner statt.

Die Rechtsordnungen der Anlageländer sehen für das Zusammentreten der Gesellschafter einer Kapitalgesellschaft gewöhnlich zwei Versammlungen (*general meetings*) vor:

a) die i.d.R. mindestens jährlich abzuhaltende ordentliche Gesellschafterversammlung (*ordinary* oder *annual general meeting*) und
b) die neben dieser bei Bedarf oder auf Antrag einer Gesellschafterminorität einzuberufende außerordentliche Gesellschafterversammlung (*extraordinary general meeting*).

Einberufung und Abhaltung von Gesellschafterversammlungen sind in Malaysia und Kenia durch das nationale Recht in den Grundzügen vorgegeben (vgl. Sec. 142-157 malays. Comp. Act.; Sec. 130-146, 156-158 ke-

---

20 Dazu i.F. III und IV.

nian. Comp. Act).[21] Sie stehen in Indonesien fast uneingeschränkt zur Disposition der Parteien; der Commercial Code enthält diesbezüglich kaum eine Regelung.

Soweit sich die JV-Partner über Fragen verständigen, die die Einberufung oder Abhaltung der Gesellschafterversammlung betreffen,[22] regeln sie diese zu den Kernregelungsgegenständen des Gesellschaftsstatuts zählenden Punkte in den *articles of association* oder *incorporation*.[23] Der JV-Vertrag enthält derartige Vereinbarungen nur selten.[24]

## III. Board of Directors

### 1. *Zusammensetzung*

#### a) Mitgliederzahl

Die Board-Größe wird in den JV-Verträgen durch unterschiedlich ausgestaltete Klauseln festgelegt. Viele Verträge enthalten eine Vereinbarung, in der die Mitgliederzahl des Board für die Laufzeit des Gemeinschaftsunternehmens festgesetzt wird.

Aus Gründen der Flexibilität entscheiden sich die Parteien oftmals aber auch für eine Lösung, bei der die Anzahl der Board-Mitglieder nur rahmenmäßig bestimmt ist. Dann empfiehlt es sich, zugleich zu regeln, welche Partei im Falle der Board-Erweiterung zur Stellung eines oder mehrerer weiterer Mitglieder berechtigt sein soll. Die entsprechende Klausel kann z.B. lauten:

> 1.1. The Company shall be managed by a board of directors. The number of directors of the Company shall be not less than 3 (three) nor more than 9 (nine).
> 1.2. The number of directors of the Company initially shall be 3 (three) being appointed by A and 2 (two) by B.

---

21 Ausführliche Darstellung bei Jost, S. 201 ff. (Kenia); Boon, S. 73 ff. (Malaysia).

22 Versammlungsort, Quorum für die Beschlußfähigkeit, Stimmrechtsgewährung, -ausübung, -beschränkung, -entziehung, Beschlußformen, Auskunftsrechte etc.

23 Vgl. z.B. First Schedule, Table A, para 47-61 kenian. Comp. Act; Fourth Schedule, Table A, para 43-60 malays. Comp. Act.

24 So fand sich nur in einem JV-Vertrag eine Regelung über das für die Beschlußfähigkeit erforderliche Quorum („Shareholders present or represented by proxy representing not less than 51 % of the issued shares at any general meeting of shareholders shall constitute a quorum necessary to conduct business.").

1.3. In the event that the number of directors under Clause 1.2. is subsequently increased, such increase shall be in proportion to the shareholding of the parties hereto in the Company (as far as may be practicable).

Sofern die Anzahl der Board-Mitglieder gesetzlich geregelt ist, wird i.d.R. nur eine Mindestzahl vorgeschrieben, während die Mitgliederzahl nach oben von Gesetzes wegen keine Beschränkung erfährt. Nach dem Recht der VR China ist für ausländisch-chinesische Gemeinschaftsunternehmen beispielsweise eine Mindestmitgliederzahl von drei Board-Mitgliedern vorgeschrieben (Art. 34 S. 1 JVLR). In Kenia muß der Board nach Sec. 177 kenian. Comp. Act wenigstens ein und in Malaysia zwei Mitglieder haben, die beide ihren Hauptwohnsitz in Malaysia haben müssen (Sec. 122 malays. Comp. Act).

Zahlenmäßig große Boards sind in der JV-Praxis gleichwohl selten zu finden; die Board-Größe bewegt sich häufig zwischen drei und fünf, gelegentlich auch wie im Schindler-JV bis hin zu acht Mitgliedern. Zu große Boards sind wegen der Verwässerung der persönlichen Verantwortung der Mitglieder im allgemeinen unerwünscht.

Die Größe eines Board wird in der Praxis durch zahlreiche Umstände beeinflußt. Beispielhaft sind zu nennen: eine gesetzlich vorgeschriebene Mindestmitgliederzahl; die Anzahl der JV-Partner, die im Board vertreten sein wollen; die Fähigkeit jedes JV-Partners, geeignete Personen ins Board zu entsenden; der Umfang der dem Board zugeteilten Aufgaben; die Forderung nach effizienter Geschäftstätigkeit.[25]

b) Besetzung

Die JV-Partner müssen neben der Frage, welche Mitgliederzahl der Board insgesamt haben soll, eine Einigung über die Besetzung des Board erzielen. Sie müssen festlegen, durch wie viele Personen jeder von ihnen im Board vertreten sein soll und welche Seite den Board-Vorsitzenden sowie dessen Stellvertreter stellt. Im Zusammenhang mit der Besetzung des Board sind auch Regelungen für den Fall des Ausscheidens oder der Verhinderung eines Board-Mitgliedes zu treffen.

aa) Grundsatz

Die zahlenmäßige Zusammensetzung des Board wird von den JV-Partnern gewöhnlich proportional zum Verhältnis der Kapitalbeteiligung geregelt. Nach chinesischem Recht wird sogar ausdrücklich gefordert, daß

25 UNIDO, Manual, S. 16.

die Zusammensetzung des Board grundsätzlich die Beteiligungsverhältnisse widerspiegeln soll (Art. 34 I 2 JVLR).

Bei Minoritäts-JVs treffen die Parteien häufig auch die Vereinbarung, daß der ausländische Partner nicht lediglich entsprechend seiner kapitalmäßigen Minderheitsposition, sondern paritätisch oder mehrheitlich vertreten sein soll, um den Aufbau und die Durchführung des Gemeinschaftsunternehmens beeinflussen zu können.[26]

bb) Probleme bei paritätischer Besetzung

Wählen die JV-Partner eine paritätische Board-Besetzung, birgt dies die Gefahr in sich, daß bei unterschiedlichen Vorstellungen über die Geschäftsführung der Geschäftsablauf im Gemeinschaftsunternehmen durch Patt-Situationen oder Unentschlossenheit im Board blockiert wird.

Die JV-Parteien können den Eintritt einer durch Interessendivergenzen verursachten Handlungsunfähigkeit dadurch verhindern, daß sie im JV-Vertrag eine Regelung zur Lösung derartiger Konfliktfälle treffen. So kann beispielsweise bei Stimmengleichheit der Stimme des Board-Vorsitzenden der Ausschlag gegeben werden.

Eine andere Möglichkeit besteht darin, einen wechselseitigen Vorsitz im Board zu vereinbaren und dem Vorsitzenden eine weitere Stimme einzuräumen. Eine Regelung dieses Inhalts ist nach chinesischem Recht allerdings nicht zulässig. Nach Art. 6 S. 3 JVL muß der Vorsitzende des Board chinesischer Abstammung sein.

Als Problemlösung kann sich auch anbieten, die Stimme eines außenstehenden Dritten entscheiden zu lassen.[27] Da dieser mit den Geschäftsabläufen im Gemeinschaftsunternehmen jedoch nicht sonderlich vertraut ist, dürfte diese Lösung nur bedingt zur Konfliktbewältigung geeignet sein.

Das Problem der mangelnden Vertrautheit stellt sich nicht, wenn der Dritte Mitglied des Board ist. Die JV-Partner können die Vereinbarung treffen, daß sich die von ihnen zu gleichen Teilen in den Board entsandten Vertreter (*directors*) auf ein „neutrales" weiteres Mitglied einigen sollen. Um einem parteilichen Verhalten dieses Dritten vorzubeugen, sollte seine Amtszeit beschränkt werden. Die praktische Verwirklichung dieser Lösung dürfte jedoch angesichts der schwierigen Suche nach einer geeigneten Persönlichkeit nicht einfach sein.[28] Die JV-Partner müssen bei

---

26 S. auch oben § 10 IV 2 b) aa).

27 Vgl. für eine solche Gestaltung FRIEDMANN/KALMANOFF, S. 376.

28 Darauf weisen auch W. HAUSER, S. 280 und FRIEDMANN/KALMANOFF, S. 376 hin.

dieser Lösung außerdem gewillt sein, der Stimme eines interessenmäßig nur kurzfristig mit dem Gemeinschaftsunternehmen verbundenen Dritten ausschlaggebende Bedeutung bei u.U. wichtigen unternehmenspolitischen Entscheidungen beizumessen. Andererseits ist die Board-Zusammensetzung für die Kompetenzverteilung und den Erfolg der gemeinsamen Unternehmung nicht immer allein entscheidend. Der Stellenwert des Board im Entscheidungsfindungssystem des Gemeinschaftsunternehmens hängt letztlich wesentlich davon ab, wo im konkreten Fall die Managementfunktionen angesiedelt sind und welche Entscheidungen der Gesellschafterversammlung vorbehalten bleiben.[29]

cc) Board-Vorsitz

Wichtige Regelungspunkte bei der Board-Besetzung sind die Stellung des Vorsitzenden (*chairman* oder *president*) und seiner Stellvertreter (*vice-chairmen*).

Die Frage, welche JV-Partei zur Stellung des Board-Vorsitzenden berechtigt sein soll, kann nicht nur für die bereits erwähnten Patt-Situationen entscheidend sein, sondern auch in vertretungsrechtlicher Hinsicht Bedeutung erlangen. Die Projektgesellschaft wird grundsätzlich durch den Board of Directors vertreten.[30] Das rechtsgeschäftliche Handeln des Gemeinschaftsunternehmens kann sich durch eine solche Gesamtvertretung jedoch äußerst schwierig gestalten. In der Praxis wird die Vertretungsbefugnis deshalb häufig auf den Board-Vorsitzenden übertragen. Nach chinesischem Recht ist dieser bereits von Gesetzes wegen der alleinige Vertreter des Gemeinschaftsunternehmens (Art. 37 S. 1 JVLR).

Die Benennung des Board-Vorsitzenden steht nicht immer zur Disposition der Kooperationspartner. Dem inländischen Partner kann wie in der VR China (Art. 34 JVLR) durch Gesetz ein ausschließliches Benennungsrecht eingeräumt sein, so daß dem ausländischen Partner nur die Bestimmung des ersten stellvertretenden Vorsitzenden gestattet ist. Die Stellung des Board-Vorsitzenden durch die inländische Seite kann auch ohne gesetzliche Normierung ein politisches Postulat sein, dem sich der ausländische Partner zu beugen hat.

Soweit mit der Benennung für den anderen Partner ein Macht- oder Prestigeverlust verbunden ist, läßt sich dieser i.d.R. anderweitig ausgleichen, etwa durch das Recht zur Stellung des Aufsichtsratsvorsitzenden oder eine Gesamtvertretungsregelung. Die JV-Partner können verein-

29 Zutr. W. Hauser, S. 281.
30 Vgl. Palmer, S. 660; Triebel, S. 159.

baren, daß der Board-Vorsitzende das Gemeinschaftsunternehmen nur gemeinsam mit dem vom anderen Partner zu stellenden ersten stellvertretenden Vorsitzenden oder einem anderen von diesem zu stellenden Board-Mitglied (etwa dem *managing director*) vertreten darf. Eine derartige Vereinbarung wird u.U. selbst in dem Fall zugelassen, wo der aus dem Anlageland stammende Board-Vorsitzende von Gesetzes wegen der alleinige Vertreter des Gemeinschaftsunternehmens ist.[31]

dd) Einzelne Geschäftsbereiche

Ein weiterer wichtiger Regelungspunkt bei der Board-Besetzung ist die Benennung der für bestimmte Geschäftsbereiche zuständigen Board-Mitglieder (*directors*). Die Geschäftsführung des Gemeinschaftsunternehmens wird gewöhnlich in verschiedene Bereiche unterteilt (Management, Produktion, Produktionsüberwachung, Technologie, Finanzen, Marketing, Personalwesen etc.). Sie werden den einzelnen Board-Mitgliedern von den JV-Partnern im Wege der Geschäftsverteilung zur eigenverantwortlichen Leitung übertragen. Die funktionelle Aufteilung setzt sich bei der Wahrnehmung der Aufgaben durch die leitenden Angestellten (*executive officers*) fort. Die Benennung der für die wichtigen Geschäftsbereiche Management, Finanzen und Technologie zuständigen Führungskräfte gibt dem ausländischen Partner die Möglichkeit, die Durchführung der gemeinsamen Unternehmung unabhängig von seiner jeweiligen Kapitalbeteiligung wesentlich zu beeinflussen.[32]

ee) Nachfolgeregelung

Für den Fall, daß ein Board-Mitglied vor Ablauf seiner Amtsperiode stirbt, zurücktritt oder anderweitig abberufen wird, sollte im JV-Vertrag geregelt sein, wer zur Ernennung eines Nachfolgers berechtigt ist.

Um keine Änderung der Machtverhältnisse herbeizuführen, treffen die JV-Partner häufig die Regelung, daß der Nachfolger von dem JV-Partner benannt werden soll, der auch das verstorbene, zurückgetretene oder abberufene Board-Mitglied gestellt hat. Die Befugnis zur Füllung einer Vakanz kann auch den anderen Board-Mitgliedern eingeräumt werden. Das so bestimmte neue Board-Mitglied muß sich dann bei der nächsten Gesellschafterversammlung zur Wahl stellen.

In vielen JV-Verträgen wird den Partnern generell die Befugnis ein-

---

31 So z.B. im dt.-chines. VW-JV (Messmann, S. 15) und in einem ausl.-chines. JV-Vertrag über die Herstellung von Fahrzeugen.

32 Vgl. auch oben § 10 IV 2 a).

geräumt, ihre in den Board entsandten Vertreter bei internen Meinungsverschiedenheiten gegen Personen auszutauschen, die ihnen geeigneter oder loyaler erscheinen. Anders als in großen Gesellschaften, insbesondere Publikumsgesellschaften, wo zur Gewährleistung eines kontinuierlichen Management regelmäßig versucht wird, Sicherheitsvorkehrungen gegen einen zu häufigen Wechsel von Board-Mitgliedern zu schaffen, ist der Board eines Gemeinschaftsunternehmens gerade dazu eingerichtet, die Interessen der einzelnen JV-Partner so getreu wie möglich wiederzugeben.

Die Vereinbarung einer Ersetzungsbefugnis kann lauten:

> The party which appoints a director may at any time remove him as a director and may substitut another in his place.

ff) Vertretungsregelung

Im Zusammenhang mit der Board-Besetzung sollte auch die Frage der Stellvertretung bedacht werden. Board-Sitzungen finden meistens am Sitz des Gemeinschaftsunternehmens statt und dauern u.U. mehrere Tage. Dies kann mittelständische JV-Partner, die nur über eine begrenzte Anzahl qualifizierter Führungskräfte verfügen, vor Probleme stellen, wenn sie diese zum Zeitpunkt der Board-Sitzung nicht oder nicht so lange entbehren können. Es empfiehlt sich daher, für die Board-Mitglieder gleichzeitig ständige Vertreter (*alternates*) vorzusehen. Die Parteien können z.B. folgende Klausel in den JV-Vertrag aufnehmen:

> Any director of the Company shall be entitled by an instrument in writing pursuant to the Articles of Association of the Company to appoint a person acceptable to the board of directors of the Company to be his alternate with such powers not exceeding his own as may be specified in the instrument appointing him.

Eine andere Möglichkeit besteht darin, eine andere Person, möglichst ein Board-Mitglied oder einen ständigen Vertreter, die mit den Geschäftsabläufen im Gemeinschaftsunternehmen vertraut sind, als Stellvertreter (*proxie*) zu bevollmächtigen.

### 2. *Arbeitsweise*

#### a) Einberufung und Quorum

Der Board of Directors berät und entscheidet grundlegende Fragen der Geschäftstätigkeit auf den von Zeit zu Zeit abgehaltenen Sitzungen. Er tritt in den meisten Gemeinschaftsunternehmen mindestens einmal pro

Jahr zusammen, soweit erforderlich auch öfter. Gerade in der Anfangszeit kann die Aufnahme der Geschäftstätigkeit eine häufigere Einberufung erfordern.

Die Parteien können auch eine Mindestzahl von Board-Sitzungen festschreiben. So wurde im Schindler-JV z.B. die Regelung getroffen:

> The board of directors shall meet together for the despatch of routine business at least four times in each year at regular intervals of three months. In addition special meetings of the board of directors may be convened at any time by the chairman or the vice-chairman for the despatch of any special business.

Vereinzelt findet sich in JV-Verträgen auch nur eine vage Vereinbarung wie:

> Meetings of the board of directors shall be held as often as may be thought necessary by the board.

Wenn auch nicht durch jede Frage, die der Board zu entscheiden hat, wesentliche Interessen der JV-Partner betroffen sein müssen, so sollte gleichwohl sichergestellt sein, daß ihre Vertreter das Recht haben, an allen Entscheidungsfindungsprozessen teilzunehmen. Auf diese Weise kann eine unbefugte Machtkonzentration bei bestimmten Board-Mitgliedern verhindert werden. Zur Ausschaltung dieses Risikos bieten sich verschiedene Vertragsgestaltungen an.

Ein ausreichendes Sicherungsmittel stellt das Erfordernis der ordnungsgemäßen Benachrichtigung aller Board-Mitglieder dar. Sie sollten bei Einhaltung einer hinreichenden Ladungsfrist (3 Wochen, zumindest 14 Tage) nicht nur über den Sitzungsort und -zeitpunkt schriftlich informiert werden müssen, sondern unter Beifügung der Kopien von Berichten, Studien oder Vorschlägen, die auf der Sitzung erörtert werden sollen, insbesondere auch alle Tagesordnungspunkte mitgeteilt bekommen. Die in Mustersatzungen üblichen Ladungen in lokalen Zeitungen sind für den ausländischen Partner ebensowenig akzeptabel wie die verbreitete Unsitte, Arbeitsunterlagen zu Tagesordnungspunkten erst in der Sitzung zu verteilen.[33] Eine häufig anzutreffende Klausel lautet:

> Prior written notice of all directors' meetings shall be sent to all directors at least fourteen days before the meeting, specifying the time and place of the meeting, and indicating all matters to be considered thereat, and including copies of reports, studies etc., relating thereto.[34]

---

33 Paetzolt, S. 12.

34 So auch die Musterklausel der UNIDO, Manual, S. 21.

Einige JV-Verträge enthalten darüber hinaus die Vereinbarung, daß eine Abkürzung der Ladungsfrist nur durch einstimmige Entscheidung der Board-Mitglieder möglich sein soll.

Die Forderung, die Board-Mitglieder vor jeder Sitzung umfassend zu informieren, ist für die JV-Partner auch insofern von Vorteil, als sie dadurch über die Angelegenheiten der Gesellschaft auf dem laufenden gehalten werden. Zudem wird ihnen so ermöglicht, sich frühzeitig eine Meinung zu den auf der Board-Sitzung anstehenden Punkten zu bilden. Diese können sie ihren Interessenvertretern dann richtungsweisend mit auf den Weg geben.

Noch weitreichendere Sicherheit kann durch die Vereinbarung einer für die Beschlußfähigkeit notwendigen Mindestmitgliederzahl (Quorum) gewährt werden, die groß genug ist, um die Anwesenheit von wenigstens einem Vertreter jedes Partners zu fordern. Vom Quorum sind Mehrheitsbestimmungen zu unterscheiden, die den erforderlichen Prozentsatz an Stimmen für bestimmte Beschlüsse festsetzen.[35]

Andererseits mag es aus Zweckmäßigkeitserwägungen (Zeit- und Kostenersparnisse) auch wünschenswert sein, daß der Board Entscheidungen ohne Sitzung oder zumindest ohne eine bestimmte Anzahl von anwesenden Mitgliedern fällen kann. Das läßt sich durch folgende Vereinbarungen sicherstellen. In Betracht kommt zum einen die Regelung, daß anstelle des auf einer ordnungsgemäß abgehaltenen Sitzung gefaßten Beschlusses ein Beschluß als rechtswirksam angesehen wird, der die schriftliche Zustimmung aller Board-Mitglieder gefunden hat (Beschlußfassung im Umlaufverfahren). Ein Beispiel für eine entsprechende Klausel lautet:

> A resolution in writing, signed by all the directors for the time being entitled to receive notice of a meeting of the directors, shall be as valid and effectual as if it had been passed at a meeting of the board duly convened and held.

Teilweise soll auch die schriftliche Zustimmung der Mehrheit der Board-Mitglieder ausreichen, vorausgesetzt daß jedes Mitglied pflichtgemäß über den genauen Text des Beschlusses informiert worden ist und eine ausführliche Erklärung dazu erhalten oder auf eine solche schriftlich verzichtet hat.

Ferner besteht die Möglichkeit, bei Nichterreichung des Quorums vorzusehen, daß die Sitzung auf einen späteren Zeitpunkt vertagt wird, zu dem dann auf jeden Fall Beschlußfähigkeit gegeben sein soll, wenn jedes

---

35 Dazu i.F. unter b).

Board-Mitglied über Tag, Zeit und Ort der neu angesetzten Sitzung ordnungsgemäß informiert wurde.

b) Beschlußfassung

aa) Grundsatz

Board-Entscheidungen werden grundsätzlich mit Stimmenmehrheit (*by majority vote*), d.h. durch einfachen Mehrheitsbeschluß (*ordinary resolution*) getroffen.[36] Für wichtige Beschlüsse können Sonderregelungen bestehen.[37]

Es steht den JV-Partnern frei, darüber hinaus die Beschlußfassung für bestimmte Entscheidungen besonders zu regeln. Von diesem Recht wird in der Vertragspraxis reger Gebrauch gemacht; ihm kommt im Hinblick auf die Gestaltung eines wirksamen Minderheitenschutzes große Bedeutung zu.

Die Interessen des Minoritätspartners werden bei mehrheitlich ergehenden Entscheidungen gewahrt, wenn der Board paritätisch besetzt ist. Es darf allerdings keine Vereinbarung bestehen, daß der Vorsitzende oder sonst ein von dem anderen JV-Partner gestelltes Board-Mitglied in Patt-Situationen die ausschlaggebende Stimme (*casting vote*) haben soll.

Bei disparitätischer Board-Besetzung hat der nicht mehrheitlich vertretene Partner ein großes Interesse daran zu verhindern, daß der über die Board-Mehrheit Verfügende durch das Stimmenmehrheitserfordernis in die Lage versetzt wird, alle Entscheidungen zu treffen.

Dem kann durch die Vereinbarung besonderer Mehrheiten oder die Forderung begegnet werden, daß ein Beschluß einstimmig gefaßt werden muß.

bb) Besondere Mehrheiten

Zu den Kernvereinbarungen des JV-Vertrags zählt die Abrede, daß eine qualifizierte Mehrheit (*special majority*) für alle Entscheidungen gefordert wird, die für das Gemeinschaftsunternehmen von großer Tragweite sind und die gesellschaftsrechtlichen Beziehungen der JV-Partner grundlegend betreffen. Hierzu werden im allgemeinen gezählt:

a) finanzielle Grundentscheidungen, namentlich:
   - die Erhöhung oder Herabsetzung des Grundkapitals,

---

36 Vgl. z.B. Art. 36 JVLR; First Schedule, Table A, para 98 kenian. Comp. Act; Fourth Schedule, Table A, para 80 malays. Comp. Act.

37 Dazu i.F. bb) und cc).

- die Herausgabe neuer Anteile,
- die Verfügung über einen wesentlichen Teil des Gesellschaftsvermögens,
- die Aufnahme von Krediten, die eine summenmäßig oder prozentual festgelegte Grenze überschreiten,
- erhebliche Kapitalbeteiligungen an anderen Unternehmen,
- die Übernahme von Bürgschaften oder Vergabe von Krediten, die über den gewöhnlichen Geschäftsverkehr hinausgehen,
- die Gewährung von Darlehen an JV-Partner,

b) Änderungen des JV-Vertrags,
c) Änderungen des Gesellschaftsstatuts,
d) die Besetzung von Schlüsselpositionen,
e) die Wahl von Rechnungsprüfern[38].

Es empfiehlt sich, alle Entscheidungen, für die eine besondere Mehrheit erforderlich sein soll, im JV-Vertrag genau zu bezeichnen. Der Gestaltungsfreiheit der JV-Partner sind jedoch insofern Grenzen gesetzt, als Rechtsgeschäfte, die von Gesetzes wegen jährlich oder turnusmäßig erfolgen müssen (Verabschiedung des Jahresabschlusses, Neubestellung abgelaufener Mandate etc.), nicht einer qualifizierten Mehrheit unterworfen werden können.

Damit die Interessen des Minoritätspartners durch die Vereinbarung einer qualifizierten Mehrheit geschützt werden, muß diese so groß sein, daß für ihr Zustandekommen die Stimme zumindest eines von ihm gestellten Board-Mitglieds erforderlich ist. Diesem wird auf solche Weise ein Vetorecht hinsichtlich der betreffenden Entscheidungen eingeräumt.

Quorums- und Mehrheitsbestimmungen werden bei bedeutsamen Entscheidungen häufig verbunden. So kann für wichtige Beschlüsse neben der qualifizierten Mehrheit die Anwesenheit einer bestimmten Mitgliederzahl erforderlich sein.

Unabhängig von einer vertraglichen Regelung bedürfen bestimmte gesellschaftsrechtliche Entscheidungen von Gesetzes wegen einer besonderen Mehrheit. So können in Malaysia und Kenia einige Beschlüsse nur im Wege einer *special resolution* gefaßt werden. Diese aus dem englischen Recht bekannte Sonderbeschlußform[39] bezeichnet einen Beschluß, der mit dreiviertel Mehrheit und nach besonderer Ankündigungsfrist (nicht

---

38 Die Ernennung von Rechnungsprüfern obliegt in manchen Ländern auch der Gesellschafterversammlung.

39 Allg. hierzu Palmer, S. 587 f.

weniger als 21 Tage) zustandekommt (Sec. 152 malays. Comp. Act). Eines solchen Beschlusses bedürfen beispielsweise:

- die Änderung des Gesellschaftsnamens[40],
- bestimmte Änderungen oder Ergänzungen des Gesellschaftsstatuts[41],
- die Umwandlung in eine *public limited company*[42],
- Herabsetzungen des Gesellschaftskapitals[43],
- im Gesellschaftsstatut nicht vorgesehene Zinszahlungen aus dem Gesellschaftskapital[44].

Diese Beschlüsse fallen jedoch zumeist nicht in den Kompetenzbereich des Board of Directors, sondern in den der Gesellschafterversammlung.

cc) Einstimmigkeit

Vereinzelt treffen die JV-Parteien auch die Regelung, daß bestimmte Fragen nur durch einstimmigen Beschluß der Board-Mitglieder entschieden werden dürfen. Einstimmigkeitserfordernisse können die Effektivität der Arbeitsweise des Board behindern. Sie sollten daher von den JV-Partnern allenfalls für besonders wichtige Entscheidungen und nur bei einem kleinen Führungsgremium vorgesehen werden.[45]

Einstimmigkeitserfordernisse können auch gesetzlich begründet sein. So ist nach dem Recht der VR China (Art. 36 JVLR) eine einstimmige Entscheidung durch den Board erforderlich bei:

- Ergänzungen des Gesellschaftsstatuts,
- Beendigung und Auflösung des Joint Venture,
- Grundkapitalerhöhungen,
- Fusionen mit anderen Unternehmen.

---

40 Sec. 23 (1) malays. Comp. Act; Sec. 20 kenian. Comp. Act.

41 Sec. 24 (3), 28 (1), 31 (1) malays. Comp. Act; Sec. 8, 25 kenian. Comp. Act.

42 Sec. 26 (2) malays. Comp. Act.

43 Sec. 64 (1) malays. Comp. Act; Sec. 68 kenian. Comp. Act.

44 Sec. 69 malays. Comp. Act.

45 So wurde beispielsweise im dt.-chines. VW-JV die Regelung getroffen, daß bei Patt-Situationen im executive management committee eine einstimmige Entscheidung des ganzen Board herbeigeführt werden muß, wenn der Vorsitzende und der stellvertretende Vorsitzende des committee den Konflikt nicht lösen können, MESSMANN, S. 16.

## IV. Board of Supervisors

### 1. *Rechtsstellung*

Die Rechtsstellung des Aufsichtsorgans der Projektgesellschaft (Board of Supervisors, Board of Commissioners, Dewan Komisaris) kann variieren. Sie wird beeinflußt von der normativen Regelungsdichte und der den JV-Parteien zugestandenen Gestaltungsfreiheit.

Eine relativ hohe Regelungsdichte ist in Rechtsordnungen zu finden, die gemäß dem Prinzip der Neutralität der Kontrolle die Aufsichtsfunktionen strikt von den exekutiven Funktionen der Geschäftsführung trennen. Sie sehen nicht nur zwingend eine zweistufige Unternehmensspitze mit einem Geschäftsführungs- und einem Aufsichtsorgan vor, sondern legen deren Zusammensetzung, Aufgaben und Befugnisse auch weitgehend fest. Dieses strenge Modell war ursprünglich eine Eigenart des deutschen Aktienrechts. Es ist nur wenig verbreitet und soll nicht näher erörtert werden, da es für die beispielhaft ausgewählten Anlageländer nicht einschlägig ist.

Zu größerer Flexibilität befähigt ein in anderen Rechtsordnungen, z.B. im indonesischen Commercial Code zu findendes Modell, das auch im deutschen GmbHG (§ 52 GmbHG) niedergelegt ist. Danach sieht das Gesetz ein Aufsichtsorgan nur fakultativ vor. Seine Einrichtung kann in der nationalen Rechtspraxis gleichwohl üblich sein. Die Bildung eines fakultativen Aufsichtsorgans muß von den JV-Partnern vertraglich wie statutarisch vereinbart werden.

### 2. *Zusammensetzung, Arbeitsweise und Aufgabenbereich*

Wird ein Aufsichtsorgan eingerichtet, so bestimmen der JV-Vertrag und das Gesellschaftsstatut seine Zusammensetzung, Arbeitsweise und Zuständigkeiten. Die JV-Partner müssen seine Mitgliederzahl und Besetzung festlegen, die Einberufung und das zur Beschlußfähigkeit erforderliche Quorum, Beschlußfassung und Aufgaben regeln. Hierbei stellen sich die im Zusammenhang mit der Zusammensetzung und Arbeitsweise des Board of Directors angesprochenen Fragen. Die dort angestellten Erwägungen und Lösungsvorschläge sind auf den Board of Supervisors weitgehend übertragbar, so daß auf sie an dieser Stelle nicht noch einmal eingegangen zu werden braucht. Mitgliederzahl, Quorum, Einberufung und Beschlußfassung der beiden Boards werden in den JV-Verträgen daher zum Teil auch inhaltlich einheitlich geregelt.

Die Besetzung des Board of Supervisors erfolgt dagegen häufig spiegelbildlich zu der des Board of Directors. Auf diese Weise soll zwischen den JV-Partnern ein Macht- und Interessenausgleich hergestellt werden. Der ausländische Geschäftspartner ist hieran insbesondere in zwei Fällen interessiert. Zum einen dann, wenn zu Gunsten des inländischen Partners eine bestimmte Besetzung des Exekutivorgans durch nationales Recht vorgeschrieben ist, zum anderen in dem Fall, daß eine solche aus politischen Erwägungen heraus notwendig erscheint.

Umfang und Grenzen der Autorität des Board of Supervisors variieren entsprechend der vertraglichen Festlegung seines Aufgabenbereichs.

Seine Aufgaben können rein überwachungsrechtlicher Natur sein, so daß er als ein ständiges Kontrollorgan ausgestaltet ist, das die Geschäftstätigkeit des Gemeinschaftsunternehmens im Interesse der Anteilseigner (insbesondere des Minoritätspartners) überwacht. Ihm kann vor allem die Pflicht obliegen, vom Board of Directors aufgestellte *financial reports* zu prüfen.

Da der Board of Supervisors seine Kontrolltätigkeit nur dann richtig wahrnehmen kann, wenn ihm die notwendigen Informationen zugänglich gemacht werden, müssen ihm die JV-Partner umfassende Einsichts- und Informationsrechte einräumen.

Dem Board of Supervisors kommt eine aktivere Funktion zu, wenn nach der Vereinbarung der Parteien nicht nur die rückblickende Kontrolle, sondern auch bestimmte unternehmerische Führungsentscheidungen Gegenstand der Aufsichtstätigkeit sind. Die JV-Partner können die Machtstellung des Aufsichtsorgans vor allem durch die Einführung genehmigungsbedürftiger Geschäfte ausbauen. So werden die Besetzung von Führungspositionen, grundlegende finanzielle Entscheidungen oder sonstige wesentliche Fragen der Unternehmensplanung nicht selten der Genehmigung des Board of Supervisors unterstellt. Zu seinen Aufgaben gehört oftmals auch die Billigung des Finanzplans, der vom Board of Directors für das neue Geschäftsjahr aufzustellen ist.

## § 15 Geschäfts- und Finanzpolitik

### I. Interessengegensätze

Der wirtschaftliche Erfolg eines Gemeinschaftsunternehmens hängt wie bei jeder geschäftlichen Unternehmung entscheidend davon ab, welche Geschäfts- und Finanzpolitik betrieben wird. In diese Bereiche fallen:

- Fragen der Materialbeschaffung und des Marketing (Bezug ausländischer Materialien oder Verwendung im Anlageland vorhandener Rohstoffe und Produkte bei u.U. schwieriger Beschaffung und schlechterer Qualität; Belieferung des inländischen Marktes oder ausländischer Märkte, Vertrieb durch den inländischen oder den ausländischen Partner oder Marktaufteilung),
- Fragen der Gewinnverwendung (direkte oder verdeckte Ausschüttung der erwirtschafteten Gewinne oder Thesaurierung),
- Fragen der Gewinnverteilung,
- Preisbildung (Politik der hohen oder niedrigen Preise) u.ä.

Bei der Bestimmung der geschäfts- und finanzpolitischen Linie tritt deutlich hervor, daß die eigentliche Problematik von Gemeinschaftsunternehmen in den unterschiedlichen Erwartungen der beteiligten Partner liegt. Die gemeinsame kommerzielle Ausrichtung privater ausländischer und inländischer Investoren sollte zwar in aller Regel eine ausreichende Grundlage für den Aufbau eines unternehmenspolitischen Konzepts bieten, das alle Beteiligten in den Grundzügen zufriedenstellt.[1] Unterschiedliche Interessen der JV-Partner können bei der Entscheidung einzelner geschäfts- oder finanzpolitischer Fragen gleichwohl zu erheblichen Schwierigkeiten führen, die das Gemeinschaftsunternehmen zum Scheitern bringen können.[2]

Interessengegensätze treten insbesondere dann auf, wenn auf inländischer Seite eine staatliche Beteiligung besteht. Anders als die rein erwerbswirtschaftlichen Zielen dienende Beteiligung des ausländischen Geschäftspartners wird das Verhalten eines staatlichen Lokalpartners i.d.R. mehr durch volkswirtschaftliche und entwicklungspolitische als durch kommerzielle Überlegungen bestimmt sein. Selbst wenn sich der Anlagestaat nur mittelbar in Form einer autonom gestalteten staatlichen Wirtschaftseinheit als JV-Partner betätigt, so wird er doch versuchen, durch diese Beteiligung im privaten Sektor auch staatliche Zielvorstellungen zu verwirklichen, namentlich die bestehende Wirtschaftsstruktur durch seinen Einfluß im Gemeinschaftsunternehmen im Sinne der angestrebten Wirtschafts- und Sozialordnung zu verändern.[3]

Wenn eine solch gegensätzliche Interessenlage besteht, ist die zentrale Frage, welcher JV-Partner bei der Bestimmung der Unternehmenspolitik den größeren Einfluß geltend machen kann, von entscheidender Be-

---

1 So auch Jost, S. 131; ähnlich Farer, 10 Colum.J. Transnat'l L. 200, 202 (1971).
2 So richtig Langefeld-Wirth, S. 19.
3 Darauf weist auch Jost, aaO hin.

deutung. Der Umfang der Einflußnahmemöglichkeit wird nicht allein durch den jeweiligen Anteil der Partner am Grundkapital des Gemeinschaftsunternehmens bestimmt. Er hängt maßgeblich von den Machtverhältnissen ab, die in der gemeinsamen Unternehmung tatsächlich herrschen.[4] Die Abhängigkeit des inländischen Partners von der Technologie des ausländischen Investors kann die Bestimmung der geschäfts- und finanzpolitischen Geschicke des Gemeinschaftsunternehmens deshalb ebenso beeinflussen wie die Macht eines der inländischen Obrigkeit nahestehenden Partners, seine Beziehungen richtungweisend einzusetzen.

Der ausländische Geschäftspartner mag aufgrund seiner Machtstellung im Gemeinschaftsunternehmen zwar u.U. die Möglichkeit haben, die mit seiner Beteiligung verfolgten rein erwerbswirtschaftlichen Ziele unternehmenspolitisch durchzusetzen. Er ist gleichwohl aufgefordert, seine Investition fördernd zum wirtschaftlichen und sozialen Fortschritt des als Investitionsstandort gewählten Entwicklungslandes einzusetzen.

Angesichts der zunehmenden Bedeutung internationaler Wirtschaftsbeziehungen wird sowohl seitens der Entwicklungsländer wie seitens der Industrienationen gefordert, daß grenzüberschreitende Direktinvestitionen zu einem wirtschaftlich sinnvollen Einsatz von Kapital, Technologie und Arbeitskräftepotential auf internationaler Ebene beitragen sollen.[5] Im Zusammenhang mit den Tätigkeiten der multinationalen Unternehmen wurde bereits vor Jahren allseits der Ruf laut, im Bereich der internationalen Investitionen ein Regelwerk für das Verhalten ausländischer Investoren zu schaffen, das weder durch nationale Gesetze noch durch multi- oder bilaterale Regelungen erfaßt wird. Er hat zu zahlreichen Entwürfen und zum Erlaß einiger Kodizes (Codes of Conduct) geführt.[6] Ihre Urheber sind staatliche[7] wie nicht-staatliche[8] internationale Organisationen.

Die Beachtung der in den Kodizes aufgestellten Verhaltensregeln ist freiwillig und rechtlich nicht durchsetzbar.[9] Gleichwohl haben sie in der

---

4 Zur relativen Bedeutung der Kapitalbeteiligung im Verhältnis zur faktischen Machtstruktur s. oben § 10 IV.

5 S. nur OECD Guidelines for Multinational Enterprises, Introductory Understanding, No. 1.

6 Vgl. z.B. OECD Declaration and Guidelines for Multinational Enterprises of 1976; ICC Guidelines on International Investment of 1972; ILO Tripartite Declaration of 1977; Überblick bei Baade in: Codes of Conduct, S. 407 ff., Steeg, ZGR 1985, 1 ff.

7 Z.B. OECD, UN ECOSOC, UNCTAD, ILO.

8 ICFTU, ICC.

9 Vgl. z.B. OECD Guidelines, Introductory Understanding, No. 6.

Praxis auch als sog. *soft law* eine nicht zu unterschätzende Bindungswirkung und tragen zur Bildung eines transnationalen Wirtschaftsrechts bei.[10]

Adressaten sind in erster Linie die großen multinationalen Unternehmen. Ihre Tätigkeiten können angesichts ihrer starken wirtschaftlichen Machtstellung am ehesten zum Mißbrauch wirtschaftlicher Machtkonzentration und zu Konflikten mit den wirtschaftspolitischen Zielen einzelner Länder führen.[11] Da die Kodizes aber Problembereiche ansprechen, die sich bei jeder Investition stellen[12], kommt den in ihnen niedergelegten Forderungen und Wertungen zugleich grundsätzliche Bedeutung zu.[13] Mittelständische Unternehmer, die in Form eines Gemeinschaftsunternehmens investieren, sind deshalb gleichfalls aufgefordert, den politischen Zielen der Anlageländer bei der Bestimmung der Geschäftspolitik des Gemeinschaftsunternehmens Rechnung zu tragen und insbesondere die wirtschaftlichen und sozialen Prioritäten der betreffenden Länder angemessen zu berücksichtigen.[14]

Das Erfordernis, die JV-Geschäftspolitik an die nationale Wirtschaftspolitik anzupassen, kann für bestimmte Bereiche auch im Recht des Anlagelandes selbst geregelt sein. Nach der Indigenisierungspolitik der Entwicklungsländer soll die Indigenisierung der Wirtschaft nicht nur im Bereich der Kapitalbeteiligung und des Management erreicht werden, sondern insgesamt realisiert werden, so vor allem auch im Beschäftigungsbereich und bei der Technologieanwendung. Einige Länder haben daher Vorschriften erlassen, die auf die JV-Unternehmenspolitik Einfluß nehmen. So soll mit Hilfe von *local-content*-Vorschriften eine sukzessive Erhöhung des Anteils inländischer Fertigung erreicht werden. Der Bezug von inländischen Produktionsmaterialien wird vorgeschrieben, weil er sich positiv auf die nationale Zahlungsbilanz auswirkt.[15] Durch ihn kann zum einen die nationale Wirtschaft angekurbelt werden, zum anderen lassen sich Devisen einsparen. Zu den Forderungen der Indigenisierungspolitik, die die personalpolitische Linie eines Gemeinschaftsunternehmens maßgeblich beeinflussen können, zählen z.B. die Erhöhung der Beschäftigungsmöglichkeiten für inländische Arbeitskräfte, der Er-

10 Horn in: Codes of Conduct, S. 45 (81).

11 OECD Guidelines, Introductory Understanding, No. 1.

12 Investitionsbedingungen, Geschäftspraktiken, Technologietransfer, arbeits- und sozialrechtliche Fragen etc.

13 Horn in: Codes of Conduct, S. 47.

14 Vgl. OECD Guidelines, General Policies, No. 1-2.

15 Dazu i.F. II 2.

satzzwang ausländischen Personals und die Ausbildung inländischer Fachkräfte.[16]

## II. Materialbeschaffung

Bei der Bestimmung der geschäftspolitischen Linie stellt die Beschaffung des für Projektaufbau und -durchführung erforderlichen Materials (Roh- und Hilfsstoffe, Vorprodukte, Maschinen, Ausrüstungen, Werkzeuge etc.) regelmäßig einen besonderen Problembereich dar. Die Sicherstellung der notwendigen Zulieferungen sollte von den Kooperationspartnern deshalb schon während der Vertragsverhandlungen so gründlich wie möglich durchdacht werden.[17]

### *1. Bezug ausländischer Materialien*

Ausländische Investoren können aufgrund ihrer beruflichen Stellung verstärkt daran interessiert sein, die mit dem Gemeinschaftsunternehmen abzuschließenden Lieferverträge über die Beschaffung bestimmter Produktionsmaterialien (Vormaterialien, Halbfabrikate) und Zulieferungen selbst zu schließen, um in den Genuß der daraus resultierenden Geschäftsvorteile zu kommen. Hieran sind vor allem Unternehmer interessiert, die ein Gemeinschaftsunternehmen in erster Linie eingehen, um auf diesem Weg an die anstehenden Lieferaufträge zu kommen.[18]

Die Sicherstellung eines bestimmten Qualitätsstandards kann ein weiterer Grund dafür sein, daß ausländische Investoren gesteigerten Wert darauf legen, daß das Gemeinschaftsunternehmen bestimmte Einzelteile, die für die Produktion besonders wichtig sind, von ihnen selbst bzw. von Unternehmen bezieht, mit denen sie auch sonst zusammenarbeiten.

Eine Bezugsbindung an den ausländischen JV-Partner birgt die Gefahr einer marktfernen Preisbildung in sich. Der inländische Partner wird sich mit ihr daher regelmäßig nur einverstanden erklären, wenn er eine gerechte Preisgestaltung gewährleistet weiß. Dieser Forderung kann durch verschiedene Regelungen Rechnung getragen werden.[19]

Einige Vertragsparteien treffen die Abrede, daß der ausländische Partner die Verkaufspreise aufgrund einer rein geschäftlichen neutralen Preiskalkulation (*at arm's length*) festsetzen muß. Er soll bei Rechtsgeschäften

---

16 S. oben § 6 IV.

17 v. Lingelsheim-Seibicke, S. 125.

18 S. oben § 3 I.

19 S. auch Langefeld-Wirth, S. 35.

mit dem Gemeinschaftsunternehmen nicht in den Genuß branchenunüblicher Sondervorteile kommen. Die Begründung der Verpflichtung, sich bei der Preisbildung an den jeweiligen internationalen Konkurrenzpreisen zu orientieren (*to base prices upon competitive international prices*), kann ebenfalls helfen, auf eine gerechte Preisgestaltung hinzuwirken.[20] Diese Regelungen geben dem inländischen Partner letztlich jedoch keine wirkliche Garantie dafür, daß die vom ausländischen Partner geforderten Preise auch tatsächlich *at arm's length, fair and competitive* sind. Er besteht deshalb oftmals auf der Vereinbarung, daß das Gemeinschaftsunternehmen Material von der Quelle beziehen kann, die am preiswertesten ist, sofern dabei ein ausreichender Qualitäts- und Lieferstandard gewährleistet ist.[21]

Der Einkauf von Produktionsmaterial im Ausland ist auch in anderer Hinsicht eine Quelle für Schwierigkeiten. Das größte Problem besteht im allgemeinen darin, die für die Bezahlung erforderlichen Devisen zu beschaffen.[22] Für Gemeinschaftsunternehmen, die in der VR China gegründet werden, ist dieses Problem in Art. 9 JVL ausdrücklich angesprochen. Ausländisch-chinesische Gemeinschaftsunternehmen, die Rohstoffe, Rohmaterialien, Zubehörteile etc. auf dem Weltmarkt beziehen, müssen dafür Sorge tragen, daß die Bezahlung durch eigenes Devisenaufkommen sichergestellt ist.

Soweit die Einfuhr bestimmter Stoffe oder Produkte lizenzpflichtig ist, muß die Besorgung der vorgeschriebenen Importlizenzen sichergestellt sein. Diese Aufgabe zählt häufig zu den Leistungspflichten des inländischen Partners. Er ist mit der Bürokratiestruktur des Anlagelandes vertraut und kann über gute Kontakte zu den inländischen Behörden verfügen.

Ist das Gemeinschaftsunternehmen wie in der VR China in die nationale Planwirtschaft integriert, besteht eine Einbindung in die nationalen Importpläne, die weitere Probleme verursachen kann. Sie ist für ausländisch-chinesische Gemeinschaftsunternehmen in Art. 63 ff. JVLR geregelt. Danach ist insbesondere zu beachten, daß das Gemeinschaftsunternehmen seinen Importbedarf zwecks Erhalt der erforderlichen Lizenzen[23] alle sechs Monate im voraus anmelden muß. Die Anmeldung hat

---

20 UNCTC, JV-Arrangements, S. 28.

21 UNCTC, aaO.

22 Zu den Devisenproblemen ausführlich oben § 6 III.

23 Ausl.-chines. JVs können Maschinen und Materialien nach einer mit Wirkung vom 24.1.1987 in Kraft getretenen Verordnung des MOFERT ausnahmsweise ohne Beantragung einer Lizenz importieren, wenn die betreffenden Waren zur

im Rahmen des vom Gemeinschaftsunternehmen jährlich zu erstellenden Importplans zu erfolgen.

## 2. *Verwendung lokaler Resourcen*

Soweit das Gemeinschaftsunternehmen seine Materialbedürfnisse im Anlageland selbst befriedigen kann, sollte dies dem Gedanken der Codes of Conduct entsprechend zwecks Förderung der nationalen Wirtschaft auch geschehen.[24] Die Ergründung und Erschließung lokaler Resourcen kann zudem die beste Lebenshilfe für ein Gemeinschaftsunternehmen sein. Viele JV-Verträge enthalten daher Präferenzklauseln für inländische Unternehmer. Es kann sich empfehlen, für bestimmte Beschaffungspreise eine Höchstgrenze festzulegen (z.B. den auf dem Weltmarkt zu zahlenden Preis). Der ausländische Partner hat dann die Möglichkeit, eine zu teure Beschaffung von Materialien, insb. Rohstoffen, zu verhindern, wenn die inländischen Preise sehr hoch sind.

Der lokale Bezug von Rohstoffen oder anderen im Anlageland vorhandenen Materialien kann vereinzelt auch durch die nationale Außenwirtschaftsgesetzgebung vorgeschrieben sein. Hierauf müssen sich ausländische Investoren z.B. in der VR China einstellen, wo das Gemeinschaftsunternehmen weitgehend in das nationale Planungssystem integriert ist.[25] Für die Materialbeschaffung gilt das Prinzip, daß die von ausländisch-chinesischen Gemeinschaftsunternehmen benötigten Rohstoffe, Rohmaterialien, Brennstoffe und Zubehörteile bevorzugt in der VR China gekauft werden sollen (Art. 9 JVL). Die Einbindung des Gemeinschaftsunternehmens in die Planwirtschaft zeigt sich auch beim Preissystem.[26] So werden die Preise für bestimmte Rohstoffe (Gold, Edelmetalle, Erdöl, Kohle und Holz) von den chinesischen Preisbehörden festgesetzt (Art. 65 JVLR).

Sollen für die JV-Produktion benötigte Rohstoffe in der VR China bezogen werden, sollte der ausländische Investor versuchen, sich bzgl.

---

Herstellung von Exportgütern verwandt werden sollen. Einfuhren, die keine Lizenz erfordern, unterliegen nur der formellen Inspektion durch die Zollbehörden. Die auf solche Weise eingeführten Rohstoffe, Maschinen, Fahrzeuge, Betriebsstoffe, Zubehör- und Ersatzteile dürfen in diesem Fall nicht an andere Unternehmen weiterverkauft oder übertragen werden (BfAI/NfA v. 3.2.1987).

24 So richtig bereits FARER, 10 Colum.J.Transnat'l L. 200, 217 (1971).

25 Allg. dazu v. LINGELSHEIM-SEIBICKE, S. 133 ff.; CONLEY/BEAMISH, 51 Bus.Q. 39, 41 (1986).

26 Allg. dazu LUSSENBURG, 63 Can.B.Rev. 545, 560 (1985); BROWN, 4 B.C.Int'l & Comp.L.Rev. 115, 141 (1981).

der nicht immer einfachen Beschaffung[27] vertraglich abzusichern. Im JV-Vertrag kann z.B. eine Verpflichtung des chinesischen Partners begründet werden, für eine störungsfreie und ausreichende Versorgung mit Rohstoffen zu sorgen. Es kann sich im Einzelfall empfehlen, diese darüber hinaus auf die Energie- und Wasserversorgung zu erstrecken. Eine derartige Abrede findet sich in Art. 10.2. des Schindler-JV-Vertrags:

> In order to attain the goal of doubling the present production within five years and quadrupling it within eight years, CCMC shall secure the adequate supply of the raw materials ...

## III. Marketing

Der wirtschaftliche Erfolg eines Gemeinschaftsunternehmens im Produktionsbereich hängt letztlich davon ab, daß die hergestellten Produkte erfolgreich verkauft werden. Unterschiedliche Erwartungen und Interessen der am Gemeinschaftsunternehmen beteiligten Parteien führen jedoch gerade im Bereich des Marketing häufig zu Unstimmigkeiten. Um eine Gefährdung des Investitionserfolges zu vermeiden, sollten die Parteien ihre Vorstellungen bezüglich des Absatzkonzepts nicht bis zur Produktionsaufnahme zurückhalten. Sie sollten sie bereits im Rahmen der JV-Vertragsverhandlungen klar zum Ausdruck bringen und zumindest die Grundzüge des künftigen Absatzkonzepts im JV-Vertrag regeln.

### *1. Absatzgebiet*

Interessengegensätze können insbesondere bei der Festlegung des Absatzgebietes zutagetreten. Für den Absatz der JV-Produkte kommen drei Marktregionen in Betracht: das Anlageland, das Heimatland des ausländischen Investors, sonstige ausgewählte Länder.

Bei der Mehrzahl von Gemeinschaftsunternehmen, die in Entwick-

---

27 Um JVs besser mit Materialien und Ausrüstungen versorgen zu können, hat die Stadtregierung von Beijing die Beijing Materials & Equipment Supply Company for Foreign Investment Enterprises gegründet. Die Gesellschaft, die ihre Tätigkeit im Mai 1987 aufgenommen hat, untersteht dem Beijing Municipal Materials Bureau. Sie stützt sich bei der Belieferung der mit ausländischem Kapital errichteten Firmen auf mehrere im Raum Beijing ansässige Unternehmen der Bereiche Metall-Material, Maschinen, Produkte der Chemie- und Leichtindustrie sowie Nutzholz, die ihr bzw. dem Municipal Materials Bureau angegliedert sind. Ein Materialentwicklungs- und ein Dienstleistungsunternehmen mit Leasing-Abteilung sind ebenfalls angeschlossen (BfAI/NfA v. 24.6.1987).

lungsländern gegründet werden, steht für den ausländischen Partner die Erschließung neuer Absatzmärkte im Vordergrund.[28] Das Gemeinschaftsunternehmen soll in erster Linie den inländischen Markt, vielleicht auch die Märkte benachbarter währungsschwacher Länder beliefern. So gründet sich die China-Euphorie auf die Hoffnung, an der Versorgung des expandierenden chinesischen Marktes teihaben zu können. Von der Standortwahl Malaysias oder Indonesiens versprechen sich viele Investoren, Zugang zu dem Markt des gesamten südost-asiatischen Raumes zu bekommen. Andere gewinnträchtige Weltmärkte sollen nach der Marketing-Politik der meisten ausländischen Unternehmer hingegen von dem im Heimatland ansässigen Stammunternehmen oder von einer Tochtergesellschaft aus beliefert werden.[29]

Zu den obersten Zielsetzungen der Wirtschaftspolitik der Entwicklungsländer zählt dagegen die Förderung von Exportindustrien, um Devisen zu erwirtschaften. Die Gründung von Gemeinschaftsunternehmen soll hierzu beitragen.[30] Gemeinschaftsunternehmen mit Partnern aus Industrienationen werden zwar auch zum Zwecke der Importsubstitution begrüßt, um die Versorgung des inländischen Marktes mit bestimmten Produkten sicherzustellen. Auf diese Weise werden dann ebenfalls Devisen eingespart. Zumeist steht auf seiten der Entwicklungsländer jedoch die Vorstellung im Vordergrund, daß die Gemeinschaftsunternehmen ausländische Märkte beliefern sollen. Besonderes Interesse besteht an dem Zugang zu Märkten währungsstarker Länder. Es wird versucht, diese Vorstellung direkt oder indirekt mittels einer entsprechenden Gesetzgebung[31] oder administrativen Genehmigungspraxis[32] durchzusetzen.

Unabhängig davon, inwieweit der ausländische Investor seinen Wunsch, den Markt des Anlagelandes als neuen Absatzmarkt zu erschließen, durchsetzen kann, will er auf jeden Fall gewährleistet wissen, daß das Gemeinschaftsunternehmen bestimmte Märkte nicht beliefert, um sich nicht selber Konkurrenz zu machen. Eine klare Gebietsabgrenzung zwischen den Geschäftspartnern und dem Gemeinschaftsunternehmen

---

28 Zu den Motiven ausl. JV-Partner s. oben § 3 I 2.

29 Darauf weist auch die UNIDO, Manual, S. 29 hin.

30 Zur Wirtschafts- und Investitionspolitik der Entwicklungsländer s. oben § 5 I.

31 Exportverpflichtungen (vgl. Art. 60, 61 JVLR), Devisenbeschaffungspflichten (vgl. Art. 75 S. 1 JVLR i.V.m. Art. 22 Provisional Regulations for Exchange Control of the PRC; s. auch oben § 6 III 3, Verknüpfungen von Beteiligungsverhältnis und Exportanteil (s. oben § 10 III 1 a), Exportanreizen (s. oben § 6 II) etc.

32 Exportauflagen, Abnahmegarantien des ausländischen Partners (s. oben § 9 IV 2).

ist insbesondere bei der Verwendung gleicher Warenzeichen von größter Wichtigkeit. Diesem Anliegen kann auf verschiedene Weise Rechnung getragen werden.

Das Gemeinschaftsunternehmen stellt die Produkte im Regelfall in Lizenz des ausländischen Partners her. Im allgemeinen wird eine Lizenz nicht nur für die Herstellung sondern auch für den Vertrieb der Waren und die Benutzung bestimmter Warenzeichen erteilt. Die Beschränkung der Lizenz auf eine Benutzungsart, z.B. nur auf eine Herstellungslizenz, ist zumeist nicht wirtschaftlich sinnvoll. Sie bietet sich nur in dem Fall an, daß der ausländische Partner den Vertrieb vollständig in eigener Regie übernimmt.

Die Einräumung von Benutzungs-, Herstellungs- und Vertriebsrechten an einem Patent, Warenzeichen, Gebrauchs- oder Geschmacksmuster ist Gegenstand eines zwischen dem Gemeinschaftsunternehmen und dem ausländischen Partner zu schließenden Lizenzvertrages.[33] Als Lizenzrechtsgeber verfügt der ausländische Partner über eine Verhandlungsmacht, die es ihm gestattet, seine eigenen marktpolitischen Interessen dadurch zu wahren, daß er die Vertriebs- und/oder Warenzeichenlizenz territorial eingrenzt und nur räumlich beschränkt vergibt. Derartige lizenzvertragliche Vereinbarungen können Exportverboten gleichkommen.[34]

Dem Gemeinschaftsunternehmen kann der Zugang zu bestimmten Exportmärkten auch durch die Vereinbarung einer Marketingregelung verwehrt werden, die eine Marktaufteilung zwischen den JV-Partnern vorsieht.[35] Die Kooperationspartner können die Abrede treffen, daß das Gemeinschaftsunternehmen ausschließlich für die Belieferung des Inlandsmarktes zuständig sein soll, während dem ausländischen Partner das alleinige Vertriebsrecht für den Exportmarkt eingeräumt wird. Er hat damit die Möglichkeit, bei der Auswahl eines Absatzmarktes für die JV-Produkte etwaige eigene Vertriebsinteressen mit zu berücksichtigen. Ein Beispiel für eine derartige Marketingvereinbarung findet sich im Schindler-JV-Vertrag. Das alleinige Vertriebsrecht des ausländischen Partners[36] ist hier zeitlich begrenzt. Auf einstimmigen Beschluß des Board of Di-

---

33 Allg. dazu Reithmann-Merz m.w.N., S. 668 ff.; Henn, Problematik und Systematik des internationalen Patentlizenzvertrages, 1967; Haver/Mailänder, Lizenzvergabe durch deutsche Unternehmen in das Ausland, 1967.

34 Allg. zur räumlichen Beschränkung einer Lizenz Stumpf, S. 122 ff.

35 Hierzu auch Ahn, Gemeinschaftsunternehmen, S. 172.

36 Schindler Holding Ag (Schindler) und Jardine Schindler (Far East) Holdings, S.A. (JS).

rectors hin kann das Gemeinschaftsunternehmen ausnahmsweise auch selbst exportieren. Exportverbot besteht jedoch für Länder, in denen Schindler oder JS bereits vertreten sind. Die Interessen des ausländischen Partners werden damit mehrfach gewahrt.

> Sales ...
> 6.1. The JV-Company shall sell the products within the PRC and abroad.
> ...
> 6.2. During the period of validity of the present Agreement plus an additional and consecutive period of five years, JS and Schindler shall be the exclusive agent for the JV-Company for the sale outside of PRC of the products manufactured by the JV-Company. Common target of all parties is the highest possible market share in the JS area for the products as possible. By unanimous decision of the board of the JV-Company the JV-Company may export directly to countries in which neither JS nor Schindler are represented. All export activites of the JV-Company shall be governed by the export agency agreement.

### 2. *Vertriebsstruktur*

Das Gemeinschaftsunternehmen ist vielfach nicht nur auf das Marketing-Wissen des ausländischen Partners angewiesen, sondern vor allem auch auf seinen Zugang zu Weltmärkten.[37] Von wenigen Ausnahmen abgesehen verfügt der inländische Partner zumeist weder über die für ein Auslandsmarketing erforderlichen Kenntnisse und Erfahrungen noch über die erforderliche Organisation. Dieses Problem läßt sich mittels verschiedener Marketingvereinbarungen lösen.

Der JV-Vertrag enthält häufig die Vereinbarung, daß der ausländische Partner das Gemeinschaftsunternehmen beim Vertrieb der Produkte umfassend unterstützen und die Dienste seiner Ver triebsorganisation zur Verfügung stellen soll. Die von der UNIDO bezüglich der Leistung von Marketing-Hilfe vorgeschlagene Musterklausel lautet z.B.:

> Foreign shall supply to the Joint Company at cost without any charge for creative work all advertising and marketing aids which it now has or shall acquire during the term of this Agreement and which relate to the products produced or sold by the Joint Company. More specifically, but without limiting the generality of the foregoing, such advertising and marketing aids shall include brochures, pamphlets, catalogue sheets, labels, boxes, cartons, packaging, diagrams, manuals, designs, pictures, descriptions, instructions, films, scripts, recordings, colour schemes and other

---

37 UNIDO, Manual, S. 31.

data designed to explain, assist or promote the sale, distribution, use and servicing of the said products.

Die Kooperationspartner können den Vertrieb der JV-Produkte auch aufspalten und die bereits erwähnte Marktaufteilung vornehmen. Der Auslandsvertrieb erfolgt dann unmittelbar über das Vertriebssystem des ausländischen Partners.

Für den Fall, daß der inländische Partner einer derartigen Regelung nicht zustimmt, weil die alleinige Abwicklung des Auslandsabsatzes durch den ausländischen Unternehmer nicht mit den nationalen Indigenisierungstendenzen in Einklang steht[38], bietet sich folgende Gestaltungsmöglichkeit an. Die Parteien vereinbaren die Gründung einer rechtlich selbständigen Marketing-Gesellschaft, der sie die Kompetenz für den Alleinvertrieb der JV-Produkte außerhalb des Anlagelandes einräumen. Der ausländische Partner bringt die Dienste seiner Vertriebsorganisation dann in die Marketing-Gesellschaft ein, an der auch der inländische Partner beteiligt ist. Dem Beitrag des ausländischen Partners kann durch eine entsprechende Gestaltung des Beteiligungsverhältnisses Rechnung getragen werden. Sie kann von der des Gemeinschaftsunternehmens abweichen. Diese Regelung fand sich z.B. in einem ausländisch-malaysischen Gemeinschaftsunternehmen, in dem der ausländische Partner an der JV-Projektgesellschaft nur mit 49 %, an der Marketing-Gesellschaft mehrheitlich mit 51 % beteiligt ist.

Marketing

1.1. It is expressly agreed and covenanted to by A (local partner) and B (foreign partner) that they shall cause to be incorporated another joint venture company between the parties hereto (hereinafter referred to as „the Marketing-Company") under such name, in such jurisdiction as shall be decided upon by A and B with equity participation in the following proportion:

A: 49 %
B: 51 %

with the principal purpose and object of conducting the business of an international marketing company for Widget.

1.2. The JV-Company shall have the exclusive right to market and sell in the territory of Malaysia for the domestic market only such Widget

38 Vgl. z.B. BKPM, Guide, S. 88: seit 1972 sollen grds. nur indones. Staatsangehörige Exportlizenzen erhalten; für ausl. Firmen, die für den Export produzieren, wird jedoch eine Ausnahme gemacht.

manufactured by the JV-Company and/or manufactured by any other company under license from B and/or manufactured by any other company under license from the Marketing-Company.
1.3. The Marketing-Company shall have the sole and exclusive right to market and sell in all territories and countries Widget manufactured by the JV-Company and/or manufactured by any other company under license from B and/or manufactured by any other company under license from the Marketing-Company.

## IV. Gewinnpolitik

Ein häufig anzutreffendes Problem bei JV-Vertragsverhandlungen ist die mangelnde Übereinstimmung der Kooperationspartner bezüglich der künftigen Gewinnpolitik.

### *1. Gewinnverwendung*

Meinungsverschiedenheiten bestehen vor allem im Hinblick auf die Gewinnverwendung in den ersten Jahren.[39] Hauptstreitpunkt ist die Frage, ob die von dem Gemeinschaftsunternehmen erwirtschafteten Gewinne in Form von Dividenden an die JV-Partner ausgeschüttet oder zurückbehalten (thesauriert) werden sollen.

Die mangelnde Übereinstimmung liegt auch hier in den unterschiedlichen Kooperationsvorstellungen und Zielsetzungen der Partner begründet. Ausländische Unternehmer, die ein Gemeinschaftsunternehmen nur als kurzfristige Zusammenarbeit ansehen, sind daran interessiert, schnell attraktive Gewinnmöglichkeiten zu realisieren. Mittelständische Investoren können zudem darauf angewiesen sein, daß ihr Investitionskapital innerhalb eines kurzen Amortisationszeitraums eine Mindestrendite abwirft. Sie kalkulieren teilweise zu knapp, so daß sie nicht mehr über genügend Eigenmittel verfügen, um andere anfallende Projekte zu finanzieren. Demgegenüber ist der inländische Partner häufig an der Einbehaltung der erwirtschafteten Gewinne interessiert. Dies trifft vor allem auf staatliche Entwicklungsgesellschaften und Unternehmen zu, an denen der Anlagestaat zu 100 % oder überwiegend beteiligt ist.

Aber auch die umgekehrte Interessensituation ist nicht auszuschließen. Setzt und vertraut der ausländische Partner eher auf den mittel- oder langfristigen Erfolg der gemeinsamen Unternehmung, wird er motiviert sein,

---

39 Vgl. dazu auch UNCTC, JV-Arrangements, S. 15 f.; Bivens/Lovell, S. 56.

einen wesentlichen Anteil der Gewinne einzubehalten und zu reinvestieren. Will sein inländischer Partner demgegenüber mit der JV-Beteiligung schnell Geld verdienen, ist diesem daran gelegen, daß jeder verfügbare Gewinn verteilt wird.

Die Einbehaltung von Gewinnen kann unterschiedlichen Zwecken dienen. Die Gewinne können zur Schaffung von Betriebskapital, zur Erweiterung der Produktions- und Verkaufsstätten, zur Ablösung von Schulden oder zum Rückkauf von Gesellschaftsanteilen verwendet werden. Je größer die einbehaltenen Gewinne sind, desto größer wird auf Dauer gesehen zumeist der wirtschaftliche Vorteil für das Unternehmen und damit auch für das Anlageland sein. Die Thesaurierung wird daher zum Teil auch durch gesetzliche Gewinnausschüttungsverbote oder Auflagen der staatlichen Investitionsbehörde gefordert, die dem Gemeinschaftsunternehmen die Gewinnverteilung in der Aufbauphase verbieten, Reinvestitionspflichten oder die Bildung bestimmter Rücklagenfonds vorschreiben. So darf z.B. nach Art. 7 JVL eine Gewinnausschüttung u.a. erst nach Leistung der für die Rücklagen-, Prämien-, Sozial- und Entwicklungsfonds zu entrichtenden Abzüge erfolgen. In Art. 7.3 des Schindler-JV-Vertrags mußte sich Schindler damit einverstanden erklären, daß die erwirtschafteten Gewinne in den ersten drei Jahren zu 100 % und in den weiteren drei Jahren zu 50 % reinvestiert werden.

Bei der Frage der Gewinnverwendung können auch steuerliche Erwägungen eine Rolle spielen. Sind die von dem Gemeinschaftsunternehmen auf thesaurierte Gewinne zu zahlenden Steuern niedriger als die Steuern, die jeder JV-Partner auf Gewinne zahlen muß, die in Form von Dividenden ausgeschüttet werden, so kann das ein Anreiz für eine verstärkte Gewinneinbehaltung sein.

Wollen die Parteien, insbesondere der ausländische Partner, gleichwohl nicht auf eine Gewinnauszahlung verzichten, bietet sich eine verdeckte Gewinnausschüttung an. Sie ist in vielseitiger Form möglich. Die Zahlungen können als Darlehenszinsen (*interest*)[40], Lizenzgebühren (*royalties*), Management-Gebühren, Gebühren für die Versorgung mit technischer Information, Unterlagen und Know-how (*fees*), Gehaltszahlungen an ausländische Fachkräfte, die ins Anlageland entsandt werden, oder als Gegenleistung für sonstige Leistungen, die von einem Partner für das Gemeinschaftsunternehmen erbracht werden, erfolgen. Die für den ausländischen Partner anfallende Quellensteuer (*withholding tax*), die in Malaysia, Kenia und anderen Entwicklungsländern auf Gewinnausschüt-

40 Vgl. UNCTC, Financial and Fiscal Aspects, S. 17.

tungen ins Ausland erhoben wird, kann dadurch aber nicht umgangen werden. Sie wird ebenso auf ähnliche Transferleistungen erhoben.[41]

Einige Entwicklungsländer versuchen, die Reinvestitionsbereitschaft des ausländischen Partners durch besondere Steuervergünstigungen zu fördern. In der VR China z.B. können ausländische Teilhaber, die ihren Anteil am Reingewinn ganz oder teilweise für Reinvestitionen in China verwenden, einen Antrag auf Rückerstattung eines Teils der Einkommensteuer stellen (Art. 7 JVL).

### 2. *Speziell: Gewinnverteilung*

Grundlage für die Gewinnaufteilung zwischen den JV-Partnern ist im allgemeinen die vermögensrechtliche Beteiligung. Der Reingewinn wird an sie entsprechend dem Verhältnis ihrer Kapitalanteile als Dividende ausgeschüttet. Für ausländisch-chinesische Gemeinschaftsunternehmen ist dies in Art. 7 JVL ausdrücklich geregelt.

Ist ein JV-Partner hinsichtlich der Gewinnverteilung durch den Besitz von Vorzugs- oder Gründeranteilen bevorrechtigt, so erhält er vorweg eine (Vorzugs- bzw. Gründer-)Dividende in bestimmter Höhe.[42] Die JV-Partner können die Gewinnaufteilung aber auch unabhängig von ihrer anteilsmäßigen Beteiligung am Grundkapital des Gemeinschaftsunternehmens regeln, sofern dem nicht gesellschaftsrechtliche Bestimmungen des Anlagelandes entgegen stehen.

Für die Höhe der Gewinne ist nicht allein die Marktleistung ausschlaggebend.[43] Hohe Verkaufszahlen stellen noch keine Quasi-Gewinngarantie für die beteiligten JV-Parteien dar. Entscheidend ist, daß eine freie Gewinnerwirtschaftung zumindest in den Grundzügen gewährleistet ist. Die Gesetzgebung des Anlagelandes darf den Einfluß der JV-Partner im Bereich der Preis- und Gewinnpolitik nicht zu stark beschränken.

Die Gewinnerwirtschaftung hängt wesentlich davon ab, welche Preispolitik betrieben wird, d.h. ob eine Politik der niedrigen oder der hohen Preise verfolgt wird. Maßgebend für die Entscheidung sind letztlich wiederum die jeweiligen Zielsetzungen der JV-Partner.[44] Steht für sie der mittel- oder langfristige Erfolg des Projekts im Vordergrund, werden sie zunächst eher eine niedrige Preispolitik verfolgen, um sich z.B. auf einem bestimmten Markt eine Expansionsmöglichkeit zu verschaffen. Spekulie-

---

41 S. oben § 6 II 5, 6.

42 S. oben § 11 II 2.

43 So auch Klenner in: Hottes/Uhlig, S. 227 (239).

44 Zutr. Bivens/Lovell, S. 57.

ren sie dagegen auf einen schnellen Erfolg, so werden sie versuchen, eine Politik der hohen Preise durchzusetzen, um eine möglichst hohe Gewinnspanne zu haben.

Grundvoraussetzung für jede preispolitische Entscheidung ist, daß das Gemeinschaftsunternehmen überhaupt berechtigt ist, die Preise für die hergestellten Produkte frei zu bestimmen. Dies kann nicht ohne weiteres als selbstverständlich vorausgesetzt werden, wenn das Gemeinschaftsunternehmen in die Planwirtschaft eines Anlagelandes eingebunden ist.

In der VR China z.B. sind freie Preisvereinbarungen nicht allgemein zulässig. Anders als rein chinesische Unternehmen sind ausländisch-chinesische Gemeinschaftsunternehmen zwar grundsätzlich befugt, die Preise für ihre Produkte ohne staatliche Genehmigung festzusetzen. Die Preise müssen lediglich zur Registrierung eingereicht werden. Eine Einschränkung gilt aber für solche Produkte, die für den chinesischen Binnenmarkt bestimmt sind. Ihre Preise müssen von den staatlichen Preisbehörden genehmigt werden bzw. sich an den staatlich festgesetzten Warenpreisen orientieren (Art. 66 I JVLR). Auch die nach Art. 66 II JVLR im Export geltende Preisfreiheit kann wegen der Bindung des Gemeinschaftsunternehmens an etwa bestehende Exportpläne in der Rechtswirklichkeit letztlich doch nicht immer uneingeschränkt gewährleistet werden.[45] Inwieweit in der Praxis daher tatsächlich die Möglichkeit einer freien Preisfestsetzung gegeben ist, wird von den jeweiligen Umständen des Einzelfalls abhängen.

Auch die Art der Gewinnermittlung spielt für die Gewinnhöhe eine Rolle. Es kann von Bedeutung sein, ob die Kooperationspartner im JV-Vertrag eigenverantwortlich festlegen können, anhand welcher Kriterien der zur Verteilung anstehende Gewinn ermittelt werden soll, oder ob die Berechnung des Reingewinns zwingend durch die Gesetzgebung des Anlagelandes vorgegeben wird. In letzterem Fall besteht die Gefahr, daß versucht wird, den zur Ausschüttung bestimmten Nettogewinn durch zahlreiche Abzüge vom Bruttogewinn möglichst niedrig zu halten. Nach der Vorstellung mancher, vor allem planwirtschaftlich orientierter Entwicklungsländer darf der an den ausländischen Partner auszuschüttende Gewinn nicht zu hoch sein.[46] Auf diese Weise soll von vornherein der Eindruck vermieden werden, ausländische Investoren könnten das Land ausbeuten.

Ein Beispiel für eine gesetzliche Definition des zur Verteilung an-

---

45 Darauf weisen auch Cohen, China Bus.Rev. 23, 27 (1982) und Moecke, S. 543 (547) hin.

46 Cohen, aaO.

stehenden Gewinns findet sich im chinesischen Recht. Der Reingewinn wird in Art. 7 JVL definiert als Gewinn, der nach der Entrichtung der Körperschaftsteuer vom Rohgewinn eines Gemeinschaftsunternehmens in Übereinstimmung mit den Bestimmungen der Steuergesetze der VR China und nach den in der Satzung des Gemeinschaftsunternehmens vorgeschriebenen Abzügen für den Rücklagenfonds, den Prämien- und Sozialfonds für die Belegschaft und den Entwicklungsfonds verbleibt.

Ausländische JV-Partner sind häufig an der Vereinbarung einer Gewinngarantie interessiert. Sie soll ihnen unabhängig von den tatsächlich erwirtschafteten Gewinnen eine bestimmte Summe fest als Dividende garantieren. Eine derartige Klausel kann jedoch gesellschaftsrechtlich verboten sein. So dürfen z.B. die Statuten einer indonesischen *Perseroan Terbatas* keine Vereinbarung enthalten, die den Gesellschaftern eine feste Verzinsung ihres Kapitals garantiert (Art. 49 Com.C.).[47]

Eine Gewinngarantieklausel wird zudem kaum die Billigung der nationalen Genehmigungsbehörden oder des anderen JV-Partners finden. Ihr Inhalt steht in offenem Widerspruch zum Kooperationsgedanken des Gemeinschaftsunternehmens, zu dem gerade auch die gemeinsame Verlusttragung gehört.

Dem Wunsch des ausländischen Partners, für seine Leistungen und Risiken regelmäßig Zahlungen in einer bestimmten Höhe zu erhalten, kann jedoch durch andere Gestaltungen Rechnung getragen werden. Es wurde bereits darauf hingewiesen, daß der Gewinn nicht nur in Form von Dividenden ausgezahlt werden muß. Als Entgelt für bestimmte Leistungen können Darlehenszinsen, Lizenz-, Management- und Beratungsgebühren vereinbart werden, die dem ausländischen Partner eine feste Einkunftsquelle garantieren.

## V. Exkurs: Rechnungslegung

Das Rechnungswesen eines Gemeinschaftsunternehmens wird in erster Linie durch die nationalen Rechnungslegungsvorschriften bestimmt. Das Gemeinschaftsunternehmen ist danach wie jedes nationale Wirtschaftsunternehmen verpflichtet, im Anlageland eine ordnungsgemäße Buchführung zu unterhalten, mit der die einzelnen Geschäftsvorgänge nachgewiesen werden können. Darüber hinaus wird im allgemeinen die Erstellung einer Bilanz nach Ende eines jeden Geschäftsjahres, die Abgabe einer Gewinn- und Verlustrechnung sowie die Prüfung derselben durch Wirtschaftsprüfer verlangt.

---

47 Vgl. auch Himawan/Kusumaatmadja in: Private Investments I, S. 747 (769).

Regelungsdichte und Inhalt der Rechnungslegungsvorschriften sind national unterschiedlich. Sie enthalten zum Teil recht detaillierte Bestimmungen für den Aufbau eines Buchführungs- und internen Kontrollsystems, Bilanzierungsgrundsätze und Bewertungsvorschriften, Richtlinien zur Fremdwährungsumrechnung, Anforderungen an die Erläuterungen zum Jahresabschluß sowie Vorschriften zur Prüfung von Jahresabschlüssen durch externe Wirtschaftsprüfer. Eine inhaltliche Darstellung einzelner nationaler Rechnungslegungssysteme kann an dieser Stelle nicht gegeben werden. Sie ist das Thema zahlreicher Publikationen.[48] Ganz allgemein sei nur darauf hingewiesen, daß die Rechnungslegungsvorschriften der meisten Entwicklungsländer wesentliche Elemente international üblicher Bilanzierungsprinzipien berücksichtigen. Es wird jedoch nicht immer zwischen steuer- und handelsbilanzmäßiger Rechnungslegung unterschieden. So hat beispielsweise in der VR China die handelsrechtliche Rechnungslegung grundsätzlich in Übereinstimmung mit den Vorschriften der Steuergesetze zu erfolgen.[49]

### 1. *Buchführung*

Soweit die Gesetzgebung des Anlagelandes Raum für eine individuelle Ausgestaltung des Rechnungswesens läßt, ist diese Regelungsgegenstand des JV-Vertrags und der Statuten. Die JV-Partner sollten im Rahmen der ihnen zustehenden Gestaltungsfreiheit dafür sorgen, daß für das Gemeinschaftsunternehmen von Anfang an eine sorgfältige Buchhaltung angelegt wird, die mit allgemein üblichen Rechnungslegungsgrundsätzen in Einklang steht. In ihr sollte die finanzielle Lage des Unternehmens genau dargestellt werden. Die Bücher sollten einen wahren und umfassenden Einblick (*true and fair view*) in die Vermögens- und Ertragslage des Gemeinschaftsunternehmens gewähren. Dies wird in einigen Ländern ohnehin von Gesetzes wegen verlangt, so z.B. auch in Malaysia und Kenia.[50]

Die Auswahl der für die Buchführung verantwortlichen Personen (*chief accountant* oder *accounting committee*) erfordert deshalb besondere Sorgfalt. Sie müssen i.d.R. durch den vom ausländischen In-

48 Vgl. z.B. für Kenia: Jost, S. 240 ff.; für Malaysia: Köhler, S. 50 f.; Price Waterhouse, Malaysia, S. 33 ff.; Boon, S. 98 ff.; für Indonesien: Price Waterhouse, Indonesia, S. 42 ff.; für die VR China: Waldersee, DB 1986, 1933; Nee in: Delfs/Gorman/Nee, S. 114 ff.; Wallace, 7 E.A.E.R. 10 (1985).

49 Waldersee, DB 1986, 1933.

50 Vgl. Sec. 147 II kenian. Comp. Act; Sec. 167 I malays. Comp. Act.

vestor gestellten Hauptgeschäftsführer (*general manager*) oder besondere Berater (*consultants*) angeleitet werden.

Eine gewissenhafte Buchführung ist in verschiedener Hinsicht von Bedeutung. Die Bücher müssen die Board-Mitglieder mit den für die richtige Entscheidungsfindung notwendigen Informationen versorgen. Sie müssen darüber hinaus auch die Bedürfnisse der JV-Partner befriedigen, die anhand der Bücher den jeweils aktuellen Wert ihrer Investitionen feststellen wollen. Eine sorgfältige Buchführung ist auch insofern wichtig, als die Tatbestände zur Erlangung von Investitionsvergünstigungen und Steuererleichterungen einzeln nachgewiesen werden müssen. Der JV-Vertrag enthält deshalb regelmäßig eine Klausel, in der die Buchführungspflicht unabhängig von der gesetzlichen Regelung noch einmal ausdrücklich angesprochen wird. Sie kann wie die von der UNIDO vorgeschlagene Musterklausel lauten[51]:

> Proper books of account and other records shall be kept regarding all transactions entered into by the Joint Company and shall be freely accessible to the partners at all reasonable times.

### 2. *Buchprüfung*

Das Gemeinschaftsunternehmen unterliegt im allgemeinen auch einer Pflicht zur Buchprüfung. Die Prüfstandards werden national vorgegeben. Sie beruhen häufig auf den Standards industrialisierter Länder. So basieren die von der Indonesian Association of Accountants herausgegebenen Prüfstandards auf US-amerikanischen Standards.[52] Die malaysischen und kenianischen Prüfungssysteme sind demgegenüber von den englischen und australischen Systemen geprägt.[53]

Wenn die nach den nationalen Gesetzen vorgesehene Rechnungs- oder Bilanzprüfung nur sehr oberflächlich ist und ohne abschließendes Testat erfolgt, sollte im JV-Vertrag eine entsprechende Vereinbarung über die Erstellung eines *full financial report* getroffen werden.[54] Die detaillierte Prüfung des Jahresabschlusses ist für den ausländischen (Minoritäts-)Part-

---

51 Manual, S. 28.

52 Ihre Grundlage ist die vom American Institute of Certified Public Accountants 1965 veröffentlichte Accounting Research Study No. 7 „Inventory of Generally Accepted Accounting Principles for Business Enterprises". PRICE WATERHOUSE, Indonesia, S. 44.

53 PRICE WATERHOUSE, Malaysia, S. 35; JOST, S. 241.

54 S. oben § 10 IV 2 a) bb).

ner oft die einzige Kontrolle der Richtigkeit des von der Geschäftsführung vorgelegten Zahlenmaterials.

Die JV-Parteien sollten Kriterien für die Auswahl der von der Gesellschafterversammlung (*general meeting of shareholders*) oder dem Board of Directors zu ernennenden Wirtschaftsprüfer (*auditors*) aufstellen. Viele JV-Verträge enthalten die generelle Forderung, daß alle Partner mit den Wirtschaftsprüfern einverstanden sein sollen. Darüber hinaus wird häufig noch die Zugehörigkeit zu einer international anerkannten Wirtschaftsprüfungsgesellschaft verlangt.[55] Letzteres geschieht gewöhnlich auf Drängen des ausländischen Geschäftspartners. Er muß bei der Wahl der Wirtschaftsprüfer darauf achten, daß die Prüfung auch von den Behörden seines Heimatlandes anerkannt wird. Das Bundesfinanzministerium führt eine Liste der Wirtschaftsprüfer, die auch von den deutschen Behörden akzeptiert werden. Unter ihnen befinden sich die meisten international bekannten Wirtschaftsprüfungsgesellschaften.[56]

Die Beauftragung international anerkannter Wirtschaftsprüfer empfiehlt sich u.U. auch deshalb, weil es in Entwicklungsländern schwierig sein kann, qualifizierte Wirtschaftsprüfer zu finden oder es keine staatlich anerkannten Prüfer gibt, die unabhängig sind. Können im Anlageland dagegen neutrale Wirtschaftsprüfer gefunden werden, die von ausländischer Seite akzeptiert werden, so bietet ihre Heranziehung zwei Vorteile. Sie sind mit den nationalen Verwaltungspraktiken besser vertraut und haben oftmals enge Kontakte zu den inländischen Behörden, die helfen können, Schwierigkeiten aus dem Weg zu räumen. Die Inanspruchnahme ihrer Dienste dürfte zudem weniger kosten als die ausländischer Wirtschaftsprüfer.

Sofern sich die JV-Partner nicht auf international anerkannte Wirtschaftsprüfer einigen können bzw. durch die Rechnungslegungsvorschriften die Heranziehung nationaler Wirtschaftsprüfer vorgeschrieben wird, bieten sich sog. *joint audits* an. Sie setzen sich aus nationalen Wirtschaftsprüfern, deren Prüfungsberichte primär zur Vorlage bei den zuständigen inländischen Behörden erstellt werden, und internationalen Wirtschaftsprüfern zusammen, deren Berichte für den ausländischen Geschäftspartner, dessen Behörden und Banken maßgeblich sein sollen.

---

55 UNIDO, Manual, S. 28.
56 Köhler, S. 50.

# § 16 Konfliktregelung

## I. Problematik

JV-Verträge sind langfristige und komplexe Verträge (*long term contracts, contracts á long terme*).[1] Gemeinschaftsunternehmen erstrecken sich über einen längeren Zeitraum, begründen sehr komplexe Leistungsbeziehungen und erfordern während der gesamten Projektdurchführung eine enge Kooperation der Vertragspartner, die oft nicht nur aus verschiedenen Ländern, sondern darüber hinaus aus unterschiedlichen Rechtssystemen und Kulturkreisen kommen. Darin liegen zahlreiche Konfliktsmöglichkeiten begründet, die bei kurzfristigen, rein austauschvertraglichen Rechtsverhältnissen nicht auftreten.

Häufig können die JV-Partner die Projektdurchführung nicht in allen Einzelheiten vorausbestimmen. Einzelne regelungsbedürftige Fragen müssen dann bei Abschluß des JV-Vertrages offenbleiben und während der Vertragsdurchführung entschieden werden.[2]

Ein weiteres Problem ist die erhöhte Störanfälligkeit. Sie ergibt sich aus der langen Laufzeit und der Komplexität des Vertragsgegenstandes, der Einbettung des Gemeinschaftsunternehmens in die wirtschaftlichen, politischen und investitionsrechtlichen Rahmenbedingungen des Anlagelandes sowie aus der im internationalen Wirtschaftsverkehr gesteigerten Anfälligkeit gegenüber einer Veränderung äußerer Umstände, z.B. einer Fluktuation der Weltmarktpreise für Rohstoffe, Wechselkursschwankungen oder auch politischen Krisen.[3]

Eine Veränderung der nationalen politischen und wirtschaftlichen Rahmenbedingungen kann eine spätere Vertragsanpassung erforderlich machen.[4] Unvorhersehbare äußere Einwirkungen, das Auftreten von technischen Problemen während der Vertragsausführung oder Schwierigkeiten im Zulieferbereich müssen von den JV-Partnern u.U. ebenfalls nachträglich vertraglich berücksichtigt werden.

Da die Geschäftspartner durch das Gemeinschaftsunternehmen wirtschaftlich so stark miteinander verbunden sind, daß ein Scheitern der Kooperation für beide Seiten sehr hohe finanzielle Verluste bedeuten würde,

---

1 Weick in: FS Coing II, S. 543; Nicklisch, RIW 1978, 633; Ehinger in: Nicklisch, S. 187 (197); zur Vertragsdauer vgl. auch oben § 13 I.

2 Zweigert/v. Hoffmann in: FS Martin Luther, S. 203 (210); Weick in: FS Coing II, S. 543 (547).

3 Horn, Vertragsanpassung, S. 9.

4 Zutr. UNIDO, Manual, S. 65; vgl. auch Böckstiegel, NJW 1981, 1862 (1864).

vereinbaren sie zumeist von vornherein ein System von Konfliktvermeidungs- und Konfliktbeilegungsregeln.[5]

Die Vertragspraxis hat zahlreiche Formen der Konfliktbewältigung herausgebildet. Sie reichen von vertragsimmanenten Maßnahmen, die verhindern sollen, daß ernstere Konflikte überhaupt zum Ausbruch kommen, über vielfältige Formen der frühzeitigen Konfliktbeilegung, die die Projektdurchführung so wenig wie möglich beeinträchtigen und das auf die kooperative Ausführung des Projekts ausgerichtete Vertragsklima erhalten sollen, bis hin zu dem klassischen Instrument der Schiedsgerichtsbarkeit. Im folgenden sollen die Erscheinungsformen der Konfliktvorbeugung und -beilegung vorgestellt werden, die in der JV-Vertragspraxis am häufigsten zu finden sind.

## II. Gesellschaftsinterne Konfliktbeilegung

Konfliktbewältigungsinstrumente **innerhalb** des Gemeinschaftsunternehmens sind am besten geeignet, Streitigkeiten, die zwischen den JV-Partnern oder innerhalb der Geschäftsführung auftreten können, zu verhindern bzw. bei ihrem Auftreten schnell und wirksam beizulegen. Dritte sind mit den Geschäftsabläufen im Gemeinschaftsunternehmen nicht oder nur unzulänglich vertraut; ihre Einschaltung kann zudem zeitraubend und schwerfällig sein.

Einige Kooperationspartner legen aufgrund ihrer Rechtsmentalität zudem verstärkt Wert darauf, Streitigkeiten im privaten Kreis der Beteiligten unter Mitwirkung von möglichst wenigen Dritten zu regeln.[6]

### *1. Vertragsimmanente Konfliktregelung*

Unter vertragsimmanenter Konfliktregelung lassen sich diejenigen vertraglichen Bestimmungen verstehen, die darauf abzielen, eine möglichst reibungslose Kooperation der JV-Partner zu gewährleisten, d.h.: eine sorgfältig geregelte *contract administration*.[7] Die JV-Partner versuchen bereits bei der Gestaltung des JV-Vertrags, typische Konfliktsituationen und Probleme, die im Rahmen der Durchführung eines Gemeinschaftsunternehmens erfahrungsgemäß auftreten können, in einzelnen Rege-

---

5 Weick in: FS Coing II, S. 544 ff.; Oppetit, Rev.Arb. 1976, 93 ff.; Nicklisch, RIW 1978, 634 ff.

6 S. i.F. 2.

7 Nicklisch, RIW 1978, 633 (635).

lungen zu erfassen.[8] Jeder JV-Vertrag enthält deshalb einen umfangreichen Katalog an Bestimmungen, die der Konfliktvermeidung dienen. Hierzu zählen z.B. die genaue Festlegung von Leistungs- und Verhaltenspflichten[9], Erklärungs- und Leistungsfristen[10], Fiktionen[11] sowie die detaillierte Regelung von Organbesetzungen[12] und Entscheidungsfindungsprozessen[13].

Damit die Bestimmungen dem dynamischen Prozeß der Projektdurchführung in der Rechtswirklichkeit Rechnung tragen können, müssen die JV-Partner ein „dynamisches" Vertragskonzept entwerfen. Der gesamte JV-Vertrag oder zumindest die wesentlichen Bedingungen müssen so gestaltet werden, daß sie sich den verschiedenen möglichen Zukunftsumständen anpassen können.[14] Dies läßt sich in vielen Fällen (z.B. bei Ausbildungs- und Einstellungsverpflichtungen[15], Preisfestsetzungen[16], Dividendenzahlungen) durch Rahmenvereinbarungen erreichen. Die exakte Festlegung kann dann später aufgrund der konkreten Notwendigkeit bzw. entsprechend der jeweiligen Unternehmenssituation und Marktlage erfolgen. Je nach konkreter Ausgestaltung der vertraglichen Bestimmung erfolgt die Anpassung des Vertrages automatisch, wenn das Anpassungsprogramm vollständig im Vertrag festgeschrieben ist, oder aufgrund von Leistungsbestimmungsrechten eines Vertragspartners oder Dritten.[17]

Um die Vertragsbeziehungen flexibel zu gestalten, können die JV-Partner in den Vertragsbedingungen auch spezielle Neuverhandlungspflichten[18] vorschreiben (*renegotiation clause*).[19] Wenn die Durchführung

---

8 S. oben §§ 10-15.

9 S. z.B. oben § 11 III 2, 5; § 10 IV 2, V 1; § 15.

10 S. oben § 10 V 1; § 11 III 4.

11 S. oben § 14 III 2 a).

12 S. oben § 14 III 1, IV 2.

13 S. oben § 14 II, III 2, IV 2.

14 Zutr. Wälde, RabelsZ 42 (1978), 76 ff.; Nicklisch, RIW 1978, 633 (635); Weick in: FS Coing II, S. 543 (559).

15 S. oben § 6 IV 2.

16 S. oben § 10 V 1 a), c); § 15 II.

17 Grundlegend zu vertraglichen Anpassungsklauseln Horn, Vertragsanpassung, S. 18 ff.; zu Standardanpassungsklauseln in internationalen Verträgen Ders., Adaptation, S. 111 ff.

18 Zur Neuverhandlungspflicht allg. Horn, Neuverhandlungspflicht, AcP 181 (1981), S. 255 ff.; Ders. in: Gutachten zur Überarbeitung des Schuldrechts, S. 551 ff.; speziell zum internationalen Wirtschaftsverkehr Horn, Adaptation and Renegotiation of Contracts in International Trade and Finance, 1985;

des JV-Vertrags wegen einer Veränderung der äußeren Umstände in der vorgesehenen Form unmöglich oder nur unter erschwerten bzw. für einen Partner nicht mehr zumutbaren Bedingungen möglich ist, können dadurch entstehende Konflikte mittels einer im Wege der Neuverhandlung vorzunehmenden Vertragsanpassung gelöst und eine eventuell drohende Vertragsbeendigung vermieden werden.

### 2. *Verhandlungen*

Für den Fall, daß es im Gemeinschaftsunternehmen zu Meinungsverschiedenheiten kommt, sehen viele JV-Verträge ausdrücklich vor, daß die Partner sich zunächst durch Verhandlungen ernsthaft um eine Beilegung der Streitigkeiten bemühen sollen.

#### a) Bedeutung und Begründung von Verhandlungspflichten

Eine gütliche Einigung ist für alle Beteiligten immer noch die beste und formloseste Art der Konfliktbeilegung.[20] Außerdem besteht nach außen nicht die Gefahr eines Prestigeverlustes – ein Gesichtspunkt, der in bestimmten Weltregionen eine besondere Rolle spielt.[21] Letzteres erklärt die große Bedeutung und auch den offensichtlichen Erfolg dieser Art der Konfliktbewältigung in der VR China.[22] Sie ist für ausländisch-chinesische Gemeinschaftsunternehmen ausdrücklich in Art. 14 JVL, Art. 109 JVLR vorgeschrieben.

Eine Verhandlungspflicht kann durch eine Klausel folgenden Inhalts begründet werden:[23]

> The parties hereto ascribe to the principle that the expeditious and equitable settlement of disputes arising under this Agreement is to their

---

HORN/FONTAINE/MASKOW/SCHMITTHOFF, Die Anpassung langfristiger Verträge, 1984.

19 Hierzu rät zutr. auch PETER in: Nicklisch, S. 119 ff.; s. auch oben § 9 III 2; unten § 13 II 2, 4.

20 Zutr. GLOSSNER, S. 131; UNIDO, Manual, S. 65.

21 So bereits HORN, Vertragsanpassung, S. 52. Illustrativ für die chines. Mentalität des „Gesichtswahrens" auch ein bei MAHER, 10 GA.J.Int'l & Comp.L. 233, 261 (1980) zu findendes Beispiel, wonach ein von chines. Seite an ein amerikan. Unternehmen zu leistender Schadensausgleich ohne Eingestehung der Verantwortlichkeit stillschweigend durch niedrigere Preise in späteren Geschäften geleistet wurde.

22 Zutr. HEUSER, RIW 1979, 440 (441).

23 UNIDO, Manual, S. 65.

> mutual advantage and is in the best interests of the Joint Company. To this end, they therefore agree to use their best efforts to resolve all differences of opinion and to settle all disputes through cooperation and consultation.

Die Regelung kann auch weniger ausführlich sein und die Verhandlungspflicht als Voraussetzung für die Durchführung eines schiedsgerichtlichen Verfahrens vorschreiben. So findet sich in einem JV-Vertrag beispielsweise die Vereinbarung:

> Any disputes arising from the execution of, or in connection with this Contract, which cannot be settled amicably by mutual agreement, shall be settled by arbitration.

b) Besonderheiten nach chinesischem Recht

Das chinesische Recht differenziert bei den Verhandlungen zur Streitbeilegung zwischen *friendly negotiations* („freundschaftliche Verhandlungen", persönliche Gespräche), die allein zwischen den Parteien geführt werden, und *consultation* (Vermittlung durch FETAC[24] oder eine andere chinesische Organisation), die die Parteien bei Scheitern der freundschaftlichen Verhandlungen in Anspruch nehmen können.[25]

FETAC kann im Rahmen des Vermittlungsverfahrens selber Fakten ermitteln, die sie den Parteien anschließend zur Verfügung stellt und auf der Grundlage des JV-Vertrags analysiert. Sie fordert die Parteien sodann auf, ihre Positionen unter Berücksichtigung des Herausgefundenen erneut zu überdenken, um doch noch eine gütliche Einigung zu erzielen.[26]

## III. Schiedsverfahren

Für den Fall, daß die Versuche einer gesellschaftsinternen einvernehmlichen Konfliktbeilegung scheitern, sehen die meisten JV-Verträge die Durchführung eines Schiedsverfahrens vor. Als Schiedsverfahren im weiten Sinne sind alle Verfahren zu verstehen, in denen die Vertragspartner die für ihr Rechtsverhältnis bedeutsamen Fragen Dritten, die nicht staatliche Gerichtsbarkeit ausüben, zur Entscheidung übertragen.[27] Je nach Parteivereinbarung können die zur Konfliktbeilegung berufenen Dritten

---

24 Foreign Economic and Trade Arbitration Commission/Chines. Arbitragekommission für Außenwirtschaft und Außenhandel.

25 Hayden/Jones in: Legal Aspects, S. 85.

26 Ausführliche Darstellung der beiden Verhandlungsarten bei Maher, 10 GA.J.Int'l & Comp.L. 233, 262 ff. (1980).

27 Horn, Vertragsanpassung, S. 53; vgl. auch Velloso in: Nicklisch, S. 475 (499).

mit der Schlichtung von Rechtsstreitigkeiten[28], der Vertragsgestaltung (Lückenausfüllung, Vertragsergänzung, Vertragsanpassung an veränderte Umstände)[29] oder der Feststellung von Tatsachen, z.B. der Klärung technischer Einzelfragen[30], betraut werden.[31]

Im engeren Sinne wird in internationalen Schiedsverfahren zwischen dem Vergleichs- oder Schlichtungsverfahren (*conciliation* oder *mediation*), bei dem z.T. noch zwischen „gütlicher Schlichtung" und „Vermittlung" differenziert wird[32], und dem Schiedsgerichtsverfahren (*arbitration*) unterschieden.[33] Welche Form des Schiedsverfahrens die JV-Partner im Einzelfall wählen, bleibt ihnen überlassen. Vereinzelt findet sich in der Vertragspraxis auch eine gestufte Regelung, die die Einleitung eines Schiedsgerichtsverfahrens von der erfolglosen Durchführung eines Schlichtungsverfahrens abhängig macht.

### *1. Schlichtung*

Können die JV-Partner ihre Meinungsverschiedenheiten nicht im Wege von Verhandlungen beilegen, so sollten sie vor der Einleitung eines Schiedsgerichtsverfahrens einen weiteren Versuch zur Konfliktbeseitigung unter Hinzuziehung eines oder mehrerer Dritter als Schlichter bzw. Schiedsgutachter unternehmen.[34] Schlichtung ist eine jahrhundertealte Technik, die in vielen Kulturkreisen als die beliebteste Methode zur Streitbeilegung gilt.[35] So haben vor allem chinesische Geschäftspartner eine

---

28 Vgl. statt vieler nur UNIDO, Manual, S. 67.

29 HORN, Vertragsanpassung, S. 58 ff., 62 ff.; ZWEIGERT/v. HOFFMANN in: FS Martin Luther, S. 203 (210 f.).

30 NICKLISCH, RIW 1978, 633 (635 ff.).

31 Vgl. WEICK in: FS Coing II, S. 543 (550 ff.).

32 So z.B. VELLOSO in: Nicklisch, S. 475 (500).

33 HELLWIG, RIW 1984, 421 (423); anders LIONNET in: Nicklisch, S. 543 (546), der zwischen der Entscheidung von Rechtsstreitigkeiten (Jurisdiktion) und der Einigung über sie (Mediation) unterscheidet. Die private Schiedsgerichtsbarkeit soll zusammen mit der staatlichen Gerichtsbarkeit Unterfall der Jurisdiktion sein.

34 So auch der Vorschlag der UNIDO, Manual, S. 66.

35 So sind schiedsgerichtliche Verfahren im Wirtschaftsverkehr mit der VR China z.B. eine Rarität; HEUSER m.w.N., RIW 1979, 440 (441); STUMPF, RIW 1987, 821 (822); BAUMEISTER in: Harnischfeger-Ksoll/Wu, S. 647; MAHER, 10 GA.J.Int'l & Comp.L. 233, 267 (1980).

starke Aversion gegenüber Gerichten[36]; sie bestehen i.d.R. auf traditionellen chinesischen Methoden der Streitbeilegung wie Vermittlung oder Schlichtung.[37] Aber auch in Indonesien und anderen fernöstlichen Ländern wird die schlichtende Lösung von Konflikten der kontradiktorischen vorgezogen.[38]

a) Vorteile des Schlichtungsverfahrens

Ein Schlichtungsverfahren institutionalisiert den Streitbeilegungsprozeß. Es schafft für die Klärung der streitigen Fragen ein weniger emotional geladenes Klima, bewahrt aber gleichzeitig eine informelle Atmosphäre, so daß das Vertragsklima im Regelfall nicht zu sehr belastet wird. Das allein durch den Vertrag der Parteien geregelte Schlichtungsverfahren ist nicht nur formloser, sondern i.d.R. auch kostengünstiger, schneller und flexibler als ein schiedsgerichtliches Verfahren[39], das zumeist im nationalen Prozeßrecht eine teilweise Regelung erfährt.[40]

Ein Schlichtungsverfahren kann vor allem in den Fällen für die JV-Partner vorteilhafter sein, wo es nicht allein um die Schlichtung von Rechtsstreitigkeiten, sondern um die Ausfüllung im JV-Vertrag zwangsläufig enthaltener Regelungslücken, die Vornahme notwendiger Vertragsergänzungen oder die Anpassung des Vertrages an veränderte Umstände, also um eine rechtsgestaltende Tätigkeit geht.[41] Das für das Schiedsgerichtsverfahren maßgebende Recht kann eine schiedsgerichtliche Rechtsgestaltung ablehnen, so daß die Befugnisse des Schiedsrichters u.U. prozeßrechtlich begrenzt sind[42] und ein Schiedsgerichtsverfahren daher nicht immer uneingeschränkt zur Konfliktbeilegung geeignet ist.

---

36 Das Anrufen von Gerichten signalisiert in der chines. Rechtstradition „bereits eine schwerwiegende und am besten zu vermeidende Störung der sozialen Harmonie", SCHÜTZE in: Horn/Schütze, S. 326.

37 ELLIS/SHEA, 6 Int'l Trade L.J. 155, 157 (1980/81); HAYDEN/JONES in: Legal Aspects, S. 84; MAHER, 10 GA.J.Int'l & Comp.L. 233, 260 (1980); HEUSER, RIW 1979, 440 (441).

38 BROWER in: Rosendahl, S. 349 (350).

39 Zutr. WEICK in: FS Coing II, S. 556 und SINGLETON in: Multiparty Business Disputes, S. 45; zur Ineffizienz der konventionellen Schiedsgerichtsbarkeit bei komplexen Langzeitverträgen insb. MYERS in: Nicklisch, S. 503 ff.

40 HORN, Vertragsanpassung, S. 53.

41 Allg. zu den Vor- und Nachteilen beider Verfahren HORN, aaO, S. 55 ff.

42 So scheidet beispielsweise nach englischem Recht eine Vertragsanpassung durch den Schiedsrichter aus; vgl. HORN, aaO, S. 59 f.

b) Schlichtungsorgan

Damit ein Schlichtungsverfahren im Streitfall zügig durchgeführt werden kann, sollten die Parteien die Einschaltung des zur Vermittlung heranzuziehenden Schlichters bzw. Schiedsgutachters möglichst detailliert im JV-Vertrag festlegen. ICC und UNCITRAL haben Verfahrensordnungen für die Durchführung von Schlichtungen erlassen, die von den Parteien vereinbart werden können.[43]

Die JV-Partner können nicht nur Privatpersonen, sondern auch inländische staatliche[44] oder internationale Organisationen mit der Schlichtung ihrer Streitigkeiten betrauen. Die Einschaltung eines inländischen Schlichters hat den Vorteil, daß Entscheidungen schnell und vor Ort getroffen werden können. Sie stößt wegen der Besorgnis fehlender Unparteilichkeit in manchen Anlageländern aber auf die Ablehnung des ausländischen Partners.

Die UNIDO schlägt in ihrer Musterklausel die Einschaltung eines von den JV-Partnern eingesetzten Vermittlungsausschusses vor:[45]

> 2. The parties to any complaint arising under clause 1 hereof may agree that the matter shall be referred to a mixed Conciliation Committee composed of four members, two nominated by each party, whose duty shall be to seek a friendly solution to the complaint. The Conciliation Committee, after having heard the representatives of the parties, shall give a ruling within three months of the date on which the complaint was referred to it. Such ruling must bei unanimous in order to be binding.

c) Besonderheiten des chinesischen Schlichtungsverfahrens

Ein Merkmal des chinesischen Schiedsverfahrens ist die Verbindung von Schlichtung und Schiedsgerichtsbarkeit.[46] Nach chinesischer Vorstellung sollen die Geschäftspartner ihre Streitigkeiten möglichst im Wege freiwil-

---

43 UNCITRAL Conciliation Rules (UN Doc. A/35/17, 1980), ausführl. Darstellung bei Rauh, S. 171 ff.; ICC Conciliation Rules (Pub. Nr. 291, 1980), dazu auch Glossner in: FS Martin Luther, S. 85 ff.

44 Vgl. für Indonesien Sadli in: Private Investments I, S. 464; für Malaysia Yatim in: ASEAN Comparative Law, S. 26 (Ministry of Trade and Industry); für die VR China Maher, 10 GA.J.Int'l & Comp.L. 233, 265 (1980); Hayden/Jones in: Legal Aspects, S. 85 (FETAC).

45 Manual, S. 66.

46 Lee, Int'l Fin.L.Rev., 33 (1985); Liu in: Harnischfeger-Ksoll/Wu, S. 646; Baumeister in: Harnischfeger-Ksoll/Wu, S. 649; allg. zu dieser Mischung aus Schlichtung und Schiedsgerichtsbarkeit Hoellering in: Nicklisch, S. 523 (531), der dafür die Bezeichnung „Med-Arb" wählt.

lig durchgeführter Schlichtung beilegen. Als Schlichtungsorgan wird vor allem die FETAC herangezogen, die bei vorausgehender Vermittlung (*consultation*)[47] mit dem Fall bereits vertraut ist. Wenn sich die Parteien nicht innerhalb eines angemessenen Zeitraums einigen können oder eine der beteiligten Parteien eine Fortsetzung der Schlichtung ablehnt, soll das Schlichtungsverfahren nach den Grundsätzen der FETAC umgehend eingestellt und ein Schiedsgerichtsverfahren eingeleitet werden. Auch nach Beginn des Arbitrageverfahrens kann der Konflikt bei Einverständnis der Parteien jederzeit im Wege der Schlichtung beigelegt werden. Sie wird dann unter der Leitung des Schiedsgerichts durchgeführt.

Eine Besonderheit des chinesischen Schlichtungsverfahrens ist auch die in den letzten Jahren von der FETAC entwickelte Gemeinsame Schlichtung (*joint conciliation*).[48] Sie stellt ein interessantes Verfahren zur Beilegung von Streitigkeiten zwischen Parteien aus verschiedenen Kulturkreisen dar.

Die chinesische Partei wendet sich im Streitfall an die FETAC, die ausländische Partei an eine entsprechende Schiedsorganisation in ihrem Heimatland. Deutsche JV-Partner können sich an die Schlichtungsstelle für Streitigkeiten zwischen chinesischen und ausländischen Vertragspartnern in Hamburg wenden.[49] Die angerufenen Stellen ernennen dann je einen Schlichter für die gemeinsame Schlichtung des Falls. Auf Antrag der Parteien können von beiden Organen auch mehrere Schlichter gleicher Anzahl ernannt werden. Die Beteiligung von Schlichtern aus beiden Ländern soll „wertvolle Erkenntnisse über das Geschäftsdenken, die Gesetzgebung und Verhaltensweisen beider Teile vermitteln und so zur Überbrückung kultureller Unterschiede zwischen den streitenden Parteien beitragen, die aus verschiedenen sozialen, wirtschaftlichen und rechtlichen Systemen kommen"[50].

## 2. *Schiedsgerichtsbarkeit*

Für den Fall, daß es den JV-Partnern nicht gelingt, den Konflikt durch Verhandlungen oder im Wege der Schlichtung beizulegen, sieht der JV-

47 S. oben II 2 b.

48 Zu dieser Form ausführlich Baumeister, aaO, S. 650; Hoellering in: Nicklisch, S. 523 (528).

49 Sie wurde im Mai 1987 aufgrund eines Abkommens zwischen der chines. Außenhandelskammer CCPIT (China Council for the Promotion of International Trade) und des mit Unterstützung der Handelskammer Hamburg gegründeten Vereins Beijing-Hamburg Conciliation Centre e.V. errichtet.

50 Hoellering in: Nicklisch, S. 523 (539).

Vertrag in einer Schiedsklausel regelmäßig die Entscheidung durch ein Schiedsgericht vor.

a) Bedeutung der Schiedsgerichtsbarkeit

Schiedsgerichtsverfahren haben für den internationalen Wirtschaftsverkehr eine große Bedeutung.[51] Dies gilt schon lange für den Ost-West-Handel, wo die Schiedsgerichtsbarkeit die Gerichtsbarkeit der staatlichen Gerichte weitgehend verdrängt hat.[52] Aber auch im Wirtschaftsverkehr mit Entwicklungsländern ist seit einiger Zeit die Tendenz festzustellen, daß die Schiedsgerichtsbarkeit als Instrument der Konfliktbewältigung zunehmend an Bedeutung gewinnt.[53]

Schiedsgerichtsverfahren weisen gegenüber staatlichen Gerichtsverfahren zahlreiche Vorteile auf, die den JV-Partnern entgegenkommen. Es sind im wesentlichen folgende:

- Schnelligkeit[54],
- Kostenersparnis[55],
- besondere Sachkunde der Schiedsrichter[56],
- größere Vertraulichkeit infolge Nichtöffentlichkeit[57],
- günstigere Atmosphäre für eine gütliche Bereinigung[58],
- keine Unterwerfung unter die Gerichtsbarkeit eines Vertragspartners[59].

Der zuletzt genannte Grund spielt gerade bei Gemeinschaftsunternehmen, die mit Partnern in Entwicklungsländern gegründet werden, eine nicht unerhebliche Rolle. Die Rechtsordnungen der Entwicklungsländer können hinsichtlich ihrer positiven Ausgestaltung und effektiven Anwen-

---

51 Zutr. Pirrung, RIW 1977, 513; Böckstiegel, NJW 1981, 1862; Schütze/Tscherning/Wais, Rdn. 1; Dünnweber, S. 159; Bartos, S. 2 ; Nicklisch, RIW 1978, 633.

52 Stumpf, RIW 1987, 821; Böckstiegel, RIW 1979, 161 (162); Schütze/Tscherning/Wais, Rdn. 1.

53 Böckstiegel m.w.N., NJW 1981, 1862 (1863).

54 UNIDO, Manual, S. 66; Schütze/Tscherning/Wais, Rdn. 4; Glossner, S. 19; Böckstiegel, NJW 1981, 1862 (1863); Bartos, S. 2.

55 UNIDO, Manual, S. 66; Schütze/Tscherning/Wais, Rdn. 9 ff.; Glossner, S. 18; Nicklisch, RIW 1978, 633.

56 UNIDO, Manual, S. 67; Schütze/Tscherning/Wais, Rdn. 3; Böckstiegel, NJW 1981, 1862 (1863); Bartos, S. 3.

57 Schütze/Tscherning/Wais, Rdn. 17; Nicklisch, aaO.

58 Glossner, S. 20; Bartos, S. 3.

59 Böckstiegel, RIW 1979, 161; Ders. NJW 1981, 1862, (1863); Heuser, RIW 1979, 440 (441); vgl. auch Glossner, S. 131.

dung z.T. noch nicht mit den komplizierten Tatbeständen des internationalen Wirtschaftsverkehrs fertig werden. Erwägungen ähnlicher Art werden von den meisten ausländischen Investoren auch hinsichtlich der inländischen staatlichen Richter angestellt.[60] Unterschiede in gesellschaftlichen und rechtlichen Grundanschauungen zwischen Industrie- und Entwicklungsländern tragen noch verstärkt dazu bei, daß die JV-Parteien die Unterwerfung unter die Rechts- und Gerichtsordnung der jeweils anderen Partei ablehnen.[61]

b) Bildung des Schiedsgerichts

Die Bildung des Schiedsgerichts wird von den JV-Partnern zumeist bereits in der vertraglichen Schiedsklausel festgelegt. Sie können zwischen zwei Erscheinungsformen der internationalen Schiedsgerichtsbarkeit wählen: dem ad hoc-Schiedsgericht und dem institutionellen (ständigen) Schiedsgericht. Die Verfahren unterscheiden sich zum einen in der Bestellung der Schiedsrichter, zum anderen in dem Einfluß der Parteien auf die Verfahrensordnung.[62]

aa) Ad-hoc Schiedsgerichte

Beim ad hoc-Schiedsgericht unterliegen sowohl die Zusammensetzung des Schiedsgerichts als auch der Ablauf des Schiedsgerichtsverfahrens der Parteidisposition.[63] Die Schiedsrichter werden von den Parteien für einen bestimmten Streitfall bestellt bzw. nach einem vorher festgelegten Verfahren ermittelt. Letzteres sieht in der Vertragspraxis häufig so aus, daß jede Vertragspartei im Konfliktfall einen Schiedsrichter benennt, ein dritter Schiedsrichter gemeinsam von den Parteien bzw. den beiden Schiedsrichtern[64] oder durch einen unabhängigen Dritten bestimmt wird.

Der Verfahrensablauf wird im Rahmen der „echten" ad hoc-Schiedsgerichtsbarkeit, von der im internationalen Wirtschaftsverkehr nur selten Gebrauch gemacht wird, durch ein von den Parteien eigens geschaffenes Reglement bestimmt, d.h. die Parteien müssen die Verfahrensgrundsätze in allen Einzelheiten selbst festlegen. Öfter vereinbaren die Parteien

---

60 Böckstiegel, NJW 1981, 1862 (1863); Kähler, S. 121; vgl. auch Stumpf, RIW 1987, 821.

61 Zutr. Böckstiegel, aaO.

62 Zur Unterscheidung zwischen ad hoc- und institutionellem Schiedsgericht vgl. nur Schütze/Tscherning/ Wais, Rdn. 25 ff.

63 Schütze/Tscherning/Wais, Rdn. 26 f.

64 So z.B. auch die Musterklausel B der UNIDO, Manual, S. 69.

Schiedsgerichtsordnungen, die von internationalen Organisationen ausgearbeitet worden sind und sich in der Praxis bereits bewährt haben. So können sich die Parteien z.B. der Schiedsordnung der Wirtschaftskommission der Vereinten Nationen für Europa (ECE-Schiedsordnung)[65] oder der speziell auch auf die Interessen der Entwicklungsländer ausgerichteten UNCITRAL-Schiedsordnung[66] unterwerfen.

bb) Institutionelle Schiedsgerichte

Institutionelle (ständige) Schiedsgerichte sind Gerichte, die über eine feste Organisation (Verwaltung, Sekretariat etc.) verfügen.[67] Auch bei dieser Form der Schiedsgerichtsbarkeit können die Schiedsrichter grundsätzlich von den Parteien bestimmt werden. Die Wahlmöglichkeit kann jedoch durch Listen eingeschränkt sein.

Die Zuständigkeit eines institutionellen Schiedsgerichts wird dergestalt begründet, daß die Parteien in der Schiedsgerichtsklausel die Anwendung der von dem entsprechenden Schiedsgericht entwickelten Verfahrensordnung vorsehen. Von den vielen Schiedsgerichtsordnungen nationaler oder internationaler Art, die für Schiedsgerichtsverfahren im internationalen Wirtschaftsverkehr in Betracht kommen können, haben sich nur wenige international durchsetzen können.[68] Hierzu gehören z.B. die Schiedsgerichtsordnungen der Internationalen Handelskammer (ICC) in Paris[69], der Stockholmer Handelskammer[70], der Zürcher Handelskammer[71], das „Übereinkommen zur Beilegung von Investitionsstreitigkeiten zwischen Staaten und Angehörigen anderer Staaten" der Weltbank (ICSID)[72], die

---

65 Text abgedr. in: SCHÜTZE/TSCHERNING/WAIS, S. 554 ff.; vgl. auch DIES., Rdn. 795 ff.

66 Text abgedr. in: SCHÜTZE/TSCHERNING/WAIS, S. 569 ff.; ausführl. dazu insb. RAUH, Die Schieds- und Schlichtungsordnungen der UNCITRAL, 1983; PIRRUNG, RIW 1977, 513; SCHÜTZE/TSCHERNING/WAIS, Rdn. 805 ff.

67 SCHÜTZE/TSCHERNING/WAIS, Rdn.28.

68 BÖCKSTIEGEL, NJW 1981, 1862 (1866).

69 Text abgedr. in: SCHÜTZE/TSCHERNING/WAIS, S. 593 ff.; vgl. auch DIES., Rdn. 816 ff.; HELLWIG, RIW 1984, 421 (424); GLOSSNER in: FS Martin Luther, S. 85 ff.

70 Text abgedr. in: SCHÜTZE/TSCHERNING/WAIS, S. 632 ff.; dazu auch DIES. m.w.N., Rdn. 839 ff.

71 Text abgedr. in: SCHÜTZE/TSCHERNING/WAIS, S. 623 ff.; vgl. auch DIES., Rdn. 829 ff.

72 Text abgedr. in: DELAUME, Transnational Contracts – Applicable Law and Settlement of Disputes, Bd. 4, S. 23 ff.; ausführl. dazu insb. OTT, Die Beilegung von Investitionsstreitigkeiten durch Schiedsgerichte. Die Praxis von ICSID, 1983; vgl. auch MENGEL, RIW 1986, 941 ff.

Schiedsordnungen des London Court of International Arbitration[73] und der American Arbitration Association (AAA)[74].

Ausländischen Investoren wird es nicht immer gelingen, die Vereinbarung eines internationalen Schiedsgerichts durchzusetzen. Nicht nur die osteuropäischen Staaten haben speziell für den internationalen Wirtschaftsverkehr Außenhandelsschiedsgerichte geschaffen, sondern auch viele Entwicklungsländer haben nationale Schiedsgerichte eingerichtet[75] und eigene Schiedsregeln entwickelt[76], auf deren Vereinbarung inländische JV-Partner häufig drängen.[77] Wenn diese Regeln häufig auch im wesentlichen mit den Regelungen anderer Schiedsgerichtsordnungen übereinstimmen mögen, so findet sich bezüglich der Auswahl der Schiedsrichter doch nicht selten die Einschränkung, daß ausländische Schiedsrichter nicht oder nur in Ausnahmefällen zugelassen werden.[78] Dies mag ausländische Investoren irritieren, muß in der Praxis aber nicht zwangs-

73 Text abgedr. in: Schütze/Tscherning/Wais, S. 644 ff.; vgl. auch Dies., Rdn. 862 ff.; Mann, NJW 1979, 1745 ff.

74 Text abgedr. in: Schütze/Tscherning/Wais, S. 650 ff.; zum Inhalt auch Dies., Rdn. 874 ff.

75 So z.B. die 1956 im Rahmen des China Council for the Promotion of International Trade (CCPIT) gegründete FETAC; das 1978 vom Asian-African Legal Consultative Committee (AALCC) und der malays. Regierung in Kuala Lumpur errichtete Regional Centre for Arbitration; das 1977 in Zusammenarbeit von der ICC und der Indonesischen Industrie- und Handelskammer (Kadin) in Jakarta ins Leben gerufene Badan Arbitrase Nasional Indonesia (BANI), s. dazu auch Brower in: Rosendahl, S. 349 (354).

76 So z.B. die Provisional Rules of Procedure of the FETAC (abgedr. in: Horn/Schütze, Anhang, S. 586 ff.; zum Verfahrensablauf vgl. Schütze in: Horn/Schütze, S. 326 ff.; Li in: Harnischfeger-Ksoll, S. 643; Ingriselli, Int'l Bus.Law. 376, 377 (1984); Baumeister in: Harnischfeger-Ksoll, S. 651 ff.); der dem British Arbitration Act of 1950 nachgebildete Malaysian Arbitration Act of 1952 (vgl. dazu auch Yatim in: ASEAN Comparative Law, S. 26 f.; Brower in: Rosendahl, S. 353); der kenian. Arbitration Act, Chap. 49 Laws of Kenya; die Rules of Arbitration of the BANI (abgedr. in: BfAI-RI Nr. 161, S. 51 ff.; vgl. auch Goergen in: BfAI-RI Nr. 161, S. 5 f.; Brower in: Rosendahl, S. 354 f.).

77 Zur Kompromißlosigkeit chines. Geschäftspartner in dieser Frage insb. Fischer in: BfAI-RI Nr. 194, S. 22; andererseits wurde im Schindler-JV die Schiedsordnung der ICC vereinbart (Art. 16 III des JV-Vertrags).

78 So besteht das Schiedsgericht bei Vereinbarung der Fetac-Schiedsgerichtsbarkeit z.B. ausschließlich aus Chinesen, Baumeister in: Harnischfeger-Ksoll, S. 651.

läufig gegen die Unabhängigkeit und Unparteilichkeit solcher Schiedsgerichte sprechen.

In Anbetracht der Tatsache, daß sich viele JV-Partner die Durchführung eines Schiedsgerichtsverfahrens aus Kosten- und Zeitgründen ohnehin nicht leisten können, sind nicht wenige zu Kompromissen bei der Schiedsgerichtsvereinbarung bereit. Dies trifft vor allem auf mittelständische Investoren zu.

c) Schiedsklausel

aa) Bedeutung

Die Bedeutung einer Schiedsklausel erschöpft sich nicht in dem Ausschluß staatlicher Gerichtsbarkeit und damit einhergehender Nachteile.[79] Eine Schiedsklausel ist auch insofern als Bestandteil des JV-Vertrages unentbehrlich, als sie als Druckmittel zur Abkürzung der Verhandlungen oder des Schlichtungsverfahrens verwandt werden kann. Dies gilt vor allem für Gemeinschaftsunternehmen, die mit Partnern in asiatischen Ländern geschlossen werden.[80]

bb) Inhalt

Inhalt und Umfang der Schiedsklausel können von den JV-Parteien grundsätzlich frei gestaltet werden. Wenn die Vereinbarung ausländischer Schiedsgerichte oder Schiedsgerichtsordnungen von inländischer Seite auch häufig nicht erwünscht ist, so ist sie doch i.d.R. nicht durch nationale Gesetze verboten.[81]

Schiedsklauseln sind in der Vertragspraxis oftmals sehr knapp gefaßt. Sie bestimmen z.T. nur das Schiedsgericht oder die anzuwendende Schiedsordnung. Zu den wesentlichen Regelungspunkten einer Schiedsklausel[82] gehören jedoch auch folgende Punkte: das anzuwendende Recht (Verfahrensrecht und materielles Recht), die Kostentragungspflicht bzgl. der Kosten des Schiedsverfahrens, die Gültigkeit der Entscheidung sowie

---

79 Zu den Vorteilen des Schiedsgerichtsverfahrens gegenüber staatlichen Gerichtsverfahren s. oben 2 a).

80 Zutr. Maher, 10 Ga.J.Int'l & Comp.L. 233, 267 (1980).

81 Vgl. z.B. Art. 14 JVL, Art. 110 JVLR.

82 Allg. zum Inhalt einer Schiedsklausel insb. Glossner, S. 31 ff.; vgl. auch die Musterklauseln bei: Unido, Manual, S. 67 ff.; Baumeister in: Harnischfeger-Ksoll, S. 403 ff.; eine ländermäßige Aufteilung üblicher Schiedsvereinbarungen in der Ost-West-Schiedsgerichtsbarkeit gibt Stumpf, RIW 1987, 821 (823).

die weitere Durchführung des Vertrages während des Schiedsverfahrens.[83]

Nahezu alle Schiedsordnungen enthalten eine Reihe offener Punkte. Die Parteien müssen deshalb auch bei Vereinbarung einer vorformulierten Schiedsordnung verschiedene Punkte noch ausdrücklich regeln, so z.B. die Anzahl der Schiedsrichter, die Gerichtssprache oder den Schiedsgerichtsort.[84]

---

83 Vgl. HELLWIG, RIW 1984, 421 (426 f.); ZWEIGERT/ v. HOFFMANN in: FS Martin Luther, S. 210 f.; SALEM, 7 Int'l Trade L.J. 73, 110 (1981-83); KLITGAARD, 1 UCLA Pac.Bas.L.J. 1, 39 (1982).

84 Zu den Wahlmöglichkeiten im Rahmen der Schiedsgerichtsbarkeit der ICC vgl. SCHÜTZE/TSCHERNING/WAIS, Rdn. 818 ff.

# 5. Kapitel
# Schlußbetrachtung

## A. Vergleichbarkeit und Konstanz der Probleme und Lösungen im Wirtschaftsrecht der Gemeinschaftsunternehmen

### I. Gemeinsame Anliegen nationaler Entwicklungspolitik

Die VR China, Indonesien, Malaysia und Kenia nehmen gegenüber ausländischen Direktinvestitionen eine ambivalente Haltung ein. Einerseits sollen ausländische Technologien, Management-Wissen und Kapital helfen, die nationale Wirtschaft zu modernisieren, und zu einer Beschleunigung des wirtschaftlichen Wachstums, einem höheren Lebensstandard der Bevölkerung und sozialem Fortschritt führen. Andererseits sollen die angestrebte wirtschaftliche Souveränität und nationale Entwicklungsziele nicht durch eine zu große Fremdbestimmung und unkontrollierte ausländische Investitionstätigkeit gefährdet werden.

Vor dem Hintergrund dieser zwiespältigen, für Entwicklungsländer heute typischen Einstellung zu ausländischen Direktinvestitionen betreiben die für diese Arbeit exemplarisch ausgewählten Länder eine selektive Investitionspolitik, die versucht, die sich widersprechenden Zielvorgaben von Anlockung und Indigenisierung ausländischen Kapitals möglichst weitgehend in Einklang zu bringen. Ausländische Direktinvestitionen sollen danach im Zusammenspiel mit der jeweiligen nationalen Wirtschaftspolitik gezielt zur Entwicklung bestimmter Produktionszweige oder einzelner Regionen eingesetzt werden. Ausländische Direktinvestitionen in Form von Gemeinschaftsunternehmen werden wegen der partnerschaftlichen Zusammenarbeit mit Inländern allgemein bevorzugt.

## II. Gleiche Strukturen des Wirtschaftsrechts

### *1. Allgemeine Kennzeichnung*

Gemeinschaftsunternehmen mit ausländischer Beteiligung unterliegen der Reglementierung durch nationale Investitionsgesetze und den Vorschriften des nationalen Steuer-, Devisen-, Arbeits- und Sozialrechts. Mit Hilfe dieses von Land zu Land unterschiedlich dichten Regelwerks soll zum einen die ausländische Investitionstätigkeit mit dem Ziel einer positiven Beeinflussung der nationalen Volkswirtschaft gelenkt und kontrolliert werden. Zum anderen wird speziell über die rechtlichen Investitionsbedingungen der sich zwischen den Entwicklungsländern um die Anlokkung von ausländischen Investoren gebildete Angebotswettbewerb geführt. Neben den politischen und ökonomischen Standortbedingungen sind es vor allem die den Kapital- und Technologieeinsatz umgebenden wirtschaftsrechtlichen Rahmenbedingungen, die die Investitionsentscheidung ausländischer Unternehmer entscheidend beeinflussen.

Die einschlägigen Bestimmungen der untersuchten Länder zur Reglementierung von Gemeinschaftsunternehmen mit ausländischer Beteiligung zeigen in Einzelfragen ein differenziertes Bild. Sie stimmen in ihrer wertungsmäßigen Grundstruktur jedoch überein. Dies ist auf die aufgezeigte gleiche Interessenlage und die dadurch bedingten ähnlichen Anliegen nationaler Entwicklungspolitik zurückzuführen und soll im folgenden anhand einiger typischer Regelungsbereiche verdeutlicht werden.

### *2. Einzelne Regelungsbereiche*

#### a) Abwehr- und Förderungsinstrumentarium

Das Wirtschaftsrecht aller untersuchten Länder beinhaltet ein ausgeklügeltes Abwehr- und Förderungsinstrumentarium für Gemeinschaftsunternehmen mit ausländischer Beteiligung. Es weist in seinen Grundzügen viele Gemeinsamkeiten auf, ist in seiner genauen Ausgestaltung, insbesondere in seinem rechtlichen Datenrahmen (Quotenhöhen, Steuersätze, Laufzeiten von Vergünstigungen etc.) allerdings von den Zielvorgaben der jeweils aktuellen nationalen Wirtschafts- und Entwicklungspolitik abhängig.

Das Abwehrinstrumentarium setzt sich zusammen aus:

- dem auf nationalen Sicherheits- und Autonomieinteressen beruhenden gesetzlichen Verbot ausländischer Investitionen in bestimmten sensiti-

ven Sektoren (Bereiche der Rüstungsindustrie und der öffentlichen Versorgung, Massenmedien etc.),
- Beteiligungsauflagen, die vor Überfremdung schützen sollen wie z.B. die Verpflichtung, Gemeinschaftsunternehmen mit einer inländischen Mehrheitsbeteiligung zu gründen bzw. diese innerhalb vorgeschriebener Zeit zu erreichen,
- detaillierten Bedingungen für den Geschäftsablauf des Gemeinschaftsunternehmens, mittels derer bestimmte wirtschafts-, entwicklungs-, beschäftigungs- oder sozialpolitische Interessen des Entwicklungslandes verfolgt werden.

Die dem ausländischen Investor diesbezüglich auferlegten Pflichten beziehen sich auf:

- die Beschäftigung und Ausbildung inländischer Arbeitnehmer,
- die Zahlung von Mindestlöhnen,
- die Ansiedlung in bestimmten Industrieregionen,
- die Verwendung inländischer Rohstoffe und Zulieferprodukte,
- Exportpflichten,
- die Unterlassung bzw. Beschränkung der Repatriierung von Gewinnen und Kapital.

Zu dem gemeinsamen Investitionsförderungsinstrumentarium der untersuchten Länder zählen:

- umfangreiche Steuer- und Zollprivilegien,
- Finanzierungsbeihilfen,
- Garantiebestimmungen zur Sicherheit der Kapitalanlage (freier Kapital- und Dividendenverkehr, Eigentumsschutz, gewerblicher Rechtsschutz etc.),
- die Zulassung ausländischer Mehrheitsbeteiligungen bei entwicklungspolitisch besonders förderungswürdigen Projekten,
- die Vereinfachung des Genehmigungsverfahrens durch Schaffung einer mit zahlreichen Kompetenzen ausgestatteten zentralen Investitionsbehörde.

b) Gründungsverfahren

Für die Gründung von Gemeinschaftsunternehmen ist nach dem Recht aller untersuchten Länder ein besonderes administratives Verfahren vorgeschrieben, durch das die ausländische Investitionstätigkeit kontrolliert werden soll. Seine Durchführung obliegt der jeweiligen nationalen Investitionsbehörde. Zumeist wird an die Genehmigung nur ein Sonderstatus geknüpft, der zur Inanspruchnahme bestimmter Garantien, staatlicher Vergünstigungen und Investitionsanreize berechtigt, die nichtgenehmigten Investitionen versagt bleiben. Die Zuerkennung eines bevorrechtigten Status wird i.d.R. mit besonderen Pflichten verbunden bzw. ist von der Erfüllung bestimmter Voraussetzungen abhängig.

Häufig aufgestellte Kriterien sind:

- die Vereinbarkeit der Investition mit dem nationalen Entwicklungsplan,
- die Leistung eines positiven Beitrags zur Entwicklung der nationalen Zahlungsbilanz durch Exportgüterproduktion oder Importsubstitution,
- die Schaffung neuer Arbeitsplätze für inländische Arbeitnehmer,
- die Produktion von Investitionsgütern.

c) Technologietransfer

Gemeinschaftsunternehmen, die in der VR China, Indonesien, Malaysia, Kenia oder einem anderen Entwicklungsland gegründet werden, gehen regelmäßig mit einem Technologietransfer einher. Das Verhältnis der Entwicklungsländer zum Technologietransfer ist wie das zu ausländischen Direktinvestitionen ambivalent, was sich auch in dessen rechtlicher Behandlung widerspiegelt. Sie wünschen sich einerseits einen verstärkten Technologiezufluß aus den Industriestaaten, den sie durch umfangreiche Vergünstigungen für technisch fortschrittliche Projekte zu fördern versuchen. Sie wollen den Technologietransfer andererseits in den Bereichen zurückdrängen, wo er ihnen unerwünscht ist.

Während in einigen Entwicklungsländern lediglich eine Kontrolle der Transferzahlungen vorgesehen ist, behindern ihn andere durch den Erlaß relativ regelungsintensiver Technologietransfergesetze. Sie sehen eine an bestimmten wirtschaftlichen, technologischen und rechtlichen Kriterien ausgerichtete Genehmigungspflicht für das Transfergeschäft, zwingende Vorschriften für die Vertragsgestaltung oder Auswahl der Technologie vor.

## B. Vergleichbarkeit und Konstanz der Probleme und Lösungen im Vertragsrecht der Gemeinschaftsunternehmen

### I. Standardisierung der JV-Verträge

In der JV-Vertragspraxis läßt sich ein hohes Maß an Standardisierung feststellen.

Es gibt zwar kein Vertragswerk eines Gemeinschaftsunternehmens, insbesondere keinen JV-Vertrag und kein JV-Statut, die dem anderen inhaltlich in allen Einzelheiten gleichen.[1] Transnationale Gemeinschaftsunternehmen werden zur Durchführung der unterschiedlichsten Projekte zwischen den unterschiedlichsten Geschäftspartnern unter der Geltung unterschiedlichster Rechtsordnungen gegründet. Es sind äußerst komplexe Geschäfte, zu deren Durchführung umfangreiche maßgeschneiderte Verträge erforderlich sind.

Die im Rahmen dieser Arbeit untersuchten JV-Verträge weisen in der Praxis gleichwohl inhaltlich so viele Übereinstimmungen auf, daß einheitliche Strukturen erkennbar werden[2], die zeigen, daß es unter Außerachtlassung des jeweils zugrundeliegenden Geschäfts und des jeweils zugrundeliegenden nationalen Rechts ein allgemeines Verständnis von einem JV-Vertrag gibt.

Die internationale Standardisierung der JV-Verträge liegt vor allem in zwei Umständen begründet. Erstens sind bei der Gründung von Gemeinschaftsunternehmen in Entwicklungsländern kautelarjuristisch jeweils vergleichbare, wenn nicht identische Probleme zu bewältigen.[3] Die Kautelarjuristen sehen sich dabei immer gezwungen, eine Harmonisierung der Interessenpositionen von Anlageland und ausländischem Investor herbeizuführen. Zielvorgaben sind insoweit aus inländischer Sicht die Einbindung des konkreten Investitionsprojekts in die nationale Volkswirtschaft[4], aus der Sicht des ausländischen Investors das Bestreben nach angemessener Gewinnerzielung und Risikominimierung.

Zweitens orientieren sich die mit der Vertragsgestaltung befaßten Juristen an Veröffentlichungen internationaler Stellen (UNIDO, UNCTC,

---

1 So schon die UNIDO, Manual, S. 1.

2 S. i.F. 2.

3 S. oben Kapitel 3 und 4.

4 S. oben I.

ICC etc.)[5], die um eine Erarbeitung und Verbreitung einheitlicher Regeln und Vertragsklauseln bemüht sind, und legen den Verträgen von diesen vorgeschlagene Standardklauseln zugrunde. Sie greifen, insbesondere für allgemeine Probleme (Force-majeure-Klauseln, Schiedsvereinbarungen etc.), zum Teil auch auf bereits in anderen Verträgen verwandte und erprobte Klauseln zurück oder bedienen sich Vertragsmuster[6].

Die Neigung, Musterbedingungen zu übernehmen oder Musterverträge zu verwenden, besteht bei neuen Rechtsformen internationaler Geschäftstätigkeit, wo wenig Erfahrung zur Verfügung steht, verstärkt.[7] Dies gilt auch für die Abfassung von Joint Venture-Verträgen.

## II. Strukturen des JV-Vertrags

Der transnationale JV-Vertrag ist ein von der Vertragspraxis des internationalen Wirtschaftsverkehrs geschaffener eigenständiger Vertragstyp mit einheitlichen Strukturen.

Zu den einheitlichen Strukturen eines solchen JV-Vertrags zählen:

- die Kennzeichnung des Vertragsgegenstandes („Errichtung und Betrieb eines Unternehmens zur Herstellung und zum Verkauf von ..."),
- die Beschreibung des Projekts,
- die Festlegung von Namen, Rechtsform, Sitz und Grundkapital der zu gründenden Trägergesellschaft,
- die Regelung des Beteiligungsverhältnisses (Vereinbarungen über Zeichnung, Aufbringung und Verteilung des Grundkapitals),
- die Begründung von Sicherheiten für einen Minoritätspartner,
- die Übertragung von Geschäftsführungs- und Kontrollbefugnissen,
- die Festlegung der Geschäfts- und Finanzpolitik (Regelungen über das Marketing- und Absatzkonzept, die Beschaffung von Roh- und Hilfsstoffen, Gewinnverwendung und -verteilung),
- die Regelung des Rechnungs- und Berichtswesens,
- Vereinbarungen über die Dauer und Beendigung der Kooperation,

---

5 Vgl. z.B. UNIDO, Manual on the Establishment of Industrial Joint Venture Agreements, 1971; UNCTC, Arrangements beween Joint Venture Partners, 1987; ICC, Joint International Business Ventures in Developing Countries, 1969.

6 Z.B. des Sample Contract for Joint Ventures Using Chinese and Foreign Investment oder des von der DEG für den Fall ihrer Beteiligung entwickelten Vertragsmusters.

7 So für Turnkey-Verträge schon Horn in: Horn/Schmitthoff, S. 3 (9).

- Vereinbarungen über die Einbringung von Technologie und Know-how,
- Ausbildungsverpflichtungen,
- Konfliktvermeidungs- und Konfliktregelungsvereinbarungen,
- die Bestimmung des anwendbaren Rechts.

## C. Ansätze einer lex mercatoria

Standardklauseln, Formular- und Modellverträge, die im internationalen Wirtschaftsverkehr ständig verwendet werden, können schrittweise die Praxis eines bestimmten Rechtsgebiets erobern und vereinheitlichen und schließlich als internationales Handelsgewohnheitsrecht zur Rechtsgeltung gelangen.[1] Als solches tragen sie nach einer in der Literatur zum internationalen Wirtschaftsrecht vordringenden Lehre zur Bildung eines einheitlichen Rechts des internationalen Handels bei, das in Anlehnung an das historische Vorbild materiell einheitlichen Fernhandelsrechts früherer Zeiten (*law merchant*)[2] auch lex mercatoria genannt.[3]

Der Begriff lex mercatoria wird aber auch zur Beschreibung einer von den Parteien in Gebrauch ihrer Parteiautonomie geschaffenen, international einheitlichen, konstanten Vertragspraxis verwandt, die die Einheitlichkeit von Rechtsanschauungen fördern und so zu Handelsbrauch oder Handelsgewohnheitsrecht führen kann.[4]

In der internationalen JV-Vertragspraxis werden ähnliche, zum Teil einheitliche vertragsrechtliche Regelungen, Prinzipien und Muster gebraucht, die ähnlichen bei der Gründung von transnationalen Gemein-

---

1 Horn in: Internationale Anleihen, S. 534 f.; Schmitthoff in: Sources of Law, S. 18 ff.; Fabricius in: FS Schmitthoff, S. 101 (141).

2 Dazu insb. Horn in: Heymann, Einl. VI Rdn. 15; Bärmann in: FS Mann, S. 548 (555).

3 Schmitthoff in: Sources of Law, S. 3 ff., 15 ff.; Ders. in: Changing Economic Climate, S. 19 ff.; Ders. in: ICC Publ. No. 374, S. 21 ff.; Horn in: Internationale Anleihen, S. 513 ff.; Ders. in: Codes of Conduct, S. 45 (59); Langen, S. 13 ff.; Ders., NJW 1969, 358 ff., 2229 ff.; Goldstajn in: FS Schmitthoff, S. 171 ff.; Fabricius in: FS Schmitthoff, S. 101 (140); Cremades in: Codes of Conduct, S. 83 (85).

4 Horn in: Horn/Schmitthoff, S. 13 ff.; Ders. in: Heymann, Einl. III Rdn. 16.

schaftsunternehmen immer wieder auftretenden Bedürfnissen des internationalen Geschäftsverkehrs dienen und gleiche oder vergleichbare Probleme der wirtschaftlichen Zusammenarbeit bewältigen helfen.[5] Auch wenn sich keine vollständige Einheitlichkeit von Klauselwerken oder Vertragsmustern feststellen läßt, weisen die Vertragsgestaltungen für einzelne Rechtsprobleme große Ähnlichkeiten auf. Die insoweit bestehende konstante einheitliche Vertragspraxis begründet gewisse einheitliche Rechtsvorstellungen der Beteiligten, die ähnlich einem Handelsbrauch bei der Auslegung von JV-Verträgen als Interpretationshilfe herangezogen werden können und Ansätze einer lex mercatoria erkennen lassen.

---

5 S. oben Kapitel 3 und 4.

# Sachregister

Kolibri 360 GmbH
Ferdinand-Jühlke-Straße 7
99095 Erfurt, Deutschland
produktsicherheit@kolibri360.de